Peter Köpf

Die Burdas

EUROPA VERLAG

PETER KÖPF

DIE BURDAS

Europa Verlag
Hamburg · Wien

Die Deutsche Bibliothek – CIP-Einheitsaufnahme

Ein Titelsatz für diese Publikation ist bei
Der Deutschen Bibliothek erhältlich.

Erstausgabe

Lektorat: Aenne Glienke
Umschlaggestaltung: Kathrin Steigerwald, Hamburg,
unter Verwendung eines Fotos aus dem Burda-Privatarchiv
Satz: Greiner & Reichel, Köln
Druck und Bindung: Wiener Verlag, Himberg bei Wien
ISBN 3-203-79145-5

Informationen über unser Programm erhalten Sie beim
Europa Verlag, Neuer Wall 10, 20354 Hamburg
oder unter www.europaverlag.de

»Geschrieben steht: im Anfang war der Sinn.
Bedenke wohl die erste Zeile,
Daß deine Feder sich nicht übereile!
Ist es der Sinn, der alles wirkt und schafft?
Es sollte stehn: im Anfang war die Kraft!
Doch, auch indem ich dieses niederschreibe,
Schon warnt mich was, daß ich dabei nicht bleibe.
Mir hilft der Geist! Auf einmal weiß ich Rat
Und schreibe getrost: im Anfang war die Tat!«

Johann Wolfgang von Goethe: Faust

1

Die Könige der Ortenau: »Mein Leben, mein Gut und mein Geld«

Auf der Klosterschule »Unserer Lieben Frau« zu Offenburg schwelgte die Schülerin Anna Magdalena Lemminger in den zwanziger Jahren des vergangenen Jahrhunderts in den Romanen von Hedwig Courths-Mahler und Eugenie Marlitt. Sie fantasierte ein Leben in Luxus und sehnte einen Prinz herbei, der sie eines Tages erlösen würde. Nach oben wollte Anna Magdalena Lemminger, die Grenzen ihrer kleinen badischen Welt sprengen, heraus aus der Masse, das Gesindel hinter sich lassen, das Proletariat, mit dem sie nichts zu tun haben wollte, in das sie aber eine Laune des Allmächtigen hineingeboren hatte – gegen ihren Willen.

Was blieb einer Arbeitertochter aus Baden damals anderes übrig, als nach einem Mann Ausschau zu halten, der ihr die ganze Welt zu Füßen legen würde? Auch wenn sie nun in die Lehre ging, war ihre Zukunft doch vorherbestimmt: Sie würde heiraten und Kinder haben. Es kam jetzt darauf an, den Richtigen zu finden, aber Bewerber gab es schließlich genug. Anna Magdalena Lemminger fühlte, daß sie alles andere als eine »häßliche Krabb« war, wie ihre Mutter stets behauptet hatte.

Nach einem Prinz sah er allerdings nicht aus, der junge Mann mit dem Schmiß auf der linken Wange. Was der sich einbildete! Ein so willensstarkes Mädchen wie Anna Magdalena verschenkte sich doch nicht an jeden dahergelaufenen Kerl, schon gar nicht an einen Studierten. Ein Doktor wollte der sein? Warum arbeitete er dann Tag und Nacht in einer Druckerei, die eher einem Hühnerschlag glich? Ein Hungerleider war er, der nicht einmal seine Stromrechnungen bezahlen konnte. Ein Aufschneider war der Doktor Burda – wenn auch, das mußte die junge Frau zugeben, ein sympathischer, immerhin.

Sie spürte, daß er sie mochte. Nie ließ er sie ohne Geld gehen, wenn sie zum Kassieren in seine Druckerei kam. Er machte immer Späße. Er schmeichelte ihr so schön. Und er sang so gefühlvoll das Aennchen von Tharau, ihr Lieblingslied: »Aennchen von Tharau ist, die mir gefällt; / sie ist mein Leben, mein Gut und mein Geld.« Mit letzterem war es ja nicht weit her, aber hatte ihre katholische Mutter nicht immer wieder gesagt, Gott schenke den Menschen gerechten Lohn? Auf »Krankheit, Verfolgung, Betrübnis und Pein«, die eine der folgenden Strophen als »Verknotigung« der Liebe pries, wollte sie gern verzichten, und sie konnte sich vorstellen, auch ohne »Hagel und Regen« ein starkes Gefühl zu einem Mann zu entwickeln. Wie romantisch die Worte von Simon Dach und die Melodie von Friedrich Silcher waren: »Würdest du gleich einmal von mir getrennt / lebtest da, wo man die Sonne kaum kennt, / ich will dir folgen, durch Wälder, durch Meer, / durch Eis, durch Eisen, durch feindliches Heer. / Aennchen von Tharau, mein Licht, meine Sonn', / mein Leben schließ' ich um deines herum.«

Was tat ihr Galan eigentlich den ganzen Tag in seinem schummrigen Laden? Nach der Maiandacht 1929 kletterte die 19jährige auf eine Mauer und spickte über den Bretterzaun hinein in die Druckerei. Da stand er und merkte nicht, wie sie ihn anstarrte. Und er merkte es auch nicht am nächsten Tag, und nicht an jedem weiteren, an dem sie spitzelte. Wann immer sie auf die Mauer stieg, konnte sie beobachten, wie ihr Verehrer eigenhändig die Bogen anlegte, und sie hörte ihn laut fluchen, wenn er eine Maschine abschaltete, weil eine Auslegeschnur gekracht war oder das Blei-Füllmaterial »spießte«. Wie besessen druckte der Herr Doktor Woche für Woche eine Hörfunkprogrammzeitschrift, deren Seiten sein Vater noch von Hand setzte. Sie sah, wie tausend Bogen stündlich durch jede der zwei Schnellpressen ratterten. Der Mann bemerkte sie nicht, er achtete nur auf seine Arbeit. Da erkannte die Tochter eines Lokomotivheizers eine verwandte Seele: Ja, mit solch einem Mann war es vielleicht zu schaffen.

Auch er träumte vom Reichtum, den ihm der Betrieb, den sein Vater gegründet hatte, bald bringen sollte. »Wie ich die erste Million verdiente«, überschrieb Franz Burda später ein Kapitel seiner Memoiren. Er wollte, daß die Nachwelt erführe, wer er war und welche Eigenschaften einen erfolgreichen Unternehmer von anderen Menschen unterschieden. Die Autobiografie wurde zwar nie gedruckt, aber die Manuskripte blieben erhalten: »Fleiß, Optimismus, Mut zum Risiko und das richtige Gespür« bescheinigte er sich darin. »Freilich braucht's zu alledem noch das kleine bißchen Fortune, ohne das nichts geht.« Fortune hatte er in den dreißiger Jahren, als Hitlers Schergen nicht nur Deutschland, sondern die ganze Welt zu terrorisieren begannen. Aber das störte den Unternehmer nicht, er freute sich über die erste Million, und es machte ihm auch nichts aus, daß er später, als er sein Leben aufschrieb, in der Erinnerung an das damalige Hochgefühl Gewinn mit Umsatz verwechselte. Viele Millionen folgten nach der sogenannten Stunde Null, Umsatz wie auch Ertrag.

Dieser »German dream«, eine der bemerkenswertesten Aufsteigergeschichten Deutschlands, begann vor genau hundert Jahren: 1902 druckte der Großvater seine erste Zeitung. Er wurde weder geadelt noch erwarb er einen Titel. Er war arm, blieb arm und starb arm. Sein Sohn dagegen erwarb einen Doktortitel, die Technische Universität Karlsruhe machte ihn sogar zum Ehrensenator, weshalb ihn viele in der Firma »Senator« nannten. Oder ganz einfach »Herr Doktor«. Sein jüngster Sohn übertraf ihn auch darin: Chef des Riesenkonzerns ist »Prof. Dr. Hubert Burda«. Von seinen Mitarbeitern wird er jedoch schlicht »der Verleger« genannt. Gästen wird geraten: Sprechen Sie ihn mit »Doktor Burda« an. Darauf legt er Wert.

Der Enkel macht sich hundert Jahre nach den Anfängen seines Großvaters daran, einen Betrieb, der seinen Aufstieg bunten Bildern verdankte, in ein Multimedienunternehmen umzubauen, das inzwischen mehr als 3,5 Milliarden Mark Umsatz pro Jahr erwirtschaftet.

Und doch wäre des »Senators« jüngster Sohn, der intelligenteste, fast der Kunst und, für seinen Vater noch schlimmer, dem Kommunismus erlegen. Wie es dazu kam, und wie er sich gegen seine beiden älteren Brüder durchsetzte, ist ein eigenes Kapitel. Heute führt Hubert Burda das Imperium und ist stolz darauf, sich dem Großbürgertum wie etwa den Furtwänglers – die Schauspielerin Maria wurde seine zweite Ehefrau – oder internationalen Unternehmerkreisen wie Giovanni Agnelli und Rupert Murdoch zurechnen zu dürfen. Die Nachkommen des mittellosen Druckers verkehrten in der High Society, wer auch immer ihr gerade angehörte.

Wie der Betrieb in Wilhelms Deutschland dümpelte, wie er in Demokratie, Diktatur und neuerlicher Demokratie kontinuierlich wuchs, das ist eine deutsche Geschichte, wie sie typischer kaum sein könnte. Daß Anna Magdalena, die alle Aenne riefen, mit ihrem Los als Ehefrau (obschon eines erfolgreichen Unternehmers) und Mutter dreier Kinder nicht zufrieden war, mag selbst in der Nachkriegszeit kein Einzelfall gewesen sein. Daß auch sie eine erfolgreiche Unternehmerin wurde, einen eigenen Betrieb gründete, war jedoch ebenso ungewöhnlich wie die Quelle alltäglich, aus der sich die Energie für ihre Emanzipation speiste: Eifersucht. Sie war berechtigt.

Und so kam es, daß die Tochter eines Eisenbahners und der Sohn eines Druckerlehrlings neben Firmengründern wie Max Grundig und Josef Neckermann zu den Profiteuren des deutschen Wirtschaftswunders zählen. Nur wenige dieser Familienunternehmen aus der »Gründerzeit« sind bis heute in Privathand geblieben.

Auch die Stadt ist aufgestiegen. Hätte sie nicht schon einen Namen gehabt, sie wäre nach der Familie benannt worden, die sie seit einem halben Jahrhundert beherrscht: Burdaburg. Die Burdas brachten ihrer Heimatstadt Arbeitsplätze, einen gediegenen Wohlstand und hin und wieder, wenn der Verleger Hitparadenstars und Schauspieler einlud, internationalen Glamour – Hollywood in Offenburg.

Wer die Stadt von Westen durch ein Teleobjektiv betrachtet, der sieht hinter ihr den Schwarzwald wie eine Wand hochragen. Westlich grenzt Offenburg an einen Fluß, über den eine Brücke führt. Dahinter hat Franz Burda nicht das einzige, aber das größte aller Denkmäler hinterlassen, das er in diesem Fall nicht der Stadt, sondern sich selbst zum sechzigsten Geburtstag schenkte: ein Hochhaus, 13 Stockwerke hoch. Wie der Wachturm einer mittelalterlichen Siedlung prangt es seit 1963 am Eingang der Stadt. Verlegerfreund Axel Cäsar Springer konnte erst drei Jahre später in sein Berliner Hochhaus an der Mauer einen höheren Paternoster einbauen als Burda in seinen Bau an der Kinzig. Seit 1963 signalisieren außerdem wie ein überdimensionales Klingelschild fünf beleuchtete Buchstaben, jeder vier Meter hoch und auf einem 1,80 Meter hohen Unterbau thronend, wer diese Stadt beherrscht: BURDA.

Hier hatte es vor dem Zweiten Weltkrieg nur Obst, Wein und Eisenbahner gegeben. Später gab es fast nur noch Burdianer, die halbe Stadt war »beim Burda« angestellt, und jeder kannte in seiner Verwandtschaft mindestens einen, der dort arbeitete. Burda wurde für Offenburg zum Segen – aber wie jede Medaille hat auch diese zwei Seiten.

Als der »Senator«, wie er bis heute respektvoll genannt wird, Anfang der sechziger Jahre dieses neue Verwaltungsgebäude bauen wollte, trug Dekan Hermann Hugle in der Heilig Kreuz Kirche schwer an seinen Sorgen, der mächtige Mann könnte seinen Turmbau ungebührlich weit in Richtung Himmel treiben. Also suchte er seinen Freund Burda auf und mahnte ihn, sein Haus in Demut und nicht höher aufzurichten als Hugles Vorgänger den Kirchturm von Heilig Kreuz.

Aber von den Einheimischen, die »beim Burda schaffen«, wurde alles akzeptiert, was »der Alte« unternahm. Er wird bis heute, da längst sein Sohn den Betrieb erweitert hat, verehrt. »Er ist der Patriarch – und das ist gut so«, erteilte *Bunte*-Redakteur Oswald Scharfenberg 1968 in einer Jubiläumsschrift Absolution für alle mehr oder weniger unbekannten Sünden. Er sei ein »lebender Herrgott« gewesen, betet der ehemalige Betriebsratsvorsitzende Kurt Henninger den Mythos noch heute an. Doch manch einer neidete Burda seinen Aufstieg, und den Bau hielten viele der Kleinstädter für vermessen. »Das Hochhaus habe ich immer als störend empfunden«, bekennt der spätere Oberbürgermeister von Offenburg, Martin Grüber, ein Zugereister und Mitglied der SPD. »Bei mir hätte es das nicht gegeben.«

Dem »Senator« war das Wurscht. Wenn er vom Privatweinberg in Fessenbach die Senator-Burda-Straße bergab, an der Sommerresidenz der Offenburger Nonnen und dem Geburtshaus des Malers Lothar von Seebach vorbei dem Rhein zu fuhr, sah er, wer in dieser Stadt das Sagen hat. Ob Einheimische von Gengenbach durchs Kinzigtal oder Fremde von der Autobahn Richtung Schwarzwald strebten – alle Wege führten zu Burda, immer dominierte das Hochhaus das Bild, wuchtiger als die Kirche von Heilig Kreuz, deutlich höher auch als die Türme der Dreifaltigkeitskirche. Wer im Stegermattbad seinen Körper der Sonne entgegen hält, auf den strahlen von Nordwest die fünf Buchstaben herunter, als wollten sie sagen: Daß es euch so gut geht, das habt ihr dem »Senator« zu verdanken. Golo Mann nannte am 75. Geburtstag Franz Burdas das Leben seines Freundes eine »Erfolgsgeschichte«, ein »Erfolg, der vielen Gutes brachte und der niemandem wehe tat«.

Sein Sohn Hubert Burda blieb der Stadt ebenfalls treu, mehr aus sentimentalen denn aus unternehmerischen Gründen, wenngleich er sein Unternehmen inzwischen von München aus leitet. Und so sind die Burdas bis heute geblieben, was sie seit mehr als sechzig Jahren sind: die Könige von Offenburg.

2

Burdas Mythen: »Wir waren die besseren Geschichtenerzähler«

Franz Burda war ein schlechter Unternehmer, aber ein guter Mensch. Sein Sohn gleichen Namens, der ein erfolgreicher Unternehmer wurde, beklagte oft den »unterentwickelten Geschäftssinn« seines Vaters. In seinem Büro hing zwar später ein Bild des Vaters, und der Sohn betonte stets, er habe seinen Vater sehr geliebt. Daß aber am sogenannten Schmutzigen Donnerstag der alemannischen Fasnacht die alte Koenig & Bauer-Schnellpresse keinen Schnaufer tat, weil der Chef »in irgendeiner Mummenschanzverkleidung von Lokal zu Lokal« zog und auch seinen Mitarbeitern freigegeben hatte, konnte Burda jun. nicht verstehen. »Nichts als eine ordentliche Portion Schulden und einen recht und schlecht gehenden kleinen Druckereibetrieb« habe er ihm hinterlassen.

Offenburg gehörte nach dem Ersten Weltkrieg zur »blauen Zone«, in der keine strategische Industrie angesiedelt werden durfte. Nur als Standort eines Bahnausbesserungswerks hatte die Stadt regionale Bedeutung. Ansonsten wohnte hier Dornröschen. Wozu also suchen und gebückt gehen, wenn das große Geld ohnehin nicht auf der Straße lag, mag sich Franz Burda gefragt haben. Des Lebens ernstes Führen war ohnehin nicht seine Sache. Die Arbeit war ihm notwendiges Übel, etwas, das getan werden mußte, bis das tägliche Brot verdient war.

Trotz aller Schicksalsschläge war Franz Burda mit dem Leben zufrieden. Verschmitzt grinste er von einem Foto seinem Sohn über die rechte Schulter auf den Schreibtisch, während der im 13. Stockwerk seiner Firmenzentrale die Sorgen eines mit Verantwortung schwer beladenen Unternehmers wälzte. Franz Burda II. erzählte oft – und je älter er selbst wurde desto lieber – von seinem alten Herrn. Das stärkste Gefühl für seinen Vater, den Hungerleider, war Mitleid:

»Eines Tages erhielt der kleine Druckereibetrieb in der Metzgerei Burg drei Einladungen zum Besuch der Leipziger Frühjahrsmesse.

›Wir würden uns sehr freuen‹, schrieb zum Beispiel die Farbenfabrik Gebrüder Baer in Radebeul, ›wenn Sie uns auf unserem Stand Nr. 372 in Halle IV besuchen würden.‹

›Franz‹, sagte mein Vater, ›schreibe zurück: Selbstverständlich komme ich gern, aber schicken Sie mir auch gleich die Fahrkarten, und Sie dürfen versichert sein, daß ich Sie auf Ihrem Stand besuchen werde.‹

Die Fahrkarte kam wirklich: dritter Klasse Leipzig und zurück. Voller Freude machte er sich auf den Weg und nahm seine Biedermeierkleidung, die er in Offenburg zur Fasnacht als ›Alter Offenburger‹ trug, in seinem Koffer mit. Ich sagte zu ihm: ›Vater, achte gut auf alle technischen Neuerungen, auf Tiefdruck, Offset und Buchdruck, denn wir müssen unsere kleine Druckerei weiterentwickeln.‹

Nach zehn Tagen kam er wieder aus Leipzig zurück: ›Franz, du machst dir keinen Begriff, welchen Erfolg ich dort hatte. Ich war jeden Tag auf dem Stand der Firma Baer und habe als ›Alter Offenburger‹ die Besucher erfreut. Die haben gelacht! Und du glaubst es nicht: Der Stand der Firma Gebrüder Baer war am besten besucht. Man sprach nur noch vom Franz aus Offenburg. Denke mal: Die Farbenfabrik hat mich für die nächsten Jahre als ständiger Gast zur Leipziger Messe eingeladen. Ich bekomme sogar eine Fahrkarte zweiter Klasse und ein sehr gutes Hotel kostenfrei!‹

›Ja, Vater, erzähl mir aber doch bitte auch von den großen technischen Neuerungen der Leipziger Messe.‹

›Ach Franz, das ist alles nicht so wichtig. Ich habe große Maschinen gesehen, aber die sind viel zu teuer und die können wir unser Lebtag nicht kaufen. Was sollen wir auch damit? Wir können sie in unserer Bude nie aufstellen. Ich habe dafür aber etwas anderes mitgebracht. Das war für mich der Höhepunkt der Leipziger Messe. Kennst du die Firma Moenig?‹

›Von der habe ich noch nie etwas gehört‹, sagte ich zu ihm, ›bringen die neue Maschinen heraus?‹

›Ach, weit gefehlt. Das ist doch der beste Instrumentenbauer der ganzen Welt.‹ Und dann zeigte er mir das Kästchen. Ich wußte sofort, daß es nur eine Oboe sein konnte. ›Denke mal, ich habe nur 100 Mark anzuzahlen brauchen, und den Rest von 230 Mark darf ich mit monatlichen Raten zu 20 Mark abstottern. Mit diesem Instrument bin ich der glücklichste Mensch.‹ Und dann öffnete er das Paket, klappte die Verschlüsse des Instrumentenetuis auf, und darin lag für ihn die gesamte Leipziger Messe – seine Oboe und sein böhmisches Musikantenherz. Er probierte das Mundstück allein. ›Hörst du dieses gesunde Krähen?‹ Dann setzte er das Mundstück auf das Instrument, blies eine kleine Improvisation, setzte ab und sagte: ›Franz, etwas Schöneres gibt es auf der ganzen Welt nicht mehr. Komm, setz dich ans Klavier.‹ Und dann spielten wir zusammen den ›Kuhreigen‹ aus der Oper ›Wilhelm Tell‹ von Gioacchino Rossini. Mir liefen die Tränen die Wangen herab. Ich wußte, daß eine Krankheit in ihm saß, von der er nicht mehr genesen würde.«

Das war 1928, und ein Jahr später endete trotz einer Kur in den Karlsbader Quellen sein Leben. Es hatte ganze 56 Jahre gedauert. Am 9. Juli 1873 brachte Amalie, geborene Flaig aus Gengenbach, dem Hutwalker Wenzel Burda, eines von zwölf Kindern in Dubi im ostböhmischen Kreis Brod, den ersehnten Stammhalter in Offenburg zur Welt. Eine drei Jahre ältere Schwester hatte Franz Burda schon, Amalie; eine jüngere, Sophie, sollte zwei Jahre später kommen. Als Franz Burda fünf Jahre alt war, starb sein Vater. Mit Handarbeiten, bei denen die ältere Tochter bald half, brachte die Mutter die Familie durch.

Anfang 1888, mit 14 Jahren, wählte der Junge einen Beruf, der nicht ihn, aber seine Nachfahren zu reichen Leuten machen sollte. Bei Buchdrucker Franz Zeiser am Lindenplatz in Offenburg lernte er das Handwerk der Drucker und Setzer. Als Zeiser ein Jahr später gestorben war, wurde Josef Huggle sein Chef, dem das Zentrumsblatt *Offenburger Zeitung* und auch die *Philippsburger Zeitung* gehörten.

Nach der Gesellenprüfung 1891 stellte die Druckerei Alfred Reiff in der Korngasse Franz Burda als sogenannten Schweizerdegen ein, als Setzer und Drucker. Nach sieben Jahren suchte er sein Glück in der Ferne, kam aber nur bis Philippsburg. Er strandete bei Otto Pröttel, der gerade Josef Huggles *Philippsburger Zeitung* übernommen hatte. Josefine Pröttel, die Frau des Druckers, drehte das Schwungrad der Druckmaschine noch per Hand, weil es in Philippsburg damals noch keinen elektrischen Strom gab. Otto Pröttel schrieb, setzte und druckte. Die Kinder trugen die Zeitung zu Fuß auf die Dörfer, nach Wiesental, Oberhausen und Huttenheim.

Drei Jahre später starb Pröttel, und Burda hielt das Geschäft am Leben. Huggle empfahl ihm, die Witwe Pröttel zu heiraten. So wurde Franz Burda im Jahr 1902 Ehemann von Josefine, geborene Mauck, verwitwete Pröttel, sowie Stiefvater von vier Söhnen: Hermann, Willi, Otto und Karl, und Herausgeber einer kleinen Zeitung.

Daß Franz Burda etwas seltsam war, wußten mittlerweile auch die Philippsburger. Als er aber am 24. Februar 1903, ausgerechnet am Fasnachtsdienstag, kurz nach 15 Uhr auf die Straße stürmte und laut »Buuur-da« rief, zweifelten manche in der Nachbarschaft an seinem Verstand. Dabei war der Mann nur glücklich. Eben hatte seine Frau einen Sohn geboren. Sie nannten ihn nach dem Vater, Franz Burda. Zwei Jahre nach Franz II. kam Erwin hinzu, und der kleine Betrieb mußte nun acht Personen ernähren. Das Geld reichte hinten und vorn nicht, die Firma und mit ihr die Zeitung gingen pleite.

Also entschlossen sich die Burdas 1908, nach Offenburg zu ziehen. Sie wohnten in der Strohgasse bei Franz' Mutter, und Burda kroch wieder bei seiner Lehrfirma Reiff unter. Der Setzer schickte den Franz immer zum Vesperholen, und wenn der hungrig auf das Schinkenbrot schielte, sagte der nur: »Ebe, ebe, wenn du au e mol 27 Mark in der Woch kriegsch, dann kannsch dir au e mol des Schinkenbrot leischte.«

So wollte Franz Burda nicht weitermachen. In der Gerberstraße gründete er erneut eine Druckerei, die er bald in die Glaserstraße verlegte. Hermann Pröttel, inzwischen selbst Drucker, arbeitete mit, Otto als Setzer ebenfalls. Willi begann eine Kaufmannslehre. Ihre Jüngsten hatten die Eltern weggegeben: Erwin wurde zu Franz Burdas Schwester Amelie geschickt, die in Freiburg mit einem Schriftsetzer verheiratet war, Karl und Franz junior blieben bei entfernten Verwandten in Philippsburg, Franz Anton Herr und dessen Frau Karoline. Deren Tochter, die »Herre Franze Eva« (1883–1960), wurde Franz Burda junior zur zweiten Mutter. Sie nannte ihn »mein Herzkäfer«.

Franz Burda fühlte sich wohl bei seinen Pflegeeltern, die in der Engelstraße 5 einen kleinen Bauernhof betrieben. Im Stall standen Mohrle, das Pferd, das später vom Militär requiriert wurde und irgendwo in Frankreich endete, zwei Kühe, vier Ziegen und ein paar Schweine. Der Bautzel, ein kleiner Schnauzer, half dem Kleinen, sich auch gegen ältere Jungen zu behaupten. Nachmittags, nach der Schule, mistete Franzl den Stall aus oder ging mit seinem Pflegevater aufs Feld, um Kartoffeln zu setzen, Rüben zu hacken oder Heu aufzustecken. Im Herbst sammelte er Fallobst ein, aus dem Saft bereitet wurde. »Der kleine Franzl«, behauptete er später, »hätte mit keinem Herrenkind aus der Stadt tauschen mögen.« Und doch haben ihm wie allen verlassenen Kindern die Eltern gefehlt.

Als der achtjährige Franz schließlich doch nach Offenburg zog, mußte er sich bald an die dritte Mutter gewöhnen: Kaum ein Jahr dort, war seine leibliche, Josefine Burda, an Brustkrebs gestorben. Franz hatte sie nur noch einmal im Krankenhaus in Freiburg sehen können. Am 26. Oktober 1910 heiratete der Vater Karoline (»Lina«) Schmidt (1876–1964) aus Renchen, die beim Karlsruher Metzgermeister Hensel Wurst verkauft hatte. Sie brachte zwei Mädchen und einen Jungen mit in die Ehe, Franz holte seine beiden Söhne zu sich. Im Januar 1911 gebar Lina eine Tochter, Herta, während der Kriegsjahre 1914 und 1917 kamen zwei weitere Kinder; sie nannten sie Friedlinde und Friedhold.

Karoline Schmidts Stiefkinder hatten es nicht leicht. Franz erinnerte sich daran, daß sie immer eine Arbeit für ihn hatte: Schuhe putzen, Keller aufräumen, abwaschen. Nachts um elf habe sie ihn und seinen Bruder Erwin, damals dreizehn und elf Jahre alt, in den Wald geschickt, um Heidelbeeren zu sammeln. Über Zell-Weierbach hinaus, am Edelmannskopf, seien sie gewesen, wo es die besten und meisten Beeren gab, und als sie drei, vier Pfund geraffelt hatten, sei ein Gewitter ausgebrochen. Ängstlich suchten die Buben Schutz unter Bäumen, dann unterm Moosturm, und erst als der Regen am Morgen nachließ, seien sie nach Hause gehastet. Das Wasser stand in ihren Schuhen, die Kleider waren durchnäßt. Zu Hause angekommen wollten die beiden nur noch ins Bett. »Nix«, habe die Stiefmutter beschieden, »es ist Sonntag, jetzt geht's in die Kirche.«

Aber alles Fürbitten half nichts, Burdas Geschäfte liefen nicht besonders, obwohl der Betrieb inzwischen in die Hauptstraße verlegt worden war, ins Hinterhaus der Metzgerei Burg. Erst als er im April 1920 den Druckauftrag für eine neue Zeitung bekam, entstand Hoffnung auf bessere Zeiten. Die *Süddeutsche Politische Rundschau*, das Organ des Ausschusses zur Wahrung deutscher Volksinteressen, wurde bei Burda gedruckt und in der Hauptstraße 42 redaktionell von Schriftleiter Grom und Friedrich Wilhelm Joos jr. betreut, einem der »hiesigen Vertreter der deutschnationalen Parteiagitation«, wie *D'r alt Offenburger* meldete. Das Blatt wurde kein Erfolg, ganze zwei Ausgaben erschienen.

Allen Nackenschlägen trotzte Burda mit unbeugsamer Lebensfreude und einer Menge Humor. Jeden Morgen um sieben holte sein Lehrling Albert Ganzmann den Schlüssel zur Druckerei bei ihm in der Wohnung ab. Um acht war es meistens warm. »Dann«, erzählte der Lehrling, als er 1975 nach 50 Jahren bei Burda ausschied, »wurde geschafft, bis alles getan war, was es zu tun gab.«

Wenn keine Aufträge abzuarbeiten waren, spielte sein Chef im Stadtwald mit den Vögeln um die Wette, er konnte allen Stimmen ohne Stimmpfeife den Ton angeben. Als zweiter Tenor sang er im Männergesangsverein mit, blies in der Privatkapelle Stüber die Ventilposaune, das Es-Horn in der Stadtmusik und im Orchesterverein übernahm er nach Unterricht beim Oboensolist des Karlsruher Staatstheaters, Paul Kämpfe, die Oboe.

Damals druckte Burda Briefbogen und -umschläge, später eine Krankenkassenzeitung. Pünktlich um zwölf Uhr ertönte jeden Tag von unten ein schriller Pfiff, und Franz Burda beeilte sich, im ersten Stock des Hinterhauses die Maschinen abzustellen. Eilig lief er zur Küche der Metzgerei Burg und aß Lyoner, Blut- und Leberwurst, Bratwurst, Kalbskopf, Sülze, Rinderfilet oder frisch abgekochten Schinken. »Feierabend«, so Ganzmann, »war mal dann, mal dann, je nachdem.«

Nur samstags war pünktlich um ein Uhr Schluß, dann gab es den Wochenlohn auf die Hand: zwei Mark. »Es reichte für vier Bier und ein Vesper.« Aber wie der Chef den Lohn bezahlte! Er zog ein paar Geldscheine aus seinem Beutel, wischte sich mit jedem einzelnen die nicht wirklich tränenden Augen trocken und drückte sie dann scheinbar widerwillig seinen Angestellten in die Hände.

Das war Franz Burdas Lebensrolle; er war ein geborener Komiker, einer, der auf dem Fahrrad an den Leuten vorbeifuhr und ihnen Unverschämtheiten zurief: »Guete Morge, Sepp, hesch guet g'schlofe? Ich hab g'hert, du hätsch Kippes mit dienere Alte un hätsch hit Nacht im Grüne loschiert.« Ohne zu halten, fuhr er weiter und pfiff ein Lied vor sich hin. Durch die dunkle, runde Fassung seiner Brille blinzelten zwei Augen, als wollte er die ganze Welt auslachen.

Die spätere »rechte Hand« von Franz Burda jun., Alexander Bartosch, wunderte sich einmal über den lustigen Menschen: »Schon am frühen Morgen so fröhlich?« Worauf der antwortete: »Ach, wissen Sie, ich bin manchmal morgens beim Aufstehen so fröhlich, daß ich mich selbst am Hosenzipfel zum Fenster raushängen könnt.«

Beim Bohnenburger Karneval stand er als Andres auf einem Balkon rechts von der Bühne des Dreikönigssaals, auf dem linken Mina Koch als Veef, und die beiden trugen ihren häuslichen Streit aus und spotteten über die Leute und gesellschaftlichen Verhältnisse. Als er mit seinen Freunden, dem Gaswerksdirektor Ernst Schilling und dem Studienrat Karl Bögner, zur Gründung des Bundes Deutscher Orchestervereine in Bonn weilte, besuchten sie ein Varieté. Der Conferencier mühte sich damit ab, das Publikum zu unterhalten. Burda rief dazwischen, lieferte sich ein verbales Duell mit dem Conferencier, siegte. Schilling setzte sich ans Klavier, der Burda sang, das »Hühneraugen-Couplet«, das Publikum raste, und der Varietébesitzer wollte den Franzl einstellen. Aber der wollte nicht Künstler werden, sondern lieber Drucker bleiben.

Ein echtes Offenburger Original sei er gewesen, erinnerte sich das Lokalblatt noch am 10. Oktober 1933, ein Spaßvogel. »Unvergeßlich« sei er, ein Vorbild: »Gerade in der heutigen Zeit, wo man wieder Freude in die Herzen des Volkes streuen will, sind Menschen von seinem Schlag nötig.« Noch 1939, zum zehnten Todestag, erinnerte die *Ortenauer Rundschau* an ihn, den geborenen Humoristen.

Seine Oboe ist heute noch im Familienbesitz. Allerdings war sie lange Zeit verschwunden. Franz Burda junior hatte das Erinnerungsstück an eine Künstlerin verschenkt, die er bei einem Konzert in Offenburg gehört hatte. Viele Jahre später bereute er seine Freigiebigkeit. Burdas Mitabiturienten fahndeten nach dem Instrument und fanden die Oboe, die weit gereist war, noch im Besitz der Künstlerin. Als Franz II. seinen 60. Geburtstag feierte, brachte ihm Paul Aßmuss ein Geschenk, das, obwohl es einmal leichthin weggegeben worden war, von diesem Moment an als Beweis für die Liebe des Sohnes zu seinem Vater galt.

Lernen fürs Leben: »Der Menschheit Würde ist in Eure Hand gegeben«

Fast wäre die Erfolgsgeschichte eines süddeutschen Unternehmers nicht geschrieben worden, weil Franz Burdas siebenjähriger Stiefbruder Karl seine Babysitterpflichten vernachlässigte. Er schob Franzls Kinderwagen zum Saalbach, der bei Philippsburg in einen Altrheinarm fließt, und spielte dort mit seinen Freunden. Der Wagen machte sich plötzlich selbständig, hoppelte die Stufen am Waschplatz hinunter und kippte in den Bach. Karl und seine Spielkameraden schrien entsetzt auf, und der Bäckermeister Häusler, der am anderen Ufer Gras mähte, wurde aufmerksam. Schnell warf er die Sense weg, sprang in den Bach und zog Kind und Wagen aus dem Wasser.

So jedenfalls erzählte es Franz Burda später. Falls die Geschichte nicht wahr sein sollte, war sie wenigstens gut erfunden. Besser ein guter Mythos als eine langweilige Story. Und genau das, meint Hubert Burda, Franz' dritter Sohn, sei es, was die Familie seit jeher ausgezeichnet habe. Das sei die Antwort auf die Frage, warum seine Familie erfolgreicher war als andere böhmische Einwanderer: »Die Burdas waren die besseren Geschichtenerzähler. Auch ich erzähle gern Geschichten.« Steven Spielberg sei ebenfalls der Meinung: »It's on all story telling.«

Der größte Mythenbildner der Familie war jener Franzl, der in den Saalbach fiel – oder nicht. Er hatte eine Nase für Geschichten, wie das Publikum sie liebt. Seine eigene ging so: Aus armen Verhältnissen stammend, schuftete sich ein junger Mann durch zielstrebiges Lernen zum Doktor und durch hartnäckiges Arbeiten zum Millionär.

In der Schule, da lernte er fürs Leben, allerdings erst, als sie für ihn fast zu Ende war. Denn der Franzl saß nicht gern auf den harten Holzbänken in der Oberrealschule, die später Schiller-Gymnasium hieß. Als er dort paukte, hing noch kein Relief vor dem Eingang zur Direktion, das die Aufschrift trägt: »Der Menschheit Würde ist in Eure Hand gegeben.« Und so pfiffen die Kameraden auf die Würde des Kleinsten. »Kleiner Schisser« und »Benjamin« nannten sie ihn, sie stießen ihn herum. Franz Burda war ein Spätentwickler und Ziel vieler Streiche. Darüber hinaus war er – dieses Geständnis ist durchaus populär – ein fauler Schüler. »Das Schlimmste für mich waren die Hausaufgaben. Die habe ich prinzipiell nie gemacht.« Burda konnte zwar alle Pflanzen bestimmen, aber das war nicht wirklich relevant. Bei den Mathematikaufgaben habe er immer vor Schulbeginn seinem Mitschüler Josef Frey die Ergebnisse entlockt, dann sei er in der Lage gewesen, die ganze Aufgabe zu lösen.

Im Halbjahrszeugnis vor dem Abitur stand er in drei Fächern auf fünf: in Französisch, Englisch und in Fleiß. Sonst überall auf vier, wie er behauptete, »ausgenommen Geographie und Biologie mit Einsern. Da fing ich zum ersten Mal in meinem Leben an, gründlich zu arbeiten. Und so schnitt ich im Abitur, im März 1921, hervorragend ab, so daß Direktor Schwarzhans in seiner Schlußrede sagen konnte: ›Burda, wenn Sie immer so gearbeitet hätten wie im letzten Vierteljahr, dann würden Sie jetzt als Primus die Abiturientenrede halten. Schade!‹«

Wie vieles in Oswald Scharfenbergs Jubiläumsschrift zum 60. Geburtstag ist auch diese populäre Schilderung vom klugen Kind, dessen Neigungen die Zwänge des Schulalltags unterdrückten, eine jener Mischungen aus Dichtung und Wahrheit, die für Burdas Anekdoten typisch waren. Biologie und Geographie standen im Abiturzeugnis gar nicht drin, und weit gereicht hat's beim Abiturienten Franz Burda trotz der Anstrengungen auch nicht. In Betragen bekam der Prügelknabe der Klasse eine Eins, in Religion und Singen eine Zwei. Geschichte, Englisch und Physik schloß er mit Drei ab, und in Deutsch, Französisch, Chemie, Mathematik, Zeichnen und Turnen reichte es gerade zu einer Vier, ebenso in Fleiß und Aufmerksamkeit. »Bestanden mit 4« stand unterm Abiturzeugnis. Trotzdem will Burda eine Botschaft weiterreichen, die ihm wohl erst später in den Sinn gekommen sein mag: »Ich hatte zum ersten Mal gefühlt, daß man mit gründlicher Arbeit und vor allem mit Begeisterung Erfolg hat.«

An ein Studium war, wie in den meisten Haushalten der damaligen Zeit, nicht zu denken: »Bub«, sagte sein Vater, »ich kann dir nichts geben. Du mußt schauen, wie du dich selber durchs Leben schlägst.« Burda wurde Lehrling bei der benachbarten Firma »Freihandel GmbH Süddeutsche Handelskommission« von Karl Kormann. Er schleppte Kanit, Kalisalz, Superphosphat und Ammoniak die 17 Stufen aus dem Keller hinauf, um sie den Bauern auf die Fuhrwerke zu werfen. Händler holten sich säckeweise Reis, Mehl, Zucker und Kaffee. Und den Bauarbeitern reichte er Doppelfalz- und Biberschwanzziegel, bis die Hände schmerzten. Was er sparen konnte, legte er zur Seite. Aber irgendwann in dieser Zeit setzte Franz Burda sich in den Kopf, Rechts- und Staatswissenschaften zu studieren.

Der Traum schien Wirklichkeit zu werden, als sein Lehrherr ihn nach Freiburg empfahl, wo die Firma eine Zweigstelle hatte. Neben seiner Arbeit konnte Burda einige Kurse Volkswirtschaft an der Albert-Ludwigs-Universität belegen. Doch die Wirtschaftskrise und die Währungsreform zerstörten Franz Burdas Ambitionen. Sein Chef verspekulierte sich. »Ich vergesse nie, wie oft der Gerichtsvollzieher in das Lager kam, um zu pfänden. Mein Leben lang habe ich den Schock nicht vergessen, wie ich unverschuldet viele Demütigungen von seiten der aufgebrachten Gläubiger und des eingesetzten Konkursverwalters hinnehmen mußte«, steht in seinen Memoiren. Das schlimmste für ihn aber war: »Ich stand auf der Straße, ein armseliger, kleiner kaufmännischer Handlungsgehilfe, gestrandet wie viele andere Existenzen in dieser heillosen Zeit.«

Doktorhut und Druckerschwärze: »Ich laß das Geschäft nicht untergehen«

Immerhin 100 Schweizer Franken und 50 Dollar hatte er über die Inflationszeit gerettet. Damit wollte Burda weiterstudieren. Daß er letztlich die Prüfung mit gut abschloß, ein Diplom als Volkswirt erwarb und einen Doktorhut (Dr. rer. pol.) aufsetzen durfte, ist dokumentiert und entspricht der Wahrheit. Burdas Schilderungen in seinen unveröffentlichten Lebenserinnerungen und in Scharfenbergs interner Burda-Jubelschrift zum 65. Geburtstag sind dagegen Zeugnisse für seine Neigung, sein Leben in den schillerndsten Farben zu malen oder es gar zu mystifizieren.

Weil sein Bruder Erwin bei der Zweigstelle der Heilbronner Papiergroßhandlung Carl Berberich in Ottobrunn bei München als Junggehilfe arbeitete, beschloß er, dorthin zu ziehen. Erwin Burda nahm ihn in der Gollierstraße 33 auf, wo er zur Untermiete beim Kofferträger Hans Tauber und dessen Frau Mia wohnte. Sie wuschen sich mit kaltem Wasser, die Toilette hatte keine Spülung. Doch das Münchner Studentenleben behagte Franz Burda nicht, wenn man ihm glauben will. Vielleicht gefiel es ihm aber auch zu gut: »Da waren einfach zu viele Versuchungen für einen jungen, aus der Provinz kommenden Menschen, und da waren vor allem die vielen Freunde aus meiner Offenburger Schulzeit, die in München studierten und mit den Monatsschecks ihrer alten Herren ein flottes Leben führten.«

Konnte Franz Burda nicht mithalten, wie er wollte, weil er kein Geld hatte? Jedenfalls stand er eines Tages in der Toilette im Hofbräuhaus, um Platz für eine weitere Maß zu schaffen, da stellte sich neben ihn ein Korpsstudent: »Na, du arme Sau?« soll er ihn beleidigt haben. Franz lallte zurück: »Du kannst mich am Arsch lekken.« Die Ehre des Korporierten war getroffen, und er forderte den frechen Burda zum Duell.

Karl Pfaff, den er schon von Offenburg kannte und der als Mitglied einer schlagenden Verbindung zu fechten verstand, brachte ihm das Nötige bei. Und an einem Werktagsmorgen um elf in einem Wirtshaus in Giesing erhielt er plötzlich einen tiefen Schnitt in der Wange. »Das nun wiederum reizte den Franz so sehr, daß auch er zur Sache ging«, ließ er später wissen. »Kurzum: Er verließ das Schlachtfeld als Sieger.«

Sein Sohn Hubert erzählt eine andere Version: »Er wollte Mitglied einer schlagenden Verbindung werden. Aber er hatte kein Geld. Vor allem aber war er zu stürmisch. Er wollte nach vorne. Er hat zu überhaupt keiner Korporation gepaßt. Alles, was er gemacht hat, wollte er bestimmen, er war der Platzhirsch. Sich arrangieren, das konnte er nicht. Aber er brauchte den Schmiß, weil der irgendwie dazugehörte. Und deshalb haben sie sich auf einem Ramschboden getroffen und gefochten. Und dann war er ganz happy, daß er einen hingekriegt hat, und dann wurde die Wunde genäht und ein bißchen Salz reingegeben, damit es eine ordentlicher Schmiß wurde.«

Kurt Neuschütz dagegen, der seit 1946 zu den Vertrauten Franz Burdas gehörte, zieht ehrfürchtig die Augenbrauen nach oben und die Mundwinkel nach unten: »Doch, er war bei der schlagenden.« Aber in welcher? Nein, das wüßte er nicht.

In München jedenfalls gab Burda keinem mehr die Chance, ihm auch noch die andere Wange zu verzieren. Kurzzeitig zog er nach Wien, wohnte, wie er sagte, mittellos in einem Studentenwohnheim im IX. Bezirk, Sensengasse 2a, wo die Pfosten der Stockbetten in Blechbüchsen standen, in denen nachts Petroleum brannte, damit die Wanzen die Schläfer nicht erreichen konnten. Dem Sektionschef des Roten Kreuzes bot er eine Festschrift zum Rot-Kreuz-Tag an, oder war es, wie in seinen Memoiren beschrieben, die Feuerwehr? Egal, er will den Text geschrieben und Anzeigen geworben, eine Druckerei gefunden und 240 Mark verdient haben, von denen er vier Monate leben konnte. Aber Österreich wollte ihn nicht, er wurde an der Universität nicht angenommen, weil er nur ein Reifezeugnis einer Oberrealschule hatte, nicht das eines Gymnasiums. Das hinderte Burda nicht, Österreich später als seine zweite Heimat zu betrachten, was sich nicht nur in der Auswahl seiner Lieblingslieder bemerkbar machte. Am 4. April 1974 verlieh ihm der Landeshauptmann von Salzburg zusätzlich zur deutschen die österreichische Staatsbürgerschaft.

Im Wintersemester 1925/26 schrieb sich Burda in Erlangen ein, wo er zielstrebig lernte. Der Gipfel Burdascher Gefallsucht ist die Schilderung seiner diversen Prüfungen, in denen sich auch zeitlich einiges mischt. Mindestens 200 bis 300 Studenten saßen nach Scharfenbergs Aufzeichnungen im Auditorium maximum, als Burda sein Staatsexamen ablegte. Vorn am Tisch thronten die Professoren und »Ministerpräsident Held als Beauftragter der bayerischen Staatsregierung«. Immer drei Prüflinge – in den Memoiren sechs – werden in alphabetischer Reihenfolge eingelassen, mit Burda die Herren Almers und Bergmann. Der bekannte Nationalökonom Karl Theodor von Eheberg (1855–1941) fragte den ersten nach einer bestimmten Geldtheorie. Burdas Mitstreiter stotterten mehr als sie redeten. Da herrschte von Eheberg, der vor Held nicht schlecht dastehen wollte, Burda an: »Und Sie, wissen Sie das auch nicht?«

»Das wäre noch schöner, Herr Geheimrat, wenn ich das nicht wüßte«, will Burda seinen Vortrag begonnen haben. Über Irving Norton Fisher und Michael Tugan-Baranowsky will er zum einzig richtigen Ergebnis gekommen sein: der bedeutendste Finanzwissenschaftler war – von Eheberg.

»Wie ein Lauffeuer geht die Nachricht davon durch die Räume«, ließ Burda Scharfenberg schreiben. »Und bei dem lustigen Geheimrat Sehling, zwei Stunden später, ist das Examen nur noch eine fröhliche Unterhaltung.«

Der Jurist und Geheime Hofrat Emil Sehling habe den Kandidaten Burda aus seinen listigen Augen von oben bis unten gemustert. »Stellen Sie sich vor«, hob er schließlich an, »Sie sitzen an einem Sommerabend in einem Ruderboot. Natürlich haben Sie ein hübsches Mädchen bei sich. Der Mond scheint durch die Blätter, und das Boot gleitet so langsam dahin. Selbst wenn Sie dem Mädchen noch so tief in die Augen schauen und mit ihr von Liebe sprechen, müssen Sie immer an etwas denken. Woran?«

Burda grinste und sagte: »Herr Geheimrat, es tut mir aufrichtig leid, aber ich kann in dieser Situation bestimmt nicht, wie Sie, an das Binnenschiffahrtsgesetz von 1923 denken.« Die Zuhörer lachten auf und schlugen sich auf die Schenkel. Der Rest, so Burda, sei ein Kinderspiel gewesen.

Der Erfolg mußte mit den Kommilitonen gefeiert werden. Aber wie sollte er bezahlen? Burda war blank und brachte es nicht fertig, das zu gestehen. Statt seine Lage zu offenbaren, schlich er in die Küche und fragte den Chef, ob er anschreiben lassen könne. Er hatte Glück: »Der Mann mit der Kochmütze nickte nur«, schrieb Burda und war wieder obenauf. »Er kannte mich, der Franz Burda war ihm für jeden Betrag gut.«

Karl Theodor von Eheberg bot Burda eine Doktorarbeit an. Doch die mußte warten. Zu Hause klagte der Vater über Leberschmerzen und daß er nicht arbeiten könne. Burda mußte heim, schließlich waren die 14jährige Stiefschwester Herta, die zwölfjährige Friedlinde und der neunjährige Friedhold, genannt Zulli, zu versorgen. »Ja, ich komme!« kabelte er nach Offenburg durch. »Ich laß' das Geschäft nicht untergehen.«

Franz Burda II. hätte also auch für eine akademische Laufbahn das Zeug gehabt. Seine Doktorarbeit reichte er immerhin noch ein, bei von Eheberg, der zwar inzwischen emeritiert war, aber »einen Narren an mir gefressen« hatte. »Er wollte«, glaubte Burda behaupten zu dürfen, »seine offizielle Tätigkeit an der Universität mit mir als einem der Letzten abschließen.« Burda machte seine Erfahrungen aus der Lehrzeit zum Thema seiner Dissertation: »Die Entwicklung der badischen Produkten-Börsen«. Er schrieb sie in den freien Minuten in der Druckerei. »Eingehüllt von den Dunstschwaden aus der Wurstküche der Metzgerei Burg und mit dem Ächzen der altersschwachen Druckmaschine als Begleitmusik, eilte ich in jeder freien Minute in mein ›Büro‹, einen kleinen abgeteilten Verschlag innerhalb der Werkstatt, um dort, hastig die Druckerschwärze von meinen Fingern abgeschrubbt, an meinem Thema weiterzuschreiben. Daß ich die Arbeit, notabene ohne eine einzige Korrektur, unter diesen Bedingungen zu Ende brachte und praktisch druckreif vorlegen konnte, will mir heute noch nachträglich wie ein Wunder erscheinen.«

Ausgerechnet auf den »Schmutzigen Donnerstag« sei der Termin für seine mündliche Promotionsprüfung gefallen, »ein Tag, an dem in Offenburg normalerweise kein Mensch arbeitet. Ich werkelte allein in meiner Druckerei bis gegen Mitternacht. Dann stellte ich die Schnellpresse ab, kleidete mich ›standesgemäß‹ um, nahm den Personenzug nach Appenweier und stieg dort in den Nachtschnellzug nach Nürnberg ein. Die zwölf Stunden Zeit im Zugabteil, die mir noch blieben, nutzte ich, mich auf die Prüfung vorzubereiten.« In Erlangen habe ihn schon der Pedell, delegiert von Geheimrat von Eheberg, erwartet. Er sah den Kandidaten in einem Frack, den er sich bei Willy Habicht, dem Sohn von der Eisenbahnrestauration, ausgeliehen hatte. Der Termin der Prüfung sei auf nachmittags um halb zwei Uhr angesetzt, ließ der Pedell wissen, Burda komme als zweiter dran. Burda nutzte die Zeit, besuchte seine ehemalige Vermieterin und genehmigte sich in einem Restaurant »ein paar Bierchen«. Seine Antworten seien anschließend gekommen »wie aus der Pistole geschossen«. Der Geheimrat nickte beifällig, und »schon am Abend hielt ich die Bestätigung der Doktorwürde in Händen«. Gerade rechtzeitig – der übliche Umtrunk mußte ausfallen – erreichte Burda noch den Nachtzug, der ihn wieder zu seiner Schnellpresse zurückbrachte.

Eine nette Geschichte, eine Geschichte nach dem Geschmack des Franz Burda. Die Akten der Hochschule geben etwas mehr Klarheit. Die mündliche Prüfung war das sogenannte Rigorosum, ein Teil des Promotionsverfahrens. Sie fand nicht am Karnevals-Donnerstag statt, sondern am 6. Mai 1927. Seine Doktorarbeit hatte Burda schon vorher als Manuskript oder Typoskript einreichen müssen; nach dem Bestehen der mündlichen Prüfung mußte sie publiziert werden, was noch 1927 geschah. Die Urkunde wurde dann am 18. Juli 1928 ausgestellt. Die Prüfung, in der Burda sich als Held vor 300 Kommilitonen stilisiert, war wohl seine Prüfung zum Diplom-Volkswirt, die er am 3. Mai 1926 mit der Note »Gut« ablegte. Im Gegensatz zum Rigorosum, das im Dekanat im Schloß stattfand, prüften die Professoren die Volkswirt-Diplomanden tatsächlich im Audimax. Kommilitonen namens Almers und Bergmann konnte der Archivar der Friedrich-Alexander-Universität Erlangen-Nürnberg, Clemens Wachter, nicht eruieren. Und ein Letztes: Daß der Ministerpräsident einer derartigen Prüfung beigewohnt hat, ist in Erlangen nicht bekannt, schon gar nicht, daß der Chef der Staatsregierung als deren »Beauftragter« aufgetreten sein soll. Wenn aber der Ministerpräsident nicht anwesend war, dann ist nicht erklärbar, weshalb am 6. Mai 1927 um neun Uhr 300 Studenten auf harten Holzbänken saßen, um den Leiden von zwölf Prüflingen zuzusehen, die von ihren Professoren ausgequetscht wurden. Sie waren, wollte Burda uns sagen, gekommen, weil er eine tolle »Performance« abzugeben versprach. Die Geschichte wäre so schön gewesen. Franz Burda liebte schöne Geschichten, vor allem, wenn sie von ihm handelten.

Sein Sohn Hubert Burda hat sich immer wieder geschämt, wenn sein Vater dermaßen dick auftrug. Als Franz Burda seine Memoiren beendet und das Manuskript an den Seewald Verlag verkauft hatte, bat sein jüngster Sohn ihn: »Zeig mir doch mal, was du geschrieben hast.« Erste Anzeigen im Zentralorgan des deutschen Buchhandels, dem Börsenblatt, waren geschaltet, erste Zeitungen bereiteten die Leser auf das Buch vor. Aber Hubert Burda riet von einer Drucklegung ab: »Wenn du den Rest deines Lebens Prozesse führen willst, dann veröffentliche das.« So jedenfalls hat es Karlheinz Binder in Erinnerung, der mit dem Verlag verhandeln mußte: »Wir übernehmen alle bisher angefallenen Kosten. Sie dürfen ruhig aufrunden.«

Vielleicht aber hat sich Hubert Burda ja auch geschämt, weil sein Vater in einem Maß aufgeschnitten hat, daß es ihm die Röte ins Gesicht trieb. Dessen Selbstbeweihräucherung ging ihm ziemlich gegen den Strich, auch wenn sie für die Karriere durchaus förderlich war.

Lange war Franz Burda nicht in München gewesen, aber ein Besuch reichte, um etwas zu erleben, was sein Leben bestimmen sollte: Bei Taubers in der Gollierstraße hörte er, die Kopfhörer auf die Ohren gepreßt, die Arie der Nedda »Wie die Vöglein schweben hoch im Ätherblau« aus Ruggiero Leoncavallos Oper »Der Bajazzo«. Das war ein Wunder, und Franz Burda war klar, daß dieses Wunder die Welt verändern würde. Er wollte weder Rundfunkgeräte bauen noch Programme veranstalten, aber welche Wunder sie auf welcher Welle zu welcher Zeit hören konnten, das wollte er den Menschen sagen. Ein Jahr später gründete Franz Burda die Programmzeitschrift *Sürag*, benannt nach der Süddeutschen Rundfunk AG.

Acht Seiten dünn war die *Sürag*, einmal wöchentlich erschien sie, 15 Pfennig kostete sie, 1,50 Reichsmark pro Quartal. Zuzüglich Zustellgebühr. Verantwortlich für den Inhalt zeichnete Franz Burda, Offenburg, ab 13. November 1927 Dr. Franz Burda. Mit dem Freiburger Radiogroßhändler Wilhelm Nagel zog er durch die Geschäfte, die den Käufern eines Geräts auch gleich ein Abonnement der *Sürag* anbieten sollten. 1928 machten die südwestdeutschen Funkvereine das Blatt, das in Baden, Pfalz, Württemberg und Hessen erschien, zu ihrem offiziellen Organ. Auf einer der inzwischen 32 Seiten druckte Burda ihre Vereinsnachrichten, weshalb beispielsweise die Ortsgruppe Waldhof der Bastelgemeinschaft der Funkamateure Mannheim beschlossen hatte, daß alle Mitglieder die *Sürag* zu abonnieren hätten. Auf zehn Seiten warben die Hersteller für Rundfunkgeräte und Röhren, in eine Bastlerecke erfuhren die Leser alles über die Montage, und der Karlsruher Professor Kurt Riemenschneider klärte über die »Drahtlose Telegrafie vor Hertz und Marconi« und alle möglichen Empfangsstörungen auf.

Die Auflage stieg rasch an, und Burda sen. war nicht mehr zu halten vor Freude. Das Glück schien ihm endlich noch in Form von Barem zuzufliegen. Sein Sohn weiß auch dazu eine ergreifende Geschichte zu erzählen: Kurz vor Weihnachten 1927 sei es gewesen, da rief Oberpostdirektor Anton Burger in der Druckerei an, der mit dem Vater im Männergesangsverein »Concordia« sang. Er solle schnell rüberkommen, das erste Geld der Abonnenten sei da: »Du wirst es nicht glauben«, gab sein Sohn das Telefonat wieder, »es sind glatte 2000 Mark.«

Seinem alten Herrn habe es kurz die Sprache verschlagen, aber dann habe er verlangt: »Ich trabe gleich los. Aber tu mir den Gefallen und richte das Geld in einen Post-Geldsack mit der Aufschrift 2000 Mark – in 400 silbernen Fünf-Mark-Stücken.«

»Das wird aber ganz schön schwer«, soll Burger zu bedenken gegeben haben.

Doch Burda beharrte: »Glaub mir, noch nie ist mir eine Last leichtergefallen.«

Im Postamt angekommen, quittierte Burda den Empfang des Geldes und forderte Burger auf: »Auf Anton. Laß jetzt mal deine Briefe und Päckchen liegen und komm mit mir rüber in den ›Palmengarten‹.«

Dort saßen Freunde und Bekannte beim Kaffee und dem altbadischen Kartenspiel Zego zusammen. »Na, wie geht's, Eggler«, nahm er gleich den Zahnarzt aufs Korn und knallte das Säckchen mit den Silberlingen auf den Tisch. »Da schau her, du arme Sau. Der Burda, der hat Geld!«

Das traf nun auch auf den Junior zu. Seine Schwäche für große Partys war schon damals zu erkennen: Am 21. Januar 1928 veranstaltete der Sürag-Verlag Offenburg mit dem Sender Stuttgart-Freiburg in der Stadthalle Offenburg den ersten Badischen Rundfunk-Ball. Das »Cabaret zum Grünen Papagei« sorgte für Stimmung, getanzt wurde nach dem Freiburger Stadtgarten-Orchester und der Jazzkapelle Harmonie Freiburg. Außerdem: »25 im großen Saal der Stadthalle aufgestellte Philips Lautsprecher vermitteln die zeitweilige Mitwirkung des Stuttgarter Senders.« Eintritt: drei Mark, »für Rundfunkhörer gegen Vorzeigen der letzten Rundfunkquittung RM 2.50«. Erwünscht waren »Masken und Kostüme aller Art oder Damen im Ballkleid und Herren im Gesellschaftsanzug. (Anstößige oder politische Masken sowie Dominos werden nicht zugelassen.)«

Der Vater starb, aber das Familienunternehmen wuchs. Im Juli 1931 stellte Franz Burda II. zusätzlich zu Albert Bickel zwei weitere Maschinensetzer ein, so daß die Typograph-Setzmaschine in drei Schichten laufen konnte, außerdem einen Drucker, Max Bucherer aus Lahr, ursprünglich aus Nürnberg. 1932 hatte Burda zwölf Mitarbeiter. Neben dem Chef und Bucherer druckten Willi Hahn und Adolf Späth, die zwei Setzmaschinen bedienten Bickel, Alfred Sauter, Albert Scherer und Walter Schröder. Otto Pröttel, Anton Heilemann und Alfred Hätty besorgten Handsatz und Umbruch, Alma Pröttel, die Ehefrau seines Stiefbruders Otto Pröttel, und Burdas jüngster Bruder Friedhold die Buchbinderei. Zu Beginn des Jahres 1933 druckten die Offenburger 60 000 Exemplare der *Sürag*, und täglich kamen neue Bestellungen hinzu. »Kaum faßlich für einen noch nicht 30jährigen jungen Mann«, fand Franz Burda selbst. »Wenn es in diesem Tempo weiterging, war ich auf dem besten Weg, meine erste Million zu machen.« Seine Mitarbeiter belohnte er bei jeder Erfolgsmeldung mit einer heißen Wurst mit Brot und einem Bier im Gasthaus. »Bei der Gewerkschaftspolitik, wie wir sie heute haben«, schrieb er später, »wäre es völlig unmöglich gewesen, ein Unternehmen in dieser Art auf die Beine zu stellen.«

Für Franz Burda wurden die dreißiger Jahre zu den goldenen. Er wurde ein erfolgreicher Kleinunternehmer, von dessen Qualitäten inzwischen auch jene Anna Magdalena Lemminger überzeugt war. Im Sommer 1931 heirateten die beiden, im Mai 1932 kam Franz III. zur Welt. Alles war, wie es seit Generationen gewesen war: Aenne pflegte Haus und Kind, Franz päppelte seinen Betrieb.

Drei Jahre später, 1935, erlebte Franz Burda sein zweites, ein technisches Wunder: Beim Scherl-Verlag in Berlin lief die erste Tiefdruck-Rotationsmaschine der Firma Koenig & Bauer, und der Oberingenieur der Herstellerfirma, Andreas Knittel, führte dem gelernten Drucker das Meisterwerk vor. Fast schwindelte ihn, als er sah, wieviel Papier das Zylinderdruckwerk schluckte, wie die Rakel die überschüssige Farbe von den Zylindern streifte und sie nur in den geätzten Vertiefungen zurückließ. Er roch das Benzin, das sich schnell verflüchtigte und die Luft in der Halle schwängerte, und er staunte, daß die Maschine stündlich 9000 Stück beidseitig bedrucktes Papier ausspuckte, »in einer Druckqualität, die für mich einfach umwerfend war«.

Neben den rund 14 000 Buchdruckereien gab es im Deutschen Reich nur wenige Tiefdruckereien, und Franz Burda erkannte: Das ist die Zukunft. Anders als beim Buchdruck dauerte zwar die Vorbereitung länger, aber Tiefdruck ermöglichte den Druck hoher Auflagen auf billigerem Papier. Vier Wochen später fuhr Burda nach Würzburg und bestellte eine solche Wundermaschine, ein Pony-Druckwerk und einen Falzapparat. 150 000 Mark gab er aus, aber die *Sürag*, die mittlerweile 64 Seiten dick war, würde das Geld schnell wieder einspielen.

Als die Maschine geliefert wurde, hatte Burda im Hinterhof der Adolf-Hitler-Straße, früher Hauptstraße 13, eine neue Druckerei eingerichtet. Die Familie, in der sich erneut Nachwuchs ankündigte, zog ins Vorderhaus ein. Im Hinterhaus wurden nun 8000 Bogen pro Stunde ausgespuckt, auf jedem Bogen 16 Seiten. Mit Heinrich Dahlke kam ein Fachmann aus Hannover nach Offenburg, der als der beste Tiefdrucker weit und breit galt. »Was der Dahlke sagte«, weiß Kurt Neuschütz, »war für Dr. Burda die Seligkeit.« Außer ihm beschäftigte Burda mehr als 60 Personen in Fotografie, Retusche, Montage, Kopie, Ätzerei, Druckerei, Buchbinderei und in der *Sürag*-Schriftleitung. Doch die Maschine bot weitere Kapazitäten; sie erforderte sogar weitere Aufträge, und Burda druckte bald die Kataloge der Versandhäuser Schöpflin in Hagen und Wenz in Pforzheim sowie den Haus- und Sparkalender des Deutschen Sparkassen-Verlags Berlin. »Im Zeitraum von zehn Jahren«, lobt Franz Burda sich in seinen Memoiren, »war aus der kümmerlichen Quetsche im Hinterhof ein moderner, leistungsfähiger Mittelbetrieb geworden.« Und um ein Haar ein nationalsozialistischer Musterbetrieb.

3

Burda unterm Hakenkreuz: »Die hohe Kunst des Überlebens«

Im März 1848 erwachte das kleine Eisenbahnerstädtchen Offenburg kurzzeitig aus seinem Dornröschenschlaf. Die »Entschiedenen Verfassungsfreunde« tagten dort, und etwa 40000 Menschen waren angereist, die den Wunsch nach einer demokratischen Verfassung für Deutschland teilten. Nicht daß die führenden Köpfe der Revolution in Offenburg gelebt hätten, aber die 4000-Seelen-Gemeinde hatte seit vier Jahren Eisenbahnanschluß und verfügte über eine Reihe guter Wirtshäuser. Im Gasthof zum Salmen in der Langen Straße verabschiedeten die Verfassungsfreunde »die Forderungen des Volkes in Baden«.

Daß die örtliche Zeitung *D'r alt Offenburger* am 8. November 1930 auf diese Geschichte abhob, hatte seinen Grund: »Unsere Stadt ist berühmt geworden als Hort der Verteidigung des demokratischen Volksstaates unter dem Reichsbanner schwarz-rot-gold«, schrieben die Redakteure, als die Weltwirtschaftskrise zu immer mehr Konkursverfahren, steigender Massenarbeitslosigkeit und zunehmender Akkumulation von Kapital in wenigen Händen führte. »Demokratisch ist heute die Arbeiterschaft gesinnt«, beschwor *D'r alt Offenburger.* »Der Kleinbürger ist in der wirtschaftlichen Krisis reaktionär.«

In Offenburg standen die Gemeinderatswahlen an, und ein gewisser Adolf Hitler, Anführer der zweitstärksten Partei im Deutschen Reichstag, der NSDAP, hatte sich angesagt. In den landwirtschaftlichen Hallen auf der Kronenwiese wollte er am Abend eine Versammlung abhalten, an der Kriegsbeschädigte, Kriegshinterbliebene, Kleinrentner und Arbeitslose kostenlos teilnehmen durften. Die linksgerichtete Zeitung blieb optimistisch, daß dieses »Theater der Faschisten« keine Hitler-Mehrheit ins Rathaus bringen werde.

Mehr als 10000 Menschen drängelten sich jedoch am Abend in den Hallen, ein paar tausend konnten gar nicht hinein. Viele waren von auswärts angereist, mit der Bahn, dem Fahrrad oder gar zu Fuß. Eine Kapelle spielte alte Märsche, Gauleiter Robert Wagner heizte die Masse an. Gegen neun Uhr kam Hitler, Kinder reichten Blumensträuße ins Auto. Der »Führer« sprach fast zwei Stunden, in leichtem Wiener Dialekt, mit einfachem, klarem Stil und ansteigendem Pathos, wie die Lokalblätter urteilten. »Die Lage des deutschen Volkes ist eine verzweifelte«, rief er. Um 62 Millionen Menschen zu ernähren, sei der jetzige Lebensraum zu klein, zu eng. »Die Weltabsatzmärkte werden nicht vom Kaufmann erobert, sondern durch Machtpolitik!«

Irgendwo in der Masse standen auch Aenne und Franz Burda. »Dreckschwein, du Idiot«, will Aenne vor sich hin gemurmelt haben. »Du bist unser Untergang.« Jedenfalls erzählte sie das später ihrem Sohn Hubert. In Scharfenbergs Jubelschrift »Mensch und Werk« schilderte Franz, wie er den Abend in Erinnerung hatte: »Die großen Hallen, auf deren Gelände heute meine neue Druckerei steht, waren überfüllt, und Lautsprecher übertrugen die Ansprache in die sogenannte ›lange Halle‹. Wir waren unangenehm beeindruckt von dem Getue und Gerede des ›Hanswursten‹, wie wir ihn beide damals nannten. Und wir dachten beide: ›Gnade uns der Himmel, wenn dieser Mann je in Deutschland an die Macht kommt!‹ Die SA und die SS tobten und schrien. Wir aber gingen nach Hause und sprachen kaum noch ein Wort über dieses denkwürdige ›Ereignis‹.«

Es könnte auch anders gewesen sein. Deutschland lebe seit 1918 die Rolle des Dulders, ereiferte sich Hitler. Da mag Burda genickt haben. Die Wirtschaft versage nicht, aber die politische Führung. Dem stimmte der Unternehmer sicher zu. In Zeiten des Niedergangs eines Volkes sei immer die Demokratie an der Herrschaft gewesen, behauptete Hitler, Aufbau und Reorganisation eines Staatswesens hätten dagegen immer nur einzelne Männer und Persönlichkeiten durchgeführt. Galt das nicht auch für seinen Betrieb? Hatte nicht ein einzelner, nämlich er, Franz Burda, die kleine Klitsche seines Vaters erst auf den richtigen Weg gebracht? War nicht, mag Burda sich gefragt haben, dieser Mann ein Verbündeter im Geiste?

»Mein Vater wäre möglicherweise 1933 in den Nationalsozialismus reingetaumelt«, räumt Hubert Burda ein. »Aber nicht, weil er ein Nazi war, sondern weil er sich als Unternehmer gute Chancen ausgerechnet hat.« Reingetaumelt wäre er, meint Burda, wenn nicht die Mutter erkannt hätte, daß die Nationalsozialisten »alles Kriminelle« seien. »Mutter kam aus kleinerem Milieu als er, und in dem Milieu sah sie, daß die Arbeitslosen von der einen Minute auf die andere aus dem roten Hemd ins braune Hemd geswitcht sind. Das sieht man in einer kleinen Stadt besser als in der Großstadt.«

»Switchte« auch Franz Burda? Karlheinz Schönherr würdigt seinen Chef heute als einen Mann, der sich zum Opportunismus nicht eignete: »Bevor ich zu ihm kam, hätte ich nicht geglaubt, daß es einen Mann dieser Art in unserer Zeit noch gibt. Keine formelhafte Verbindlichkeit. Keine Anpassung an Personen oder Verhältnisse um den Preis, auch nur das Geringste seiner selbst aufzugeben oder zurückstellen zu müssen.« Schönherr kannte Burda genau, er war von 1959 bis 1973 ganz nah dran an Franz Burda, der »Adjutant des Alten«, wie er von sich selbst sagt. Er gemeindete zusammen mit Willy Grafschmidt 1963 und 1964 die *Freundin* ins Imperium ein, danach war er Chefredakteur des Textteils der *Bunte*, dann Redaktionsdirektor, letztlich »engster Mitarbeiter des Senators«.

Franz Burda beteuerte nach 1945 mehrfach, er hätte die Nazis, die ihn unter Druck gesetzt hätten, gehaßt: »1933 war ich überall verschrien – entweder als Kommunist, als ›Führer‹ der Offenburger Sozialdemokraten oder als ›Judenfreund‹. ›Sürag‹ komme von ›Sirach‹ und sei eine jüdische Angelegenheit, wurde mir damals gesagt. Und der Burda sei überhaupt kein Deutscher, sondern ein Tscheche.« Und auch Aenne Burda behauptete: »Ich war leidenschaftlich gegen Hitler, schon weil ich das Wort Sozialismus nicht mochte.« Wie also haben die zwei die zwölf Jahre des tausendjährigen Reichs überlebt?

Der Betrieb lief nach Hitlers sogenannter Machtergreifung 1933 weiter wie bisher. Seit April 1933 gab der Sürag-Verlag die Imkerzeitung *Die Biene und ihre Zucht* heraus, die Franz Burdas Schwester Herta redaktionell bearbeitete und die später in *Südwestdeutscher Imker* umbenannt wurde. Als Kreisimkerführer hielt er 1934 die Festansprache zur Eröffnung der Imkerschule in Gengenbach. Die Nazis erteilten Druckaufträge, etwa das Festbuch zur zehnjährigen Gründungsfeier der NSDAP-Ortsgruppe Offenburg oder das Programmheft der Mittelstandskundgebung der »NS-Hago«, Nationalsozialistische Handwerker-, Handels- und Gewerbeorganisation vom 15. bis 22. Oktober 1933, das im Führerverlag erschien. Franz Burda selbst ergriff die Gelegenheit, darin über »das Offenburger Handwerk von heute« zu schreiben.

Eine Parteimitgliedschaft hätte sicherlich genutzt, doch Burda zögerte: »Ich hatte in Offenburg viele Freunde, auch solche, die nun plötzlich eine wichtige Rolle in der Partei spielten und mich aufforderten, doch auch der NSDAP beizutreten«, gab er Scharfenberg zu Protokoll. »Aber das brachte ich beim besten Willen nicht fertig.« Arglos druckte Scharfenberg, was ihm sein Chef gesagt haben mag: »Burda weigert sich, der Partei beizutreten.« Die Wahrheit sieht anders aus.

Zu den sogenannten Märzgefallenen, die der braunen Partei im Frühjahr 1933 eilig beitraten, gehörte Burda nicht. 1934 aber meldete er sich beim Nationalsozialistischen Kraftfahrerkorps (NSKK) an. »Irgendwo«, entschuldigte er sich, »mußte man ja damals in meinem Alter – ich war 31 – mitmachen.« Bis 1937 sei er »Vergnügungsreferent« gewesen und habe alle geselligen Veranstaltungen aufgezogen. »Das NSKK hat mich vor vielen Unannehmlichkeiten beschützt.« Dann aber geschah es, daß Burda »mit dem Staffelführer Krach bekam und aus dem NSKK hinausgeworfen wurde«. Der Krach hatte keine politischen Hintergründe. Burda betätigte sich »nach dem Hinausschmiß beim NSKK als Pressereferent der Kreis-Rundfunkstelle. Dafür bekam man zwar keine Uniform, war aber immerhin dabei.«

Der Geist der neuen Zeit: »Kerndeutsch und vaterländisch«

Am 2. April 1933 sah sich Franz Burda veranlaßt, in der *Sürag* folgende »Warnung« zu drucken: »Werber anderer Funkzeitschriften versuchen in jüngster Zeit unsere Leser zur Abbestellung der *Sürag* zu bewegen mit der Behauptung: Die *Sürag* sei ein jüdisches Blatt. (...) Demgegenüber erklären wir, daß sowohl im Verlag, als auch in der Druckerei, weder jüdisches Kapital, noch Angestellte, Arbeiter oder Mitarbeiter tätig sind, und daß die Gesinnung der Unternehmer von jeher kerndeutsch, vaterländisch gewesen ist.« Franz Burda setzte eine Belohnung von zehn Reichsmark für diejenigen aus, die eine Person nachwiesen, die derartige Behauptungen verbreiten.

Zwei Monate später konnte er melden, daß der Sürag-Verlag mit der Gaurundfunkstelle Baden der NSDAP und dem Reichsverband deutscher Rundfunkteilnehmer eine Abmachung getroffen habe, nach der die Programmzeitschrift »vollen Kundenschutz« genieße. Durch Werberausweise werde gesichert, daß keine Abwerbungen mehr stattfänden. Nur so seien die »Auswüchse des Werbeunwesens« zu beseitigen. »Die *Sürag* ist am 25. Juni 1933 von den zuständigen, amtlichen Stellen der Nationalsozialistischen deutschen Arbeiterpartei anerkannt worden. Werber, die etwa versuchen sollten, eine Umwerbung bei unseren Lesern anzustreben – gleich was für eine Funkzeitschrift das sein sollte –, sind unter Nennung des Namens unverzüglich dem *Sürag*-Verlag Offenburg und der Gaurundfunkstelle Baden der NSDAP, Karlsruhe, Kaiserstraße 113 zu melden. Dieselben müssen im Interesse einer ordnungsgemäßen, deutschen Werbearbeit fristlos entlassen werden.« Außerdem empfahl Burda seinen Lesern, sich ihr Programmheft »im Sinne des Aufbauprogramms der Reichsregierung« – statt wie bisher per Post – »durch arbeitslose Volksgenossen« zutragen zu lassen.

Burdas Schwierigkeiten nach dem Machtwechsel währten also nur kurzzeitig, weil übereifrige Werber der Nazi-Zeitschriften *NS-Funk* und *Der deutsche Sender* Lügen kolportierten. Die Firma wuchs unter den Nationalsozialisten schneller als je zuvor, und

Burda reihte sich ein. Burda, der für den gesamten Inhalt verantwortlich zeichnete, baute mit am Deutschen Reich.

Zum 1. Mai 1933 jubelte der *Sürag*-Leitartikler darüber, daß sich der Demonstrationstag der Kommunisten zum »Feiertag der nationalen Arbeit« gewandelt habe. Das werde sich auf die Arbeiterschaft auswirken: »Die NSBO hat so gewaltige Erfolge zu verzeichnen, daß die endgültige Ausschaltung des Marxismus aus dem deutschen Arbeitertum nur noch eine Frage der Zeit ist. Vielleicht bedeutet diese unaufhaltsame Eroberung des deutschen Arbeiters durch die NSDAP nicht nur den Triumph, sondern auch das wichtigste Kapitel der Bewegung. Denn dann ist ein Bollwerk größten Ausmaßes gefallen, dann ist der deutsche Arbeiter zum ersten Male völlig aus der marxistischen Strömung herausgelöst, dann besitzt die NSDAP und damit die Regierung die Millionenheere der deutschen Arbeiter, um mit ihnen und dem ganzen Volke das Schicksal Deutschlands zu gestalten.«

Das Rundfunkwesen blieb ebenfalls nicht verschont. Beim Deutschlandsender und anderen Sendern des Reichs wurden mehrere führende Mitarbeiter Anfang 1933 »auf eigenen Wunsch« hin beurlaubt. Und die *Funk-Stunde*, Berlin, übertrug ab sofort keinen Jazz mehr. Die »Negermusik« sei, so die *Sürag*, von einem »hemmungslosen, übermäßig scharf akzentuierten Rhythmus beherrscht und durch die grellen Klangfarben der Bläser sowie von einem vielfältigen Komplex von Schlag- und Geräuschinstrumenten gekennzeichnet«.

Immerhin viereinhalb Millionen Rundfunkempfangsanlagen standen im März 1933 in deutschen Haushalten, darunter mehr als eine halbe Million sozial Schwache, die gebührenfrei hören durften. Monat für Monat kamen Zehntausende von Hörern hinzu. Damit die Volksgenossen den Reden der neuen Staatsmänner in angemessener Qualität lauschen konnten, bemühte sich Baden-Baden als erste deutsche Stadt, einen vollkommen störungsfreien Empfang zu gewähren. »Nur dadurch wird es überhaupt möglich sein«, lobte die *Sürag*, »das großzügige Programm des Reichsministers Dr. Goebbels durchzuführen, wonach in jedem deutschen Haus, in jeder deutschen Familie der Rundfunk heimisch sein muß.«

Am 27. August 1933 erschien die *Sürag* erstmals in Frakturschrift. Burda selbst berichtete unter seinem Pseudonym F. P. Funk von der Berliner Funkausstellung, wohin er am 18. August 1933 mit dem Zug gefahren war – zusammen mit rund 1000 Badenern, die in den 16 Waggons eines Sonderzugs nach Berlin gereist waren, den die Gaurundfunkstelle der NSDAP und der Sürag-Verlag gemeinsam organisiert hatten. Reiseleiter war neben dem Gaufunkwart der Verleger Burda, unter den Reiseleitern befand sich auch Karl Mildenberger, der stellvertretende Kreisfunkwart und *Sürag*-Anzeigenleiter. Am Anhalter Bahnhof empfing donnernder Trommelwirbel die Gäste, ein Pfeiferchor mischte sich ein, dann erklangen »schneidige SA-Märsche«. Reichspropagandaminister Joseph Goebbels, der Schirmherr des deutschen Rundfunks, hatte zum feierlichen Empfang der badisch-pfälzischen Hörer den Horst-Wessel-Ehrensturm auf den Bahnsteig entsandt. Außerdem wartete dort der Vorstand der nationalsozialistischen Rundfunkkammer und frühere Gaufunkwart von Baden, Kapitän Werber.

Einige der *Sürag*-Leser trugen den Volksempfänger VE 301 nach Hause, zu 76 Mark für Netz-, 65 Mark für Batteriebetrieb – einschließlich Lautsprecher und Röhren. Binnen einer Woche war auf der Ausstellung die Erstproduktion von 100 000 Stück verkauft worden. Stolz berichtete Burda, daß Goebbels sich persönlich auf dem Stand der Schwarzwälder Apparatebauanstalt August Schwer Söhne (Saba) den Volksempfänger hatte vorführen lassen. Goebbels habe diesem Stand des einheimischen Werks »die längste Zeit und das größte Interesse« gewidmet. »Wir Hörer in Südwestdeutschland dürfen stolz darauf sein, daß unserer heimischen Unternehmung diese außerordentliche Ehrung zuteil geworden ist.«

»Glanzvolle Tage« erlebte Franz Burda auch, als er dem Nürnberger Parteitag lauschte. »Der Nationalsozialismus hat den Rundfunk sogleich bei Übernahme der Macht in eine ganz neue Arbeitsform hineingezogen, indem er ihn zum Ausdruck staatlichen Gemeinschaftslebens machte. Warum dies der frühere Staat nicht vermocht hatte, sondern erst der Nationalsozialismus, liegt klar auf der Hand: Es war erst möglich, nachdem der Mensch die Lebensform des politischen Menschen angenommen, nachdem also ein

Staatsleben des ganzen Volkes überhaupt erst geschaffen war.« Burda hatte »große, wegweisende Reden der Führer« gehört. Aber auch seine zweite Aufgabe, »mit dem Mikrofon ein Bild von der riesigen Volkswillenkundgebung aufzufangen«, habe der Rundfunk in Nürnberg erfüllt. »Daß hier ein Äußerstes an Bildkraft, eine staunenerregende Eindrucksfülle erreicht worden ist, hat jeder selbst erfahren. Immer wieder klangen im Ohre die Rhythmen all jener SA-Kapellen, immer wieder, unbezwinglich in ihrer Beweiskraft, der Jubel der Hunderttausende, sei es Hitler-Jugend, SA, SS, Parteigenossen. Wir brauchen nur an den gewaltigen Sonntag zu erinnern, an die prachtvolle Art, wie der große Vorbeimarsch übertragen wurde, wie da in den Funkbericht hörfolgartige Darbietungen aus dem Senderaum eingeschaltet wurden, und dann wieder das Marschieren, Marschieren. Ein unvergeßliches Erlebnis am Rundfunk!«

Burda bemühte sich nach Kräften, den neuen Machthabern zu gefallen. Ohne Zwang hob er Aufnahmen prominenter Regionalpolitiker wie die des Gauleiters Rheinpfalz, Josef Bürckel, und des Gauleiters Baden, Robert Wagner, auf den Titel. Auch Reichssendeleiter Eugen Hadamowsky, der den »Rundfunk als politisches Führungsmittel« verstand, wurde auf diese Weise geehrt. Burda, der eingefleischte Badener, scheute nicht davor zurück, Hadamowskys Zentralisierungspläne zu unterstützen. Burda alias Funk schrieb zur Vereinigung der süd- und westdeutschen Sender zur Sendergruppe West: »Es hört auf, daß jeder Sender sein ›Luxusprogramm‹ macht und bezahlt.« Die Zersplitterung werde aufgehoben »zugunsten der endlich erreichten und unserem Deutschland so notwendigen Einheit«. Die Belange der Region würden darunter nicht leiden, denn es sei so, »daß ja wohl keine Regierung ein solches Interesse an der Pflege des Heimatlichen und Volkstümlichen hat wie unsere«.

Mit einer Eigenanzeige machte Franz Burda am 5. November 1933 seine Gesinnung öffentlich: »National und sozialistisch ist das Denken, Wollen und Handeln der *Sürag*; in ihr lebt der Geist der neuen Zeit! Die *Sürag* ist deshalb auch heute die in Baden und Pfalz am meisten verbreitete Rundfunkzeitschrift!«

Daß der Rundfunk ein Instrument der Politik geworden war, hatte Burda sofort verstanden: »Alles horcht auf – der Führer spricht!« stand am 12. November 1933 auf dem Titel, und in einem Artikel erläuterte Burda alias Funk, daß das Medium sich gewandelt habe vom »Kunst-, Musik- und Unterhaltungsrundfunk in den politischen Rundfunk«. Die ersteren müßten zurücktreten, »wenn nationalsozialistische Zwecke es erfordern«. Von den Berichten zum 10. Jahrestag der »nationalsozialistische Erhebung« erzählt er, von den »alten Kämpfern«, die »wir« gefeiert hätten, und von einem zwischengeschalteten Hörspiel, das in »wenigen drastischen Szenen die Schrecken der Räte-Herrschaft in München schilderte. Da mag sich jeder den gewaltigen Gegensatz klar gemacht haben, der zwischen damals und heute besteht.«

Burdas *Sürag* war weit mehr als ein Programmblatt. Sie war vom ersten Tag an Teil des nationalsozialistischen Systems, der Ton unverhohlen begeistert. »Feste schaffen, feste feiern« galt auch in diesen Jahren. Für einen Wettbewerb auf dem ersten Presse- und Bühnenball 1935 im »Dreikönig« stiftete die Buchdruckerei Burda den ersten Preis, »100 Mark in bar oder eine *Sürag*-Reise 11 Tage Norderney oder 11 Tage Oberbayern«. Der Führerverlag Karlsruhe, mit dem Burda angeblich im Clinch lag, stiftete 50 Mark oder eine Reise zum Feldberg. Sein Angestellter Fritz Näger, der 39 Jahre im Unternehmen blieb, suchte 1936 zwölf neue Angestellte, die vor allem eines können mußten: musizieren. Franz Burda hatte ihm den Auftrag erteilt, eine Blaskapelle zusammenzustellen.

Am 1. Januar 1939 feierte die *Sürag* mit ihren Abonnenten und den meisten Deutschen im Reich das vergangene Jahr als »Marksteinjahr des deutschen Volkes«: »Was über ein Jahrhundert die besten der deutschen Herzen ersehnt, was im Zeitraum nach dem Weltkrieg mehr und mehr als unerfüllbarer Wunsch erschien, ward Wirklichkeit: Deutsch-Österreich wurde Ostmark des Reiches. Noch klingt uns im Ohr und wird in ihm fortbrausen, wie lange wir leben, was in den Märztagen des scheidenden Jahres tausend- und abertausendfach der Rundfunk uns zurief: Ein Volk – ein Reich – ein Führer! Wer aber hätte damals im heißumjubelten Vorlenz geglaubt, daß noch im gleichen schicksalhaften Jahre 1938 die Sudetendeutschen desgleichen zum Reiche Adolf Hitlers stoßen und mit ihm unlösbar verwachsen würden!« schrieb Jodokus Bydt, der sonst im »Rückblick« wöchentlich Konzertkritiken lieferte. Nun liege es an jedem einzelnen, »daß die Geschichtsschreibung wird feststellen können, das deutsche Volk habe sich des Führers wert und würdig erwiesen, der ihm geschenkt ward«.

Nachdem Adolf Hitler Polen überfallen ließ, druckte Burda den »Führer«, den »Hort des Vertrauens Großdeutschlands«, ganzseitig. Das mußten damals alle. Die Presse war längst gleichgeschaltet, von Berlin aus ergingen täglich detaillierte Sprachregelungen. Burda folgte diesen Anweisungen genau. Wenn überhaupt ein Medium dieser Zeit den Anspruch anmelden durfte, zwischen den Zeilen geschrieben zu haben, so darf das einer mit Sicherheit nicht: Franz Burda. Und so setzte sich sein Aufstieg gerade in der Zeit des Nationalsozialismus mit Nachdruck fort. In seinen Memoiren umschrieb er seine Mittäterschaft als »die Hohe Kunst des Überlebens«. Für ihn zählte in erster Linie der Betrieb. Und der prosperierte in der Diktatur erst richtig.

Burdas Lehrling: »Ein strammes BDM-Mädel«

Bruno Bayer absolvierte von 1936 bis 1939 eine Lehre als Handlungsgehilfe im Sürag Verlag Burda & Co. in der Offenburger Hauptstraße. Im ersten Lehrjahr zahlte sein Chef 20 Reichsmark Monatslohn, im zweiten 25 und im dritten 30. Vom 1. Mai 1939 an war Bayer als Kontorist angestellt. Sein Arbeitsbuch 347/30909 wurde stets akkurat von Karl Mildenberger abgezeichnet, der den Nachwuchs in seine Aufgaben einführte. Cordula Bieser, damals Lehrling, hat vor Mildenberger »immer gezittert, wenn ich zum Diktat reinmußte. Der war schon furchteinflößend.« Er habe sie immer zum Schindler geschickt, um Zigarren zu holen, dann habe er sich eine angesteckt, geraucht und diktiert. Franz Burda dagegen sei »ein wunderbarer Chef« gewesen.

Manchmal wurde Bruno Bayer zum Stenogramm zum Chef gerufen. Er durfte schon als Lehrling wegen seiner guten Französischkenntnisse die Programme des Schweizer Senders Sottens übersetzen. Um Bayers Kenntnisse zu verbessern, bezahlte Burda sogar eine Studienrätin, die dem jungen Mann Unterricht erteilte. Und manchmal hatte der Chef einen Sondereinsatz für seinen Lehrbuben: Als Mitglied des Kulturvereins sorgte Burda dafür, daß die Mitglieder pünktlich an ihre Theaterkarten kamen. Bayer mußte sie verschicken und bekam dafür eine Freikarte der Oper »Martha« von Friedrich Freiherr von Flotow. Bayer, der sich 1946 der Theologie zuwandte, 1955 Priester wurde und der Gesellschaft des Katholischen Apostolats der Pallottiner angehört, entdeckte damals sein Interesse für die Welt der Oper.

Längst gehörte Burda, so Bayer, zur »Hautevolee Offenburgs«, und er zeigte sich gerne generös. Zum 25. Jubiläum seiner ehemaligen Schule überreichte er im Namen der damaligen Schulanfänger 1500 Mark für ein Stipendium – und en passant eine Festschrift, die eine Mark kostete zzgl. 30 Pfennig Porto und deren Ertrag für ein Stipendium bestimmt war.

Mit Bayer im selben Büro auf der Chefetage saß der Haberer Eddi, der dritte Lehrling war ein Mädchen, das Rombach Klärle. Sie war die Tochter des Kreisleiters, »ein strammes BDM-Mädel«, so Bayer: Im »Dritten Reich« habe Burda sich an den Interessen seines Betriebs orientiert, und die Einstellung der Tochter des örtlichen NSDAP-Chefs schadete sicher nicht. Andererseits saß im Vorzimmer des Chefs und nah bei den drei Lehrlingen Ruth Batzer, die als Auslandskorrespondentin firmierte. Sie war in der Lingua Tertii Imperii Halbjüdin, Tochter eines bekannten Professors. Bruno Bayer weiß um Aufforderungen seitens der NSDAP, sie zu entlassen. Burda widerstand, vielleicht, so mutmaßt Ruth Batzers Schwester Sibylle, weil ihr Vater einer von Burdas Schullehrern gewesen war. Bruno Bayer vermutet, daß der Burda-Betrieb deshalb nie die Auszeichnung als »nationalsozialistischer Musterbetrieb« erhalten habe.

1937 beschäftigte Burda schon 100 Mitarbeiter, zwei Jahre später 130. Die Auflage der *Sürag* stieg auf 113 000 Exemplare, und Burda mußte schon wieder ausbauen. Da kam die Chance, eine der größten süddeutschen Druckereien zu kaufen, gerade recht. Die Werkszeitung *Burda Familie* berichtete 1953 lediglich vom »Erwerb eines Mannheimer Betriebs«. Tatsächlich war Burdas Akquisition kein Erwerb, sondern es handelte sich um eine sogenannte Arisierung. Die Vorbesitzer der Druckerei waren jüdische Deutsche.

Firmenkauf in Mannheim: »Reibungsloser Übergang«

Franz Burda war 65 Jahre alt, als er erstmals ausführlich über diesen Abschnitt seiner Karriere sprach – halböffentlich in dem hausinternen Band »Leben und Werk« und später in seinen nicht veröffentlichten Memoiren. Im September 1937 habe ihn Max Kahn besucht, Inhaber der Süddeutschen Papiermanufaktur in Mannheim, ein Freund seines Vaters, der diesem mehrfach die Papierrechnung gestundet habe. »Auch ich habe Herrn Kahn sehr geschätzt. Völlig außer sich saß er vor mir und sagte, ein Arisierungsgesetz sei beschlossen worden, nach dem sämtliche Juden ihre Betriebe an Arier zu verkaufen hätten. Er komme im Auftrag seiner Freunde Reiss, Inhaber der Firma Gebrüder Bauer, um mich inständig zu bitten, deren Betrieb zu übernehmen.« Burda sagte Kahn, er habe dazu weder die Mittel noch sei er geneigt, einen fremden Betrieb zu übernehmen. »Drei Tage später erschien er wiederum, diesmal zusammen mit seinem Freund Berthold Reiss, dem Geschäftsführer des Mannheimer Tiefdruckbetriebs. Bei dieser Gelegenheit habe ich den Herren zugesagt, unter der Voraussetzung ihrem Wunsche zu entsprechen, daß mein Jagdfreund Karl Fritz, Inhaber des Südwestdrucks in Karlsruhe, der über viel mehr Geld als ich verfügte, mitmachen würde. Außerdem möchten sich die Herren immer daran erinnern, daß nicht ich zu ihnen gekommen sei und daß ich mich bis zuletzt gesträubt hätte. Denn das Rad könne auch einmal andersherum gehen.« So mancher Nazi-Günstling habe ja damals »die Notlage der aller Rechte beraubten Juden ausgenutzt, sich auf schamlose Weise zu bereichern. Konnte ich wissen, welchen Strick man mir später, wenn der Nazi-Spuk vorüber war, aus dieser Sache drehen würde? Wie ich mich auch entschied, so oder so setzte ich mich einem großen persönlichen Risiko aus. Durfte ich mich aber, ohne in Gewissensnot zu kommen, der inständigen Bitte des Mannes verschließen, dessen letzte Zuflucht ich ganz offensichtlich war?«

Gegenüber den französischen Militärbehörden erklärte Burda sieben Jahre nach dem Geschäft: »Zum gleichen Zeitpunkt erwarb ich aufgrund des Angebots des jüdischen Papiergroßhändlers Max Kahn aus Mannheim die Großdruckerei Gebrüder Bauer in Mannheim zum Preise von RM 750000.–. Der Betrieb war durch die NSDAP zur Arisierung gezwungen und fand keinen Käufer. Die Herren Reiss machten zur Bedingung, daß der Betrieb am 1.9.1938 in bar bezahlt wird. Dies war mir finanziell nicht möglich, und ich wandte mich deshalb an Herrn Karl Fritz, Inhaber der Firma Südwestdruck in Karlsruhe, damit er zur Hälfte als Teilhaber mitwirkte.«

Reiss hätte leicht eine Auktion veranstalten können – wenn es ihm erlaubt gewesen wäre. Denn viele »arische« Unternehmer rissen sich damals um den Besitz von Juden. Am 28. Mai 1938 beschwerte sich der Inhaber der Firma Alfred Krug beim Ministerpräsidenten, daß sein Unternehmen »mangels ausreichender Aufträge kaum mehr existieren könne«, wie ein Aktenvermerk festhielt, »während die nichtarische Druckerei Gebr. Bauer in Mannheim noch in 2 Schichten arbeiten würde. Auf Wunsch des Herrn Ministerpräsidenten soll die Frage geprüft werden, ob eine Vereinigung der Firma Deutsches Druck- und Verlagshaus Alfred Krug als arische Firma mit der genannten nichtarischen Firma Gebr. Bauer u.U. möglich sei. Auf Weisung des Herrn Ministerpräsidenten ist die Handelskammer in Mannheim (Dr. Well) ersucht worden, zu dieser Frage sich zu äußern.«

Die IHK äußerte sich zur fernmündlichen Anfrage des Oberrechnungsrats Pfluger, von dem die Aktennotiz stammt, umgehend am 3. Juni. 1859 war die fragliche Firma gegründet worden, Inhaber waren Berthold, Ludwig und Karl Bernhard Reiss. »Die sämtlichen Genannten sind Juden im Sinne des Reichsbürgergesetzes vom 14. November 1935.« Das »jüdische Unternehmen« stellte Werbedrucksachen und -prospekte her, für »durchweg bedeutende Firmen der Industrie; der Abnehmerkreis erstreckt sich auf ganz

Deutschland.« Die Firma arbeitete mit modernsten Maschinen. Sie besaß eine »3-4-Farben-Rotationstiefdruckmaschine, eine Tiefdruckpresse, wie sie in Deutschland vielleicht nur 8–10 Druckereien besitzen; es handelt sich dabei um ein Objekt im Wert von etwa RM 250 000.–«. Reiss' Firma beschäftigte 250 bis 300 Personen, der Betrieb war voll ausgelastet und brachte einen Jahresumsatz von 1,5 bis 2 Millionen Reichsmark. Alfred Krug, notierte die IHK, »hat bereits Verhandlungen wegen des Ankaufs einer ähnlichen Maschine wie sie bei der Firma Gebr. Bauer steht, angeknüpft. Er hat im Hinblick auf diese Tatsache jedoch durchblicken lassen, daß er selbstverständlich eine Übernahme der Firma Gebrüder Bauer als vorteilhafter und zweckmäßiger ansehen würde.«

Auch die Besitzer der Papierfabrik Albbruck meldeten in einem Schreiben an Oberregierungsrat Stöckinger im Badischen Wirtschaftsministerium Interesse an, »uns bei der neu zu bildenden Gesellschaft zu beteiligen«. Doch zu dieser Zeit stand Reiss schon in Verhandlung mit Franz Burda. Am 18. August 1938 gab der Gauwirtschaftsberater der Gauleitung der NSDAP in Karlsruhe grünes Licht. Das Inventar schätzte der Ludwigshafener Ingenieur Karl Bogorinski auf einen Neuwert von 846 170 Reichsmark, den Zeitwert auf 456 210 Reichsmark. Mit der Nr. 31 052 erteilte das Finanz- und Wirtschaftsministeriums die Genehmigung zur Übernahme. Der Vertrag legte einen Pauschalpreis von 375 000 Reichsmark fest. Für Grundstücke und Gebäude mußten die Käufer 211 000 Mark entrichten, die gegen Briefhypotheken und fünf Prozent Zinsen gestundet wurden.

Offenbar wurde eine Entschädigung für künftig entgangene Gewinne ebenfalls vereinbart, denn Burda und Fritz fuhren am 1. September 1938 mit 800 000 Reichsmark in Schecks nach Mannheim. Burda reklamierte später für sich, das Geld vor dem Zugriff der Nazis gerettet zu haben. In Reiss' Zimmer hätten schon ein hoher SS-Offizier und ein Beamter des Wirtschaftsministeriums gewartet, um das Geld in Empfang zu nehmen. »Darauf ließen wir uns nicht ein, sondern erklärten, daß wir dann das Geld lieber wieder mit nach Hause nehmen und auf den Betrieb verzichten würden.« Schließlich habe man sich darauf geeinigt, es auf ein Sperrkonto bei der Badischen Bank zu deponieren, wo die Gebrüder Reiss im Einvernehmen mit dem Wirtschaftsministerium darüber verfügen könnten.

Eine Woche nach der Übernahme, mit Datum vom 8. September 1938, beantragte Fritz beim Ministerium, »daß Herr Berthold Reiss noch 3 Monate, also bis zum 30. November 1938, Herr Karl Reiss 2 Monate, also bis 31. Oktober 1938 und Herr Ludwig Reiss bis Ende ds. Mts. weiterhin in dem nunmehr arisierten Betrieb tätig sein dürfen«. Er benötige die Vorbesitzer, »um eine reibungslose Überleitung sicherzustellen und die Einarbeitung unseres Personals zu gewährleisten«. Im Dezember waren Karl und Ludwig Reiss »mittlerweile abkömmlich geworden«, aber auf den Rat von Berthold Reiss wollten die neuen Inhaber »im Augenblick noch nicht verzichten«. Weil sich der seitherige Geschäftsführer als nicht geeignet herausgestellt hatte, war ein neuer einzuführen. Reiss blieb bis zum 31. Januar 1939. Dann mußte auch er gehen.

Burda, seit dem 1. Oktober 1938 Parteimitglied, zog nach Heidelberg, um den neuen Betrieb besser pflegen zu können. Hubert Burda, der dritte Sohn, kam dort zur Welt.

Zwei oder drei Mal fuhr er wöchentlich nach Offenburg, um dort, so Scharfenberg, »die *Sürag* – sie hat jetzt eine Auflage von 179000 Exemplaren – redaktionell zu gestalten und die Druckerei zu leiten«. Nachdem der Mannheimer Betrieb an der Akademie-, Hafen- und Kirchstraße wegen dauernder Luftangriffe in das Gebäude der St.-Johannis-Druckerei nach Lahr-Dinglingen verlegt werden mußte, wohnte Burda von September 1941 an wieder in der Offenburger Hauptstraße 13. 1944 zerstörten alliierte Flieger die Mannheimer Firmengebäude vollständig. Von dem Haus Gebrüder Bauer, Inhaber Reiss blieb kein Stein auf dem anderen. Ludwig Reiss starb in Südfrankreich, Karl Reiss kam in Auschwitz um. Berthold Reiss überstand die Hitler-Diktatur, er war verheiratet mit der bekannten Schauspielerin Maria Petri vom Hamburger Schauspielhaus.

Mit Feuereifer: »Dem deutschen Volke zum Siege mitverhelfen«

Am Morgen des 3. September 1939 erwachte Franz Burda in seinem Haus am Schluchsee, nahm ein Bad, setzte sich mit der Familie zum Frühstück an den Tisch und schaltete das Radio ein – Radio Straßburg, wie es in der erweiterten Form des Buchs »Mensch und Werk« heißt: »Soeben hat England Deutschland den Krieg erklärt«, hörte er. »Mit der Kriegserklärung Frankreichs wird innerhalb der nächsten Stunden gerechnet.«

Burda stieg in seinen Wagen und fuhr nach Offenburg, Frau und Kinder blieben am Urlaubsort. Vor dem Rathaus stand ein Podium, NSDAP-Kreisleiter Karl Rombach, seit 1931 Parteigenosse und im bürgerlichen Beruf Müllermeister, und Oberbürgermeister Wolfram Rombach, beide nicht miteinander verwandt, sprachen zum Volk. Burda ging an der Menschenmenge vorbei. In den Verlagsräumen in Offenburg und mit Hans Eberwein in der Druckerei in Mannheim beriet er sich, was zu tun wäre, falls Südbaden Kriegsgebiet würde. Der Betrieb, insbesondere die teuren Maschinen mußten unter allen Umständen geschützt werden. Schnell aß er anschließend im »Habereckl« mit 15 Mitarbeitern Blut- und Leberwurst mit Sauerkraut, bevor er nach Offenburg zurückfuhr. Im Dunkeln hielt er immer wieder an und lauschte: Stille, kein Flugzeug war zu hören. Erst am nächsten Tag heulten die Sirenen, nachdem ein französischer Aufklärer am Himmel gesichtet worden war.

Frankreich bedrohte Burdas Firmen bald nicht mehr. Dafür zog die Wehrmacht mehrere seiner wichtigsten Mitarbeiter ein, alle Anfang, Mitte 30. Viele von Burdas Tiefdruck-Spezialisten, seinen Elektronikern und Maschinentechnikern wurden zum Bataillon 62 einberufen, das in Finnland Stellungen aushob, die nie beschossen wurden. Aus »Feldpostbriefen an die Soldaten der Betriebsgemeinschaft der Firma Franz Burda« erhielten sie regelmäßig Nachrichten aus der Familie. Mit »Heil Hitler!« grüßte »Euer Betriebsführer« die rund 100 Betriebsangehörigen auf dem Feld: »Arbeitskameraden im grauen Rock herhören!« Tröstlich war zum Beispiel die Nachricht, daß die Weihnachtsfeiertage 1943 in der Heimat ruhig geblieben waren. Aufbauende Worte gab es für diejenigen, die nicht zu Hause feiern konnten, sondern »dem Ansturm der Bolschewisten mit besonderer Zähigkeit trotzen mußten, weil dieser heimtückische Feind diese Tage mit besonderer Rücksichtslosigkeit ausnützt«. Jede Weihnacht schickte der Betrieb Päckchen an die Männer, mit Kirschwasser und Kartenspiel. Den »Männern an der Front und denen, die in höchster Opferbereitschaft ihr Leben für uns hingaben«, galt sein Dank. Burda schloß seinen Gruß »mit hoffnungsfroher Zuversicht« auf kommende Zeiten, »wo wir nach dem Endsieg in altbewährter Weise in unserem lieben Betrieb bei friedlicher, schöner und glücklicher Arbeit vereint sein werden«.

Betriebsobmann Franz Müller beklagte den »heldischen Tod« von Walter Koch und Otto Ramspott und belobigte Albert Riehle, dem das Eiserne Kreuz II. Klasse verliehen worden war, sowie Wilhelm Trinks, Heinrich Ruckenbrod und Herbert Gallinat, die im Betrieb dazu beigetragen hatten, daß es eine weitere Leistungssteigerung gab, wofür sie Anerkennungsprämien erhielten.

Mitunter wurden Briefe von der Front gedruckt: Josef Bauer, den während seines Heimaturlaubs das zerstörte Mannheim erschüttert hatte, versprach: »Ich werde daran denken, wenn wir einst über England fliegen, und keiner soll sagen, daß wir nicht unsere Pflicht erfüllten.« Heini Dahlke berichtete von seinem Lungenschuß: »So ein Iwan hat es versucht, mit meinem Leben sich einen Mord aufs Gewissen zu laden.« Und Hans Fischer mahnte, »nur nie den Glauben an den Sieg und an Deutschland (zu) verlieren, so wird es auch geschafft. Zweifeln tun ja nur die, welche auch früher an unserer Idee geirrt haben.« Eddi Haberer, der im Raum Kiew »die Tradition der stolzen 6. Armee« beibehalten wollte, versprach: »Das, was wir bisher frei gaben, holen wir uns wieder.« Schließlich kämpfe an ihrer Seite die Leibstandarte Adolf Hitler und die SS-Division »Das Reich«. Karl Siefert hoffte auf »Entscheidung und insbesondere Vergeltung. Wir blicken mit unserem Führer in stolzer Zuversicht der Zukunft und dem Siege entgegen.« Gottfried Vollmer wollte dringend noch etwas in England erledigen: Sein »sehnlichster Wunsch« war es, »auf die Insel zu kommen, um dort zu vollenden, was ich hier gelernt habe. Hart sind diejenigen geworden, die die Bolschewisten kennengelernt haben. Diese ›Kultur‹ müssen die Herrn in England zu spüren bekommen, dann erst ist die Vergeltung vollständig. Für jeden der Judenknechte wäre es ja jammerschade, eine Bombe auf die Birne zu kriegen und so schmerzlos zu verschwinden. Das wäre keine Vergeltung, das ginge viel zu schnell.« Egon Weber schließlich gratulierte zum Leistungsabzeichen und hoffte, daß »die Leistungen Ihres Betriebes dem deutschen Volke zum Siege mitverhelfen«.

Wehrdienstverweigerer: »Tiefe Abscheu gegen das Soldatenleben«

Im Frühjahr 1942 besuchte Friedhold Burda seinen älteren Bruder Franz in Offenburg. Ob er nicht einen Platz wüßte, fragte der Soldat, wo man einen hohen Offizier unterbringen könnte, der bei Hitler in Ungnade gefallen sei. Panzer-Schmidt hieß der Mann in der Truppe, es handelte sich um Generaloberst Rudolf Schmidt. Kurze Zeit darauf standen sich Franz Burda und der Sieger der Panzerschlachten von Orel, Smolensk und Witebsk im *Sürag*-Gefolgschaftsheim »Haus Talblick« gegenüber, das Burda im nahen Schwarzwaldort Oberharmersbach für sich und seine Mitarbeiter als Erholungsstätte gebaut hatte. »Unter dem Siegel größter Verschwiegenheit«, schrieb Burda in seinen Memoiren, habe ihm der General erzählt, warum Hitler ihn verstoßen hatte:

Einen Tag vor der Schlacht um Orel habe er vor seinem Stab an der Tafel gestanden, um die Lage zu skizzieren, da sei Hitler hereinspaziert. Der »größte Feldherr aller Zeiten« habe sich gesetzt und ihm befohlen weiterzumachen. Nach einer Weile sei Hitler aufgestanden, habe ihm die Kreide aus der Hand genommen und erklärt, so gehe es nicht. Persönlich habe Hitler die Tafel sauber gewischt und dann in einem einstündigen Vortrag dargelegt, wie der Feind zu stellen und vernichtend zu schlagen sei. Hastig verabschiedete Hitler sich daraufhin und ließ betreten schweigende Männer zurück. Allen war klar: So geht es schon gar nicht.

In einem Brief an seine Mutter berichtete Schmidt von diesem Vorfall und urteilte: »Wenn ein Kadett bei mir an der Militärakademie in Spandau ein solches Zeug dahergeredet hätte, der hätte sofort nach Hause gehen können.« So jedenfalls war Burda in Erinnerung geblieben, was Schmidt ihm anvertraut hatte. Der Brief fiel in falsche Hände, und acht Tage später stand ein hoher SS-Offizier vor Schmidt: »Herr Generaloberst, haben Sie diesen Brief geschrieben?« Schmidt bejahte. »Hier ist die Antwort des Führers: Ihre militärische Tätigkeit ist mit sofortiger Wirkung beendet.«

Burda erzählte später gern solche Geschichten. Sie sollten nicht zuletzt von seiner Abneigung gegen Hitler zeugen. Auch den Krieg mochte Burda nicht, soweit er ihm gefährlich werden konnte. Als Ungedienter war er in der Wehrmacht zunächst nicht gefragt. Aber in jenem Jahr 1942 rückte seine Einberufung näher, und Aenne Burda fürchtete das Schlimmste: Ihr Mann würde einen Unteroffizier, der ihn zu schleifen versuchte, glatt »umlegen«. Franz Burda »brauchte einen triftigen Grund für eine UK-Stellung«, denn in den grauen Rock wollte er nicht schlüpfen. Schon als Kind, ließ er später wissen, habe es ihn »angewidert, wie Gefreite und Unteroffiziere besonders die älteren Männer behandelten, und von da an empfand er eine tiefe Abscheu gegen das Soldatenleben«. Trotz dieses Ekels »tummelte er sich oft auf dem Kasernenhof des badischen Infanterie-Regiments 170 oder bei den 172ern auf der Offenburger Kronenwiese«.

Burda sah nur einen Bereich, der ihm ein Soldatenleben ersparen konnte: die Rüstungsproduktion. »Ich war entschlossen, zu überleben und gleichzeitig den Betrieb in bessere Zeiten hinüberzuretten.« Eines Tages setzte er sich deshalb in den Zug nach Berlin. Dort betrat er das Marienfelder Werk von Daimler-Benz, um einen Vorschlag zu unterbreiten: »Kann ich nicht für Sie in Offenburg Panzermotorenteile oder ähnliches fabrizieren?« Sein Angebot begründete er mit dem naiven Argument, ein derart kleines Nest werde kaum Ziel von Bombenabwürfen im Unterschied zu den Ballungszentren der Industrie.

Zur Panzerproduktion kam es nicht, doch Burda hatte, als sein Blick beim Abhören des Wehrmachtsberichts auf eine Landkarte fiel, eine andere Idee und schrieb an den Chef der Heeresplanungskammer beim Oberkommando der Wehrmacht in der Berliner Lützowstraße, Generalleutnant Gerlach von Hemmerich. Der lud ihn zu einem Gespräch in die Reichshauptstadt. Hemmerich war, so Burda, »ein Mann, mit dem man gut ›geschirren‹ kann«. Er stellte Burda ein paar Fragen, und dessen Antworten kamen »wie aus der Pistole geschossen«. Die Fragen sollten Burdas Geographiekenntnisse testen. Denn Burda hatte vor, für die Wehrmacht Landkarten zu drucken.

Hemmerich entließ den Bittsteller mit einem Probeauftrag: Burda hielt die Karte »Nordafrika NG 32« in der Hand, ein Teil der Sahara im Verhältnis 1:200 000, die er durch andere Kartenvorlagen ergänzen sollte. Burda arbeitete mit seinen besten Leuten, Tag und Nacht, denn von diesem Auftrag hing viel ab. Als sie drei Wochen später fertig war, kannte Burda »jede Oase, jedes Wadi, jede Anhöhe und jedes Fort ebenso wie die verstreuten Siedlungen der dort lebenden Araberstämme«. Mit schwitzenden Händen stand er vor Hemmerich. Der betrachtete Burdas Erstlingswerk und urteilte knapp: »Tadellos.« Von nun an druckte die »Kartographische Anstalt Dr. Franz Burda« Karten für Erwin Rommel, den »Wüstenfuchs« aus Heidenheim an der Brenz. Und der Chef wohnte wieder in Offenburg, Adolf-Hitler-Straße 13.

Weitere Aufgaben sollten folgen: Die Luftwaffe wollte ebenfalls Burdas Kompetenzen nutzen und bestellte Luftbildpläne. Burda war noch im Alter stolz darauf, daß sein »Blatt Tscherkassy« der erste Luftbildplan der Welt in mehrfarbigem Tiefdruck war. Die Generale waren von der Qualität begeistert. »Lebte man in normalen Zeiten, so hätte das in den Tageszeitungen Schlagzeilen gemacht«, jubelte später auch Scharfenberg. Der freute sich, daß sein Chef damit »in eine höhere Stufe der UK-Stellung gerutscht« sei.

»Jedes kleinste Detail war auf der Karte zu erkennen«, pries Burda in seinen Memoiren den Tiefdruckplan. »Die Brücken über den Dnjepr, kleine Zuflüsse, Wälder, Dörfer, Straßen, Schienenstränge und zerstörte Häuser. Nach einer Karte wie dieser konnte jedes Flugzeug bei klarer Sicht jedes befohlene Ziel im Feindesland ohne Kontakt mit der Bodenstation anfliegen.« Deutsche Piloten flogen auch Tscherkassy an, den Brückenkopf am Dnjepr, wo im Februar 1944 etwa 50 000 deutsche Soldaten eingekesselt waren. Den Burda-Druckern sicherten die Luftbildpläne das tägliche Brot, »sie schulten mit Feuereifer auf den neuen Beruf um«, wie eine Burda-Chronik versichert.

Badischer Wein für die SS: »Da ließe sich was machen«

Franz Burdas NS-Karriere war damit nicht am Ende. Mit dem Leiter der Reichsstelle Papier, Fritz Grass, und Alexander Bartosch, inzwischen Direktor der Reichsstelle Druck und Papierverarbeitung, saß er eines Abends in der Bar des Berliner Hotels Esplanade. Die beiden Funktionäre boten Burda an, als Generalbevollmächtigter für das Druckwesen in den besetzten Ostgebieten die Leitung aller Druckereien in den besetzten Gebieten Rußlands zu übernehmen. Druckmaschinen und Fachleute aus Deutschland wolle man stellen, dazu »eine Anzahl russischer Hilfskräfte«. Burda war entzückt: »Von einem Mammutprojekt in dieser Dimension kann man als Unternehmer nur träumen.« Zurück in Offenburg wusch ihm seine Frau den Kopf. Burda trat daraufhin tatsächlich zurück und erklärt Aennes Weitsicht Jahre später so: »Frauen sind von der Natur mit einer hochempfindlichen Antenne ausgestattet, und sie ahnen instinktiv Gefahrenmomente, die oft noch in weiter Ferne liegen.«

Zu dieser Zeit hatte ihm die NS-Organisation »Die deutsche Arbeitsfront« Baden längst den Druck ihres Gaubriefs anvertraut, der bis Ende 1940 beim Südwestdruck Karlsruhe seines Freundes Karl Fritz gedruckt worden war. Burda beschäftigte inzwischen 250 Mitarbeiter in Offenburg und 350 in Mannheim. Bis zu 70 000 Reichsmark jährlichen Gewinn machte die Firma in dieser Zeit, und Franz Burdas Einkünfte stiegen von 10 200 Reichsmark im Jahr 1933 auf 56 000 Reichsmark im Jahr 1938. Sein Vater hatte zehn Jahre zuvor noch 471,20 Mark monatlichen Umsatz gemacht und davon das Material, den Gesellen und den Lehrling bezahlt sowie seine Familie ernährt. Nach einem Rückgang im ersten Kriegsjahr erreichte er nach eigenen Angaben zwischen 1940 und 1942 erneut 50 000 Reichsmark, obwohl 1941 das Papier- und Farblager in Mannheim bei Luftangriffen zerstört worden und die *Sürag* im Sommer 1941 zum letzten Mal erschienen war, auf dem Titel eine strahlende Kristina Söderbaum. Erst 1944 schrumpfte Burdas Einkommen erheblich.

Am 17. November 1944 flogen 400 britische Bomber über Baden, amerikanische folgten, und von jenseits des Rheins schoß amerikanische Artillerie herüber. Burda lagerte seine Maschinen in der Winzergenossenschaft im Vorort Zell-Weierbach ein, wo sie sicher waren. Im Januar 1945 erreichte ihn doch noch der Einberufungsbefehl: Volkssturm. Verantwortlich hierfür machte Burda den Besitzer der Gengenbacher Papierfabrik Köhler, ein Major, der auf Burdas Erfolg neidisch gewesen sei. Burda erfuhr von seiner Einberufung aus dem Wehrbezirkskommando, wo inzwischen sein treuer Studienfreund Karl Pfaff saß.

In diesen Tagen kam ein hoher Offizier der Waffen-SS, General Gunter Dalquen, nach Offenburg. Dalquen war Hauptschriftleiter der SS-Zeitschrift *Schwarzes Corps* und der Heeresgruppe G zugeteilt, deren Zentrale in Baden-Baden lag. Er fragte an, ob Burda in der Lage wäre, Flugblätter zu drucken. Dieser sagte zu. Die Flugblätter sollten hinter die französischen Linien gebracht werden. »Das Flugblatt zielte darauf ab, die Franzosen gegen ihre amerikanischen Verbündeten aufzuwiegeln«, erinnerte sich Burda, »mit der Behauptung, die Yankees lägen mit den französischen Frauen im Bett, während ihre Männer an der Front den Kopf hinhalten müßten.« Burda glaubte nicht, daß diese Maßnahme noch die Wende bringen könnte, »doch dies war nicht mein Problem. Ich hatte nur das Ziel, mit allen Mitteln dem sinnlosen Verheizen an der Front in den letzten Kriegstagen zu entgehen.«

Als Obergruppenführer Hauser fragte, ob Burda seinen Männern nicht etwas zu trinken besorgen könnte, sah er eine Chance: »Da ließe sich was machen.« In einem Militärfahrzeug fuhr er nach Hause, um aus den Räumen der Winzergenossenschaft 200 Flaschen von Georg Schindlers bestem Wein zu holen. »Es war immer noch besser«, schrieb Burda, »unsere eigenen Leute bekamen den Wein zu trinken, als daß sich die einrückenden Franzosen darüber hermachten.« Als ein Teil davon geleert war, zeigte Burda dem Offizier seinen Einberufungsbefehl. Der nahm den spendablen Drukker daraufhin unter seinen persönlichen Befehl.

Am 15. April 1945 wurde Offenburg besetzt. Burda hatte seinen Betrieb gerettet – fürs erste. An seinem 75. Geburtstag reichte ihm Golo Mann einen Persilschein: »Franz Burda fühlte sich nicht wohl im Dritten Reich. Er durchschaute und verachtete dessen Beherrscher und seine Leute. Aber die Bande war nun einmal da und allmächtig; also mußte man irgendwie mit ihr auskommen. Den Betrieb aufgeben, die Heimat aufgeben ohne absoluten Zwang, das war seine Sache nicht. Ich bewundere, wie er seine Firma erhielt, wie er sich arrangierte und doch sich nichts dabei vergab und doch ein freier Mann blieb.«

Nicht viele kennen die NS-Geschichte des Franz Burda, und so irrte auch der Dichter Peter Handke im Gespräch mit Hubert Burda: »Dein Vater hatte eine Erfolgs-Nachkriegsgeschichte.« Das greift aber zu kurz. Franz Burda hatte seine ersten Erfolge bereits vor 1945 und gehört zu den Kriegsgewinnlern. Gemeinsam mit den Deutschen, die die Welt in Scherben geschlagen hatten, baute er sie auch wieder auf.

4

Vorwärts und vergessen: »Stützpfeiler unserer Propaganda in der Zone«

Während am 15. April 1945 französische Soldaten Offenburg beschossen, saßen Aenne Burda und die Kinder ängstlich, aber in Sicherheit, im »Haus Talblick« zu Oberharmersbach. Dutzende von Angestellten hatten dort über die Jahre ihre Ferien verbracht, nun wartete die Unternehmerfamilie im *Sürag*-Gefolgschaftsheim darauf, daß der Krieg zu Ende ginge. Der Chef selbst saß da, wo ein Kapitän beim Untergang zu sitzen hat: auf dem Schiff. Er hatte sich mit einigen Mitarbeitern im Keller der Druckerei verbarrikadiert und lauschte den Geräuschen über Tage. Mit lautem Knall explodierte irgendwo draußen eine Granate, und die Wände des Hauses zitterten. Dann war Stille. Nach einer Weile vibrierte der Raum erneut, erst dumpf, dann heftiger. Panzer fuhren langsam durch die Hauptstraße. Gegen 17 Uhr wehte vom Mast des Rathauses die Trikolore. Der Krieg war in Offenburg beendet.

Nervös lief Burda den Rest des Nachmittags in seinem Büro umher, voller Sorge um den Betrieb. Die Granate war im Hof eingeschlagen und hatte diesen in eine Schutthalde verwandelt, aber Burda war mit einem blauen Auge davongekommen – und voller Tatendrang. Wozu zurückblicken? Jetzt begann eine neue Zeit. Burda wollte möglichst bald wieder »Blättle« machen, die *Sürag* und auch neue. Er war sich keiner Schuld bewußt.

Günther Morstadt, Jugendfreund der Burda-Buben, versteht das mangelnde Unrechtsbewußtsein Burdas: »Er war ein unpolitischer Mann. Der hatte seinen Laden im Kopf und die Einstellung: Was uns nützt, ist richtig, und was uns schadet, ist verkehrt.« Ein überzeugter Nazi sei er nicht gewesen. »Ich denke, daß er viel zu viel Menschlichkeit hatte, um einverstanden zu sein mit dem ›Dritten Reich‹.«

Die meisten der Besatzungsoffiziere sahen das anders. Schon am Tag nach der Übergabe der Stadt erhielt Burda Besuch: Colonel Récordon vom »Service Géographique« der 1. Französischen Armee trat ein und setzte ihn darüber in Kenntnis, daß der Betrieb beschlagnahmt sei. Burda war schockiert.

Doch der Verleger wußte sich auf unterschiedliche Weise zu helfen. Zum einen gab es die Karten. Die Originale hatte er im Schwarzwald versteckt, verstreut auf Bauernhöfen. Wo genau sie alle seien, gab er vor, wisse er nicht mehr. Vier Amerikanern, die im »Hotel Sonne« gewohnt hatten, bevor die Franzosen sie hinauskomplimentierten, bot er Unterkunft im »Haus Talblick«. Angeblich wollten die Amis ein Buch über die 49. Armee drucken, vor allem aber wollten sie Burdas kartographisches Know-how nutzen.

Burda knüpfte außerdem persönliche Kontakte zu den Entscheidungsträgern in der Pressesektion der französischen Armee. Amtschef Oberst Eugène Hepp war Straßburger, hatte im Ersten Weltkrieg auf deutscher Seite gefochten und das Eiserne Kreuz I. Klasse erhalten. Das war doch einer, mit dem man auskommen müßte. Erst recht ein fleißiger und leutseliger Mann wie Franz Burda. Kurt Neuschütz bestätigt: »Herrn und Frau Burda gelang es, ein sehr gutes Verhältnis zur französischen Besatzungsmacht zu schaffen. Zu Schmittlein ist sogar eine persönliche Freundschaft entstanden.«

Schmittlein. Im Mai lud ein General namens Raymond Schmittlein den Drucker und Verleger vor, und es war einer der wichtigsten Tage im Leben von Franz Burda. Die beiden verstanden sich ausgezeichnet, und wäre es anders gewesen, Burda hätte wohl seinen Betrieb für Jahre verloren. Raymond Schmittlein, 1904 geboren, war mit einer Berlinerin verheiratet und bewirtschaftete im Zivilleben ein Landgut bei Belfort. Mit 30 Jahren wurde er Professor an der Universität Kaunas in Litauen und übernahm 1939 die Leitung des französischen Kulturinstituts in Riga. 1942 machte ihn Charles de Gaulle zu seinem Militärattaché in Moskau, 1943 gehörte er dessen

Comité Français de Libération Nationale an, das sich 1944 in Algier zur provisorischen Regierung der französischen Republik konstituierte. Schmittlein pflegte gute Beziehungen zu General Pierre Koenig und wurde so etwas wie der Schutzengel Burdas. Er spielte diese Rolle nicht ohne Eigennutz.

Schmittlein war zum Directeur der Éducation publique avanciert. Als oberster Umerzieher der französischen Zone wollte er die jungen Deutschen von der »Fessel der Disziplin« befreien, die ihre Urteilskraft abtöte, »von diesen wagnerianischen Alpträumen, die ihre Vorstellungskraft vergiften«, ihnen begreiflich machen, »daß ihr der Nationalismus durch die Verbindung von Romantik und preußischem Militarismus künstlich eingepflanzt wurde«, und er wollte der Jugend zeigen, »daß die Philosophie vom ›Übermenschen‹ und diese Verherrlichung heroischer Tugenden nur in die Katastrophe führen können, und also nichts weiter sind als pessimistisches Gedankengut, das zu Totalitarismus und Diktatur führen muß«. Um seine Politik der Umerziehung und Bildung realisieren zu können, brauchte er Burdas Druckereien und seine Fachkräfte. Zahlreiche kleine Offiziere sannen auf »Wiedergutmachung«, Schmittlein jedoch hatte wichtigere Interessen. Und die besseren Verbindungen. Er teilte Burda erste Druckaufträge zu, Karten für den »Service Géographique«, Flugschriften und die französische Truppenzeitung *Revue d'information.*

Und es sollte bald noch besser kommen. Eines Abends im September 1945 stand der Schweizer Schriftsteller Bruno Grimm vor Burdas Tür. Ein Herr Schulze von Gävernitz begleitete ihn, er trug eine amerikanische Uniform ohne Rangabzeichen. Sie fragten Burda, ob er imstande wäre, Schulbücher zu drucken. Über die Unterredung war es spät geworden, und kein Hotel hatte mehr ein Bett frei. Also rückten die drei Söhne zusammen und machten ein Bett frei für von Gävernitz. Grimm schlief auf dem Sofa. Am nächsten Morgen saßen alle zusammen am Frühstückstisch. »Ich sehe den Herrn von Gävernitz noch vor mir«, ärgerte sich Burda noch viele Jahre später, »wie er vor meinen mit aufgerissenen Augen dasitzenden Buben in einer genüßlich-provozierenden Weise betont langsam seine US-Verpflegungsration auspackte, bestehend aus

Schinken und Salami, Marmelade, Butter – das Brot bekam er von uns – und einer großen Schachtel mit Keksen. Er aß mit ungeheurem Appetit, und es fiel ihm nicht ein, den Kindern auch nur einen Keks als Dankeschön für das Quartier zu geben.« Grimm habe ihm unter vier Augen erklärt, sein Begleiter sei nicht von der Meinung abzubringen, daß alle Deutsche verkappte Nazis seien. »Dazu«, merkte Burda bitter an, »gehörten für ihn wohl auch Kinder. In der Familie lief dieser seltsame Gast künftig nur unter dem Namen ›Schulze-von-geb-mir-nichts‹.«

Burda hielt den Besucher für einen aufgeblasenen Kerl, der von seinen Eltern eine kleine Insel mit Villa im Lago Maggiore geerbt hatte, in der die Verhandlungen über die Kapitulation der in Italien stehenden deutschen Heeresgruppe zwischen den Alliierten und dem SS-General Karl Wolff stattgefunden hatte. »Für seine Verdienste, die in nichts anderem als in der Überlassung der Villa bestanden, wurde Herr von Gävernitz erlaubt, eine amerikanische Uniform zu tragen, allerdings ohne Rangabzeichen.« Sein Besucher war vermutlich Gero von Schulze-Gävernitz, OSS-Offizier und rechte Hand von Allen Welsh Dulles in Bern, der 1945 Leiter der OSS-Mission für Deutschland in Biebrich bei Wiesbaden war und 1953 CIA-Direktor werden sollte. Aber das konnte Burda ja nicht ahnen.

Ein gutes Resultat hatte der Besuch der beiden dennoch: Beim nächsten Besuch brachte Grimm neben einem Professor von der Sorbonne in Militärkleidung eine Reihe Schweizer Schulbücher mit. Sie sollten geändert und für den Unterricht an den Schulen der französischen Zone gedruckt werden. Schon am 18. September 1945 erhielt Burda die erste Lizenz, die »Autorisation d'impression« Nr. 508, 509 und 510 für je 50000 Exemplare dreier Bücher: je ein Lesebuch für die zweite und dritte Klasse, beide von der Commission des Livres scolaires des Écoles primaires in Basel, sowie eine Kinderfibel von Ulrich Graf. Der ehemalige Direktor des Baden-Badener Gymnasiums, Leo Wohleb, von 1946 an Badens Staatspräsident, redigierte die Texte, die in Schmittleins Behörde noch einmal durch die Zensur mußten, und drei Tage später war der Satz erstellt.

Nur wenige Monate nach Kriegsende produzierte Burda wieder auf allen Maschinen. Und so geschah es, daß schon im Oktober 1945 Burdas Prokurist Karl Mildenberger bei Bruno Bayer vor der Tür stand und ihn aufforderte, die Arbeit wieder aufzunehmen. Bayer hatte das nach seiner Entlassung aus russischer Kriegsgefangenschaft nicht vorgehabt. Er hatte in der Armee, zuletzt als Unteroffizier, 5000 Reichsmark angespart und wollte sich erst einmal ausruhen und orientieren. Nun kehrte er in den Betrieb zurück, wo Franzosen ein und aus gingen. Er konnte seine Sprachkenntnisse einsetzen, fungierte als Kurier zwischen Offenburg und Baden-Baden und brachte, wenn dort gefeiert wurde, die bei Burda gedruckten Menükarten ins »Hotel Stephanie«. Daß Burda sich so rasch mit den Siegern arrangieren konnte, erklärt Bayer verblüffend einfach: »Die Franzosen brauchten ihn. Er war nützlich.«

Doch Burda wollte mehr als der Franzosen Akzidenzdrucker sein. Nicht einmal der Auftrag, für Schmittleins Lehrmittel-Verlag Offenburg die ersten Schulbücher zu drucken, mochte ihn zufriedenstellen. Burda wollte seine *Sürag* wieder herausbringen und vielleicht sogar neue Zeitschriften gründen, endlich wieder schaffen, wie er es brauchte und gewohnt war. Doch die Alliierten hatten in Jalta, wo ohne französische Beteiligung die Nachkriegsordnung besprochen wurde, auch eine umfassende Entnazifizierung der Presse vereinbart, der sie eine nicht unerhebliche Mitschuld am Entstehen des Nationalsozialismus zusprachen. Altverleger sollten deshalb zunächst ebenso ausgeschlossen bleiben wie die NS-Schriftleiter. Darunter fielen alle, die noch nach 1935 in den Zeitungen des Reichs gearbeitet und publiziert sowie alle, die unter den Nazis wirtschaftlich prosperiert hatten.

In der amerikanischen Zone, wo längst nicht alle von Goebbels' Propagandisten aus der Lizenzpresse ferngehalten werden konnten, hätte Burda keine Chance gehabt, seinen Beruf fortzusetzen. Vor Aufhebung des Lizenzzwanges 1949 hätte er nicht wieder als Verleger tätig werden können. Die französischen Behörden hatten andere Kriterien; sie verfuhren nach Sympathie und Nutzen. Alfred Reiff wurde als Verleger einer Tageszeitung für Offenburg wegen seiner Mitgliedschaft in der NSDAP zunächst nicht für geeignet gehalten. Indem er sie dennoch drucken durfte, waren die alten Verhältnisse bald wieder hergestellt. Dagegen mühte sich die Erbengemeinschaft des am 13. April 1942 verstorbenen Politikers und Verlegers Adolf Geck vergeblich um eine Lizenz, um ihre alte, tendenziell »linke« Zeitung *D'r alt Offenburger* fortsetzen zu dürfen. Sie war im Februar 1933 verboten worden.

Im Gefängnis: »Gericht ohne Urteil«

Franz Burda liebte es später, sich als Opfer einiger französischer Offiziere zu stilisieren, wie er sich vorher als Opfer der Nazis sehen wollte. Im Mai 1945 beschlagnahmten französische Behörden vier Wohnungen seiner Mitarbeiter. Dabei, empörte er sich, habe General Schmittlein angeordnet gehabt, »die Wohnungen seien auf Grund meiner engen Zusammenarbeit mit den französischen Dienststellen vor jedem Zugriff geschützt«. Und nun führe ein wild gewordener kleiner Stadtgouverneur einen privaten Rachefeldzug gegen ihn, den unbescholtenen Bürger Franz Burda. Er stürmte zu General Sayous und beschwerte sich. Wahrscheinlich drohte er sogar mit seinen mächtigen französischen Förderern, denn Sayous soll gebrüllt haben:

»Ich kümmere mich einen Dreck um Ihre Generale.«

»Aber«, entgegnete Burda, »wer ist denn dann die Autorität bei der französischen Besatzungsmacht?«

Das ging zu weit. »Ich mache, was ich will«, stellte Sayous klar, »ich sperre Sie ein.« Burda war verhaftet, und der Offenburger Polizeioberinspektor und ein Wachtmeister führten ihn an einem Montagabend im Mai, gegen 18 Uhr, durch die Hauptstraße zum Gefängnis. »Mein Weg durch die Stadt war sensationell«, brüstete Burda sich später.

Sein ältester Sohn Franz deutet an, daß es weitere Gründe gegeben habe, die zur Inhaftierung führten. Aber preisgeben möchte er sie nicht. »Wenn's der Vater so aufgeschrieben hat, dann lassen wir's so.« In Zelle 36 saßen also ein Geistlicher und ein Kaufmann aus Offenburg, die gerade den Rosenkranz beteten. »Mit dem Rosenkranzbeten hört es jetzt auf«, soll Burda verfügt haben. Im Gefängnis zu sitzen sei genug der Buße. Mit diesen beiden Männern habe Burda gleich ein Zellen-Volkshochschulprogramm veranstaltet. Morgens dozierte der Geistliche über Kunstgeschichte im oberrheinischen Raum, nachmittags sprach Burda über Flora und Fauna in der Region.

Und was hatten die beiden Zellengenossen verbrochen? August Mühl hatte »vergessen«, Textilien zu deklarieren und sie statt dessen im Rathauskeller versteckt, und Pfarrer Alfons Harbrecht aus Sulz bei Lahr, so Burda, habe »– ähnlich wie ich – seinen Mund einem Franzosen gegenüber aufgemacht«, weil seine Kirche mit Soldaten belegt werden sollte.

Lisa Wiegert, die Harbrecht gut kannte, weiß dagegen, daß der Pfarrer sich mit den Offizieren ganz gut verstand, weil er französisch konnte. Sie vermutet andere Gründe, die Otto Wacker, der damals Meßdiener war, wenigstens für seine Person ausschließt: »Mit mir hat er nichts gehabt.« Wie auch immer – im Gefängnis beschäftigte sich jeder mit dem, was er beherrschte: »Jede Fenster-Rosette, jedes Kapitell und jede Skulptur« habe ihm der Pfarrer nahegebracht, als er das Straßburger Münster beschrieb, erinnerte Burda sich.

Burda hatte im Gefängnis viel Spaß, wie es scheint: »Jeder Tag, den ich im Gefängnis verlebte, war ein schöner Tag.« Zumal einer der Aufseher ebenfalls ein Freund war, der zu Aenne Burda ging, um dort zu holen, was das Leben lebenswert machte: Wein und Speck und Brot. Manchmal hätten sechs Personen in der Zelle gesessen, drei Gefangene und drei Gefängnisaufseher. Gequält habe ihn einzig die Unsicherheit, wann er entlassen würde.

Nach wenigen Tagen war es so weit: Schmittlein habe sich bei General Koenig um Burdas Freilassung bemüht, und so habe der französische Gefängnisdirektor am Samstag um 15 Uhr vor der Zelle gestanden und verkündet: »Monsieur Burda, par ordre du Général Koenig lui même, la liberté!«

»Wenn ich nicht Frau und Kinder hätte«, soll er den beiden zum Abschied gesagt haben, »würde ich noch bis Montag bei euch bleiben.« Die Frage nach Verurteilungen beantwortete er im April 1948 in seinem Fragebogen, den er im Rahmen seines Entnazifizierungsverfahrens ausfüllen mußte, eher widerwillig: »Ja. Gericht ohne Urteil – 3 Tage Haft im Offenburger Gefängnis (sûreté française).«

Befehl der Militärregierung: »Unter Überwachung gestellt«

Nicht ohne Aussicht reichte das selbsternannte Nazi- und Besatzeropfer Franz Burda schon am 11. Oktober 1945 ein »Gesuch um Eröffnung eines Verlages« ein. Er habe bisher Zeitschriften, Bildwerke und Lehrbücher verlegt, gab er als Referenz an. Zum Verlag gehörten eine große moderne Buchdruckerei und Buchbinderei, deren Inhaberin Frau Lina Burda Wwe., seine Stiefmutter, sei. Er sei Mitinhaber der Firma Gebrüder Bauer, Mannheim-Dinglingen bei Lahr und allein haftender Komplementär und verantwortlicher Leiter der Firma Moritz Schauenburg KG, Lahr.

Einigen Presseoffizieren ging dieser Antrag denn doch wider den Strich. Am 19. Oktober machte die »direction régionale sûreté« darauf aufmerksam, daß Burda Mitglied in NSDAP und NSKK sowie persönlicher Freund Robert Wagners gewesen sei. Außerdem habe Burda bei Alfred Rosenberg (zuletzt Reichsminister für die besetzten Ostgebiete) gejagt, er habe »une réputation bien établié de nazi«. Man möge prüfen, ob dieser Mann nicht eine Protektion durch die Autoritäten der französischen Armee ausnutze. Sayous bestätigte, daß Burda den Reichsstatthalter Wagner sogar bei sich empfangen und »in seinem Büro die Tochter des Kreisleiters gehabt« habe. Außerdem habe Burda während der Besetzung Maschinen aus Straßburger Druckereien an sich gerissen.

Tatsächlich hatte Burda 1942 eine Monotype-Setzmaschinenanlage gekauft, die der Imprimerie Alsacienne gehört hatte. Fritz Morstadt, der schon damals Anwalt gewesen war, hatte zu diesem Zeitpunkt seine Erfahrungen mit solchem Handel bereits gemacht. Er war wie Burda Mitglied der Partei geworden, und nach der Besetzung Frankreichs rief ihn ein Parteifreund an. Dieser leitete in Straßburg eine Stelle für die Verwaltung von Feindvermögen und suchte kompetente Mitarbeiter, wie sein Sohn Günther Morstadt erfuhr: »Und da meinte mein Vater, daß er dazu ja sagen kann.« Sein Vater habe es allerdings nicht lange ausgehalten in Straßburg, weil er Ende 1939 gesehen habe, »daß die ganzen Kriegsgewinnler da rüber marschiert sind und für einen Appel und ein Ei die kleinen Firmen aufgekauft haben«. So jedenfalls erzählte Fritz Morstadt seinem Sohn die Geschichte und daß er sich daraufhin freiwillig an die Front gemeldet habe. Günther Morstadt hat das seinem Vater immer hoch angerechnet.

Franz Burda hatte ein solches Angebot genutzt. Prompt stand im Juli 1945 der Direktor der Firma in seinem Büro und verlangte sein Eigentum zurück. Burda gab nach, als ihm versprochen worden war, er bekäme dafür sein Geld wieder: 64 000 Reichsmark plus 20 000 Reichsmark für Erneuerungen. In einer Eidesstattlichen Erklärung vom 24. Juni 1948 schwor Burda, keine weiteren Maschinen aus Frankreich bezogen zu haben. Gleichzeitig beschwerte er sich, bis dato keinen Pfennig für die besagte Setzmaschine erhalten zu haben.

Die Beweise gegen Burda schienen schon unmittelbar nach Kriegsende erdrückend und vielfältig zu sein. Am 10. November 1945 ließ General Jacques Fernand Schwartz, Oberdelegierter der Militärregierung Baden, eine Note de Service (Dienstnote) schreiben. Unter dem Aktenzeichen 8360 / 437 / MID N urteilt er:

»Die Meinungen der Delegierten von Offenburg und Freiburg stimmen mit derjenigen der Militärregierung Baden überein. Dr. Burda ist ein notorischer Nazi. Er war Teilhaber der Firma Fritz, Verlag der nazistischen Zeitung *Führer*, Karlsruhe. Er hat außerdem unter der Hitlerherrschaft eine deutsche Radiozeitung herausgegeben. Als Freund von Robert Wagner und Rosenberg, Mitglied der Partei seit 1938 und überzeugter Bewunderer von Hitler, ist er heute nicht befähigt, eine Verlagsfirma zu leiten oder sich mit Arbeiten für den Geographischen Dienst der Armee zu beschäftigen. Er zieht aus dem Vertrauen gewisser französischer Behörden mißbräuchlich Nutzen. Unter diesen Umständen ist es nötig, die Handelskammer Lahr sofort aufzufordern, ihn von der Leitung seines Betriebes zu entheben und an seiner Stelle einen deutschen Kommissar zu ernennen, der fähig ist, die Druckerei zu leiten, welche übrigens die nötigen Techniker für ihre Inbetriebnahme besitzt.«

Mit dem Verleger einer NS-Zeitung Geschäfte gemacht zu haben war nunmehr ein Makel. In der Sorge um seinen Betrieb sah Burda sich bei den französischen Militärbehörden genötigt, den »Jagdfreund« zu verleugnen und sich von ihm abzugrenzen. In einem Lebenslauf, der ohne Datum den Akten beiliegt, gab Burda an: »Herr Fritz war Parteigenosse von 1932 und druckte in seinem Betrieb die national-sozialistische (sic!) Tageszeitung *Der Führer.*« Immerhin bestätigte er ihm einen guten Leumund: »Herr Fritz war mir aber von vielen Bekannten als ehrlicher und ordentlicher Druckfachmann empfohlen worden. Ich habe auch während der ganzen Zeit der Zusammenarbeit mit Herrn Fritz in Sachen Gebrüder Bauer nie eine schlechte Erfahrung mit ihm gemacht.«

Das war eine höchst distanzierte Äußerung über einen alten Freund. »Der Fritz war alter Nazi, aber die beiden konnten schon vor 1933 gut miteinander«, erzählt Franz Burdas ältester Sohn. »Über die Wurscht« hätten sie sich kennengelernt. »Der Karl Fritz hatte einen Onkel, der lebte in der Nähe von Bruchsal und war Metzger. Der machte die besten pfälzischen Würste, die's gab. Und mein Vater liebte pfälzische Würste. Und dann sind sie immer rüber zum Onkel Wilhelm und haben pfälzische Würscht gegessen und haben welche mitgenommen.«

Seinen Freund derart verleugnet zu haben nutzte Burda trotzdem nichts. Zwei Tage später wies Sayous per Note 1.314 den Herrn Bürgermeister von Offenburg an, »sofort und ohne Aufschub alle Güter (geschäftliche, industrielle und Bankguthaben usw.) des Dr. Burda, Verleger in Offenburg, zu blockieren. Dies muß noch vor 19 Uhr heute abend geschehen.« Um 17 Uhr ging die Übersetzung der Note beim Bürgermeister ein, um 17.15 Uhr rief er telefonisch Gerold Rettich, den Repräsentanten der Industrie- und Handelskammer zu sich »zwecks Besprechung der Angelegenheit«. Noch am selben Tag erreichte Burda folgende Anordnung:

»Auf Befehl der Militärregierung Freiburg teile ich Ihnen mit, daß Ihre sämtlichen Güter (geschäftliche, industrielle, Bankguthaben usw.) mit sofortiger Wirkung blockiert sind. Auf die gleiche Anordnung hin habe ich zum Kommissar Ihrer Betriebe für den verlegerisch-kaufmännischen Teil Herrn Karl-Heinz Lembke, Offenburg, und als technischen Betriebsleiter Herrn Ludwig Dielenschneider, Offenburg ernannt. Sie haben sich mit sofortiger Wirkung jeglicher geschäftlicher Tätigkeit und jeglicher Verfügung über Ihre Vermögen zu enthalten. Ich ersuche Sie demgemäß, Ihre Betriebsräume nicht mehr zu betreten und dem Kommissar, Herrn Lembke, sämtliche Schlüssel zu den Räumen sowie zu den Kassenschränken auszuhändigen. Diese Anordnung betrifft sowohl das gesamte Geschäftsvermögen wie auch Ihr Privatvermögen.«

Am Morgen des 19. November suchten Lembke und Dielenschneider Burda in seiner Wohnung auf. Burda verweigerte die Übergabe. Er habe mit Capitaine Potet und Colonel Boulard vom Service Géographique gesprochen und befolge deren Rat. Um neun Uhr habe er ein weiteres Gespräch mit Boulard, um halb elf Uhr sei er zu General Emile Laffon nach Baden-Baden bestellt. Im übrigen gehöre der Hauptbetrieb seiner Mutter und könne deshalb nicht beschlagnahmt werden. Sein Betrieb bei der Metzgerei Burg unterliege als Geheimbetrieb dem Service Géographique und dürfe deshalb nicht betreten werden. Um die ungebetenen Besucher zu beeindrucken, gab Burda einige seiner guten Beziehungen preis. Er sei sich der Unterstützung des Kommandanten der französischen Besatzungstruppen, General Joseph de Goislard de Montsabert, sicher, »dessen Liebling er sei«, wie er Lembke und Dielenschneider beschied. Er persönlich habe für die Ausarbeitung des Stammbaums und der Bilder des Generals »alles mögliche getan«. Ohnehin könne der Betrieb ohne ihn nicht laufen, »da sie mit der Beschaffung der notwendigen Chemikalien von der Hand in den Mund leben, daß er z. B. augenblicklich kein Gramm Xylol zur Verfügung habe und deshalb, wie er offen sagen müsse, mit Schmiermittel solches beschaffen müsse«.

Tags darauf war Burda auf Befehl von General Schwartz »unter Überwachung gestellt«. Es wurde ihm untersagt, sich ohne Genehmigung der Militärregierung zu entfernen. Dreimal wöchentlich, montags, mittwochs und freitags, solle er sich beim Sicherheitsoffizier melden.

Weitere zwei Tage später meldeten die Belegschaft – »um der Gefahr eines Vorwurfs der Sabotage zu entgehen« – an den Bürgermeister, daß der Betrieb ruhe. Es fehle an Xylol, rotem Blutlaugensalz, Methol, Lösungsbenzin und Astralon. Fotografie und Kupfertiefdruck stünden praktisch still. Drei Terminaufträge seien deshalb nicht mehr zu erfüllen: eine 64seitige Revue »La zone d'occupation française« von General Emile Laffon, Auflage 100 000. »Wegen dieses Auftrags sind wir in größter Sorge. Es handelt sich um eine vierfarbige Illustrierte schwerster Technik, die ohne unseren Chef bestimmt nicht herausgebracht werden kann.« Auch der Termin für eine Revue für die Besatzungstruppen von General de Montsabert sei »nicht mehr haltbar«.

Sayous reagierte unverzüglich und unzweideutig. An den Landrat schrieb er: »Es darf keine Verzögerung, weder in der Verlagsarbeit noch im kartographischen oder Druckereibetrieb, eintreten, vor allem was das für Rechnung des Herrn Generals Montsabert herausgegebene Bulletin anbelangt. Sie haben mir die verantwortlichen deutschen Personen zu bezeichnen für den Fall, daß irgendeine Verhinderung oder Verzögerung im Erscheinen der verschiedenen Dokumente festgestellt würde.«

A gentlemen's agreement: »Herzen waren stärker als die Zeiten«

Doch Ruhe sollte bei Burda trotzdem noch nicht einkehren. Er wußte, daß er nicht unangreifbar war. In einem von ihm selbst unmittelbar nach dem Krieg erstellten Lebenslauf sprach er offensiv fünf Bereiche an, die ihn verdächtig machten: die Herausgabe einer Rundfunkzeitschrift, die Parteimitgliedschaft, die Produktion der Luftbildpläne, seine Auszeichnungen, und die »Arisierung« des Reiss-Unternehmens. Burda wußte, wie heikel seine Verstrickungen nun bewertet würden, und versuchte, sie vor den Franzosen zu rechtfertigen:

Die Idee, eine Rundfunkzeitschrift herauszugeben, erklärte er mit seinem Beruf als Drucker und seiner Doktorarbeit über »Internationales Funkrecht« – eine Lüge, denn Burda hatte über »die Entwicklung der badischen Produkten-Börsen« geschrieben. Weil er die politische Bedeutung des Rundfunks im Propagandaapparat der Nazis kannte, mußte Burda eine glaubhafte Begründung finden, die den Vorwurf, Propagandist gewesen zu sein, zu entkräften vermochte.

»Als vollkommen parteiloser Mann, der in seiner ganzen Tätigkeit nur beruflich verankert war, hatte ich als sogenannte Systemzeitschrift mit außerordentlichen Schwierigkeiten mit der NSDAP zu kämpfen. Um einen bescheidenen Schutz zu bekommen, trat ich im Jahre 1934 in das NSKK ein, aus dem ich aber im Jahre 1935 gewaltsam entfernt wurde, weil ich ein Reaktionär sei. Am 1. 11. 1938 (im Fragebogen: 1. 10. 1938, P. K.) trat ich in die Partei ein, um gegen alle die Angriffe einigermaßen gefeit zu sein.«

Die Kartenproduktion für den Generalstab der Wehrmacht nannte er schlicht eine »rein technische Mitarbeit«.

Mißtrauisch hätte die Franzosen stimmen müssen, daß Burda nicht nur keinerlei Widerstand gegen die nationalsozialistischen Machthaber für sich reklamieren konnte, sondern daß ihn die Nazis im Gegenteil mehrfach auszeichneten. 1939 lobt die *Ortenauer Rundschau* »die Entwicklung vom handwerklichen Kleinbetrieb zu einer der modernsten und größten Buch- und Tiefdruckereien in Süddeutschland«, die »auch in diesem Jahr zum zweiten Male das Leistungsabzeichen sich erringen konnte«.

Burda selbst erklärte seine Auszeichnungen durch die Nazis gegenüber den Franzosen so: »Nachdem ich selbst jahrelang an der Druck- und Setzmaschine gearbeitet habe, strahlte von mir ein sehr starker sozialer Geist aus. In meiner Betriebsordnung hatte ich eine Altersversorgung meiner Mitarbeiter durchgeführt, die außerordentliche soziale Leistungen darstellte. Meinen Arbeitern baute ich im Schwarzwald ein schönes Ferienheim« – das *Sürag*-Gefolgschaftsheim »Haus Talblick« im Schwarzwalddörfchen Oberharmersbach. Dafür hatte es Lob von der Partei gegeben, und das war nun eine Last: »Diese sozialen Einrichtungen wurden von der Partei propagandistisch ausgenützt und meine Leistungen als nationalsozialistische Leistungen hingestellt. Am 1.5.1939 erhielt ich das

Gaudiplom für soziale Leistungen, ein Jahr später das Leistungsabzeichen für vorbildliche Sorge um die Volksgesundheit und ein weiteres Jahr später das Leistungsabzeichen für vorbildliche Berufsausbildung.«

Nicht so leicht war seine Bereicherung durch »Arisierung« aus der Welt zu schaffen. Denn in den Unterlagen tauchten neue, belastende Details auf. Fast ein Jahr nach Abschluß des Vertrags, am 9. August 1939, hatte Burdas Partner Karl Fritz sich erdreistet, beim Ministerium Beschwerde einzulegen, sie seien übervorteilt worden. Die von ihm und Burda erworbene Firma sei »heruntergewirtschaftet« gewesen, die Maschinen alt, die Gewinne nicht so hoch wie behauptet. »Ich bin der Ansicht, daß über den Kaufpreis mit den jüdischen Inhabern neu verhandelt werden muß, und bitte das Finanz- und Wirtschaftsministerium aus diesem Grunde, zunächst die Zahlung weiterer Beträge an die Gebrüder Reiss zu untersagen.« Berthold und Ludwig Reiss, darauf verwies Fritz, seien noch in Deutschland, und er gab die Adresse gleich mit an. Auf den Kaufpreis seien noch 62624 Reichsmark für ungesicherte Forderungen plus 186400 Reichsmark für hypothekarisch gesicherte Forderungen zu entrichten.

Der Chemnitzer Wirtschaftstreuhänder Rudolf Albrecht gab Fritz recht. Der Mannheimer Rechtsanwalt Joseph Gentil vertrat Karl Reiss, der inzwischen in Rotterdam lebte, gegen den »Antrag der Herren Karl Fritz und Dr. Burda«. Er sei entstanden aus der »Enttäuschung über das Ausbleiben eines großen geschäftlichen Erfolges, eines mühelosen großen Gewinnes, auf den die Herren Beschwerdeführer nach der früheren Entwicklung nach den Umsätzen und dem Auftragsbestand der Firma Gebr. Bauer rechnen zu dürfen glaubten. Dieser Erfolg ist offenbar nicht in dem erwarteten Umfange eingetreten.« Was Gentil darauf zurückführte, daß die neuen Eigentümer nicht wie die Reiss' ihre ganze Kraft ins Unternehmen steckten, sondern »auswärts große Unternehmungen leiten und daher wenig Zeit haben, nach Mannheim zu kommen oder die Kundschaft persönlich zu bearbeiten«.

Am 22. September 1939 schickte Burda selbst ein Einschreiben an das Finanz- und Wirtschaftsministerium: Karl Bogorinski habe eine neue »Arisierungs«-Schätzung vorgenommen, und sei der Meinung, »daß wir mit seiner Feuerversicherungs-Schätzung von den Juden bewußt irregeführt worden sind«. Seine Forderung: »Wir stellen deshalb den Antrag, daß für den Kauf der Maschinen und Einrichtungsgegenstände der früher festgesetzte Preis von RM 375 000.– auf RM 167 942.– reduziert wird. Heil Hitler.«

Zu einer Aussprache aller Beteiligten kam es erst am 23. Oktober 1939 im Ministerium; ein Referent ordnete persönliches Erscheinen an. Vereinbart wurde eine Senkung des Kaufpreises um 200 000 Reichsmark. Die von der Familie Reiss bereits entrichtete »Judenvermögensabgabe«, die auf den ursprünglich fixierten höheren Verkaufspreis berechnet worden war, wurde nachträglich selbstredend nicht mehr gemindert.

Schon bald war bei den Besatzungsbehörden von der »Affaire Burda« die Rede. Berthold Reiss, so eine Zusammenstellung der französischen Behörden, klagte Burda und Fritz am 17. September 1945 an, sein Unternehmen zum niedrigen Preis gekauft zu haben, und beantragte die Beschlagnahme von Burdas Vermögen. Auch der amerikanische Sergeant Strauss, Neffe von Reiss, erklärte am selben Tag, Reiss sei gezwungen worden, seine Firma zu niedrigem Preis abzugeben. Ungerührt bestellte die Direction d'Information tags darauf 150 000 Schulbücher bei Burda.

Am 3. und 4. Oktober trafen sich Burda und Reiss, danach widerrief Reiss seine Aussage: Burda sei nicht verantwortlich für den Verkauf der Firma Bauer zum Schleuderpreis. Burda habe sich ihm gegenüber korrekt verhalten; für die Herabsetzung des Kaufpreises im Oktober 1940 sei Burda ebensowenig verantwortlich, sie sei auf Druck von Ministerialrat Dr. Stöckinger durchgesetzt worden; verantwortlich seien »in erster Linie, wahrscheinlich sogar ausschließlich die Herren Karl Fritz und Adolf Höll. Ich bin überzeugt, daß Herr Dr. Burda die von Dr. Stöckinger gegen uns ausgesprochene Drohung weder veranlaßt noch gebilligt hat.«

Was die beiden Männer besprochen hatten, wurde niemals bekannt, auch nicht was zu Reiss' »Attestation« geführt hatte. Sie wurde für Burda zum Persilschein – in dieser Sache. Erledigt war der Casus damit nicht. Auf Gerechtigkeit mochte Reiss nicht verzichten. Es dauerte bis zum 15. Oktober 1948, also bis nach der Währungsreform, da unterzeichnete Reiss' Rechtsanwalt Joseph Gentil beim Württembergisch-Badischen Justizministerium die Anmeldung von Rückküberstattungsansprüchen mit der Nummer 78 599. Die Fragen unter Abschnitt e) wurden folgendermaßen beantwortet:

1. Ist für die Entziehung Entschädigung geleistet? »Nein«

2. Liegt ein förmlicher Kaufvertrag vor? »Ja«

3. Fand der Kauf unter Nötigung statt? »Ja, die Teilnehmer bezw. der Antragsteller und seine Mitgesellschafter waren Juden u. mußten den Betrieb aufgrund gesetzlicher nazistischer Bestimmungen veräußern.«

4. Welcher Kaufpreis wurde gewährt? »RM 543 229.–«

Wenig später schlossen die Parteien vor einem Schlichter für Wiedergutmachungssachen beim Amtsgericht Mannheim eine Vereinbarung: Der vom Kaufpreis abgezogene Betrag von 205 000 Reichsmark soll nachgezahlt werden, zuzüglich Zinsen und »Vergütung für den Firmenwert«, insgesamt 323 000 neue Deutsche Mark. Außerdem wurde ein Vergleich geschlossen, der eine endgültige Abfindungssumme von 120 000 Mark enthielt (abzüglich 6000 Mark, die in Form von 100 000 Mark, die Burda früher eingezahlt hatte, auf einem Sperrkonto der Badischen Bank lagen), zahlbar in Raten bis zum 31. Dezember 1951.

Erst 1966, als in Deutschland die Fragen nach der Vergangenheit der Väter lauter wurden, sah Burda sich genötigt, seinen Angestellten in der *Burda Familie* die Sache zu erläutern: »Im Jahre 1938 mußte Dr. Burda die Mannheimer Firma Gebrüder Bauer (Besitzer Berthold, Ludwig und Carl Reiss) ›arisieren‹«, erfuhren die Mitarbeiter. »Jetzt wurde er Pate des ersten Kindes von Professor Dr. Hans Reiss, der dazu schreibt: Damals war ich 14 Jahre alt. Mein Vater, Berthold Reiss, kam eines Mittags heim und sagte, er müsse den Betrieb ›arisieren‹ lassen, also verkaufen. Und er kenne nur einen Mann, dem er das Werk verkaufen könne: Dr. Burda. Doch der hatte kein Interesse daran. Erst nach langen Verhandlungen zog er ein und arbeitete bis zum Kriegsausbruch mit meinem Vater am gleichen Schreibtisch freundschaftlich und herzlich zusammen. –

Ich selber wurde nach England geschickt. Der Kontakt zu meinen Eltern riß ab. Erst 1945 erfuhr ich, daß sie noch am Leben waren, während meine beiden Onkel umgekommen waren. – 1951 starb mein Vater. Damals schrieb mir meine Mutter in herzlicher Form von dem Freund meines Vaters. Sie berichtete mir auch von der Toten-Gedenkrede, die Dr. Burda auf dem israelitischen Friedhof in Heidelberg für Berthold Reiss gehalten hatte. (...) Vor vier Jahren stellte ich ihm meine Zukünftige vor – als wenn er mein Vater wäre. Vor einem Vierteljahr schenkte mir meine Frau den kleinen Thomas. Wir hatten nur einen Wunsch: daß Dr. Burda die Patenschaft übernehmen möge!« Der Artikel stand unter der Überschrift: »Herzen waren stärker als die Zeiten«.

»Für mich war es ein Glück, daß Berthold Reiss am Leben blieb«, erklärte Burda in *Mensch und Werk*. »So wurde die Rückführung des ersten Betriebes in der amerikanischen Zone in jüdische Hände von Herrn Berthold Reiss selber betrieben. Den Betrieb selber wollte er nicht mehr«, beteuerte Burda. »Ich sollte ihn behalten und für seine und seiner Frau Existenz sorgen.«

Damit war die Sache noch immer nicht aus der Welt. Nachdem der alte Reiss gestorben war, stand plötzlich ein Reiss-Erbe vor Burdas Tür und forderte »einen Nachschlag«, gibt Burdas Sohn Franz heute preis. Er wollte ein Drittel des Burda-Betriebs. »Der Alte flog aus allen Wolken«, erinnert sich Franz Burda. Eine Million Mark sollte Burda sen. noch einmal aufbringen; daß er bezahlt hat, möchte Franz Burda nicht bestätigen. Wie sein Vater möchte auch er die lästige Geschichte endlich ruhen lassen.

Der dynamische Burda:
»Er fackelt nicht, er packt zu«

Am 21. Dezember 1945 verfügte Général Emile Laffon, Burdas Unternehmen endgültig der Éducation Publique von Raymond Schmittlein zu unterstellen. Burda sei der »Stützpfeiler unserer Propaganda in der Zone«, verteidigte der seinen Schützling. Die Antifaschisten in der französischen Verwaltung gaben sich damit ebensowenig zufrieden wie seine Widersacher in deutschen Behörden.

Am 16. Januar 1946 beschwerte sich Burdas Belegschaft deshalb beim Präsidenten der Industrie- und Handelskammer (IHK) Freiburg, Friedrich Leibbrandt, über die fortdauernden Denunziationen des IHK-Repräsentanten in Offenburg, Gerold Rettich. Man sei ja durchaus der Meinung, daß auch in den Betrieben entnazifiziert werden solle. Rettich aber habe den Arbeitern unterstellt, sie seien noch immer Werwölfe und Saboteure. Er habe herumgebrüllt, wie es im Betrieb »noch nicht einmal der wildeste Parteiredner der Nazis« gewagt hätte. Dabei sei kein einziger der vor ihm stehenden Arbeiter Mitglied der Partei gewesen. »In unserem Betrieb gehörten von den insgesamt 180 Arbeitern und Angestellten nur 9 % der Partei an. Nur ein einziger war Parteigenosse vom 1. 5. 1933, die anderen alle späteren Datums. Unser Chef ist Parteigenosse vom 1. 10. 1938.«

Im übrigen, schrieben Burdas Mitarbeiter, habe Rettich »keinen Grund, als wilder Antifaschist aufzutreten. Er war in den Jahren 1937 und 1938 der Jagdfreund des Chefs der Badischen SS, Gestapo, SD, des Polizei- und Innenministers Karl Pflaumer, des gleichen Mannes, der Tausende unserer braven badischen Landsleute in den Konzentrationslagern verrecken ließ.« Im »Hotel zum Hirschen« in Lenzkirch habe Rettich mit Pflaumer »bei Frau Krauss gewohnt, mit ihm gegessen, getrunken und Skat gespielt«. Sogar sein Jagdrevier in Saatfeld bei Lenzkirch habe er dem »sauberen Herrn Minister« zur Verfügung gestellt, und dieser habe »einen Bock geschossen und viele Böcke gefehlt«.

»Aufgrund dieser Freundschaft wurde Herr Rettich zum Hegeringleiter der national-sozialistischen (sic!) Deutschen Jägerschaft ernannt. Diesen Posten, der allerdings nicht politisch war, der aber oftmals doch eine politische Haltung verlangte – wie z. B. bei der Versammlung der Hegeringleiter in Anwesenheit des Gau- und Landesjägermeisters –, hatte er bis zum Jahre 1945 inne.

Wir Arbeiter haben keine solche politische Vergangenheit hinter uns. Wir hätten mit einem solchen Verbrecher wie Herrn Pflaumer bestimmt nicht Skat gespielt und gejagt. Wir würden auch nichts sagen, wenn Herr Rettich sich heute bescheiden verhalten würde.

(…) Sein Haß gegen unseren Chef begründet sich darin, daß seit einer Reihe von Jahren ein großer Teil der besten technischen Facharbeiter, die in seiner Firma C. Robert Dold, Offenburg hinter ihm arbeiteten, zu unserer Firma abgewandert sind. (…) Im wesentlichen war die schlechte Bezahlung daran schuld, daß diese Männer sich um eine Stellung in dem sozial vorbildlichen Betrieb des Herrn Dr. Burda beworben haben.« Rettich habe als Vertrauensmann der IHK »bewußt falsche Angaben über die politische Vergangenheit unseres Chefs gemacht«, es sei seine »Absicht, unseren Betrieb zu vernichten«. Dem Brief legten die Mitarbeiter Dankschreiben zweier elsässischer Arbeiter bei, die Burda vor der Gestapo bzw. dem Transport in ein KZ geschützt haben soll.

Wer mit wem jagte, dürften die Arbeiter aus sicherer Quelle gewußt haben: von ihrem Chef. Er war passionierter Jäger, seit Julius Fritz, ein Nachbar, ihn Ende der zwanziger Jahre erstmals zur Jagd mitgenommen hatte. Fritz schoß Feldhühner und Fasane, und sein Begleiter war begeistert: »So oft ein Fasan getroffen zur Erde segelte, durchrann es mich wie ein Fieberschauer.« 1931 machte er den Jagdschein. Franz Burda erinnerte sich noch Jahrzehnte später daran, wie sein erster Bock auf einem kleinen Wiesenstück im Wald stand, genannt die »faule Matt«. Burda und der Schutterwalder Oberjäger Andreas Fuchs schlichen sich näher, und eine Kirchturmuhr schlug siebenmal. Dann krachte ein Schuß, und »in Sekundenschnelle brach das Tier im Feuer zusammen. Ein schmerzloser Tod, ein Schuß, der dem Jäger Ehre macht.«

Fuchs gratulierte: »Waidmannsheil, Herr Doktor.«

Wie sie so vor der Tierleiche standen, die ausgestreckt in der blühenden Wiese lag, überlegte Burda, wie er eine eigene Jagd erwerben könnte. »1936 wurde eine sehr schöne Jagd im Ortenaukreis frei, in Kürzell bei Lahr«, schrieb er in seinen Memoiren. »Ich suchte den dortigen Bürgermeister auf und wurde rasch mit ihm handelseinig. Mit einem Pachtvertrag über neun Jahre in der Brieftasche kam ich aus dem Rathaus, so glücklich, als hätte ich das große Los gewonnen.«

Die Jagd war freigeworden, weil »die politischen Umstände der damaligen Zeit die ausländischen Jagdgenossen zur Aufgabe zwangen«, erläutern der Sohn des damaligen Jagdaufsehers, Hubert Kopf, und Ortsvorsteher Hermann Vogel. Die Pächter Alfred und Edwin Schwarzenbach stammten aus Zürich.

2,50 Reichsmark pro Hektar mußte Burda für die Jagd bezahlen, jedes Jahr 2390 RM. Die Investition hat sich gelohnt, und es kam keinesfalls darauf an, immer den größten Bock zu schießen. Auf der Jagd, das wußte Franz Burda genau, wurden Freundschaften fürs Leben geschlossen. Dem Reichsstatthalter für das Elsaß und badischen Gauleiter Robert Wagner ging im Spätherbst 1940 folgende Einladungskarte zu: »Am 7. Dez. 1940 findet in der Gemarkung Kürzell-Schütterzell Treibjagd auf Hasen, Fasanen und Kanin statt. Treffpunkt 9 Uhr auf halbem Weg zwischen Kürzell und Ichenheim (auf der Landstraße, am Waldrand). Verpflegung: Aus dem Rucksack. Mit Weidmannsgruß: Dr. Franz Burda Offenburg Fernruf 1455, Karl Fritz Karlsruhe Fernruf 4050.«

Der Reichsstatthalter Wagner kam öfters und gern zu Burda. Dieser revanchierte sich für die Gunst, etwa am 17. November 1941, mit Fotos und einem Brief: »Sehr geehrter Herr Reichsstatthalter, zur Erinnerung an unseren letzten Jagdtag in Kürzell behändige ich Ihnen die von mir gemachten Fotos. Ich hoffe gerne, Ihnen damit eine kleine Freude bereitet zu haben und verknüpfe damit den Wunsch, daß Sie recht bald wieder in unserem Revier Kürzell zu Gast sind. Weidmannsheil! Heil Hitler!« Handschriftlich ergänzt: »Ihr Ergebener«, es folgt die Unterschrift. Der Statthalter antwortete dem »sehr geehrten Parteigenossen Dr. Burda« dankend »mit Weidmannsheil und Heil Hitler bin ich Ihr« plus Signatur. Auch vom 12. Februar 1942 ist ein Brief erhalten, mit dem sich Wagner für die Einladung zu einer Jagd bedankt: »Wenn uns das Wetter auch nicht gut gesonnen war, so war der Schluß in Schirmeck doch außergewöhnlich gut gelungen. Heute noch zehre ich von den schönen Stunden, die ich an diesem Tage in ihrem Kreise verleben durfte. Mit Weidmannsheil und Heil Hitler! bin ich Ihr Ihnen sehr ergebener Wagner.«

Auch an Regierungsrat Walter Gaedeke, den Persönlichen Referenten beim Chef der Zivilverwaltung im Elsaß und SS-Sturmbannführer, schrieb Burda: »Lieber Parteigenosse Gaedeke! (...)

Ich will am Freitag, den 4. 7. (1941) für 2 Wochen nach Schluchsee gehen, um dort auszuspannen. Dabei denke ich besonders daran, daß Sie mir versprochen haben, mich dort oben in meinem schönen Heim zu besuchen. Sie wissen, daß ich dort ein schönes Revier und recht gute Böcke habe und ich würde mich außerordentlich freuen, wenn Sie mit der Büchse heraufkämen, um einen guten Bock umzulegen. (...) Mit herzlichen Grüßen und Heil Hitler! Ihr Burda.«

»Mehrfach lud sich zu der Jagd auch der badische Kultusminister Otto Wacker, ein strammer Nazi, der aus Offenburg stammte, ein, der aber bei der Jagd nie politisierte, sondern nur soff wie ein Loch«, schrieb Johannes Schulze für Franz Burda auf. Die Jagden mit den NS-Schergen gereichten Burda nicht zum Nachteil, und so fragten Burda und sein Ghostwriter sich und die Leser: »Wer weiß, was sie alles von Dr. Burda und seinem Betrieb im Dritten Reich ferngehalten haben.«

Trotz seiner Nähe zu den nationalsozialistischen Machthabern, die Burdas Aufstieg alles andere als gebremst hatten, hielten die »gaullistischen« Offiziere um Schmittlein und Koenig ihre schützende Hand über Burda. Auch General Koenig, Oberstkommandierender der französischen Besatzungstruppen in Deutschland, wollte Burdas Know-how in Anspruch nehmen: Er benötigte Briefmarken für seine Zone. 1500 Kilometer reisten die Burdas, um eine Perforationsmaschine zu finden, schließlich entdeckten sie eine, stark beschädigt, bei der Maschinenfabrik Goebel AG in Darmstadt. Nachdem sie repariert worden war, konnte Vorstandsvorsitzender Wilhelm Köhler zu Weihnachten 5000 Zigaretten unter seinen Arbeitern verteilen. Mit einem Lastwagen der Reichspost schickte Burda wenig später drei Tonnen Papier der Oberkircher Firma Köhler und eine Tonne Leim zur Firma Seidel nach Pfungstadt bei Darmstadt, wo gummiert wurde. Von Januar 1947 an liefen mehr als eine Milliarde Briefmarken durch die Rotation, und Burda hat sich wieder ein Stück unentbehrlicher gemacht.

Requisiteure und die Mitglieder der »Abbaukommissionen« mußten sich die »Wiedergutmachung« für die Verbrechen der deutschen Besatzer in Frankreich andernorts holen. Elisabeth Steil-Beuerle, Mitarbeiterin Schmittleins, erklärte später, ihr Chef habe gespürt: »Dieser dynamische Burda ist für die deutsche Wirtschaftsankurbelung auf seinem Verlagssektor vorbildlich, er fackelt nicht, er packt zu, er wird mit unserem Wiederanstoß ein großes Werk in Gang setzen.«

Vergangenheit, die nicht vergeht: »Ein erschütterndes Kriegsfolgeschicksal«

Franz Burda wollte keine Nazigeschichten mehr hören, schon gar nicht seine eigenen. Eben noch Pg., mochte er – wie die meisten Deutschen – von der Vergangenheit nichts mehr wissen. Aber noch stand in Offenburg der große Prozeß gegen die Männer an, die verdächtigt wurden, am 9. und 10. November 1938 die Synagoge in Offenburg zerstört zu haben. Angeklagt war Karl Rombach, der zu fünf Jahren Gefängnis und ebenso langem Verlust der bürgerlichen Ehrenrechte verurteilt wurde. Oskar Wiegert kam mit zweieinhalb Jahren Knast davon, Ernst Rueb mit zwei, Leonhard Schlaffer und Wilhelm Volk mit einem, Karl Kappelhöfer, Johann Kienzle, Georg Schwab, Oskar Straub, Karl Schilli und Wilhelm Georgi sogar mit weniger als einem Jahr Haft. Freigesprochen wurden August Dieringer, Heinrich Roth, Kurt Schmitt, Rudolf Fischer und Friedrich Kraus. Ihr Verteidiger, Fritz Morstadt, forderte Freispruch, auch für Rombach. Er zweifelte die Zeugenaussagen an und »billigte einem Antisemiten zu, daß er die Vorgänge des 10. November 1938 verurteilt hat«.

Sein Sohn Werner Morstadt findet es richtig, daß sein Vater damals die nötige »Zivilcourage« gehabt habe, Rombach zu verteidigen, auch wenn der als überzeugter Nationalsozialist bekannt gewesen sei. »Ich bin stolz darauf, daß er's gemacht hat.« Die Angeklagten, denen in einer zweiten Verhandlung der Prozeß gemacht werden sollten, freuten sich ebenfalls. Sie hatten aus dieser Erfahrung gelernt: Der ehemalige Kreispropagandaleiter Hans Jokkers, der Zigarrenhändler und SS-Oberscharführer Heinrich Busam, der Mechaniker Adolf Herm, der Lagerarbeiter Adolf Wagner und der Blechnergeselle Josef Fritz, beide Mitglied der SS und der NSDAP, wurden freigesprochen. Die Belastungszeugen konnten sich in der Verhandlung an nichts mehr erinnern.

Würde jetzt endlich Ruhe sein, drei Jahre nach dem »Zusammenbruch«? Konnte man sich fortan auf die Zukunft konzentrieren? Wann, fragte sich Franz Burda, würden ihn die Franzosen wieder seine eigene Zeitschrift machen lassen? Bisher durfte er nur drucken, was andere lieferten, seit April 1946 die Zeitschrift *DND im Bild* (Die neue Demokratie im Bild). Ein Kommunistenblatt, wie Burda fand, und von diesen Leuten mußte man sich auch noch Vorwürfe gefallen lassen! Richard Bätz, der Kreisvorsitzende der Kommunistischen Partei, hatte auf einer Spruchkammersitzung die Stirn zu behaupten: »Die Buchdruckerei ist nichts anderes als ein Naturschutzpark für politisch Belastete.« Die Betriebsversammlung beschloß daraufhin am 23. Januar 1948, die Zusammenarbeit aufzukündigen. Burda und der Betriebsratsvorsitzende Alfred Sauter beklagten sich bei Schmittlein, die KP sei offenbar darauf aus, den Betrieb als ihr Propagandainstrument in die Hand zu bekommen. Die Lizenzträger der *DND* seien Funktionäre der KP. »Wenn wir vom Kreisvorsitzenden der Kommunistischen Partei bei jeder Gelegenheit angegriffen werden, wäre es geradezu charakterlos, wenn wir weiterhin das Kampfblatt der Kommunistischen Partei herausschaffen würden.«

Der *DND*-Verlag wehrte sich erfolgreich gegen diese Renitenz. Von den vier Gesellschaftern und acht Redakteuren gehörten je zwei der KP an. Zu Bätz bestehe keine Beziehung. Dessen Sohn erinnert sich, daß Burda wenigstens nicht nachtragend gewesen sei. Viele Jahre später sei sein Vater nach Hause gekommen und habe erzählt, daß er Burda auf der Straße getroffen habe. »Er hat mich sogar gegrüßt«, wunderte sich Bätz.

Auch der Erfolg des Lehrmittel-Verlags scheint bei Konkurrenten Gelüste geweckt zu haben. Am 21. September 1948 beschwerte Franz Burda sich bei Staatspräsident Leo Wohleb, weil nun auch der Landtag von Württemberg-Hohenzollern zu Tübingen den »Burda-Verlag« als »Prügelknaben« benutze. Abgeordneter Dieter Roser (SPD) hatte dort festgestellt: »Der Burda-Verlag war während des Dritten Reiches ein durchaus national-sozialistisch (sic!)

gehaltenes Presse-Korrespondenz-Büro und ein Presse-Vermittlungs-Büro. Der Besitzer selbst ist Nationalsozialist gewesen. Die Hintergründe dieses Unternehmens sind zweifellos ausgesprochen monopol-kapitalistischer Natur.«

Burda entgegnete, er sei als »Mitläufer ohne Sühnemaßnahmen denazifiziert«. Von der Gewerkschaft des Grafischen Gewerbes ließ er sich eine Bestätigung ausstellen, die auch den Vorwurf des Monopolkapitalismus ausräumte: »In sozialer Hinsicht handelt es sich um einen der vorbildlichsten Betriebe in ganz Baden.«

Den Angriff Rosers, der als Oberregierungsrat in der Landesdirektion für Kultur, Erziehung und Unterricht aktiv war, und des Abgeordneten Paul Binder (CDU), damals Leiter der Finanzverwaltung im sogenannten Staatssekretariat, erklärte Burda mit geschäftlichen Interessen. Die beiden Abgeordneten »vertreten die Interessen von Schulbuchverlagen in Württemberg und Bayern«. Sie unternähmen alles, um die Produktion aus Baden zu verlagern »und die Gewinne an Stelle eines gemeinnützigen Verlages in private Taschen zu bringen«. Auch einen politischen Aspekt wollte Burda sehen: »In Zusammenhang mit der Frage der Vereinigung Baden-Württemberg handelt es sich in diesem Fall um ein Musterbeispiel übler Geschäftemacherei, bei dem der Badener in jedem Fall zur Strecke gebracht werden soll.«

Burda reagierte auf die anhaltenden Vorwürfe in seiner eigenen Art. Am Fastnachtsdienstag 1948 gab der Chef den ersten »Zirkus Burda«, und auch General Schmittlein beehrte ihn, im Gefolge einige Offiziere, mit seinem Besuch. Ein Clown trat auf und fragte, ob Adolf Hitler tot sei. Burda sagte, er wisse es nicht. Es gebe viele Gerüchte: Hitler sei in einem U-Boot nach Amerika entkommen, andere behaupteten, die Russen hätten ihn nach Sibirien geschafft, vielleicht sei er aber auch, das Haar kurz, den Bart abgeschnitten, nach Argentinien entkommen. Doch der dumme August wußte es besser: »Ich weiß genau«, sagte er, »daß Hitler tot ist. Denn sonst wäre er gewiß als Hilfsarbeiter bei Burda beschäftigt.« Alle lachten, auch Schmittlein. Und am Faschingsdienstag stand Heiner Rukkenbrod in Polizeiuniform, Säbel an der Seite, Parkwächtermütze auf dem Kopf, vor den Eingang des Betriebs, über dem ein Schild mit der trotzigen Aufschrift hing: »Naturschutzpark für politisch Verfolgte«.

Burdas Kritiker hatten Gründe genug für ihre Angriffe. Nicht nur der Chef war wegen seiner Parteimitgliedschaft und Zusammenarbeit mit den Nazis aufgefallen. Zwar hatte der von Deutschen geführte Ermittlungsausschuß für Industrie, Handel und Gewerbe den Kaufmännischen Direktor Karl Mildenberger und den Technischen Direktor Friedrich Fuchs, die Mitglieder der Partei waren, als unbelastet eingestuft. Doch die französischen Behörden in Freiburg wollte keinen Persilschein ausstellen und beurteilten sie als aktive Nationalsozialisten. Beide fanden aber wie Burda in Schmittlein einen wackeren Verteidiger. Fuchs sei in die NSDAP eingetreten, weil er, damals schon in der Schweiz, sich ans Totenbett seines schwerverletzten Sohnes begeben wollte, ließ Schmittlein wissen. Und Mildenberger habe sich im Grunde nie für Politik interessiert.

Auch unter den Arbeitern fanden sich überzeugte Hitler-Anhänger wie der Tiefdrucker Traugott Götz, der zu den ersten Mitgliedern der NSDAP-Ortsgruppe Oststadt-Süd und zur SS gehört hatte. Burda stellte ihn und weitere ehemalige Parteigenossen nach 1945 wieder ein. Alle in Offenburg wußten mehr oder weniger genau, wer dabeigewesen war, und doch hielten die meisten wie in anderen Städten auch dicht.

Schmittlein wußte das natürlich. Sogar in seinem von Burda geführten Lehrmittel-Verlag arbeitete ein Mann, der bis 1945 am Humanistischen Gymnasium unterrichtet hatte – im Sinne der Machthaber: Franz Burdas Kommilitone Karl Pfaff. »Er galt als Nazi«, so Bruno Bayer, »und durfte nicht mehr in der Schule tätig sein.« Doch Burda hatte für den alten Studienfreund Verwendung. Pfaff schrieb Vorworte für die Bücher des Lehrmittel-Verlags, etwa das für den Band »Iphigenie auf Tauris«, doch ohne seinen Namen zu nennen. Nach dieser Überbrückung war Pfaff wieder als Lateinlehrer an der alten Schule, und Hubert Burdas Freund Peter Kammerer meint, er und Hubert Burda verdankten ihm »unsere ersten konkreten Vorstellungen vom Altertum«. 1962 erhielt Pfaff Burdas Ortenauer Kulturpreis.

Andere stießen erst viel später wieder zur Firma. Alexander Bartosch, der Direktor der Reichsstelle Druck und Papierverarbeitung gewesen war, sollte in der sowjetischen Besatzungszone Herr der SED-Druckereien werden, schrieb Scharfenberg. Bartosch zog jedoch Freiburg vor. Anfang 1953 schrieb er an Burda, ob er nicht eine Beschäftigung für ihn hätte. Der antwortete prompt: »Sofort kommen!« Schon Weihnachten 1953 war er wieder Direktor, »Adjutant des Chefs«, »Mädchen für alles«, wie Scharfenberg schrieb, für Kaufmännisches und das Betriebsklima, »guter Geist, der ausgleichend und glättend wirkt«.

Als Burda in den fünfziger Jahren mit Flugzeugbannern für seine Zeitschriften warb, saß zunächst ein Schweizer am Knüppel, Max Vieser. Nachdem auch Deutsche wieder fliegen durften, stellte Burda Weltkriegsflieger ein: Staffelchef des »Mufticlubs« (Mufti war das Maskottchen der *Bild + Funk*, ein Stoffesel) war der ehemalige Jagdflieger Gerd Maier, eine weitere Maschine flog Kurt Dombacher, Ex-Gruppenkommandeur im Jagdgeschwader »Mölders« und Ritterkreuzträger.

Wer Täter und wer Opfer war, ließ Burda sich nicht vorschreiben. Seine Selbstjustiz offenbarte sich auch, als sieben Jahre nach Kriegsende Burdas Familie die Vergangenheit einholte. Am 10. Dezember 1952 durfte Stiefbruder Otto Pröttel heimkehren. »Damit«, so feierte die Hauszeitschrift, »vollendet sich auch in unseren Reihen ein erschütterndes Kriegsfolgeschicksal.« Was war geschehen? Otto Pröttel war schon im Ersten Weltkrieg Soldat und in Duisburg stationiert gewesen. »Von dort hatte er wohl seinen ›Preußischen Furz‹, sein ständiges ›nich wahr!‹« notierte Johannes Schulze in einem zweiten Versuch Burdas, seine Erinnerungen zu Papier zu bringen, »wohl aber auch seine Neigung zu den Nazis.« 1943 diente er als Gendarmarie-Wachtmeister d. R. »In Ausübung seines Dienstes und in Befolgung seiner Befehle«, so die *Burda Familie*, habe er »eine flüchtende Fremdarbeiterin erschossen.« 1946 verurteilte ihn dafür das Hohe Gericht in Rastatt zum Tode. Ein Gnadengesuch von Franz Burda hatte Erfolg, General Koenig wandelte das Urteil auf lebenslänglich um. »Jetzt, nach siebeneinhalb schweren Jahren im Kriegsverbrechergefängnis zu Wittlich, wurde Otto Pröttel vom Hohen Kommissar François-Poncet begnadigt und endgültig entlassen. Wir freuen uns mit seiner Familie über seine Heimkehr und wünschen ihm, daß er bald wieder seine Gesundheit erlangt.«

5

Wieder dabei: »Oh, Susanna, wie ist das Leben schön«

Am 12. Dezember 1947 schickte Franz Burda einen Bittbrief ins Baden-Badener »Hotel Brenner«. Sein Fahrer war ihm abhanden gekommen, und Burda wußte, wer ihn wieder herbeischaffen konnte: »Son Excellence Monsieur le Commandant en Chef Français en Allemagne«, Pierre Koenig. Die Franzosen hatten Josef Ritter zu sechs Monaten Haft und 4000 Reichsmark Strafe verurteilt, weil er 50 Kilogramm bei der französischen Administration gestohlene Butter verkauft und dabei fünf Kilogramm für sich behalten hatte. Ritters Familie, verteidigte ihn Burda, sei sehr arm, und er habe der Versuchung nicht widerstehen können. Aber er sei kein Schwarzmarkthändler, sondern habe von der Gelegenheit profitieren wollen, um seiner Familie zu helfen. Sein Fahrer habe immer korrekt gearbeitet und genieße ein gutes Ansehen. Lediglich die schlechte Versorgungslage habe seinen Fauxpas provoziert. Burda schloß »mit dem Ausdruck unserer sehr respektvoller Hochachtung« und hoffte, die französischen Behörden mögen Gnade vor Recht ergehen lassen. Niemand weiß mehr, ob Josef Ritter Gnade erfuhr.

Mangel war nicht nur an Butter. Die *Ortenauer Zeitung* meldete Schlangen vor den Brotgeschäften. Elektrische Raumheizung wurde verboten, Haushalte mit zwei Personen durften monatlich maximal zwanzig Kubikmeter Gas verbrauchen, jede weitere Person zusätzlich vier. Jedem standen Waren gegen Lebensmittelkarten zu, insgesamt 1335 Kalorien täglich.

In der Stadthalle Offenburg berichtete Ferdinand Hund über seine sechs Jahre in verschiedenen Konzentrationslagern, denn viele glaubten damals noch, die Berichte darüber seien Propaganda der Sieger. »Auch die Einwohnerschaft von Offenburg und Umgebung wird die Gelegenheit wahrnehmen«, rief die *Ortenauer Zeitung* ihre Leser auf, »sich über die Zustände in den KZ-Lagern zu unterrichten.« Gauleiter Robert Wagner, der auch Reichsstatthalter im Elsaß gewesen war, lieferten die Amerikaner an Frankreich aus. Und immer wieder meldeten Todesanzeigen in diesen Nachkriegsmonaten, daß »mein innig geliebter Mann, der beste Vater seiner so sehr geliebten Kinder, unser lieber, einziger Sohn, Schwiegersohn, Bruder und Schwager den Soldatentod erlitten« habe. Auch Franz Burda hatte einen ihm nahestehenden Menschen verloren: Sein Halbbruder Friedhold, der als Unteroffizier einer Panzereinheit angehörte, wurde bei den Kämpfen am Weichselbogen bei Radom getötet. Andere freuten sich, daß ihr Sohn, Vater, Ehemann wieder heimgekehrt war, viele von ihnen in grün-verblichener Uniform, zerrissen und verschmutzt, mit verhärmten Gesichtern, den Entlassungsschein als wertvollstes Gut in der Tasche.

Allerheiligen 1945 war wieder Festtag wie vor 1933, an dem es »untersagt ist, geräuschvolle Handlungen vorzunehmen«, wie der Landrat den Ortenauern mitteilte. Die Züge nach Karlsruhe, Freiburg und auch nach Villingen verkehrten wieder, nachdem die meisten der 233 beim Rückzug von der SS zerstörten oder beschädigten Brücken repariert oder durch provisorische Brücken der Militärs ersetzt worden waren. Und am 13. Oktober 1946 wählten die Offenburger den ersten Nachkriegs-Stadtrat. Die Badisch-Christlich-Soziale Volkspartei erhielt mit 4374 Stimmen die absolute Mehrheit vor der Demokratischen Partei (1680), der Sozialistischen Partei (1254) und der Kommunistischen Partei (967). Von 11 277 Wahlberechtigten gingen 8644 zu den Urnen.

Das Eisenbahnerstädtchen Offenburg berappelte sich mühsam, aber die Lebensmittelknappheit hielt an. Die Bemühungen, bei Bauern gegen Bezugsscheine Kartoffeln zu bekommen, waren vergebens, weil die Landwirte kaum genug zum Pflanzen hatten. Im September 1945 hatte Ludwig Hess Reichsbankschecks über insgesamt 110 000 Reichsmark nach München geschickt. Dafür sollten die Ortenaugemeinden Kartoffeln aus Bayern erhalten. Zwei Monate später lagen die Schecks noch immer bei der Bayerischen Staatsbank, obwohl die amerikanischen Behörden die Lieferung inzwischen abgelehnt hatten, und die Stadt fürchtete nun auch noch um ihr Geld. Am 18. Dezember hatte die Stadt das Geld zwar wieder, doch noch immer keine Kartoffeln. Das Marienhaus Offenburg, einziges Haus, in dem Alleinstehende zu Mittag essen konnten, mußte am 8. April 1946 das Kosthaus schließen, und das »Gasthaus Zauberflöte« verlangte von seinen Gästen, Kartoffeln selbst mitzubringen, wenn sie essen wollten. Das Gerücht, bei der Kartoffelstelle in der Spitalstraße würde ausgegeben, führte im Frühjahr und Sommer 1946 zu Belagerungszuständen schon um fünf Uhr in der Früh. Dabei waren alle Vorräte aufgebraucht. Hess konstatierte, in Offenburg sei »ein furchtbarer Notstand entstanden, dem sofort abgeholfen werden müßte«. Aber wie?

Im folgenden Jahr griff Franz Burda zur Selbsthilfe. Um seine Arbeiter bewirten zu können, schaffte er im Austausch gegen Schulbücher, -hefte und Schnaps tonnenweise Kartoffeln aus dem Schwarzwald in die Kantine. Am 8. Juli 1947 brach ein Lastwagen mit dem Kennzeichen BD 090423 von Offenburg in Richtung Zwiefalten auf, um dort fünf Tonnen Kartoffeln zu holen, weitere fünf am 30. September in Waldsee. Am 9. Oktober sehnten die Burda-Leute ihren zweiten LKW mit dem Kennzeichen GMC 436867 aus Münsingen herbei, der fünf Tonnen geladen hatte, einen Tag später kam er aus Krauchenwies im Kreis Sigmaringen mit derselben Menge zurück. Wer bei Burda arbeitete, dem ging es so schlecht nicht. Die Losung hieß in Offenburg: »Wer bei Burda schafft, der hat was zu essen.«

Irgendwann im Frühjahr 1946 stand Kurt Neuschütz in einem verschlissenen Offiziersmantel, Schlapphut auf dem Kopf, an der provisorischen Brücke, die die Franzosen über die Kinzig geschlagen hatten, und hielt den Daumen nach oben. Seine Familie in Grenzach war »ausgebombt«, sie lebte in einer Notwohnung in Altenheim, zehn Kilometer von Offenburg entfernt. »Wir waren arm wie Kirchenmäuse«, erzählt Neuschütz, aber er hatte immerhin Arbeit. Nach Titisee/Hinterzarten wollte er an diesem Tag fahren, wo er mit seiner Drei-Mann-Kapelle im Auftrag einer französischen Agentur für Soldaten spielen sollte. Er hatte einen Vertrag über ein Jahr in der Tasche, spielte immer vierzehn Tage lang jeden Abend und bekam dann vier Tage frei. »Überarbeitet habe ich mich nicht«, bekennt Neuschütz, »tagsüber sonnten wir uns am See, abends spielten wir.«

Da kam ein Mann in einem Wagen vorbei und hielt. Neuschütz sagte, wohin er wolle und durfte einsteigen. »Ich nehm' ja sonst niemand mit«, ließ der Fahrer seinen Mitfahrer auf dem Weg nach Lahr wissen, »aber was wollen Sie eigentlich da?«

»Ich musiziere«, antwortete Neuschütz. »Klavier und Akkordeon.«

Das gefiel dem Fahrer. »So jemand wie Sie könnten wir noch brauchen«, sagte der Mann, der sich zwar vorgestellt, dessen Namen Neuschütz aber bald wieder vergessen hatte. Und nach seiner Profession hatte er ihn gar nicht gefragt.

Gegen Weihnachten 1946 wurde Neuschütz das Musizieren zu langweilig. »Wie hieß der noch mal«, fragte er seine Familie, »der mich damals einstellen wollte?«

Die Oma hatte es sich gemerkt, und Neuschütz fuhr nach Offenburg, in die Hauptstraße, ging die Rundstiege hoch, an der Glasmalerei mit dem Portrait von Franz Burda I. vorbei. Im Vorraum mit der Eckbank, auf der die Vertreter warteten, bis sie hereingerufen wurden, fragte Neuschütz: »Kann ich Herrn Burda sprechen?«

»Kommen Sie von der *DND*?« lautete die Gegenfrage.

Nein, aber wenn der erwartete Besucher noch nicht da war, hatte Burda sicher Zeit. »Ja«, log er also und durfte direkt hinein.

Burda sprang sofort auf. »Ja, Herr Neuschütz!« rief er. »Wann kommen Sie jetzt zu mir?« Zu seinem Sekretär gewandt, sagte er: »Herr Böhme, das ist der Neuschütz, den habe ich im Frühjahr kennengelernt.«

»Ich wollte Ihnen frohe Weihnachten wünschen.«

»Mildes, komm mal her.« Mit qualmender Zigarre stapfte Karl Mildenberger herein. »Wo können wir einen brauchen?«

»Der Haberer Eddi isch noch net da«, meinte Mildenberger nachdenklich. Der Haberer Eddi war noch in Kriegsgefangenschaft. »Oder in der Buchhaltung.«

»Du Simpel«, entgegnete Burda, »guck doch den mal an! Der muß in den Außendienst.« Neuschütz hatte noch immer Farbe vom Sommer im Gesicht und war gut gebaut; die Mädchen drehten sich nach ihm um. Aber es nutzte nichts: Neuschütz landete in der Buchhaltung.

Die Instrumente ruhten deshalb noch lange nicht. Oft rief Burda ihn zu sich: »Neuschütz, kommen Sie. Und bringen Sie ihr Örgele mit.« Dann wußte er, es war wieder gute Stimmung zu machen, entweder weil Franzosen beim Chef saßen oder Kunden, etwa von Schöpflin oder Wenz, deren Kataloge Burda bald wieder druckte. Dann wurde gesungen, am liebsten die mundartlichen Lieder der Züricher Geschwister Schmidt: »Nimsch du dir im Läbe öbbis vor / und es got dir gege d'r Schtrich, / reg di nur nit uf und pfiff doch druf: / Schliaßlich isch doch alles glich. / O Susanna, wia isch des Läbe schön / wäge däm muesch du nit druurig si / wäge däm? Wäge däm? Wäge däm?!« oder »Schiefe Absätz' und in jedem Strumpf ein Loch, aber's Lebe, aber's Lebe freut uns doch.«

Diese Lieder, sagt Neuschütz, hätten gut in die Nachkriegszeit gepaßt, hager und zerlumpt wie sie waren. Das half etwas, die Freude am Leben nicht zu verlieren. Also lautete die Devise: »Jeden Tag studieren was kommt morgen, lieber Freund, das hat kein' Zweck, so ne lustig Lied und ein heiteres Gemüt, hilft dir über alles weg.«

In der Buchbinderei saßen Frauen um einen runden Tisch, der sich vor ihnen drehte, und legten Blätter aufeinander. Dreizehn Stück, zwölf für die Monate des Jahres, ein Deckblatt – daraus wurde ein Kalender gebunden. Eine monotone Arbeit. Wenn der Chef vorbeischaute, befahl er: »Nachtigallen, ein Lied!« Dann sangen die Frauen, vornehmlich Volkslieder. So entstand bei Neuschütz die Idee zu den »Burda Nachtigallen«. Sie sollten 1959, in Gutacher Trachten samt Schwarzwaldbollenhut, in Peter Frankenfelds Fernsehshow singen und Walter Scholz begleiten. Dafür mußten die auserwählten Frauen zur Gesangsausbildung bei einer Jugendfreundin Burdas antreten, Hermine Zepp. Das Honorar bezahlte der Verlag, wie auch die 3000 Mark für Neuschütz' neues Hohner-Akkordeon, nachdem Josef »Jupp« Matschy dessen »alte

Gurke« nicht neben seiner wundervollen Zither dulden wollte. Burda setzte seine Nachtigallen als Werbemittel ein: Nicht nur bei Jagden und Betriebsfeiern spielten die sechs, sondern auch bei Edekas Feier zum 50. Geburtstag des Werbeblatts *Die kluge Hausfrau*, das Burda druckte.

Burda gab Neuschütz die Order: »Stellen Sie mir nie einen Fußballer ein, die kommen montags nicht, weil sie verletzt sind.« Musiker dagegen hatten sofort einen Stein im Brett. Burda vertraute Musikern immer. Offenbar glaubte er, mit Menschen, die die Harmonielehre beherrschen, kann man auch sonst auskommen. »Da wo gesungen wird, da laß dich nieder«, hieß es damals, »böse Menschen singen keine Lieder.«

Burda und seine Maschinen: »Ständig unter Dampf«

In zwei Jahren von April 1946 an druckte Burda neun Millionen Bücher für General Schmittlein, außerdem etwa 20 Ausstellungskataloge, Hunderttausende von Postkarten und wissenschaftliche Veröffentlichungen in französischer Sprache, sowie eine Vielzahl von Karten und Luftbildern für das französische Militär, ein Gebiet, auf dem Burda, laut Schmittlein, »einen unschlagbaren Vorsprung« hätte.

Arbeit gab es genug, und weil der Lehrmittel-Verlag wuchs, brauchte neues Personal auch Registraturschränke, Schreibpulte, Stühle, Sessel und Schreibmaschinentische – Büromöbel, die requiriert waren und für die man einen Déblocage-Schein beantragen mußte. Burda kümmerte sich um alles selbst. Monatlich reklamierte er zwölf Tonnen Kohlen und Briketts. Den Behörden erklärte er genau, weshalb er so große Mengen Heizmaterial benötigte: »Unser Betrieb arbeitet im Kupfertiefdruck-Herstellungsverfahren. (…) Beim Ausstoßen (der Farben) sind sehr hohe Temperaturen erforderlich, die wir durch ein Gemisch von Brikett mit Koks erzielen. Die monatliche Menge an rückgewonnenem Lösungsbenzin beläuft sich auf 4–5000 Kg. Dieselben werden für den Weiterbetrieb sofort wieder verwendet.«

Schwieriger war es oft, Rohstoffe zum Drucken zu bekommen. Nicht einmal seine eigenen Lagerbestände waren in diesen Zeiten sicher. 400 Tonnen Papier hatte Burda nach den Luftangriffen im Reitstall seines Freundes Albert Hackelsberger gelagert, dazu eine Heidelberger Presse. Nach dem Einmarsch der Franzosen hatte General Recordon vom Service Géographique auf der Rolle einen Zettel angebracht, um das Papier für sich zu sichern. Am 1. Juni 1946 durchsuchten Offiziere einer Abbaukommission für Maschinen den Reitstall, und Burda fürchtete, »daß man mit dem Lastwagen vorfährt und einfach das Papier aufládt«. Er bat deshalb Schmittlein, die Militärbehörden in Säckingen zu informieren, »damit keine unberechtigte Requisition erfolgen kann«.

Anderes Material hatten Burdas Mitarbeiter gegen Kriegsende an sicheren Plätzen versteckt. Sogar unter seinem Bienenhaus in Zell-Weierbach ruhten Farben und Lösungsmittel. 30 Völker bewachten das Material gegen Zugriffe der Alliierten. 20 000 Liter Lösungsbenzin hatten die Drucker irgendwo in der Erde vergraben, und bei Dunkelheit schleppten sie es wieder in die Halle. Bei der Suche nach Filmmaterial nutzte Burda abermals seine guten Kontakte zu den Siegern, dieses Mal zwei der amerikanischen Offiziere, die er in Oberharmersbach einquartiert hatte und die bei ihm die Herstellung der Luftbildpläne studierten. Sie halfen ihm, eine große Menge Filme bei Perutz in München abzuzweigen.

An Druckfarbe zu kommen war nicht immer leicht. Mit seiner Adler Triumph Junior fuhr Burda nach Stuttgart, aber die Farbenfabrik Eher war ausgebrannt. Auch bei den Gebrüdern Schmidt in Frankfurt standen nur noch Ruinen. Aber die Farbenfabrik Keller, Dr. Runge & Co. in Siegburg in der britischen Zone hatte noch intakte und volle Lager. Burda holte die Farbe persönlich ab und bedankte sich mit Schnaps und Speck. Auf Dauer gab sich Miteigentümer Willy Hümmelchen mit seiner Rolle als Geber jedoch nicht zufrieden, er wollte auch etwas haben. So wandte er sich am 25. März 1948 an Burda. Er könne die 2500 Kilogramm Druckfarben »nicht mehr zur Auslieferung bringen, wenn nicht eine Freigabe von 1000 Ltr. Wein aus meinem eigenen Weingut, der Fa. Walter Schlücker Traben-Trarbach, Mosel Markt 1, erfolgt«. Diese

Weinberge waren zur Hälfte sein Eigentum. Die Fa. Schlücker aber habe »in den letzten Jahren jährlich 4000 Ltr. an die franz. Verwaltung abgegeben. Ebenso hat die Fa. Siegberg ohne Gegenlieferung in dem letzten Jahr alleine an Ihre Firma und die Fa. Gebr. Bauer, Lahr-Dinglingen für 45 000 RM Druckfarben u. a. für Freimarkendruck geliefert. Wenn in der Belieferung Ihrer Firma in Druckfarben keine Verzögerung eintreten soll, so bitte ich um beschleunigte Freigabe der 1000 Ltr. Wein bemüht zu sein. Hochachtungsvoll«.

Offenbar wußte Direktor Hümmelchen um die guten Kontakte Burdas zu den Behörden. Und tatsächlich schrieb Burda an G. M. Z. O. F. Section Revitaillement Baden-Baden. Hümmelchen bekam, was ihm gehörte: 1000 Liter Wein aus seinem Weingut in der französischen Zone.

Nach der Spinnerei und Weberei war Burda schon 1946 mit 182 Beschäftigten wieder zweitgrößter Betrieb Offenburgs geworden. 18 183 Seelen zählte der Ort, davon 50 Fabrikanten, 400 Handwerker, 350 Kaufleute, 2000 Arbeiter, 1400 Angestellte und 800 Zivilbeamte. Burda war wieder im Geschäft, wenn auch unter Aufsicht der Franzosen. Im ersten Jahr nach der Währungsreform machte er bereits wieder 7,5 Millionen Mark Umsatz. Der größte Triumph aber war Burda 1948 gelungen. Gegen den Widerstand der »Kommunisten« in der französischen Verwaltung – und das waren im Zweifelsfall all diejenigen, die ihn hemmten – setzte er mit Schmittlein durch, daß er wieder das sein konnte, was er am liebsten war: Verleger. Franz Burda durfte endlich seine erste eigene Zeitschrift machen. Um diese Lizenz zu erhalten, bedurfte es eines Tricks.

Das rettende Ufer: Lizenz für eine »Strohfrau«

Als *Burda intern* 1988 »die Geschichte eines Erfolgs« aufschrieb, hätten die Mitarbeiter gern die Geburtsurkunde der *Bunte* gesehen. Aber sie war, so hieß es, verloren gegangen. Und deshalb wisse niemand mehr, wer die Standesbeamten gewesen seien. Aber alle im Betrieb wußten ja, daß die *Bunte* von ihrem vor zwei Jahren verstorbenen »Senator« gegründet worden war, daß sie zunächst *Das*

Ufer hieß und daß die Franzosen ihm eine Lizenz erteilt hatten. Aber die Sache war so einfach nicht.

Franz Burda hatte dem einen oder anderen Franzosen viel zu verdanken. Aber nicht alle mochten glauben, daß doch er der beste Drucker und Herausgeber in der ganzen Region war. Daß die Franzosen ihm nicht erlaubten, seine *Sürag* wieder zu drucken, brachte ihn fast um den Verstand. Längst erschienen in der französischen Besatzungszone andere Zeitschriftentitel: Seit 1946 schon gab es *Die Rheinische Illustrierte*, *Die neue Demokratie (DND)*, die *Badische Illustrierte*, *Zeit im Bild* und *Weltbild*. Aber kein Burda-Blättle. Franz Burda nahm jeden Druckauftrag an, doch es wurmte ihn gewaltig, Zeitschriften für andere Herausgeber drucken zu müssen. Er biß die Zähne zusammen. Und er schmeichelte und verteilte Geschenke: Wein und Speck, und wenn's nötig war auch mal etwas Nützliches: Der Monsieur le Colonel Marechal von der Direction de l'éducation Publique in der Villa Stephanie zu Baden-Baden durfte sich im September 1947 für »5000 Blatt weiß Schreibmaschinenpapier DIN A 4« von Burda erkenntlich zeigen.

Diesen Colonel Marechal hatte Burda nicht von Anfang an beehrt. Es war an einem dieser heißen Sommertage 1946 gewesen, als Marechal an ihn herantrat und fragte, ob er für den Drei-Kreise-Verlag von Fritz Knapp eine Frauen- oder Radiozeitung drucken könne, da tobte in Burda ein Vulkan. Ja, war denn der Mann noch bei Trost? Das war sein Beritt! Es gelang ihm jedoch, sein Temperament zu zügeln. Zweifellos, antwortete er listig, könne er ein so großes Objekt übernehmen. Allerdings würde dann die Produktion für die Éducation publique eine Beschränkung um mindestens ein Drittel erfahren. Marechal mußte daraufhin Knapp berichten, Burda könne einen solchen Auftrag unmöglich unterbringen. Folglich beschied auch Schmittlein den Antrag negativ.

Doch Fritz Knapp gab nicht nach. Verärgert wandte er sich an den Staatskommissär für Vermögensbeschlagnahme, Otto Kirchheimer, weil zumindest der Betrieb in Lahr-Dinglingen, wohin Burda vor der Zerstörung des Mannheimer Werks die Maschinen ausgelagert hatte, »arisiert« worden sei. Wenige Tage später stand ein Mann in Burdas Büro. Hans Eberwein und Heinrich Dahlke sagte er: »Ich habe vom Gouvernement Militaire den Auftrag, mich zu erkundigen, ob man in diesem Betrieb eine Radiozeitung drukken kann oder nicht.« Damit, empörte Burda sich in einem Brief an Schmittlein, bringe Knapp zum Ausdruck, »daß er Ihren Worten keinen Glauben schenkt und versucht, mit schmutzigen Mitteln zum Ziel zu kommen«. Knapps Antrag verschwand in der Schublade, und Burda durfte weiter hoffen.

Raymond Schmittlein hätte seinem Drucker gern den Herzenswunsch erfüllt. Aber einige seiner Kollegen in der Pressesektion hielten Burda noch immer für einen Nazi. Der Chef der Presseabteilung, Hemmerle, weigerte sich standhaft, die alte *Sürag* wieder aufleben zu lassen. Also mußte ein neues Konzept her. Als in der Direction de l'Information Ende 1947 Jean Arnaud und auch in der übergeordneten Gouvernement Militaire en Zone Française d'occupation Generaladministrator Emile Laffon zurücktraten, schlug Burdas Stunde. Bis die Militärregierung im April 1948 neu geordnet war, hatte Burda seine Lizenz.

»Wir wissen nur«, schrieb *Burda intern* zum 40. Geburtstag, »daß mit französischer Hilfe und unter Dr. Burdas Oberaufsicht eine Redaktion zur Vorbereitung einer neuen Zeitschrift in der Offenburger Steinstraße 18 im 2. Stock über dem Frisörladen Steiner (heute Drogerie Heffner) die Arbeit aufnahm. Sie muß gute Arbeit geleistet haben. Am 17. März 1948 wurde die Lizenz für die Zeitschrift *Das Ufer* erteilt.«

Die Lizenz war nicht auf den Namen Franz Burda ausgestellt. Die Rechte lagen offiziell bei Erika Pagelsen, die in Lettland geboren und wie Raymond Schmittlein um 1940 in Riga gelebt hatte, wo sie seit 1923 als Lehrerin an einer französischen Schule gearbeitet hatte, seit 1932 als Beamtin an der Akademie. Seit 1946 war Pagelsen am Dolmetscherinstitut Germersheim beschäftigt, das Schmittlein gegründet hatte. Nun diente Pagelsen bei der *Ufer*-Gründung als »Strohfrau«. Den Antrag stellte sie am 15. Dezember 1947. Auch unter den Teilhabern der Ufer-Verlagsanstalt bzw. der Ufer-Verlag GmbH befand sich kein Burda, sondern drei Franzosen und ein Deutscher hatten je 5000 D-Mark eingelegt. Am 17. März 1948 erhielt Mademoiselle Pagelsen die Lizenz Nr. 3934, gültig für die

Herausgabe einer Revue für junge Leute. Genehmigt hatte die Lizenzerteilung General Koenig, ausstellen mußte sie Hemmerle. Statt der gewünschten 21 Tonnen Papier pro Monat standen allerdings nur sieben Tonnen bereit. Die »Zeitschrift junger Menschen« erscheint deshalb zunächst in einer monatlichen Auflage von nur 35 000 Heften, jedes 32 Seiten dünn.

Den Namen *Das Ufer* erklärt das Editorial von Elisabeth Langgässer: »Wer heute neues Ufer anzusteuern versucht, muß zunächst seine Ladung prüfen und abwägen, ob die Wertordnung, mit der sein Schiff befrachtet ist, in dem richtigen Verhältnis steht zu seinen Kräften, zu dem geschichtlichen Augenblick und der Möglichkeit, sie zu verwirklichen. Er muß furchtlos und entschlossen über Bord werfen, was seinen Wert verloren hat, und mit ebenso furchtloser Treue bewahren, was ihm an dem anderen Ufer als lebensnotwendig erscheint.«

Optimismus zu verbreiten war das Ziel der »Zeitschrift junger Menschen«, und der stille Strippenzieher Franz Burda wußte, daß seine Zeit auch wieder kommen würde. Derweil mußte er es sich gefallen lassen, daß in seinem »Blättle« andere Namen glänzten: Als Redakteure werden in den ersten Monaten Karl Michel und Bruno Grimm, Reinhard Gerdes und Elisabeth Beuerle genannt, auch letztere eine enge Mitarbeiterin Schmittleins.

Einen Chefredakteur hatte das Blatt im ersten Jahr offiziell nicht, jedenfalls stand keiner im Impressum, aber aus einem internen Aktenvermerk, unterzeichnet von Franz Burda am 7. März 1977, geht hervor: »Als Chefredakteur wurde Herr Günter Kaufmann berufen. Er war zuvor stellvertretender Gauleiter in Wien unter Baldur von Schirach. Im französischen Besatzungsgebiet in Tirol wurde er – zusammen mit seiner Frau, geborene Hoffmann (Leibfotograf Hitlers) – von den Truppen des Generals Jean de Lattre de Tassigny festgenommen. Über den Pressechef der 1. französischen Armee, Oberst Guerin, kam er zur Information nach Baden-Baden und von dortaus zu Schmittlein. Zusammen mit dem ehemaligen Obersturmbannführer Fidikow (sic!) arbeitete er persönlich an der Redaktion mit.«

Den Titel Obersturmbannführer kann Anne Fidow-Fiddickow,

die Witwe von Hermann Fidow-Fiddickow, nicht bestätigen, aber daß ihr Mann bei Burda Chefredakteur war, schon. Sein Journalistenname sei Fidow gewesen, schon lange bevor Burda ihn 1950 offiziell als Chef der Schriftleitung im Impressum auswies. Zuvor, bestätigt Anne Fidow-Fiddickow, sei er beim Eher Verlag gewesen, beim *Angriff*. Er habe zum »Berichterstatterstab Goebbels'« gehört, wie sie es nicht ganz unzutreffend nennt. Fidow war Mitglied der Reichspressekonferenz zu Berlin, wo der Propagandaminister seine verbindlichen Tagesparolen ausgab. Die Presse nannte der Reichspropagandaminister »das Klavier, auf dem die Regierung spielen kann«. Am besten ließen sich die Vertreter der NSDAP-Zeitungen spielen, und eine davon war der *Angriff*.

Ihr Mann habe, so Anne Fidow-Fiddickow, bei Burda seine ganzen Berliner Freunde aus der Hitler-Zeit beschäftigt, u. a. Hans-Georg von Studnitz. Der schrieb nicht nur im *Ufer*, sondern berichtete schon wieder für diverse Zeitungen, sogar über die Kriegsverbrecherprozesse in Nürnberg. Zuvor hatte er für den *Berliner Lokalanzeiger* wie den *Stuttgarter NS-Kurier* »die geniale außenpolitische Konzeption des Führers und seines Reichsaußenministers Joachim von Ribbentrop« gefeiert und über »die jüdische Angst« des »Juden Roosevelt« gespottet. *Ufer*-Korrespondent in Spanien war Heinz Barth, der das vor 1945 schon gewesen war – nämlich für *Das Reich*, die Wochenzeitung, in der Goebbels persönlich die Leitartikel schrieb, sowie für die *Deutsche Allgemeine Zeitung*. Nebenbei betätigte er sich noch als Spion des Sicherheitsdienstes. Auch Walter Henkels findet sich in den ersten *Ufer*-Jahrgängen. Seine Kriegsberichte fanden sich auch in *Das Reich* und vielen Tageszeitungen, unter anderem der *Kieler Zeitung*, die der NSDAP gehörte.

Burda hat einen Chefredakteur eingestellt, um dessen Vergangenheit er wußte. Und er fand eine Erklärung für Schmittleins Nachsicht gegenüber Parteigängern der Nazis: »General Schmittlein drückte mir dieses Objekt als Verleger in die Hand. Man wollte vor allem der deutschen Jugend eine Brücke bauen. Von diesem Gedanken her stammt auch der Titel *Das Ufer*. Das rettende Ufer für ehemalige junge Nazis.« Das entsprach ganz Franz Burdas Verständnis von Vergangenheitsbewältigung. Den Chefredakteur Günter Kaufmann hat er übrigens persönlich wieder entlassen. Nicht etwa wegen seiner nationalsozialistischen Vorgeschichte, sondern »er war«, schrieb Burda, »zu großzügig im Geldausgeben«.

Erst am 14. Januar 1949 führte das Handelsregister Franz Burda als Geschäftsführer – mit einer Einlage von 9000 Mark. Einen ebenso großen Anteil am Unternehmen behielt Erika Pagelsen, Bruder Erwin Burda steuerte die restlichen 2000 Mark bei. Im Impressum allerdings taucht der Name Burda erst auf, als die Lizenzpflicht gefallen war – und zwar als Herausgeber. Von 1951 an erschien *Das Ufer* im Burda-Verlag, inzwischen mit dem Untertitel »Die deutsche Farb-Illustrierte«. Das erst muß für ihn die Befreiung gewesen sein. Endlich war das Versteckspielen zu Ende. Endlich durfte Franz Burda wieder handeln wie ein Herr es in seinem Haus gewohnt war.

Sein Tatendrang war damit längst nicht gestillt. Nachdem im August 1948, zwei Monate nach der Währungsreform, die Auslieferung der Zeitschrift *Marie france – Ihre Freundin* durch den Hamburger Verlag Drei Heinzelmännchen zusammengebrochen war, übernahm Burda neben dem Druck auch den Gesamtvertrieb. Schriftleitung, Verwaltung und Reklame blieben noch bis zum Jahresende in Paris, 114 Champs-Elysées, dann wechselten auch diese Abteilungen nach Baden-Baden. 100 000 Exemplare nahm Burda ab und erhielt dafür 50 Prozent Rabatt, 30 000 DM. Um den Preis von 60 Pfennig halten zu können, habe er die Kalkulation der Druckkosten »unter meine Selbstkosten erniedrigt«. 18 Pfennige kostete ein Heft im Druck, aber mit dem Gebotenen war der neue Vertriebschef nicht einverstanden: »Redaktionell ist der Inhalt keine 5 Pfg. wert.« Und tatsächlich, in einem Brief an den Pariser Verleger Amaury wies Burda am 31. August 1948 »blutigsten Dilletantismus« (sic!) nach: Er kritisierte das Septemberheft, in dem das Wetter für August angekündigt werde, einen Bericht über Kleider, für die man fünf bis sechs Meter Stoff benötige, was sich heute keine Frau leisten könne, sowie über »katastrophale Text- und Bildfehler«. Burda nahm die Chance wahr zu beweisen, daß er der bessere Blättlemacher war. Er bat die Verantwortlichen in Paris, die

Redaktion von Heft 7 selbst machen zu dürfen. »Ich verlange keinen Pfennig dafür. Als erfahrener Journalist bringe ich Ihnen eine Ausgabe heraus, die jeder Kritik standhält. Ich bin sogar bereit, damit das Heft in Zukunft floriert, die Redaktion vollkommen kostenlos zu machen. Die Auflage bringe ich innerhalb Jahresfrist auf garantiert 300 000 hinauf. Es geht aber mit dem besten Willen nicht an, von mir Garantien für die Abnahme von 100 000 Exemplaren zu verlangen und den Leser dafür buchstäblich anzuschmieren.« General Schmittlein, dem er ein Exemplar der Ausgabe gezeigt habe, sei derselben Meinung. Burda durfte *Ihre Freundin* nicht redigieren, aber 1962 kaufte er sie.

Weil er nun wußte, wie Lizenzen zu erwerben waren, kümmerte er sich einstweilen um eine zweite. Am 4. Dezember 1948 erteilten die französischen Behörden die Lizenz 7890. Sie ging an eine Frau in Lahr im Schwarzwald, die damit ihren Schnittmustervertrieb um eine regelmäßig erscheinende Zeitschrift erweitern konnte. Selbstredend wurde sie bei Franz Burda gedruckt.

6

Ich! Will! Rauf!
Wie Aenne Burda Verlegerin wurde

»Mein Mann nennt mich Engele«, schrieb Aenne Burda in einem Nachwort für den Jubiläumsband zum 65. Geburtstag ihres Mannes. »Wer mich kennt, weiß, daß ich alles bin, nur kein Engel, schon gar keine Engele. Es gab Zeiten, da hätte er mich lieber ›Teufel‹ gerufen. Wenn ihm danach zumute war, dann nannte er mich schlicht und einfach Engele. Engel sein verpflichtet. So zähmt er seine oft allzu temperamentvolle Frau.« Franz Burda verehrte seine Frau, er umsorgte sie. »Wenn er weiß, daß mich etwas quält, daß ich unfroh bin, dann legt er eine meiner Lieblingsplatten auf und ist selig, wenn er mich heiter stimmen kann. Und das alles vor dem Frühstück!«

Nicht nur seine Ehefrau rief er Engele, auch das erste Sportflugzeug, das für seine Staffel in Eigenregie gebaut worden war, eine Jodel mit 65-PS-Motor, taufte er so: Engele. Franz Burda muß ein vorbildlicher Ehemann gewesen sein. Offenbar dachte er immer und gern an seine Frau. Als er 1984 Ehrenmitglied des Imkervereins Hohberg wurde, schenkte ihm der Vorsitzende Paul Zimmermann ein Heilmittel aus Kittharz gegen Bronchitis. Sofort fiel Burda ein: »Meine Frau liegt im Bett mit Halsweh.«

Bevor er ging, ließ er noch schnell 5000 Mark fürs Museum liegen, mit denen Zimmermann eine Franz-Burda-Ecke einrichtete, und verlangte noch, gemeinsam zu singen, ein altes Imkerlied: »Mein Herz, das ist ein Bienenhaus.« Bevor sie anstimmten, erläuterte er: »Die Mädchen sind darin die Bienen, da isch es gut, daß meine Frau nicht dabei isch.« Alle lachten.

Zu Burdas Wesen fühlten sich viele Menschen hingezogen, und

auch Aenne fragte sich rückblickend: »Wo wäre ich geblieben mit meinem mir ›angeborenen Pessimismus‹? Mit meinem Hang zu permanenter Kritik? Der unverwüstliche Optimismus des Mannes, den mir das Schicksal zugedacht hat, hat alles Trübe vergoldet, hat mich gelehrt, dem Leben die schönen Seiten abzuverlangen. Ich weiß heute, daß man sich auf die Sonnenseite kämpfen kann, auch wenn man nicht von Anfang an dafür ausersehen war. Man muß nur stark genug sein, mit dem Schatten fertigzuwerden.«

Als Aenne Burda ihre Laudatio schrieb, konnte sie auf ein turbulentes Leben mit Franz zurückblicken. Als Mädchen wußte sie wie viele andere auch, was sie wollte: nach oben, reich werden und berühmt. Sie habe sich immer gewünscht, schönere Kleider zu haben als die anderen. Aber sie habe schon damals gewußt: »Schönere Kleider sind auch teurere Kleider.«

Wie sollte eine junge Arbeitertochter, die in der Gaswerkstraße einer kleinen Provinzstadt Südbadens geboren und von ihrer streng katholischen Mutter auch noch Anna Magdalena getauft worden war, dahin kommen, wo berühmte Leute mit teuren Kleidern verkehrten? Sie haßte ihre Umgebung, in die sie ein ungnädiges Schicksal hineingepflanzt hatte. Die kleine Anna phantasierte, sie sei ein Findelkind hoher Abstammung, eine Prinzessin, und irgendwann werde sie ein Prinz entführen. Sie verabscheute, daß es in ihrem Elternhaus immer nur ums Sparen ging. Die »besseren« Kinder fuhren mit der Droschke zur Kommunion, aber dafür hatten ihre Eltern kein Geld. Anna jedoch sagte sich: Ich will auch! Und sie bestellte ebenfalls eine Droschke. Den Fahrpreis teilte sie mit der Bäckerstochter.

Wahrscheinlich verachtete sie auch ihre Mutter, mit der sie »nie Gespräche geführt« habe, eine demütige Frau, die sich für die drei Kinder verbrauchte. Den Vater dagegen hat Anna Magdalena »wahnsinnig geliebt«. Franz Lemminger starb den »Heldentod«, wie das *Offenburger Tageblatt* verbreitete, in den letzten Kriegstagen und »in treuer Erfüllung seiner Eisenbahnerpflicht«. Er wurde »bei einem Jabo-Angriff auf seine Lokomotive so schwer verwundet, daß er bald darauf seinen Verletzungen erlag«. Geliebt hat sie ihren Vater, aber sie schämte sich lange für seine Herkunft. Später, als sie schon bekannt war in Offenburg und weit darüber hinaus, ließ sie unwidersprochen schreiben, sie sei als »Tochter des Oberlokomotivführers Franz Lemminger« geboren. Das Standesregister der Stadt Offenburg aber hatte am 3. August 1909 im *Ortenauer Boten* die Geburt von Anna Magdalena Lemminger gemeldet, fünf Tage nachdem sie zur Welt gekommen war. Unter der Rubrik Beruf des Vaters stand Lokomotivheizer. Kein Ober und auch kein Führer.

Nichts wie weg! Als Au-pair-Mädchen nach Holland wollte sie gehen, um der kleinen Welt zu entfliehen und der großen ein bißchen näher zu kommen. Der Vater sagte nein. Auch ihren Traumberuf durfte sie nicht erlernen: Säuglingsschwester. Der Vater beschied: »Ich kann jetzt nicht noch mehr Geld für deine Ausbildung bezahlen.« Statt dessen durfte sie als Lehrling des Elektrizitätswerks Mittelbaden Zählerstände ablesen, Montagestunden abrechnen und Dübel katalogisieren. Sie muß ihr Los verdammt haben, ohne zu wissen, daß sie einen Hauptgewinn gezogen hatte.

Weil der säumige Stromkunde Franz Burda seinen Kassierer immer mit vielen freundlichen Worten, aber ohne Geld weggeschickt hatte, spielte Direktor Otto Lang, ohne es zu wollen, Schicksal. Er trug seinem Lehrmädchen auf, das Geld einzutreiben. Der Drucker Franz Burda, gerade mit der *Sürag* an der Schwelle zum Erfolg, verliebte sich in »die kleine Schwarze« und bemühte sich, sie nie mit leeren Händen gehen zu lassen. »Ich hatte vom ersten Moment eine Schwäche für das Mädchen«, schrieb Franz später, als Aenne längst Chefin eines eigenen Verlags geworden war und ihre Zeitschriften in alle Welt exportierte. Es sollte nicht das letzte Mal in Aenne Burdas Leben sein, daß ein vermeintlich böses Schicksal ihren Erfolg einleitete.

Der Wille, aus den Niederungen des Lebens aufzusteigen, war nicht ihr einziger Antrieb. »Hätte ich es gewußt, ich glaube, ich hätte niemals den Mut zum Anfang gehabt«, sagte sie 1968 im Südwestfunk, als ihre Zeitschrift *burda Moden* international 1,5 Millionen Mal gekauft wurde. Keine Ahnung habe sie gehabt, keine Kenntnisse von redaktioneller und verlegerischer Tätigkeit. Aber sie hatte einen starken Willen, konstatierten die SWF-Autoren, und sie habe es »den Damen der Modebranche« beweisen wollen, die sie, als sie die Konkurrentin erkannten, sogar boykottierten.

Die Kreise der Damen der Modebranche störte Aenne Burda damals noch nicht, ihre Kreise schnitten sich nicht. Offenburgs Oberbürgermeister Martin Grüber erschien diese Erklärung, als er zum 80. Geburtstag gratulierte, denn auch zu dürftig: »Eigentlich hätte sich Frau Burda darauf beschränken können, ein Leben in Luxus und Bequemlichkeit an der Seite eines sehr erfolgreichen Mannes zu führen. Aber das war ihr zu wenig. Irgendwann hat sie den Wunsch und die Kraft in sich gespürt, selbst unternehmerisch tätig zu werden.«

Ja, aber woher kam sie, die Kraft? Woher schöpfte sie den Mut? Wie kam es dazu, daß Aenne Burda 1949 »einen hochverschuldeten kleinen Verlag mit 39 Mitarbeitern im Lahrer Lotzbeckhof« übernahm, wie 30 Jahre später wortgleich beide Regionalzeitungen schrieben? Wieso fing sie nicht neu an, sondern übernahm einen maroden Betrieb, dessen Redaktion und Zeichenatelier im zweiten Stock der Gastwirtschaft »Zum Bädle« untergebracht waren und dessen Modellier- und Schnittmusteratelier, Vertrieb und Verwaltung sich über das Schwarzwaldstädtchen verteilten? Wieso nahm es die Millionärsgattin auf sich, täglich eine halbe Stunde nach Lahr fahren zu müssen? Wieso gelang es ihr, mit einem Blättchen mit 3000 Exemplaren binnen kurzer Zeit zur besten Kundin von Burda Druck zu werden, der Firma ihres Mannes? Zu einer derart großen Unternehmerin, daß sogar der herrliche Franz Burda sich bedroht fühlte in seiner Einzigartigkeit, in seiner Größe, so sehr, daß er den Erfolg seiner Frau auf seinen Namen zurückführen zu müssen glaubte: »Wenn es ›Lemminger-Moden‹ hieße«, spottete er, »würden wir wahrscheinlich nichts verkaufen.«

Aenne Burda, so wie sie ist, blieb damals keine Wahl. Sie sagt von sich: »Ich bin ein simpler Mensch.« Und damit ist sie sehr ehrlich. Aenne Burda trägt eine Eigenschaft in sich, die gerade simple Menschen in besonderem Maß aufweisen. Dieser Charakterzug hat sie zum Erfolg getrieben. Und ihr Mann.

Böse Zungen behaupten in Offenburg, Franz Burda habe seiner Frau eine Arbeit verschaffen wollen, weil sie zu Hause nicht ausgelastet war und ihm auf die Nerven ging. Andere meinen, der »Senator« habe ihr Scheitern erwartet, um damit die Machtverhältnisse in der Familie endgültig zu klären. Üble Nachrede. Pater Bruno Bayer weiß, wie es wirklich war. Aber er ist ein höflicher, gut erzogener Mann, und über diese unappetitliche Geschichte will er kein Wort verlieren. Man redet nicht schlecht über Menschen, denen man viel verdankt. Keiner von denen, die's wissen, will heute mehr darüber sprechen, ohnehin sind nicht mehr viele Zeugen am Leben. Aber alle müssen es gewußt haben, damals. Cordula Bieser, von 1939 bis 1941 Lehrling, sagt: »Klar hab ich's gewußt.« Aenne wohl eher nicht, wie sie meint: »Sie würd's ja nicht toleriert haben.«

Rund 150 Mitarbeiter druckten im Hinterhaus der Hauptstraße 13 die *Sürag* und die Kataloge für Wenz und Schöpflin, im dritten Stock des Vorderhauses wohnte Aenne Burda mit ihren zwei Söhnen, der dritte kündigte sich an. Da zog Franz Burdas Sekretärin Hanni Hafner, die im selben Haus wohnte wie Bruno Bayer, nach Berlin; sie wechselte zu Ribbentrop ins Außenministerium. Ihre Nachfolgerin wurde Elfriede Breuer, genannt Effi. Sie war zehn Jahre jünger als ihr Chef, fünf Jahre jünger als dessen Ehefrau. Ein paar Monate nachdem Hubert Burda zur Welt kam, gebar auch Elfriede Breuer ein Kind: Renate. Sie ist Franz Burdas viertes Kind, seine erste Tochter. Breuer zog mit ihrem Baby ins benachbarte Lahr und blieb, was sie in den letzten Monaten gewesen war: Burdas Geliebte, ja, sie wurde mehr als das, die Beziehung mehr als ein Bratkartoffelverhältnis; Effi Breuer war Franz Burdas zweite Ehefrau – ohne Trauring.

Cordula Bieser war damals achtzehn, und der Chef bat sie und das Rombach Klärle, ihm auszuhelfen. Aenne Burda ahnte nichts von dem, was da zwanzig Meter von ihrer Wohnung geschah, sie hatte mit ihren drei Kindern genug zu tun. Jahrelang, bis 1949 wußte sie nichts von der Geliebten und dem Kind, sie schöpfte nicht einmal Verdacht. Auch daß ihr Mann oft nach Lahr fuhr, erregte nicht ihren Argwohn. Dort stand schließlich die Druckerei. Sie ahnte auch nicht, daß die Modezeitschrift, die ihr Mann von 1949 an druckte, einer Nebenbuhlerin gehörte, finanziert mit seinem Geld. »Effi Schnitt macht Mode mit«, warb Elfriede Breuer.

Sie war »eine gutaussehende Frau«, wie sich Otto Wacker erinnert, dessen Freundin und spätere Frau im »Bädle« bei Breuer Schnittmusterbogen faltete. Aber Breuer hatte keinen Erfolg, ihr Schuldenkonto bei Burda stieg, angeblich auf 200 000 DM. Zu diesem Zeitpunkt hatte Aenne das Geheimnis ihres Mannes gelüftet, und sie machte ihm eine Szene. Damals, so der langjährige Vertraute Franz Burdas, der *Bunte*-Redakteur Waldemar Dinkat, habe Aenne Burda ihrem Mann die Pistole auf die Brust gesetzt: »Wenn du deiner Freundin einen Verlag einrichten kannst, dann kannst du das auch mir.« Aber Aenne akzeptierte keine Kompromisse: Sie wollte diesen Verlag, den Verlag ihrer Nebenbuhlerin. Der zehnjährige Sohn Hubert stand dabei, als sein Vater das Problem auf seine Weise löste: »In einem Wutanfall in der Hauptstraße 13, den ich heute noch im Ohr habe, sagte er zu ihr: ›Dann mach's doch du.‹ Und sie sagte: ›Das mach' ich.‹« Entschlossen stürmte sie hinaus und fuhr sofort nach Lahr. Elfriede Breuer mußte gehen. Sie nahm ihre Tochter Renate und zog nach Wiesbaden.

Aenne Burda nennt die Übergabe des defizitären Betriebs eine »Wiedergutmachung«, aber nichts war wieder, wie es vorher gewesen war. Dieses Abenteuer verzieh sie ihrem Mann nie. Immer wieder machte sie ihm Szenen, wenn er allzu offen nach anderen Frauen schielte. Die Spannung zwischen den beiden war mit Händen zu greifen. Ihr jüngster Sohn litt unter den Auseinandersetzungen der Eltern. Hubert Burda war damals gerade zehn, die Brüder dagegen schon erwachsen bzw. auf dem Weg dahin. Wenn sich seine Eltern vor ihm stritten, wünschte er, sie möge nicht so laut schreien und er endlich die anderen Frauen in Ruhe lassen, damit die Familie wieder friedlich vereint wäre. Eine kindliche, unrealistische Hoffnung.

Zeitlebens kämpfte Aenne mit den Affären und Liebschaften ihres Mannes, und sie kämpfte mit allen Mitteln. Sogar auf dem Gebiet wollte sie ihn schlagen, das sein ureigenes war: als Verlegerin. Heute weiß Hubert Burda: »Meine Mutter hat eine unglaublich intensive Fähigkeit zu lieben und zu hassen.« Der Humus, auf dem *burda Moden* ein Welterfolg wurde, waren Eifersucht und Haß. Und so gratulierte die *FAZ* zur Goldenen Hochzeit der Burdas sinnfällig: »50 Jahre Burda gegen Burda«.

Aenne Burda hatte zwei Fliegen mit einer Klappe geschlagen: Die Nebenbuhlerin schien aus dem Blickfeld geräumt, und sich selbst hatte sie die Chance eröffnet, aus der Enge eines Hausfrauenlebens herauszukommen. Mit 37 Jahren begann sie, wozu andere Frauen nie die Möglichkeit bekamen: ein neues Leben, ihr zweites. Aber sie lebte es nicht allein, sondern weiterhin an der Seite ihres Mannes. Sie hatte auch das Kleingeschriebene des Friedensvertrags akzeptiert, und darin hieß es: Wir lassen uns nicht scheiden.

Günter Morstadt, enger Jugendfreund von Hubert Burda, urteilt: »Die hatten ein wilhelminisches Verständnis von Ehe: Man hat zueinander ja gesagt, und das hält lebenslänglich. Und dann wird nach außen die Front aufrechterhalten.« Alles lief weiter, als wäre nichts geschehen – jedenfalls rein äußerlich. Sie behielten zwar ihr gemeinsames Schlafzimmer, aber er lag mit einem Kreuzworträtsel im Bett und hörte seine Schallplatten, sie redigierte Texte. In sexueller Hinsicht, meint Sohn Franz, habe keine Ehe mehr bestanden: »Auf der Ebene: nein.«

Die beiden lebten eine offene Zweierbeziehung, die Ehe war eine Zweckgemeinschaft geworden. »Sie haben sich beide gebraucht. Beim Frühstück, Mittagessen und Abendessen wurde nur übers Geschäft gesprochen«, so Morstadt. Es war ein Wettbewerb, eine Konkurrenz. Wer ist erfolgreicher? Wer macht mehr Umsatz? Wer macht mehr Gewinn? »Die Aenne hat ja oft mehr Geld verdient als der Vater«, weiß Hubert Burda. Am Küchentisch wurde sogar über Druckpreise gefeilscht, die Franz Burda seiner Geschäftspartnerin abverlangte. Und natürlich über Zuwächse bei den Auflagen. Mit jedem Heft mehr, das Aenne Burda verkaufte, mit jedem Land mehr, in das *burda Moden* exportiert wurde, bewies sie ihrem Mann nicht nur, daß sie besser war als die andere, sondern vielleicht sogar besser als er.

Johannes Schulze will es positiv sehen: »Das war keine Ehe im kleinbürgerlichen Sinn. Eine Partnerschaft mit großer persönlicher

Freiheit, mit starker Verflechtung.« Karl-Heinz Binder urteilt: »Er war ein starker Mann. Einer, an den man sich anlehnen, an dem man sich festhalten konnte. Ihre Ehe war spannungsgeladen, aber sie hat gehalten gerade wegen dieser Polarität.« Am ehrlichsten dürfte wie immer Aenne Burda gewesen sein. Ob ihr die Familie Geborgenheit schenke, wurde sie 1981 gefragt. »Der Zug«, antwortete sie, »ist bei uns schon lange abgefahren.«

Drucker an Verlegerin: »Dann nennen wir es eben ›burda Moden‹«

Die Lizenz Nr. 7890, die Franz Burda seiner Geliebten verschafft hatte, galt nun für seine Ehefrau. Sie benutzte dasselbe Telefon wie ihre Nebenbuhlerin, und der Drucker blieb auch der alte. Nur die Kontonummer, auf die die Abonnentinnen vierteljährlich 3,60 DM zuzüglich Zustellgebühr überweisen mußten, änderte sich. Und dieses Konto sollte sich, anders als das der Vorgängerin, bald füllen.

Effi Moden konnte das Heft nicht mehr heißen, das war klar. Im ersten, dem Novemberheft 1949, hieß es *Favorit*, und »A. Burda« trat im ersten Editorial, das die Modezeitschrift bis dahin gesehen hatte, noch einmal nach: »Haben Sie einen sicheren Geschmack? Es ist eine bemerkenswerte Tatsache, daß Frauen mit nicht gerade gutem Geschmack sich sehr oft kompetent fühlen in modischen Fragen.«

Daß ein Altverleger Ansprüche auf diesen Titel geltend machte, ärgerte Aenne, aber wieder hatte sie Glück. Der von ihr gewählte Name *Favorit* hätte den Aufschwung wohl kaum geschafft. Hubert Burda meint sich erinnern zu können, daß der Familienrat tagte und sein Vater schließlich vorschlug: »Dann nennen wir es eben *Burda Moden*.«

Der Zehnjährige fand keinen Gefallen an dem Titel, der den Namen Burda weltweit bekannt machen sollte. Er dachte an seine Freunde, die ihn sicher deshalb hänseln würden. »So ein Mist. Dein ganzes Leben sollst du jetzt mit Mode zu tun haben.« Überhaupt hält er bis heute nichts von den Titeln seines Vaters. »Wieso muß man eine Zeitschrift *Bunte* nennen, nur weil sie im Vierfarbdruck erscheint?« fragte er sich. *Stern*, das klang doch ganz anders, vielversprechend, glänzender, leuchtender. *Freizeit Revue*, wie umständlich.

Doch *burda Moden* hatte Erfolg – trotz des Namens und wegen des Vertriebsnetzes, das Franz Burda schon besaß. Im Januar 1950 stießen seine Druckmaschinen erstmals 100 000 Exemplare der noch einmal umbenannten Zeitschrift seiner Frau aus, und sie wurde bald zu seinem größten Kunden. Die Zeitschrift wolle die Mode demokratisieren, wie es hieß, Mode sei für alle da. Aenne Burda wollte nicht die Mode von morgen schaffen, sondern die für heute und für jede Frau. Mode aus Offenburg für Deutschland. Tiefe Ausschnitte oder hohe Rocksäume waren tabu. Die deutsche Frau der Kleinstädte ging in den fünfziger und sechziger Jahren gesittet. Aenne Burda zeigte ihnen, wie.

Gezeigt hatte sie es allen: der Nebenbuhlerin und ihrem Mann, daß sie die bessere Frau, die beste aller Frauen war, und sie zeigte künftig allen Frauen in ihrer und ihres Mannes Umgebung, vor allem jungen, hübschen, wer die Chefin war. Nur einer war nicht zu zähmen: Franz Burda. Sein Herz war wirklich ein Bienenhaus, und wegen seines Hangs zu anderen Frauen gab es immer wieder furchtbare Auseinandersetzungen. Er sah nicht einmal mehr Veranlassung, seine Amouren geheimzuhalten, und Aenne litt, wenn sie wußte, daß ihr Mann wieder eine Flamme hatte. »Sie hat gekocht«, sah Günter Morstadt. »Aber er konnte das so gut ab, wenn sie herumgetobt und mit Schüsseln geschmissen hat. Es muß ihm zu Herzen gegangen sein, aber er hat das mit einer buddhistischen Nonchalance an sich abperlen lassen.«

Karlheinz Binder beobachtete auf einem Bambiball, wie der Verleger einer Mitarbeiterin schöne Augen machte. Er saß wie erstarrt, als er sah, wie Aenne den großen Rosenstrauß ihres Mannes aus der Tischvase zog, ihm die stacheligen Blumen rechts und links um die Ohren haute und davonrauschte. Alle schwiegen entsetzt. Da stand Burda auf, breitete seine Arme aus und sagte lächelnd: »Habe ich nicht eine wunderbar leidenschaftliche Frau?« Die Leute lachten.

Elke Höber erinnert sich an ein Betriebsfest in der alten Stadthalle, das Motto war »irgendwas mit Sternen«. Unübersehbar flirtete Burda mit Frau Luna, die auf die Bühne trat. Da unterlief dem Moderator ein kapitaler Fehler, statt Frau Luna nannte er die Kollegin Frau Burda. Türen knallend rauschte die wahre Frau Burda ab.

»Er hatte«, weiß Elke Höber, »immer was am Kochen.« Kurt Neuschütz sieht die Affären seines langjährigen Chefs mit Humor: »Welcher Mann«, fragt der mehr als Achtzigjährige und grinst, »hat keine Freundin?«

Eine strenge Verlegerin: »... dann kannst du gehen«

Elke Höber war 17, als sie Aenne Burdas erste Volontärin wurde. 85 Mark gab es damals im ersten Lehrjahr als Montaslohn. Sie schrieb die Texte zu den Modellen und für die Rezepte. Und wenn es stark regnete, mußte man im Obergeschoß aufpassen, daß die Tinte auf den Papieren nicht verschmierte, weil es mal wieder durchs Flachdach des famosen Neubaus des Karlsruher Stararchitekten Egon Eiermann (er entwarf den Neubau von Berlins Kaiser-Wilhelm-Gedächtniskirche) tropfte. »Ich habe dort viel gelernt«, sagt sie. »Und ich bin ihr noch heute dafür dankbar.«

Ausbilderin und rechte Hand von Aenne Burda war Irene Baer, eine Könnerin, wie Höber lobt. »Aber vor der Baer habe ich gezittert. Die kanzelte einen in einem ironischen Ton ab, wenn was falsch war.« Dafür machten sich die jungen Mitarbeiterinnen über sie lustig. Wenn sie sich von ihrem Vater verabschiedete, sagte Irene Baer immer: »Adele, Paps.« Deshalb hieß sie in der Redaktion Adele Paps.

Eine Frauenredaktion war's, in der auch eine Frau regierte. Elke Höber blieb das »Getratsche« in unangenehmer Erinnerung. Nachdem sie auf einem Betriebsfest den ganzen Abend mit dem Kurt Neuschütz getanzt hatte, zerrissen sich alle das Maul. »Da mußte ich mir was anhören. Die waren eifersüchtig.« Irgendwann kam auch Carina in die Redaktion, die »mit Frieder Burda verheiratet wurde« (Höber). Sie war eine Industriellentochter, »ein Luxusgeschöpf mit langen Fingernägeln, die sie hütete wie ihren Augapfel«. Sie tippte, wenn überhaupt, sehr vorsichtig. Aber die Verlegerin schätzte sie, weshalb sie als weitere Volontärin eingestellt wurde. Auch Frieder, ihr zweiter Sohn, machte eine Kaufmannslehre im Haus seiner Mutter.

Aenne Burda war eine strenge Chefin, vor der sich alle fürchteten. »Sie tendierte zu Gefühlsausbrüchen«, nennt Karlheinz Binder das, was bei männlichen Chefs als cholerisch gilt. Morgens stürmte sie durchs Sekretariat, an Irene Baer vorbei an ihren Schreibtisch, manchmal die Lockenwickler vom Friseur aus Baden-Baden noch im Haar: »Ich will Blumen haben!« kreischte sie, wenn die Sekretärin gemeint hatte, die von gestern seien doch noch ganz frisch. »Wer zahlt, kommandiert«, war immer ihr Credo. Wenn bei Direktor Lange noch beim vierten Versuch belegt war, flog schon mal das Telefon aus dem Fenster. Und weil die Druckfarbe nicht exakt stimmte, warf Aenne im Beisein ihres Mannes einen ganzen Stapel frisch gedruckter Hefte um. Der quittierte diesen Anfall mit Hausverbot.

Am schlimmsten waren jene Tage, an denen der Bote aus der Druckerei von Franz Burda kam, um die Rechnung zu bringen. »Keiner traute sich rein«, klagt Elke Höber, »der Bote nicht und auch keine der Mitarbeiterinnen. Also mußte ich rein. ›Frau Doktor‹ – sie wollte nur mit Frau Doktor angeredet werden – ›ich bringe hier die Druckrechnung.‹ Da flog schon das Telefonbuch. Ich hob es auf und legte es auf den Schreibtisch, daneben die Rechnung, und wartete, bis sie das Papier abgezeichnet hatte. Das war der Alptraum aller, ins Allerheiligste gebeten zu werden. Alle gingen da mit schlotternden Knien rein.«

Als die Redaktion nach Berlin fuhr, um neue Kollektionen zu begutachten, durfte Elke Höber nicht mit. Ihr Vater hatte der DDR den Rücken gekehrt und war in den Dienst der Bundesrepublik getreten. Er hatte Angst um seine Tochter und verbot ihr die Reise. »Gut«, sagte Aenne, »dann liest du die Rotpausen. Und wehe da stimmt was nicht, dann kannst du gehen.« Die Volontärin lief in ihrer Not in die Druckerei und zu Redakteuren anderer Blätter, um ja keinen Fehler zu machen. Offenbar war alles in Ordnung, denn sie hörte nie etwas von Aenne.

Für Aenne Burda, weiß der langjährige Chefgrafiker Oswald Moser, »war nichts zu sagen schon ein hohes Lob«. Elke Höber konnte sich damit nie arrangieren: »Das hätte der ›Senator‹ anders gemacht«, bedauert sie. »Der konnte auch loben.« Und als Elke Höber einen Burda-Kollegen heiratete, gab es von Franz Burda einen Geschenkkorb und einen Scheck. Bis 1961 arbeitete sie für Aenne Burda, dann wurde sie Mutter. »Da schickte mir Aenne Burda einen riesigen Blumenstrauß ins Krankenhaus. Sie mußte auch da wieder übertreiben. Erst damals habe ich bemerkt, daß sie mich leiden konnte«, wundert sich Höber. »Aber ich habe nie ein Zeugnis von ihr gekriegt.«

Die Modezarin: »Ich war der erste Preis«

Aenne Burda wollte das, was als üblich galt, nie gelten lassen. »Trotz der außergewöhnlichen beruflichen Erfolge«, machte die Lokalzeitung zum 50. Geburtstag glauben, »findet Frau Aenne Burda noch Zeit, das zu sein, was ihr immer als schönster Frauenberuf erschienen ist: Sie ist der Mittelpunkt ihrer Familie, sie leitet ihren Haushalt, und sie füllt auch diesen Pflichtenkreis voll aus.« Das genaue Gegenteil traf zu.

Schon in den dreißiger Jahren half eine Haushälterin bei der Hausarbeit: Berta. Aenne Burda hielt nie etwas von den »Zwangsarbeiten«, die Frauen zu erledigen hatten. Das hätte sie auch unter den Proletariern haben können, der Klasse, der sie entstiegen war. Sie wollte das Leben genießen, das sie selbst sich ausgesucht hatte, und lud Freundinnen an den Swimmingpool im Garten des Hauses, das Anfang der fünfziger Jahre nach ihren Wünschen gebaut worden war.

Aenne Burda ordnete ihr Leben neu, suchte Antworten auf ihre private Krise. Immer öfter kehrte sie Offenburg den Rücken. Vier Monate im Jahr war sie auf Reisen, um sich in Paris, Florenz, Rom, London, New York oder Berlin Anregungen für das Heft zu holen, aber auch um Abstand zu gewinnen. In Sant Angelo auf Ischia traf sie sich mit Malern wie Hans Kuhn. Von Mitte der fünfziger Jahre an reiste sie jeden Sommer nach Taormina auf Sizilien. Die Kinder nahm sie mit in den Urlaub, auch ihr Ehemann kam jedes Jahr für ein paar Tage im September nach, wenn die Versandhauskataloge gedruckt waren. Ihm scheint Sizilien eben gefallen zu haben. Also bauten die Burdas in der Via Circonvallazione 55 ein Haus, »weil er ja immer da, wo es ihm gefiel, ein Haus gebaut hat. Er wollte ja nie ins Hotel«, erzählt der älteste Sohn. »Das hing auch mit seinen Weibergeschichten zusammen, damit die nicht sehen: Er hat wieder eine Neue dabei.«

Dieses Mal aber war die Situation umgekehrt. Franz Burda grinst noch heute wie ein Lausbub und offenbart dann: »Taormina fand sie ganz gut. Sie fand auch einen Italiener sehr gut, den Giovanni. Und dem Vater hat das auch ganz gut gepaßt. Der Vater hat das blendend überspielt, weil er wußte: Wenn er sein Zeug machen will, muß die Mutter auch irgendwo Ruhe geben.« Taormina, urteilt Hubert Burdas Schulfreund Peter Kammerer, »überhaupt Italien, bot eine Lebensweise, die das Weggehen von Offenburg ermöglichte, ohne die Wurzeln anzutasten. Ein produktiver Umweg nach Hause.«

In Offenburg zeigte Aenne ihren neuen Reichtum ungeniert und selbstbewußt. Ihr Haar hatte sie schon mit siebzehn kurz getragen, nun kamen ein Pelz und Schmuck hinzu, die Fingernägel lackierte sie sich wie ein Filmstar. Zur Internationalen Rosenausstellung in Baden-Baden nahm sie am 13. Juli 1952 am Rosenkorso teil, auf dem die Autos mit Rosen geschmückt wurden, in ihrem Fall ein Cabriolet der Marke Volkswagen Rometsch »Eleganz« mit Kennzeichen 509–500. Die Fahrerin trug ein mit dunklen Pünktchen besticktes Sommerkleid aus Organza. Die Farbe des flachen, breiten Huts harmonierte mit den Punkten. An der linken Brust war eine Blüte angesteckt, dünne Handschuhe, die bis zum Ellbogen reichten, bedeckten die Hände, um den Hals schmiegte sich eine weiße Perlenkette. Aenne Burda kam sich vor wie in Hollywood. Noch mit 90 fragte sie sich, warum sie nur den zweiten Preis erhielt. »Eigentlich«, meint sie, »war ich der erste Preis.«

Aenne Burda war dort angekommen, wo sie sich als Mädchen hingeträumt hatte. Sie war herausgewachsen aus der Eisenbahnerfamilie, hinein in den Jet Set. Und es war nicht ein Mann gewesen, der sie dahin gebracht hatte, sondern sie selbst, davon jedenfalls ist Aenne Burda überzeugt. Auf Amazonen und Sufragetten ist sie bis heute nicht gut zu sprechen: »Ich verachte Frauen, die durch die Emanzipation und durch die Quotenregelung in eine Stellung kommen, die sie aus eigener Kraft nie erreicht hätten.« Beschämend findet sie auch Männer, die diese Forderungen nachbeten. »Ich bin für das Leistungsprinzip«, erklärt sie und lehnt ab, »was die Emanzen wollen. Wo nur Frauen regieren, da möchte ich nicht dabeisein«, bei den Grünen seien es zu viele davon: »Vielleicht streiten die deshalb so viel.«

Reich sei doch damals niemand gewesen, behauptet sie. Aber schön sei sie gewesen, die sogenannte Wirtschaftswunderzeit, in der nicht gezählt habe, was jemand hatte, sondern was er konnte, was er schuf. »Die hatten ja alle symbolisch zwanzig oder fünfzig Mark bekommen mit der Währungsreform, und eigentlich war da Stunde Null«, meint auch Sohn Hubert heute. »Und drei Jahre später fuhr der Vater einen Jaguar.«

Während ihr Ehemann seinen Reichtum in der Kleinstadt nicht so gern herzeigte und auch mal schnell mit einem Arbeiter auf einen Schoppen im Wirtshaus verschwand, wuchs Aenne Burda aus den provinziellen Verhältnissen heraus. »Sie spielt große Dame«, hieß es mißgünstig. Und zum Beweis mußte ihr Mann herhalten. »Der ›Senator‹ ist immer gut badisch geblieben«, lobt etwa Werner Bamberger, ehemaliger Redakteur beim *Offenburger Tageblatt*. »Sie hat dagegen schon den einen oder anderen Spleen gepflegt und manchen Rappel.« Heimlich hatte sie den Führerschein gemacht und fuhr einen der ersten Karmann Ghias, quietschgelb mit roten Ledersitzen. Später gehörte ein Chevrolet Corvette zu ihrem Fuhrpark, in den siebziger Jahren ein Mini, natürlich aus dem Werk von Rolls Royce. Solche Extravaganzen fielen auf in einer Zeit, in der ein anderer örtlicher Unternehmer zwar fünf Daimler besaß, allesamt aber in derselben Farbe und mit ähnlichen Autonummern versehen, damit's niemand merkte. Aenne Burdas Extrovertiertheiten kamen nicht so gut an, aber ihr war die Meinung der Offenburger, zumal der Männer, herzlich egal.

Ihre Geburtsstadt wurde ihr längst zu eng. Auch die Einkäufe und die Friseurbesuche in Baden-Baden trösteten nicht über den Provinzmief hinweg. Bald ließ sie sich in Paris von Star-Figaro Alexandre die Haare legen, der 1963 für eine »Sitzung« 200 Francs (damals 180 Mark) verlangte. Sie wollte glänzen. Sie wollte die Schönste sein. Sie wollte es ihrem Mann zeigen. Komplimente von Männern – heute würde das kaum eine Frau mehr zugeben – waren ihr Lebenselixier. Und sie bekam reichlich davon. Die Männer lagen ihr zu Füßen. Ein Rosenzüchter in Elmshorn benannte am 12. Juli 1973 eine großblumige dunkelrote Teehybride nach Aenne Burda, und ein Offenburger Lokalberichterstatter wußte nicht, wer da denn nun eigentlich geehrt wurde, die Rose oder die Verlegerin oder Max Schmeling, der als Taufpate dabei stand. Sie nahm's als ihre Auszeichnung: »Wer die Blumen liebt, liebt auch die Menschen.«

1974 wählten sie die Fleurop-Floristen zur Lady des Jahres – gegen die starke Konkurrenz von Marion Gräfin Dönhoff, Margret Duenser, Ursula Herking, Anne Marie Renger und Petra Schürmann. Im selben Jahr überreichte ihr Baden-Württembergs Ministerpräsident Hans Filbinger das Bundesverdienstkreuz.

Als Aenne Burda 70. Geburtstag feierte, versammelte sich die deutsche High-Society inmitten von 70000 Nelken. Aus der Politik ehrten Bundespräsident Walter Scheel, der frühere Bundesfinanzminister Alex Möller und der Kanzlerkandidat der Union, Franz Josef Strauß, die Jubilarin. Strauß, leicht alkoholisiert, nannte Aenne Burda eine »Monarchin« und »Modezarin« und Antonio Vivaldi »einen der größten Kommunisten«. FJS schweifte in seiner freien Rede ziellos umher und kam schließlich auf ein Unglück zu sprechen, das am selben Tag geschehen war: »Heute ist ein denkwürdiger Tag, nicht nur weil du Geburtstag hast, sondern auch vier Menschen gestorben sind.« Da hielt es das Geburtstagskind nicht länger aus und rief von ihrem Platz: »Ich lebe!« Rolf Rodenstock vom Bundesverband der deutschen Industrie und der Industrielle Berthold Beitz klatschten ebenso wie Josef Neckermann und Axel

Cäsar Springer. Lothar Späth redete zwei Stunden über und für »Deutschlands heimliche Mode-Regentin«, und Udo Jürgens, Anneliese Rothenberger, Bernhard Wicki und Max Schmeling hörten mit den 800 Gästen geduldig zu. Schließlich stand Aenne Burda auf dem Podium: »Jetzt sage ich mal, was die Redner bisher vergessen hatten zu sagen: Ich gratuliere Dir zum Geburtstag, Aenne Burda.«

Der Lufthansa-Partyservice lieferte ein kalorien- und cholesterinhaltiges Büfett, das die Gäste mit 77er Fessenbacher Fürsteneck Spätburgunder aus dem Burdaschen Weingut und 78er Klingelberger aus Oberkirch hinunterspülten. Franz Burda senior scherzte: »Ihr dürft alles essen – aber ich weiß nicht, ob ich's tät.« Dann gratulierten auf drei Bühnen die sizilianische Gruppo Folkloristico Canterini Peloritani (»Sizilia mia«), Englands Rockgruppe Eruption, das Ambros-Seelos-Orchester, die Salzburger Stierwascher, Bata Illic, Hollands Trio Luv, die Mariachis aus Mexico und Gitte aus Dänemark. Hubert Burda und Oberbürgermeister Martin Grüber tanzten Arm in Arm mit den halbnackten Tänzerinnen der brasilianischen Folkloregruppe E viva Brasilia Samba; die Mädchen zeigten deutlich mehr Haut als die Mannequins in *burda Moden*. Als um Mitternacht die Glocken Big Bens läuteten, ließ Siggi Harreis vom SWF einen Löwen aus roten, weißen und rosafarbenen Nelken in die Oberrheinhalle fahren – ein Geschenk der Burda-Belegschaft. Die Chefin war selig.

Wann immer die Burdas einen einigermaßen runden Geburtstag zu feiern hatten, ließen sie die Stars und Sternchen tanzen, und die Belegschaft tanzte mit. Die Burda-Familie zeigte sich als geschlossene Gemeinschaft, und auch die Stadt wollte beweisen, wieviel ihr die Burdas wert sind. Zum 70. gab's den neu geschaffenen Ehrenring wegen der »großen Verdienste um die wirtschaftliche Entwicklung der Stadt«. Zehn Jahre später wurde Aenne Burda sogar Ehrenbürgerin. Seither hängt ihr Bild, gemalt vom Salzburger Rudi Frech, in der Chefetage des SPD-geführten Rathauses. Neben dem ihres Mannes.

Es war Ende der fünfziger Jahre – so genau kann er sich nicht mehr erinnern –, da klingelte bei Franz Burda junior das Telefon. Auch wer dran war, will er nicht mehr so genau wissen. Von Bedeutung war allein die Nachricht, die übermittelt wurde: Elfriede Breuer ist tot. Sie war mit dem Auto verunglückt. An die Reaktion seines Vaters erinnert er sich auch: »Ich bin zu ihm rüber, und da habe ich gemerkt, wie ihm ein Stein vom Herzen gefallen ist.«

Franz Burda sagt das so, als müßte man verstehen, wie ein Mensch erleichtert sein kann, wenn ein anderer nicht mehr lebt. Weil sein Gegenüber nicht versteht, fügt er hinzu: »Die war ja nicht draußen, 1949.« Das Verhältnis hatte sich also fortgesetzt. Franz Burda deutet an, daß Breuer seinen Vater dominiert, in der Hand gehabt habe. Er war, heißt es in solchen Fällen in melodramatischen Filmen, ihr offenbar verfallen.

Renate, die Tochter, möchte sich zu alledem nicht äußern, behauptet jedenfalls ihr Mann am Telefon. Franz Burda meint, sie habe dazu auch gar nicht das Recht. »Ob's sein Kind ist, bezweifle ich persönlich sehr stark. Da sind keine Gene vom Alten drin.« Aber weil »uneheliche« Kinder damals keine Erbrechte hatten, wollte er daraus nie eine große Sache machen.

Der Senior fühlte sich desungeachtet sehr wohl für das Mädchen verantwortlich. »Die kommt zu uns«, entschied er. Das war ein Fehler. »Die Aenne hat das zwar geschluckt«, beobachtete Günter Morstadt. »Aber da war eine Luft, die war zum Zerreißen, wenn die Renate mit am Tisch saß.« Renate mußte wieder gehen, aber ihr Vater sann auf eine andere Lösung.

Günter Morstadt fuhr einmal im Jahr mit Franz Burda und der sogenannten Männerbadgesellschaft eine Woche nach Garmisch-Partenkirchen zum Eisstockschießen. »Da hat ihm einer das Alpina aufgeschwätzt.« Auf einem Grundstück, das er erwarb, wollte er ein Hotel bauen. »Alle reichen Leute haben ja irgendwann die Illusion, sie könnten selbst mal ein Hotel führen, wie sie sich's wünschen«, glaubt Johannes Schulze. »Es soll nicht wie der ›Bayerische Hof‹ oder das ›Vierjahreszeiten‹ sein, sondern so wie sie's wollen.

Grundig hat sich ja auch die ›Bühler Höhe‹ gekauft.« So wollte auch Franz Burda senior sein Traumhotel eröffnen. Und das, dachte er, könnte doch die Renate führen. Vielleicht wollte er ihr das Hotel sogar schenken, aber dagegen protestierte die Familie.

Jedenfalls beauftragte der Senior einen Architekten, und der baute munter drauf los. »Das lief ein bißchen aus dem Ruder«, gibt Franz Burda jun. zu, und schließlich habe ihn sein Vater gebeten, in Garmisch nach dem Rechten zu sehen. »Das läuft nicht so, wie ich das will.« Er fuhr hin und mußte feststellen, daß schon ausgehoben worden war und die Grundmauern standen. Alles war viel zu groß konzipiert. »Du kannst nur noch ein Luxushotel bauen«, habe er seinem Vater geraten, »aber das schafft die Renate nie.«

In dieser Zeit sei seine Halbschwester »mit einem Hotelier verheiratet worden«, auf den Franz Burda jun. nicht gut zu sprechen ist. Aber als Bruno Bayer Renate Breuer am Ostersonntag 1965 in Rom fragte, ob sie den Mann, der da neben ihr stand, heiraten wolle, stand nicht nur ihr Vater, sondern auch Aenne Burda hinter ihr. Mit aller Kraft habe Aenne Burda versucht, die Contenance zu bewahren, urteilt Bayer. Das habe auch Franz Burda senior anerkannt: »eine großartige Frau«.

Der Vater habe sie versorgt wissen wollen, meint Franz Burda, und nach der Eröffnung des Hotels »Alpina« im Jahr 1966 leitete es das junge Ehepaar. »Natürlich ging das in die Hose«, schimpft er. »Ein Hotelier und seine Frau hätten davon gut leben können, aber ein angestellter Direktor und alle möglichen Leute, das ging nicht.« Das »Alpina« blieb noch ein paar Jahre im Besitz der Burda GmbH und wurde schließlich verkauft. »Das Grundstück war zehn Millionen Mark wert«, glaubt Franz Burda, »aber mit dem Hotel drauf haben wir bloß fünf gekriegt.«

Aenne Burda mußte manche Zumutung ihres Mannes durchleben. Trotzdem blieb sie ein ganzes Leben lang an seiner Seite. Auch das verbuchte sie als kleinen Triumph. Zu seinem 65. Geburtstag schrieb sie sehr zärtlich über seine Gewohnheiten: »Mit einem Silben- oder Kreuzworträtsel legt er sich ins Bett. Das beste Einschlafmittel für ihn. Wenn das Rätsel gelöst ist, geht sein Licht aus. Und der fröhliche Mann schläft so unbeschwert wie ein Kind.

Nichts kann seinen gottgesegneten Schlaf stören.« Am Morgen galten seine ersten Gedanken der Musik, seiner großen Passion. »Der Tag muß mit Musik beginnen. Neben seinem Bett hat er eine Stereoanlage eingebaut, mit Lautsprechern im Schlafzimmer und im Bad. Wenn er aus dem Bett steigt, ist die erste Handlung, eine Schallplatte aufzulegen. Das Plattenarchiv steht ebenfalls neben dem Bett. Da mich ›Lärm‹ frühmorgens stört, können die Lautsprecher im Schlafzimmer ausgeschaltet werden. Mit Musik und frohgestimmt geht er ins Bad. An der ausgewählten Musik kann ich seine Stimmung ablesen: Beethovens Musica majestosa: Nichts Belastendes ist in seinen Gedanken. Er ist aufgeschlossen für alles Schöne, was der Tag bringt. Hingegeben dem Gefühl: Seid umschlungen, Millionen! – An anderen Tagen hört er moderne Musik: Prokofiew – Schostakowitsch – Hindemith – Strawinski – Mahler: Probleme beschäftigen ihn! Er muß etwas verarbeiten, worüber er mit niemand reden will. Dann sind wieder Lieder von seinem vergötterten Hugo Wolf, von Schubert, und Brahms' Liebeslieder«, erzählt Aenne, und man meint, einen Seufzer zu hören, wenn sie die Frage stellt, von der sie glaubt, daß Franz sie zu beantworten suchte: »Wo ist die Traumfrau?« Aenne Burda schien im Gegensatz zu ihrem Mann mit fast 60 Jahren akzeptiert zu haben, daß es sie nicht gibt.

7

Die Sehnsucht des Patriarchen: »Liebt mich!«

Während die eigene Familie gerade zu zerbrechen drohte, zog Franz Burda seinen ganzen Betrieb an seine Brust. Erstmals spürte er, noch nicht ganz fünfzig Jahre alt, daß auch seinem Körper Grenzen gesetzt waren. Sein Arzt hatte ihn im Winter 1951/52 zum Ausspannen in die Berge geschickt, aber seine Gedanken waren immer bei seinen Mitarbeitern: »Aus dem bunten, vollen Getriebe der Arbeit heraus ... sitze ich hier plötzlich isoliert in einem Zimmer und bin mit mir allein«, schrieb er nach Offenburg. »Ich sinne darüber nach, wie ich meine geschäftlichen Gedanken abschalte, und dabei fällt mir ein, daß bei uns so viele Zeitschriften verlegt oder gedruckt werden, und daß eine wichtige Zeitschrift fehlt, die das Bindeglied zwischen Euch und mir ist. Also gründe ich von hier aus ein neues Blättle und taufe es: Die Burda-Familie.«

Wie die neue Betriebszeitung aussehen sollte, wußte er auch schon und gab genaue Instruktionen: »Diese Hauszeitschrift soll nach Bedarf etwa alle zwei Monate erscheinen. Format Din A 4, Umfang vier, eventuell mehr Seiten. Auflage: 900 Exemplare, für jeden Mitarbeiter ein Stück. Tiefdruck, einfarbig. Papier: etwa 80 g mittelfein. Erscheint erstmalig am 1. Februar. Redaktion: Werbeleiter Kloeppel. Technische Herstellung: (Karl) Schlotterbeck – (Werner) Reichenbach. Verteilung: Neuschütz.« Ausdrücklich bat der Verleger die Mitarbeiter, »diese Hauszeitschrift nicht an Unbefugte weiterzugeben«.

Und dann fiel ihm ein, daß seine Mitarbeiter sicher ganz wild darauf waren zu erfahren, »warum ich mich auf dringende ärztliche

Anordnung hin im Sanatorium befinde. Zunächst habe ich ein ziemlich anstrengendes Jahr hinter mir. Der Ausfall meines Geschäftsführers in Dinglingen, Hans Eberwein, verlangte dort für einige Monate verstärkten Einsatz. Gleichzeitig rollte der Neubau, der ganz und gar nach meinen Ideen und meinem dicken Schädel erstellt wird. Nicht zuletzt liefen neben allen Sorgen der Finanzierung, der Papierbeschaffung, der Planungs- und Redaktionsarbeiten im Zeitschriften- und Buchverlag unsere Druckereibetriebe auf vollen Touren. Diese ungeheuren Leistungen auf die Dauer mit Haferschleimsuppen, Knäckebrot und Fachinger Wasser als Nahrungsgrundlage durchzustehen, ist kaum möglich. So will ich meinen kranken Magen und das in Mitleidenschaft gezogene Herz in einem Drei-Wochen-Aufenthalt auskurieren. Am 10. Februar möchte ich gekräftigt und gestärkt, für neue Taten gerüstet, wieder zur Arbeit zurückkommen. Und dann will ich in alter Frische den Kittel ausziehen, in die Hände spucken und die Ärmel aufkrempeln, damit unser lieber Betrieb, unser schöner familiärer Gemeinschaftsgeist weiter wachsen, blühen und gedeihen möge.«

Burda wollte damals auf keinen Fall den Betrieb auf eine Größe mit mehr als tausend Angestellten ausbauen. »Meine alten Mitarbeiter haben mich dringend gebeten, den Betrieb nicht weiter zu vergrößern, weil wir uns gegenseitig sonst nicht mehr kennen würden und weil wir dann in das bürokratische Fahrwasser hineinkämen.« Den Gedanken teilte der Senator. Er kannte sie alle: »Hallo Schorsch, wie geht's deinem Kind? Wieder gesund?« Er wußte immer, mit wem er sprach und welche Sorgen ihn gerade drückten. »Darauf bin ich ganz besonders stolz«, sagte er, »daß ich bei meinen Gängen durch den Betrieb weiß, wen ich vor mir habe.«

Diese Inspektionen waren allerdings gefürchtet. Franz Burda haßte nichts so sehr wie Unordnung und mangelnde Sauberkeit. Wenn er in der Druckerei Papierschnipsel herumliegen sah, fuhr er noch in den siebziger Jahren schweigend in den 13. Stock, holte seinen alten blauen Anton aus dem Schrank, der eigentlich grau war, ein »Dreinaht« der Firma Bücking aus dem Jahr 1952, fuhr wieder in die Druckerei, nahm einen Besen und begann pfeifend zu fegen. Aus allen Ecken strömten die Arbeiter eilfertig herbei, um ihm das

Kehren abzunehmen. Wenn alles sauber war, sagte Burda nur: »Gut habt ihr das gemacht« und ging.

Unangemeldet platzte er auch in Büros der Angestellten. »Ich wollte mal sehen, wie ihr wohnt«, sagte er lächelnd und blickte sich um. »Paßt auf, jetzt räumen wir mal euer Zimmer auf.« Mit hochrotem Kopf machte sich der Mitarbeiter daran, seinem Chef beim Aufräumen zu helfen. »Na«, fragte er, wenn sie fertig waren, »gefällt's euch jetzt besser?« Kopfnicken. »Dann will ich das künftig immer so sehen.«

»Ich bin autoritär, aber ich mach's luschtig«, war sein Motto. Oder: »Ich bin der Patriarch, und des isch gut so.« Es war tatsächlich wie in einer Familie aus dem vorigen Jahrhundert, mit dem Inhaber, der alle duzte, und den vielen Ameisen, die ihn siezten. Er ließ sie durchaus an seinen Plänen teilhaben, aber die Entscheidungen traf er.

Eines Tages kündigte er beispielsweise den Bau einer Kantine an, und daß es pro Mahlzeit 50 Pfennig Zuschuß von ihm gebe. 1000 bis 1200 Leuten solle sie Platz bieten, vor allem auswärtigen Mitarbeitern. Die Offenburger aber, entschied er, sollten weiter bei ihren Familien essen, denn er wolle, daß »der Geist der Zusammengehörigkeit einer Familie durch eine solche Einrichtung nicht Not leidet. Bei uns ›Provinzlern‹ gehört nun einmal der Vater zum Mittagessen heim an den Familientisch. Und an diesem schönen Brauch soll festgehalten werden.« Er selbst lebte dieses Beispiel vor. Vor der Kantine im Hofgarten, »der durch einen Springbrunnen lebendig gestaltet wird«, wollte er ein Terrassenrestaurant einrichten. »In dieser Kantine können wir, nach außen hin durch die große fünfstöckige Front des Verwaltungsbaues abgeschirmt, unsere Betriebsveranstaltungen durchführen.« Monatlich sollte die Betriebskapelle ein Standkonzert »veranstalten«. Brot und Spiele.

Burdas Freigiebigkeit ist legendär. Franz Xafer Feist, Funktionär der IG Medien in Offenburg, kennt die Geschichte eines Druckers, der das Weihnachstgeld im Spielcasino zu Baden-Baden durchgebracht hatte und nicht wußte, wie er das seiner Frau klar machen sollte. In seiner Not ging er zum Chef. Mit gesenktem Kopf, die Augen niedergeschlagen, stand er vor ihm und stammelte: »Ich hab'

Scheiß gebaut.« Wie er eines seiner Schäfchen so ehrlich und reuig vor sich kauern sah, wurde Franz Burda ganz weich zumute. Er zog seinen Geldbeutel aus dem Rockschoß, holte ein paar Scheine heraus und bezahlte dem Mann das Weihnachtsgeld ein zweites Mal aus.

Einmal, es war Heiligabend, rief Franz Burda seinen Prokuristen Karlheinz Binder noch einmal zu sich. Binder fuhr sofort los. Im 13. Stock stand er vor dem großen Schreibtisch, da drückte Burda ihm einen Umschlag in die Hand. Binder fand darin 25 000 Mark. »Da war ich geplättet.« Mit solchen Zusatzgratifikationen hielt Burda seine Leute bei Laune. »Natürlich war ich dafür bereit, jederzeit Überstunden zu schieben«, bestätigt Binder. »Fordern und fördern, das war Burdas Geheimnis. Heute gibt es ja nur noch Chefs, die fordern. Die Folge ist, daß die Leute die Leistung verweigern. Burda wußte, daß da, wo Großzügigkeit herrscht, das Geld von alleine wieder zurückkommt. Denn wo Dienst nach Vorschrift gemacht wird, da gibt's keine Zukunft.«

Auch die Menschen, die nicht zur Burda-Familie gehörten, vergaß der aufstrebende Unternehmer nicht. Zu Weihnachten lud Burda »250 bedürftige Mitbürger, Alte, Kinder und Spätheimkehrer, alleinstehende Frauen und Männer« zu einer »fröhlichen Weihnachtsfeier«, die Weihnachtslieder begleitete die Burda-Kapelle. Burda scheute sich nicht, solches Engagement »Sozialismus der Tat« zu nennen.

Die Burda-Familie: »Eine besondere Art von Sozialismus«

»Sagen Sie, Herr Burda«, sprach Konrad Adenauer seinen Gast an. »Ich habe jehört, dat Sie eine besondere Art von Sozialismus in Ihrem Betrieb ausüben. Dat interessiert mich.« Ein Jahr vor seinem Tod hatte der Politiker den badischen Zeitschriftenverleger durch seinen Bonner Korrespondenten Gerhard Krüger ins Kanzleramt bestellt, und Burda übersah großzügig, daß der Alte seinen Doktortitel unterschlug. »Nu verraten Sie mir mal, wie dieses Rezept aussieht und welche Erfahrungen Sie damit jemacht haben.«

Burda ließ sich nicht lange bitten. Er habe dem Kanzler erklärt, daß er engen Kontakt zu allen Mitarbeitern pflege. Und daß er alle Fragen offen mit dem Betriebsrat bespreche. »Ich halte in meinem Betrieb nichts von einsamen Entschlüssen.« Adenauer habe die Sottise registriert, ihn aber nur mit einer Handbewegung aufgefordert, fortzufahren. »Ich bin der Meinung, der deutsche Arbeiter ist der fleißigste und zufriedenste Arbeiter der Welt, wenn man ihm das Gefühl gibt, daß man ihn als Mensch achtet, seine Leistung würdigt und daß er dafür auch entsprechend bezahlt wird.« Noch nie sei bei ihm gestreikt, noch nie ausgesperrt worden. In allen Betrieben walte »der gleiche Geist, der von Anbeginn an mein Signum trägt«.

Burda übergab Adenauer ein paar Flaschen seines Franzensbergers, und der revanchierte sich mit einem Exemplar seiner Erinnerungsschrift – mit persönlicher Widmung. Dann war der Besuch zu Ende, der Burda so sehr beeindruckt hatte, daß er ihn in seinen Memoiren festhalten mußte.

»Bei uns wird nicht gestreikt.« Das hatte auch Chauffeur Robert Köther versichert, als er und sein Chef im Herbst 1952 auf der Autobahn im Radio hören mußten, daß die IG Druck und Papier zum Streik aufgerufen hatte. Zehn Pfennig mehr pro Stunde forderten die Drucker, vier Pfennig wollten die Unternehmer herausrücken. Auch Burda hatte kein Verständnis für die Forderungen der Arbeiter, denn »nur die Butter (sei) tatsächlich teurer geworden, während die übrigen Preise trotz der Herbstkonjunktur gehalten, ja bei den Textilien sogar abgebaut wurden«.

Die Klassenkämpfer wollten bloß Mitglieder werben, auf die Folgen für die Volkswirtschaft achteten sie nicht, schimpfte der Arbeitgeber. Riesige nominelle Werte sah er der Vernichtung anheimfallen, weil gerade für die Weihnachtsgaben produziert werde, und durch einen Streik halbfertige Bücher und Zeitschriften zur Makulatur verurteilt würden. Schließlich sei was dem einen recht dem anderen billig. Höhere Löhne provozierten höhere Preise, dozierte der Diplom-Volkswirt, andere Gewerkschaften würden dieselben Forderungen stellen und alles werde teurer. Und wie, erinnerte er die Belegschaft an vergangene Zeiten, wie war das mit der Inflation gewesen? »Die Mark war zuletzt nichts mehr wert, und trotz der nominellen Riesenlöhne konnte sich niemand mehr etwas kaufen.«

Nicht daß die Offenburger Drucker ihrem Betriebsführer die Gefolgschaft versagt hätten, aber ein bißchen mitmachen wollten sie schon. Ihnen ging es um Solidarität: »Den Burda-Betrieb wollen wir nicht schädigen«, versicherten junge, eifrige Gewerkschafter, »aber wir denken an die Kollegen in anderen Unternehmen, die nicht diese soziale Einstellung kennen.« So jedenfalls kolportierte Burda später seine Eindrücke vom Ort des Geschehens. Und noch etwas machte den Angestellten Sorgen: »Sollten wir doch einmal aus irgendwelchen Gründen unseren Arbeitsplatz wechseln müssen, stehen wir als Streikbrecher auf der Schwarzen Liste der Gewerkschaft und kommen nirgends mehr unter.« Ganze zehn Mann fehlten am Montag vormittag.

Auf der Betriebsversammlung um 14 Uhr waren alle wieder da, und Burda spürte »die wahre Zugehörigkeit meiner Mitarbeiter zu mir« und daß »bei uns« über dem Schlagwort Solidarität noch ein anderer Begriff stehe: Treue. Burda zahlte seinen Mitarbeitern statt der schließlich mit den Gewerkschaften vereinbarten Lohnerhöhung von acht Pfennig zehn Pfennig mehr, »als Dank für die großartige Haltung«. Dafür erwartete er von seinen Mitarbeitern, »daß sie auch in Zukunft nicht der Massensuggestion verfallen«. Das Zeitalter des Maulhaltens, Strammstehens und blinden Gehorsams sei vorbei.

Statt den Gewerkschaften monatlich bis zu 15 Mark für eine zweifelhafte Alterssicherung in den Rachen zu werfen, schlug Burda seinen Mitarbeitern eine eigene Rentenversicherung vor: Sie sollten künftig die Beiträge in eine »Gefolgschaftsversicherung großen Stils« einzahlen. Er lege den Betrag noch einmal drauf, und damit kämen alle zu einer soliden Lebens- und Rentenversicherung. Nun aber solle erst einmal der Neubau fertiggestellt werden, »und wenn ich das finanziell verkraftet habe, setze ich mein angefangenes großes Sozialprogramm fort, das vor allem schöne und geldlich tragbare Wohnungen für alle Mitarbeiter vorsieht«. Voraussetzung dafür seien jedoch »wirtschaftlich rentable Betriebsstätten«.

Seine Weihnachtsansprache geriet Franz Burda 1953 leicht pathetisch. Eine neue Zeitrechnung begann im Unternehmen, endlich sollten alle Standorte unter einem Dach vereint werden. Im Neubau standen schon die neuen Maschinen, die Zeit der Improvisation sollte ein Ende haben. »Ihr wißt«, ließ er seine Mitarbeiter wissen, »daß die Improvisation meine besondere Kunst ist.« Viele nickten, und Burda führte seine Lobrede fort: »Wenn ich irgendwohin gestellt werde, erfasse ich blitzschnell die Situation, packe gleich mit dem richtigen Arm zu, und das verbürgt dann, gepaart mit einer Zähigkeit des Festhaltens an der Idee und auch an der Materie – das Glück darf dabei ebenfalls nicht fehlen – den Erfolg.«

Die alten Kämpfer, die nach der großen Weihnachtsfeier noch im kleinen Kreis Würstchen aßen, dazu Franzensberger tranken und ein verschlossenes Kuvert entgegennehmen durften, bekamen glänzende Augen, als ihr Chef auf das zurückblickte, was schon weit hinter ihnen lag: die Nazizeit mit der Generalstabskartenherstellung. Für Wilhelm Trinks (1941 eingetreten, später Chefredakteur bei der *Bild + Funk*), Max Nagler (1936, Ätzerei), Fritz Kahnert (1936, Foto), Heinz Schunke (1936, Retuscheur), Heinz Ruckenbrod (1942, Kartographie/Graphik), Alfred Hätti (1933, Ressortleiter Text/Auftragsbearbeitung) und Heini Dahlke (1938, Tiefdruck) hatte er immer gesorgt, der Herr Doktor. Was war dagegen schon der Gedanke, die Karten könnten auch benützt worden sein? »Schließlich rangen wir um unsere Existenz«, sprach er ihnen aus der Seele. »Wir rangen doch nur buchstäblich um das nackte Leben und um unseren uns so sehr ans Herz gewachsenen Betrieb.« Auch nach dem Krieg, als alle Räder stillstanden, lief der Betrieb bei Burda sofort wieder an. Erst Bücher, dann Briefmarken, und alles stets in bester Ausführung. »Immer waren wir ein wandelbarer Betrieb, eben durch diese glückliche Kunst der Improvisation.«

Nun aber sei die Zeit der geregelten Organisation erreicht, von der aus es aber nur ein kleiner Schritt zur Bürokratie sei, warnte Burda. »Ihr alle wißt, daß ich der Todfeind der Bürokratie bin. Sie ist eine Angelegenheit des Verstandes – und diesen Verstand will ich in meinem Betrieb nicht dominieren sehen. Ich will eine Druckerei, in der eine geordnete Organisation herrscht, die vom Herzen her gelenkt wird. Damit können wir viel mehr erreichen als mit Buchstaben, Satzungen, Statuten und Vorschriften. Mit einem Geist gegenseitiger Hilfsbereitschaft, mit dem göttlichen Funken der Freude, mit einer pflichtbewußten Arbeitsauffassung und einem schwungvollen Berufsethos können wir aus unserem Betrieb die höchsten Leistungen hervorbringen, deren Menschen überhaupt fähig sind.«

Wenn seine Mitarbeiter ihm gaben, was er als Unternehmer erwartete, dann war er der letzte, der ihnen verweigert hätte, was ihnen zustand. »Was will der Arbeiter?« fragte er rhetorisch. »Nach meiner Meinung will er zunächst einmal Sicherheit; er will eine Lebensstellung in seinem Betrieb. Dort soll alles geregelt laufen, damit er das Gefühl hat, in einem Betrieb zu sein, in dem er gerecht entlohnt wird; in dem er, solange er lebt, seine Arbeit findet und das gerechte Entgelt dafür.« Als Brötchengeber wollte er nicht betrachtet werden. »Entweder gehören wir zusammen, dann bin ich nicht euer Arbeitgeber, und ihr seid nicht meine Arbeitnehmer, sondern dann sind wir eine Gemeinschaft, und ich bin euer Mitarbeiter, und ihr seid die meinen.«

Alle klatschten. Sie wußten: Wer bei Burda seine Arbeit tat, der konnte sich darauf verlassen, pünktlich seinen Lohn zu erhalten, die Facharbeiter, Drucker und Reproleute sogar übertariflich, und wer in Not geriet, dem wurde geholfen wie in einer Familie. Kurt Neuschütz erinnert sich zum Beispiel an Leopold Kiefer, der auf dem Weg nach Hause von einem LKW überfahren worden war. Sofort stellte der Chef den Sohn als Tiefdrucker und die Tochter in der Buchbinderei ein, um der Familie zu helfen. Der Doktor Burda ließ niemanden im Stich.

»Was will der Arbeiter noch? Er will Eigentum! Und ich will euch auch dieses Eigentum schaffen.« 250000 Mark »verlorenen Baukostenzuschuß« wolle er an 25 Mitarbeiter verschenken. Mit der Stadtverwaltung habe er auch schon einen Bauplatz festgelegt. »Dort wird eine eigene, schöne Franz-Burda-Siedlung entstehen, die den Namen meines verstorbenen Vaters trägt. Mit einem der bedeutendsten deutschen Architekten habe ich den Grundplan bereits durchgesprochen. Ein- und Zweifamilienhäuser sowie einen Dreistock-Wohnblock wird diese Siedlung umfassen, die in das Eigentum meiner auserwählten Mitarbeiter übergeht.« 1959 wurde das Richtfest für den ersten Bau mit 17 Wohnungen gefeiert. Schon im August 1959 zogen acht Mitarbeiter, überwiegend Retuscheure, in Albersbösch ein, jenseits der Kinzig in Richtung Schutterwald gelegen. 5000 Mark gab der Verleger, 10 000 Mark Hypothekendarlehen schoß die Stadt zu. Als Burda vier Jahre später 26 Mitarbeiter für ein Vierteljahrhundert Betriebszugehörigkeit ehrte, hatten 19 von ihnen ein eigenes Haus, 15 ein eigenes Auto, was 1963 alles andere als selbstverständlich war.

»Was will der Arbeiter noch? Er will einen ruhigen, gesicherten Lebensabend. Dazu wurde nun unsere eigene Unterstützungskasse gegründet.« Sie sollte für bedürftige Mitarbeiter Alters- und Witwenunterstützung gewähren. »Die Kasse will nicht nur unverschuldet in Not geratenen Mitarbeitern helfen«, erläuterte Kassenführer Adalbert Schreiner zehn Jahre später auf der Mitgliederversammlung, »sie will darüber hinaus auch Vorsorge treffen, daß Mitarbeiter, welche ihre Arbeitskraft während eines großen Teils ihres Lebens dem Betrieb zur Verfügung stellten, der Versetzung in den Ruhestand oder ihrer vorzeitigen Invalidisierung ohne Sorge um die Zukunft entgegensehen können. Für jeden Mitarbeiter soll es eine Beruhigung sein, zu wissen, daß er im gegebenen Fall nicht nur auf die Rente aus der Sozialversicherung angewiesen ist, sondern daß die BUK ihm und seiner Familie zusätzlich einen angemessenen Beitrag gewährt, der den Unterschied zu seinem letzten Einkommen nicht zu groß werden läßt.«

Weil bei hälftiger Bezahlung der Beiträge diese Kasse unter die Bestimmungen des Versicherungsaufsichtsamts gefallen wäre und man viele Verpflichtungen hätte auf sich nehmen müssen, so »daß jede Beweglichkeit ausgeschlossen gewesen wäre«, entschied Burda, die gesamten Kosten für die Unterstützungskasse zu tragen. Knapp 230 000 Mark ließ sich das Unternehmen die Zusatzversicherung seiner Mitarbeiter kosten, 1965 erhielten bereits 81 Pensionäre, Witwen und Waisen insgesamt rund 80 000 Mark aus diesem Zusatztopf.

Schon am 1. April 1952 richtete das Unternehmen eine Betriebskrankenkasse ein. Kurt Neuschütz half beim Aufbau, Fritz Kraus leitete sie. Er hatte vorher die AOK Straßburg geführt und war »ein Obernazi« gewesen, weiß Kurt Neuschütz und schmunzelt, »aber er war ein Fachmann«. Die beiden heckten die Idee aus, und Neuschütz stellte sie dem Chef vor. »Wenn's schiefgeht, fliegen sie naus«, drohte Burda. Es ging nicht schief, die Kasse verlangte niedrige Sätze und gewährte vergleichsweise hohe Leistungen.

Der Betrieb mit den einst »hervorragenden sozialistischen Leistungen« blieb stets ums Wohlergehen seiner Mitarbeiter bemüht. Burda trug Neuschütz sogar auf zu beobachten, wo im Umland Bauerwartungsland zu kaufen war. Neuschütz ging dann zu den Bauern, trank ordentlich Wein und erwarb so Grundstücke, die Burda an seine Mitarbeiter weitergab.

22 Jahre lang war Kurt Neuschütz Personalchef bei Burda, und er ist stolz darauf, daß er nur einen Arbeitsprozeß durchstehen mußte. Dem Mitarbeiter habe er dann noch eine Stelle besorgt und ein gutes Zeugnis geschrieben. Wenn einer stänkerte, stellte ihn Neuschütz: »Gefällt es Ihnen bei uns?«

»Ja.«

»Verdienen Sie genug?«

»Ja.«

»Was wollen Sie also noch mehr? Wenn Sie mehr wollen, dann müssen Sie sich selbständig machen und auch die ganze unternehmerische Verantwortung tragen.«

Dann schwieg der Mitarbeiter betreten, und Neuschütz befahl ihm, jetzt Ruhe zu geben. So war das bei Burda.

»Widerspruch duldet Franz Burda nie, beweihräuchern läßt er sich hingegen gern – auch auf Anordnung«, widert es den Journalisten Hans-Jürgen Jacobs an, »anläßlich eines Festessens müssen seine Mitarbeiter einen freudigen Chor anstimmen: ›Was unser Dr. Burda schafft, ist wahrhaft so-zi-al. Er gibt uns Mut und Lebenskraft, ganz wirklich i-de-al.‹«

Burdas Engagement hin oder her – die Hälfte der Gewinne hat

er nicht wie Augstein an seine Mitarbeiter verschenkt. Von Mitbestimmung war keine Rede. Die Forderungen der Gewerkschaften nach kürzeren Arbeitszeiten verstand er als Bedrohung. Die 40-Stunden-Woche, sagte er 1964, werde »zu enormen negativen wirtschaftlichen Änderungen führen«.

Immer weniger zu arbeiten war Franz Burda ohnehin ein abartiger Gedanke. Arbeit war für ihn, den Unternehmer, Vergnügen. Wenn er einen seiner Drucker gebückt von der Arbeit des Tages gehen sah, fragte er: »Hend Sie Begeischterung? Wieso schauen Sie so traurig aus? Sind sie unglücklich? Hören Se, wenn man schafft, muß man vor lauter Freud' spinne! Verstehen Sie? Am Sonntag kann ich's gar nicht erwarten, bis ich in die Firma komm.«

Im Gegenzug für sein karitatives Gebaren erwartete der Chef bedingungslose Loyalität. »Wer sich, verblendet durch irgendwelche Funktionäre und Hetzer, gegen dieses Programm stellt«, stellte er auf der Weihnachtsansprache 1953 klar, »kann von mir nicht erwarten, daß ich solch große Opfer für ihn bringe.« Der solle »die sozialen Segnungen bei denen holen, die nur versprechen und es nie in die Tat umsetzen. Entweder gehören wir zusammen, teilen Freud und Leid, Schicksal und Erfolg miteinander, oder mein ganzes Wirken und Planen ist sinnlos.« In diesem Sinne dankte er auch dem Betriebsrat, der »im vergangenen Jahr zum Wohle aller erfolgreich mit mir zusammengearbeitet hat«.

Nachdem er gepredigt hatte, kam er auf den eigentlichen Anlaß des Fests zu sprechen: »Nun, liebe Mitarbeiter, geht heim, feiert Weihnachten! Die gnadenreiche Zeit ist angebrochen. Die Lichter brennen am Baum. Die Wärme, die von den Lichtern ausgeht, der Glanz, der von ihnen ausstrahlt, soll auch in eure Herzen hineinleuchten. Er soll Wärme ausstrahlen für alle Menschen, die mit euch zusammenwohnen und zusammenleben, eure Kinder, eure Eltern, eure Geschwister, eure Nachbarn. Wenn ihr diese Wärme in Liebe weitergebt, dann habt ihr die schönste Weihnachtsfreude, und sie wird euch vom Schöpfer in reichlichem Maße vergolten werden.«

Ein gewaltiger Chef: »Dem gehorchte selbst Max Schmeling«

Als Waldemar Zeil und Martina Siefritz heiraten wollten, luden sie auch ihren Chef ein. Er wolle gern kommen, ließ dieser das Paar wissen, aber ob sie die Hochzeit nicht eine Woche später feiern wollten, er habe einen unaufschiebbaren Termin in München. Sie kamen dem Wunsch nach, auch wenn Martina sich keine Illusionen machte: »Glaub doch nicht, daß der kommt.«

Er kam. Ohne Aenne. Als die Frischvermählten das Gasthaus »Krone« zu Schutterwald betraten, saß der Chef schon am Tisch und unterhielt sich mit den Gästen. Natürlich wollte er neben der Braut sitzen, und die war furchtbar aufgeregt. Völlig unnötig, wie sich herausstellte, der »Senator« unterhielt sich mit ihr über badische Spezialitäten. Und dann ging er persönlich in die Küche, um zu testen, ob der Meerrettich richtig scharf war. Das Reh, zu dem er passen sollte, war fünf Tage zuvor auf einer Burda-Jagd geschossen worden. Zur Hochzeit schenkte Burda einen Hirsch, den Zeil später in Österreich zur Strecke bringen durfte. Zeil traf einen Kronenzehner. Außerdem gab's eine Reise und ein Bild mit Widmung. Und die Schwiegermutter durfte stolz darauf sein, mit dem bekanntesten Offenburger getanzt zu haben.

»Waldi« Zeil war einer von Burdas Treibern gewesen. Schon als 13jähriger lief er los, wenn er Schüsse aus dem Wald hörte, und machte sich nützlich. Manches Opfer las er auf. Das gefiel Burda und er verfügte: »Der ist beim nächsten Mal wieder dabei.«

Als er 16 war, fragte ihn der Alte: »Wo schaffsch du?«

»Noch nirgends.«

»Dann wird's Zeit.«

Zeil begann als Hilfsarbeiter. 1961 bestellte ihn Franz III. zu sich ins Büro. »Mein Vater und ich wollen, daß du Tiefdrucker lernst«, verfügte er. »Du kriegst weiter deinen bisherigen Lohn ohne Einbuße.«

»Da konnte ich natürlich nicht nein sagen«, sagt Zeil und grinst.

Im Altbau stand er in der Tiefdruckerei, unter deren niedrigen Decken sich die Dämpfe von Toluol und Farben sammelten, und

Zeil goß den krebserregenden Stoff persönlich in die Maschine, rührte um und wusch sich nach Schichtende die Farbe mit dem Lösungsmittel von Armen und Kleidung. Jeden Tag trank er einen halben Liter Milch, weil unter Druckern die Mär ging, das würde die Gesundheitsgefahren bannen. Wenn er von der Nachtschicht nach Hause kam, ging er in den Garten, um auszuspannen. Dann frühstückte er und legte sich zu Bett. »Aber an Schlaf war nie zu denken.« Der Körper wehrte sich gegen den unnatürlichen Rhythmus. Also stand er mißgelaunt wieder auf. Frau und Kinder gingen ihm an solchen Tagen aus dem Weg, bis er sich abends noch einmal hinlegte. Nun wollte der müde Körper ruhen, aber drei Stunden später klingelte der Wecker, jetzt, da er im Tiefschlaf gewesen war. Zeil stand immer auf, pflichtbewußt, er mußte ja zu seinen Maschinen.

Da war es eine Erholung, wenn ihn der Chef zur Jagd rief. Und er rief oft. Gejagt wurde am Wochenende – mit Segen der Kirche – und meist auch mittwochs. Dann stand Zeil in grünen Wollsocken, khakifarbenen Kniebundhosen und grünem Karohemd neben solchen Berühmtheiten wie Max Schmeling, Franz Josef Strauß, Fritz Wepper, Bertold Beitz und Walter Scheel. Aenne Burda war nur manchmal in den ersten Jahren dabei, und auch nur, »wenn sie wußte, daß Champignons auf der Wiese waren«, wie Zeil beobachtete. »Sie hat dann immer Pilze gesammelt.«

Nach dem Essen mußten Treiber und auch prominente Jäger antreten zum Singen – Burdas Lieblingslied: »Im grünen Wald, da wo die Drossel singt«. Burda dirigierte, und Zeil staunte: »Dem gehorchten selbst Beitz und Schmeling.«

1961 sagte der Chef: »Du machst jetzt den Jagdschein.« Da war Zeil stolz und übernahm mit Feuereifer weitere Aufgaben. Weil sich die Bauern beschwert hatten, sorgte Zeil mit Oberjäger Wilhelm Walter dafür, daß die vielen Fasane, die sich merkwürdigerweise alle in Burdas Jagdrevier niederließen, immer was zu fressen hatten. Damit sie nicht an die Maisfelder gingen, legte er um die Felder herum Maiskörner, die Burdas Mitarbeiter eigens dafür anbauen mußten. Als die »zuerst stark aufgebauschten Fasanen-Mais-Schäden« (*Burda-Familie*) eingedämmt und die Fasane »auf Soll-Stärke reduziert waren«, reichte der Schutterwälder Vorsitzende der Maisgenossenschaft, Otto Seigel, dem Chef versöhnlich die Hand. Sogar der britische Botschafter Sir Christopher Steel hatte geholfen, die »Missetäter«, die Fasane, zu jagen, und auch »Herr Otto von der Edeka« sowie der »Bupomi« – bei Burda waren immer alle um Späßchen bemüht –, der Bundespostminister Richard Stücklen hatten mit einem Blattschuß dazu beigetragen. Danach hatten alle einen »Mordshunger« und stürzten sich auf Fleischsuppe, Franzensberger und Kaffee.

Mitte der sechziger Jahre sah Burda sich genötigt, kritischen Fragen nach seiner Jagdleidenschaft entgegenzutreten. Sie sei nicht nur sein Steckenpferd, sondern »in erster Linie handelt es sich bei diesen Begegnungen um wichtige Maßnahmen der Kontaktpflege. Bekanntschaften, die anläßlich der Jagden angeknüpft oder vertieft werden, haben sich für unser Haus schon oft bezahlt gemacht.«

Zeils Mitarbeiter wollten trotzdem nicht einsehen, daß ihr Kollege immer frei kriegte. »Die Schichtführer konnten den Zeil nicht leiden«, erinnert sich das ehemalige Betriebsratsmitglied Kurt Henninger, »weil er immer weg war.« Aber wer dem »Senator« zur Hand ging, der kriegte auch wieder. Als Martina Zeil, die seit 1965 bei Burda in der Retusche/Fotografie arbeitete, das zweite Kind geboren hatte, wollte sie halbtags arbeiten. »Im Prinzip nicht«, hieß es im Personalbüro. Aber weil ihr Mann so viel für Burda tat, werde das genehmigt.

Hubert Burda sieht bei seinem Vater »eine extreme Ich-Entfaltung in Verbindung mit dem Wunsch: ›Liebt mich!‹ Seine Mutter war früh gestorben und sein Vater immerzu unterwegs.« Franz Burdas Anerkennungsbedürfnis war gewaltig und kippte um in eine phantastische Liebe zu den Leuten. Alle umarmte er, und den meisten gefiel's.

Franz Burdas größte Sehnsucht wurde nie erfüllt, nicht ausreichend, nicht dauerhaft. »So sind am härtsten wir gequält / Im Reichtum fühlend was uns fehlt«, heißt es bei Faust, den Hans Eberwein, ein enger Freund der Familie, bei der Beerdigung von Franz Burda nicht zitierte. Er sagte: »Franz Burda liebte diese Welt, und doch war er wohl im Grunde auch einsam.«

8

Die *Bunte* wächst: »Ein Blättle für Frau Hauptlehrer Metzger«

Weil der Betrieb wuchs und Burda sich um den Neubau kümmern mußte, verteilte er Aufgaben. 1953 machte er Siegfried Melchinger zum Chefredakteur von *Das Ufer*, seine und die Redaktionsadresse von Ludwig Hoffenreich und Walter Mechtel, die »verantwortlich für den Inhalt« waren, lautete von Februar an München 2, Türkenstraße 3. Die Auflage des zweiten Maihefts 1953 der Farbillustrierten lag bei über 200 000, da fragte der glückliche Franz Burda, wie die Herren Redakteure die Krönung von Königin Elisabeth II. zu würdigen gedächten. Die Antwort entsetzte ihn: Gerade eine Seite hatten sie für diese Sensation eingeplant. Sogar das Fernsehen übertrug das Zeremoniell, wenngleich nur in schwarz-weiß und quasi unter Ausschluß der Öffentlichkeit damals. Und diese Simpel planten bloß eine Seite und hatten auch noch die Stirn, ihm zu widersprechen. »Mir fällt morgens auf dem Scheißhaus mehr ein als euch allen den ganzen Tag«, schimpfte er. Dann warf er sich mit seiner Sekretärin, Hannelore Borg, ins Auto und ließ sich nach Zürich fahren, um die Fotografen der Bildagenturen am Flughafen abzupassen. An Ort und Stelle kaufte er ihnen die Aufnahmen ab und schmiß das ganze Heft um.

»Dieses Bild ist eine Rekordleistung farbiger Reproduktionstechnik«, erfuhren seine Redakteure über ein buntes Foto, das die von acht Apfelschimmeln gezogene goldene Kutsche inmitten von jubelnden Londonern zeigt. »Es wurde beim Krönungszug am Dienstag von einem Keystone-Fotografen um etwa 10.30 Uhr in London farbig aufgenommen, sofort entwickelt und mit Sonderflugzeug nachts nach Zürich gebracht. Von dort ging es per Auto nach Offenburg zur Druckerei. Dort wurden dann am Mittwoch früh die Farbauszüge im Negativ gelb, rot und blau, dann wieder im Positiv gelb, rot und blau hergestellt. Bereits am Donnerstag liefen die Farbzylinder in den Rotationsmaschinen und druckten dieses meisterhafte Werk der farbigen Fotografie.«

So wurde das gemacht!

Burda hatte das ganze Heft neu konzipiert, schon auf der Rückfahrt von Zürich im Auto das Layout entworfen und getextet. Statt auf einer Seite feierte er die Königin auf dem Titelbild und vier farbigen sowie zwölf schwarz-weißen Bilderseiten im Innenteil. »Es war ein prunkvolles Schauspiel, wie es die Welt kaum je gesehen hat. Aber es war mehr als ein Schauspiel. Es war eine Festlichkeit, an der die ganze Welt teilhatte und Anteil nahm« – bis auf die *Ufer*-Redakteure –, »und die Teilung in zwei feindliche Lager schien völlig vergessen. (...) So klein und so arm Großbritannien heute ist, der leuchtende Glanz, der von ihr und damit von der Krone Englands ausgeht, strahlt noch immer über die ganze Erde. Elisabeth II., Königin von England und Haupt des die Welt umspannenden Commonwealth, vermochte es, an ihrem Krönungstage alle Völker, Stämme und Nationen in der Huldigung für ein Symbol zu einen, dem sich auch in ihrem eigenen Lande sämtliche Stände, Gruppen und Parteien willig und freudig beugen.«

Beugen mußten sich auch die düpierten Redakteure. Diese Ausgabe wurde ein glänzender Erfolg. 100 000 Hefte mehr ließ Burda ausliefern, und hätte er eine halbe Million gedruckt, sie wären verkauft worden. Als Herausgeber und »verantwortlich für den Inhalt« zeichnete nach bloß sieben Ausgaben von jetzt an wieder Franz Burda. Redaktion: Franz Schwalbe, Hermann Schlosser. Die Münchner Redaktion war fürs erste verschwunden, Mechtel tauchte einige Zeit später wieder unter »Münchner Büro« auf. Alle Verantwortlichen waren unter der Adresse »Offenburg in Baden, Kronenwiese« zu finden.

Der Verleger hatte seiner Redaktion gezeigt, wie man so ein Blättle machte. Von nun an behielt Burda die Zügel fest in der Hand. In einem Filmbericht sagte er 1966: »Bei der *Bunten Illustrierten* habe ich keinen Chefredakteur, weil ich keine Persönlichkeit dieser Art nach Offenburg bekomme. Und deshalb habe ich vielleicht die glückliche Voraussetzung, das Blatt selber machen zu können.«

Nur der Name, *Das Ufer*, gefiel ihm nicht länger. Eine zündende Idee fehlte allerdings. Also fragte die Redaktion im Sommer 1953 die Leserschaft: »Wer hilft uns, den neuen Namen zu finden? Kurz soll er sein, einprägsam und zum Charakter unserer Zeitschrift passend.« 41 000 Leser schickten 3500 verschiedene Vorschläge, von Abendfrieden bis Zwiegespräch, aber die Wahl fiel Anfang 1954 auf *Bunte Illustrierte*, den Namen hatte neben anderen auch der 72jährige Albert Schmid empfohlen, Apotheker aus Altdorf bei Nürnberg. *Bunte Illustrierte*, das war mehr als ein Name, das war Programm, wie der Sohn Hubert Burda sagt: »Ein Programm, das sich mit einem Satz aus Goethes Faust umreißen läßt: ›Am farbigen Abglanz haben wir das Leben.‹«

Aber in Faust I. sagt die Lustige Person auch: »In bunten Bildern wenig Klarheit, / Viel Irrtum und ein Fünkchen Wahrheit.« Und der Schüler ergänzt: »Denn, was man schwarz auf weiß besitzt, / Kann man getrost nach Hause tragen.« Es irrt eben der Mensch, so lang er strebt. Franz Burda aber errang mit dem farbigen Abglanz Erfolge. Hubert Burda faßt die Philosophie seines Vaters so zusammen:

»Schlechte Nachrichten gab es zu allen Zeiten genug. Wie übel das Schicksal einem Menschen mitspielen kann, das erfährt fast jeder am eigenen Leib. Mein Vater sagte sich: ›Die Welt und das Leben sind doch in Wirklichkeit viel schöner, als sie in den Nachrichten erscheinen. Und wenn keiner die guten Meldungen bringt und das Schöne in der Welt zeigt, dann mache ich das der *Bunte* zur Aufgabe.‹«

Im Zweifel half er nach. »Den Himmel macht ihr blauer«, ordnete er an, wenn ein Foto nicht seinem Ideal entsprach.

»So wie in Schutterwald?« fragte ein Retuscheur. Der Himmel über der Offenburger Nachbargemeinde soll an diesem Tag besonders blau gewesen sein.

Der Chef nickte, so gefiel ihm der Himmel, und in der Retusche hieß es fortan: »Der Chef will heute wieder einen Schutterwälder

Himmel.« Daß der Nil eine dunkle Brühe sein sollte, mochte Franz Burda auch nicht akzeptieren: »Gell«, sagte er zu Roland Pfaff, dem Fotografen, »hesch falsch belichtet.« So floß auch der Nil in den Farben eines Gebirgsbachs durch Burdas Blatt.

Englands Royals Mark und Anne saßen eines Tages auf einer englischen Parkbank, aber nicht etwa im verregneten London, sondern in der sonnigen Südsee. Und Peter Alexander fand sich in einem rot gefärbten Smoking auf der Umschlagseite wieder, weil der Chef gemeint hatte: »Schwarze Bilder auf dem Titel verkaufen sich schlecht.« Wenn Politik überhaupt eine Rolle spielte, dann in Geschichten über NS-Größen, und zwar über deren Frauen und Komplizen, deren Untaten interessierten Burda weniger. Von NS-Verbrechen wollten auch die Leser nichts wissen, und ein Blattmacher wie Burda, der ebenfalls nicht an die Hitler-Zeit erinnert werden mochte, wußte das sehr wohl. Burda wollte eine Zeitschrift ohne billige Sensationen, er wollte anregen, aber nicht aufregen und schon gar nicht erregen. Er wußte ganz genau, für wen er seine Illustrierte seit 1957 wöchentlich machte: für »Frau Hauptlehrer Metzger«.

Karlheinz Schönherr, später Redaktionsdirektor, hat erkannt, daß die *Bunte* das wurde, was sie ist, weil Burda kein Journalist war, sondern Drucker: »Die Attraktion, die er schuf, war die Farbstrecke, sechs, acht, zwölf Seiten Farbfotos pro Heft. Das mußte lecker aussehen. Damit hat er Auflage gemacht.«

Als die Brüder Angermeyer 1961 mit ihren Fotos von den Galapagosinseln vor Burdas großem englischen Kapitänsschreibtisch standen, beugte sich der Verleger-Chefredakteur-Bildchef-Chef-layouter über die herausziehbaren Lichtkästen an der Längsseite und wählte siegessicher die Fotos aus, auf denen die Echsen von unten abgelichtet worden waren. So sahen sie größer und gefährlicher aus, und dem Publikum gruselte. Für ihre Leser setzten sich die Fotografen von *Bunte* jeder Gefahr aus.

Neben den Tieren handelte der Beitrag von Karl Angermeyer, dem Held, der von seinem abenteuerlichen Leben erzählte: »Ich fand mein Glück als Robinson.« Peter Heime und Bruno J. Arnold malten Angermeyers Leben in den schillerndsten Farben. Das war ein Natur- und Survivalspektakel, und die *Bunte* verstand es zu nutzen. Über Wochen setzte sich die Story im Blatt fort, und Karl und seine Frau Marga hielten Vorträge in ganz Deutschland. Weil Angermeyer zwar fotografieren, aber nur mit Mühe frei sprechen konnte, wurde geübt, im Keller von Foto Schober in der Offenburger Hauptstraße. Arnold fragte: »Also, Karl, erzähl doch mal. Wie war das damals mit der Echse?« Und dann erzählte Angermeyer, wie er unter Gefahr für Leib und Leben das Foto schoß: Eine Rieseneidechse, die wegen des Bildwinkels aussah wie ein Alligator. Das Publikum hörte gebannt zu, die *Bunte* gewann an Ansehen. »Solche Farbberichte waren die beste Werbung für uns«, sagt der damalige Redakteur Karlheinz Schönherr. »Damals reiste ja noch niemand im Urlaub auf die Galapagosinseln, gab es noch keinen Massentourismus nach Ägypten, Thailand oder anderen exotischen Zielen. Und Farbfernsehen existierte noch nicht.«

Nach diesem Muster berichtete Georg Brock über Albert Schweitzers Leben in Lambarene, und Oswald Kolle erzählte die Wahrheit über Brigitte Bardot. Wenn Bildberichterstatter Rudi Herzog im Oktober vor dem kommenden Winter in Deutschland graute, packte er seine Sachen zusammen und fuhr noch bei Burda in Offenburg vorbei.

»Nach Afrika wollen Sie?« fragte der Alte. »Gut, dann bringen Sie mir eine Negerhochzeit mit.« Oder eine Geschichte über Haile Selassi. Oder über Gold und Diamanten. Alles, was das Publikum nicht selbst haben konnte, war Stoff für die *Bunte*. Wer saß zu Tisch beim holländischen Königshaus? Gerhard Krüger für die *Bunte*-Leser. Wer druckte Fotos aus der unbekannten Welt Chinas, dem Reich, in dem gerade eine Kulturrevolution stattfand? Wolfgang Weber brachte sie zur *Bunte*. Und wer außer den Astro- und Kosmonauten durfte damals schon einen Blick auf den Mond und von diesem zur Erde werfen? Die *Bunte*-Leser.

Es war der 21. Juli 1969, 3.40 Uhr mitteleuropäischer Zeit. Vor 109 Stunden, 7 Minuten und 35 Minuten war die Saturn-V-Rakete Apollo 11 in Cape Canaveral gestartet und die Monlandefähre »Eagle« nun auf dem Erdtrabanten gelandet. Die Ausstiegsluke öffnete sich. Neil Armstrong stieg heraus und sprach: »Ein kleiner

Schritt für mich, aber ein großer Schritt für die Menschheit.« Dann hüpfte Armstrong – es war inzwischen 3.56 Uhr geworden – auf den staubigen Grund des Meers der Stille. Während er und Edwin Aldrin für 18 Minuten spazieren gingen, hielten in Deutschland Millionen vor den Schwarz-weiß-Bildschirmen den Atem an, und mit ihnen Franz Burda. Wenn alles gut ging, hatte er einen Scoop gelandet.

Als die Amerikaner den ersten bemannten Flug zum Mond ankündigten, hatte Burda das Ereignis des Jahrhunderts erkannt. Frühzeitig suchte er nach einer Möglichkeit, Wernher von Braun zu sprechen. Zum 90. Geburtstag von Brauns Vater waren die beiden im Herbst des Vorjahrs in Oberaudorf zusammengetroffen – nicht im Hause Braun in der heutigen Wernher-von-Braun-Straße, einen Steinwurf von Edmund Stoibers Geburtshaus entfernt, denn davor warteten zu viele Reporter, sondern im Nebenzimmer der Bahnhofswirtschaft. Burda wollte einen Bildband machen und die ersten Fotos des Mondflugs haben. Nach einer Stunde waren sich die beiden handelseinig.

Die Aufnahmen wurden per Flugzeug nach Paris speditiert, von dort holte sie ein Fahrer ab. »Ich hielt die Mondfotos als erster aller Pressemenschen der ganzen Welt in der Hand«, jubelte Burda in seinen Memoiren. »Als Journalist war dies der glücklichste Höhepunkt meines Lebens.« Burda druckte ein Buch über Wernher von Braun mit dem Titel »Mein Leben für die Raumfahrt«, das wie alle Burda-Bildbände schon vorbereitet und nur noch um aktuelles Material ergänzt wurde. Es verkaufte sich 200 000 mal. »Der Flug zum Mond« erreichte sogar eine halbe Million Auflage. Und die *Bunte* errang mit dieser Ausgabe die höchste Stückzahl aller Illustrierten.

Ein Chef mit Vorwärtsdrang: »Zur Fröhlichkeit entschlossen«

Karlheinz Schönherr kam Ende 1959 aus Düsseldorf nach Offenburg. Verantwortlicher Redakteur der *Bunte* war damals Bernd Ruland, aber Schönherr erkannte sofort: »Die Entscheidung über die größeren Themen waren Sache des Alten.« Rudi Herzog erinnert sich: »Bei der Bildauswahl hat sich der Alte nicht reinreden lassen. Mit den ausgewählten Fotos lief er persönlich in die Grafik hinunter und bastelte am Entwurf fürs Layout mit.« Burda behielt seine *Bunte* fest im Griff. »Der ist morgens mit dem Gedanken an die *Bunte* aufgestanden und abends mit ihm zu Bett gegangen«, unterstellt Schönherr.

Jeden Morgen betrat Franz Burda das Arbeitszimmer »frohgemut«, drückte vor der Redaktionskonferenz jedem kräftig die Hand, blickte tief in aller Augen und sagte dann: »Also Männer, was haben wir?« Bei weitschweifigen Erklärungen trommelten seine Finger auf die Tischplatte, bei guten Vorschlägen entschied er spontan und intuitiv, souverän und unabhängig und letztlich immer allein. Einwände wischte er mit einer Handbewegung beiseite. »In seinem Vorwärtsdrang«, so Schönherr, »überging er oft mehrere Glieder einer Gedankenkette. Dann erschien er sprunghaft, kurzschlüssig. Aber er kam nur schneller zum Wesentlichen.« Schönherr nannte es »undenkbar, sich Franz Burda als Mitglied eines Gremiums gleichberechtigter Direktoren vorzustellen«.

Waldemar Dinkat, der als Bildredakteur, Grafischer Leiter und schließlich als stellvertretender Chefredakteur 17 Jahre mit Franz Burda arbeitete, sagt: »Sie hatten freie Hand, wenn Sie das richtige taten in seinem Sinn.« Wem er Verantwortung übertrug, der mußte stets mitbedenken, wie wohl Franz Burda entscheiden würde. Als Dinkat ausschied, tat er, was er schon immer hatte tun wollen. Er ließ er sich einen Bart wachsen. »Bartträger waren nicht erwünscht. Auch kranke Leute waren ihm ein Greuel.«

»Burda war anstrengend«, urteilt Karlheinz Binder, aber auch »herausfordernd, irgendwie beglückend. Man wußte immer, woran man war. Er war in seiner Ehrlichkeit so geradlinig, bis zur Brutalität. Wenn er mit jemandem nicht klarkam, dann kantete er ihn raus. Abfindung. Fertig. Rumquälen nutzt ja nix.« Kritik war nicht verboten, »aber man mußte geschickt sein. Ich habe jeden seiner Aufträge erst einmal angenommen. Dann habe ich eine Liste erstellt: Was spricht dafür, was spricht dagegen. Damit bin ich zu ihm gegangen und habe vorgetragen. In solchen Fällen sagte er nur: ›Vergessen Sie's.‹« Binder hatte guten Grund, so zu verfahren:

»Burda hatte eine Aversion gegen Nein-Sager. Das war gesundheitsschädlich. Er war ein Urviech, ein leidenschaftlicher Mann.«

»Er konnte stinkwütend werden; dann wackelte die Wand«, erzählt Schönherr. »Wer seinen vulkanischen Zorn auf sich zog, war erst mal im Keller, wie wir das nannten. Aber wenn das Gewitter vorbei war, schien auch bald die Sonne wieder.« Denn Streit war Franz Burda zuwider. Mißverständnisse und Ärger mußten schnell ausgeräumt werden, möglichst noch am selben Tag. Er liebte die Harmonie, so wie er sie sich vorstellte. Er wünschte Fröhlichkeit um sich. Schönherr schrieb im Vorwort zum Burda-Buch »Mensch und Werk« treffend: »Er kann auch zur Fröhlichkeit entschlossen sein.«

In Burdas Büro gab es ein Kämmerchen, darin befanden sich Bilder und ein gewisses Kontingent guten Weins vom hauseigenen Franzensberg. Wenn jemand eine besonders gelungene Titelseite gemacht hatte, dann erhob er sich schweigend, holte eine Flasche Wein aus dem besagten Kämmerchen und reichte sie mit den Worten: »Das hast du großartig gemacht.«

Auch Mut vor dem Fürstenthron und Schlagfertigkeit wußte der »Senator« zu schätzen. Willy Grafschmidt hatte, 1968/69, als Textchef der *Bunte* eine verunglückte Bildzeile zu verantworten. Der Platz war zu kurz, um zu schreiben: »Gina Lollobrigida trug einen Mantel von Givenchy.« Also schrieb Grafschmidt: »Sie trug einen Givenchy«. Aenne war empört. Ihr Mann rief Schönherr an:

»Welcher Idiot hat das zu verantworten, den schmeiß' ich raus!«

Schönherr sprach Grafschmidt an: »Was sollen wir tun?«

»Ich ruf ihn an.« Grafschmidt wählte die 250.

»Ja!«

»Grafschmidt.«

»Was wolle Se?«

»Ich bin der Idiot.«

»Ja, wie können Sie nur so einen Blödsinn schreiben!«

»Aber man sagt doch auch: Er trug einen Stresemann.«

Schweigen. Dann: »Sie haben bei Gott Courage. Aber machen Se des nicht noch amol. Dann kriegen Se was auf Ihren Stresemann.«

Mit Politik nichts am Hut: »Die schönste Hymne, die je ein Volk besessen«

Franz Josef Strauß schoß links. Das fiel Franz Burda sofort auf. Und er schoß gut. Jedes Jahr schwebte der Bayer Ende November auf dem Burda-Flugplatz ein, um in den Revieren des Verlegers Fasane und Hasen zu jagen. Und all jenen Journalisten, »denen schon, wenn sie den Namen Strauß hören, die Galle in die Feder fließt«, wollte Burda in seinen Memoiren sagen: Strauß hat keinesfalls seine Jagdprüfung durch Schiebung bestanden, sondern er verdiente für seine waidmännische Praxis die Note 1.

Mit Politik hatte Franz Burda nichts am Hut, behauptete er wiederholt. Im Gegensatz zu seinem ältesten Sohn, der Mitglied der CDU wurde, gehörte er nach 1945 wenigstens keiner Partei mehr an. Und wie sollte ein Bilder- und Klatschblatt wie die *Bunte* Politik machen? Willy Grafschmidt hält dagegen, daß die *Bunte* »immer politisch war: konservativ, heile Welt. Die Botschaft war: Dieser Staat ist schon recht.« Dies sei aber auch nach 1969 so geblieben, als Willy Brandt Kanzler wurde. Im Verlegerbüro im 13. Stock hingen Bilder, die zeigten Burda mal mit Strauß und Kiesinger, mal mit Brandt und Schmidt.

»Ich hatte die Finger immer am Puls der öffentlichen Meinung«, lobte Burda sich in seinen Memoiren. Vielleicht hatte er das auch, dank seiner Leser, die er einband. Wer ist heute prominent, wollte er 1950 von diesen hören. Über wen wünschte das Publikum mehr zu wissen? Man wollte die Zeitschrift »nach Ihrem Geschmack, Freund Leser«, einrichten. »Wer verkörpert so etwas wie ein Idealbild, das man in die Herzen der Jugend einpflanzen soll? Bei vielen Menschen reicht der Gesprächsstoff aus unseren Tagen nur dazu aus, sich über Totmacher, bestechliche Abgeordnete, korrupte Wirtschaftshyänen, Dirnen und Ehebrecher zu unterhalten.« Statt dessen versprach die Redaktion, über die Menschen zu berichten, »denen Ihr Herz und Ihre Bewunderung gehören«. Eben heile Welt. Burda schnitt den Blick zurück ab, er verkörperte die Sehnsucht nach dem Schlußstrich. Und die Leser entschieden sich für Theodor Heuss, Wilhelm Furtwängler und Albert Schweitzer.

Als Helmut Rahn und die Fußball-Nationalmannschaft die Deutschen 1954 wieder in den Kreis der siegreichen Nationen »gebombt« hatten, schrieb Franz Burda seine erste Kolumne: »Man steht wie betäubt! Neun Jahre nach einem beispiellos verlorenen Krieg erklingt das Deutschlandlied bei einer gewaltigen Sportveranstaltung im Ausland! Noch vor einem Jahr wäre uns das völlig unmöglich erschienen. (...) In Bern erklang das Deutschlandlied nicht als breitspuriger Triumphgesang. Es war wie eine Weihe, wie ein Gebet, nach einem einmaligen Sieg.«

Burda wollte die Nationalhymne retten und fragte deshalb die Leser, wie die beiden ersten Zeilen der ersten Strophe des Liedes abgeändert werden könnten, dessen Melodie für eines ihrer Idole, Wilhelm Furtwängler, »mit großem Nachdruck« und »vom Musikstandpunkt aus« betrachtet, »mit Abstand die schönste Nationalhymne darstellt, die jemals ein Volk besessen hat«. Die Leser ließen sich vieles einfallen, den ersten Preis schenkte Burda tatsächlich dem Vorschlag: »Von der Maas – einst – bis zur Memel, von der Etsch bis an den Belt.«

Burda gab der Mehrheit der Gesellschaft, was sie wollte. Nur wenige in der Redaktion begehrten gegen ihn auf. Paul Karalus beispielsweise. Er brach sein Studium ab, als er die Chance bekam, bei *Bunte* seine ersten journalistischen Schritte zu wagen. Mit dem Fotografen Hans Schlitz erarbeitete er bald Tatsachenberichte. Seine Frau Christa, geborene Königsmann, erinnert sich an viele Kräche und Auseinandersetzungen ihres Mannes mit seinem Chef. Sie seien »nicht freundlich voneinander geschieden«. Ursache war der Serienabdruck der Memoiren von Henriette Hoffmann, der Tochter des Hitler-Fotografen Heinrich Hoffmann, die sich 1950 von ihrem Mann, dem ehemaligen Reichsjugendführer und Gauleiter von Wien, Baldur von Schirach, hatte scheiden lassen, der noch mehr als 15 Jahre in Spandau abzusitzen hatte. »Die«, entsetzt Christa Karalus sich nach wie vor, »schwärmte damals noch immer von den schönen jungen Männern von der SS.« Karalus wollte die Veröffentlichung verhindern, aber Burda blieb stur. Christa Karalus: »Da wollte mein Mann nicht mehr im Impressum stehen.«

Auch der Bundespräsident war einmal nicht einverstanden, wie Franz Burda den Puls der öffentlichen Meinung beschleunigte. Im Sommer 1958 bedrohte das Bundeskabinett die Pressefreiheit in einem Sinn, der nicht nach Burdas Geschmack war. Journalisten, die über das Privatleben von ausländischen Staatsoberhäuptern veröffentlichten, sollten bestraft werden, wenn der Inhalt herabwürdigend war oder die auswärtigen Beziehungen der Bundesrepublik störten. Anlaß waren Beschwerden der Frau des Schahs. Während Burda selbst bei anderer Gelegenheit über die Zügellosigkeit der Sensationspresse gewettert hatte, sah er nun die Medienfreiheit gefährdet. »Wir waren und sind immer bestrebt, eine Zeitschrift zu machen, die man Kindern ohne weiteres in die Hand geben kann, die auf das billige Auswalzen blutrünstiger Mordaffären (wie es mancherorts üblich ist) verzichtet und die – aus Prinzip – keine Attacken gegen fremde Länder oder gar ihre Staatsoberhäupter reitet!«

Als aber sein Fotograf Rudi Herzog Ende 1961 mit aktuellen Fotos vom Staatsbesuch der englischen Königin Elisabeth und Prinz Philips in verschiedenen Ländern Schwarzafrikas zurückgekehrt war, fielen Burda die Bestecke aus Gold und das feine Porzellan auf. *Bunte* titelte: »... und das von unserem Geld!« Damit war der Beitrag Deutschlands zur Entwicklungshilfe gemeint, der nach Ansicht Burdas – und vieler Bürger – zu hoch ausfiel. Tatsächlich betrug er 0,44 Prozent des Bruttonationaleinkommens (als Uno-Ziel galten 0,7 Prozent), 1,4 Milliarden Mark, die just seit November 1961 vom neu geschaffenen Entwicklungshilfeministerium verwaltet wurden. Burda startete eine Serie von vier Artikeln. Liberia, Ghana und die Elfenbeinküste seien Entwicklungsländer, »die Millionenbeträge von uns wollen oder sie teilweise schon bekommen haben«.

In Liberia hatte Herzog »den Reichtum des Präsidenten und die Armut des Volkes« gesehen, dessen Vertreter er fotografierte, als sie »auf der faulen Haut« lagen. »Präsident William Tubman wohnt in einem Palast und speist von goldenen Tellern.« Und die Soldaten am Denkmal der Freiheit in der Hauptstadt Monrovia hielten schlafend Wache. Was Herzog noch auf die Nerven gegangen war:

»So schlecht wie in Liberia bin ich in keinem anderen Land behandelt worden.« Die »Neger« im Hotel hätten sich geweigert, seinen Koffer ins Zimmer zu tragen. Und während seine schwarzen Journalistenkollegen an einem Tisch französischen Wein tranken, habe er abseits sitzen müssen. Einer habe ihn gefragt, ob er auch etwas trinken wolle, und Herzog bat darum. Daraufhin habe der »Neger« dem Kellner zugerufen: »Bring ihm ein Glas Wasser.« Herzog wäre »aus Wut bald aus der Haut gefahren. Da saßen diese arroganten Kerle nun, und behandelten mich, als sei ich der letzte Dreck. Ihr Präsident aber kommt in die Bundesrepublik und bettelt in Bonn um Entwicklungshilfe – für die ja auch ich meinen Steuergroschen beitrage.« Die Liberianer seien überheblich und frech. »Dabei können 90 Prozent der Bevölkerung weder lesen noch schreiben. Sie verachten die Weißen und machen ihnen Schwierigkeiten, wo sie nur können. Wahlberechtigt sind nur Neger und Grundbesitzer. Ein Weißer aber kann niemals Grundbesitz erwerben. Mit anderen Worten: Nur Neger dürfen wählen.«

Der Weiße, so Herzog, solle nur zahlen, damit Liberia zum »Negerhimmel auf Erden« werde. »Sie lieben den Prunk und den Müßiggang. Die Weißen müssen für sie arbeiten.«

In Ghana sah Herzog ein »Gartenfest für 2000 Gäste – aber 350 Millionen Mark Schulden«. Kwame Nkrumah, »kommunistenfreundlicher Herrscher über 6,7 Millionen Menschen«, verschleudere das Geld des Staats durch Partys im luxuriösen Schloß Christiansburg. Das gleiche berichtete Herzog aus der einst französischen Kolonie Elfenbeinküste. Nur in Sierra Leone lebe Milton Margai wie sein Volk: ohne Paläste und goldene Löffel, Straßenkreuzer und prunkvolle Gewänder.

Als Bundespräsident Heinrich Lübke dieser Tage nach Liberia reiste, fiel ihm im Flugzeug die *Bunte* in die Hände. Nachdem er den Bericht über Liberia gelesen hatte, sagte er zu seiner Frau: »Eigentlich können wir gleich umdrehen und wieder nach Hause gehen.« So jedenfalls gibt Burda die Geschichte wieder. Lübke kehrte nicht um, und niemand in den besuchten Ländern hatte die *Bunte* gelesen. Aber nach der Rückkehr zitierte Lübke den Verleger nach Bonn.

»Sie haben das Ansehen der Bundesrepublik auf das schwerste geschädigt«, soll Lübke Burda angeschrien haben. Von Fälschung war die Rede.

Burda, der keinen falschen Respekt kannte, schrie zurück.

Schließlich soll Lübke gedroht haben: »Wenn Sie jetzt nicht den Mund halten, lasse ich Sie verhaften.«

»Davor habe ich keine Angst«, will Burda entgegnet haben. »Ich gehe auch ins Gefängnis, wenn Sie meinen, daß das eine Lösung ist.« Burda bot die Originale der Dias an und ließ sie umgehend mit einem Flugzeug der Burda-Staffel nach Bonn bringen. Um 15 Uhr stand er erneut vor Lübke, bewaffnet mit einem Vergrößerungsglas. Nachdem Lübke erkannte, daß keine Fälschung vorlag, war die Sache für beide aus der Welt.

Im Mai 1967 legte der baden-württembergische Ministerpräsident Hans Filbinger Franz Burda in der Villa Reitzenstein zu Stuttgart das vom Bundespräsidenten Lübke verliehene Große Verdienstkreuz des Verdienstordens an. »Etwas derartiges wird im Wirtschaftsleben normalerweise erst in zwei oder drei Generationen erreicht«, laudierte Filbinger. »Sie haben das in einem Ansturm bewältigt – und das in einer Zeit, die den ganzen Umständen nach äußerst ungünstig für diese Ihre Betätigung gewesen ist.«

Burda dankte und fügte hinzu: »In den vergangenen Jahren sind wir als badische Landsleute sehr oft zusammengekommen, und jedesmal freuten wir uns, wenn wir uns trafen. Um so größer war deshalb meine Freude, daß Sie vor geraumer Zeit Ministerpräsident des Landes Baden-Württemberg geworden sind.«

In Bonn sponsorte Burda in den folgenden Jahren badische und baden-württembergischen Abende. Da sangen die Burda-Nachtigallen das »Schwarzwaldmädel«, Franz II. und Franz III. pfiffen ein Lied, und auch Österreichs Botschafter Rudolf Ender ließ sich nicht lumpen: »I bin a Fensterlputzer.« Nach Schwetzinger Spargel, badischer Zwiebelsuppe, Rehrücken Baden-Baden mit Spätzle, Orangencreme, ausreichend Franzensberger und etlichen Schunkelrunden klärte Burda den russischen Botschafter Semjon Zarapkin darüber auf, daß badische Truppen im Ersten Weltkrieg auf der Fahrt zur Ostfront gesungen hätten: »Rußland muß noch badisch werden.« Zarapkin antwortete, Baden müsse vielmehr russisch werden, und die versammelte Bonner Botschafterprominenz lag sich lachend in den Armen: »So ein Tag, so wunderschön wie heute.« Das war Völkerverständigung Marke Burda. Wenig später hörte sogar Bundeskanzler Georg Kiesinger zu, als die drei Burda-Söhne »Auf'm Wase graset d'Hase« sangen. Burda senior war zufrieden: »Das Fest vertiefte die guten Kontakte zwischen unserem Haus und den bedeutendsten Bonner Persönlichkeiten.« Einmal mehr sollte sich bewahrheiten: »Frohsinn ist der beste Diplomat.«

Burda gedachte auch der Menschen jenseits des Eisernen Vorhangs – mit großdeutschem Impetus. Im Januar 1961 beispielsweise ließ er seine Mitarbeiter am Plakatwettbewerb des Kuratoriums Unteilbares Deutschland teilnehmen. Und der Schachgroßmeister und CDU-Rechtsaußen Ludek Pachmann, der die Freie Gesellschaft zur Förderung der Freundschaft mit den Völkern der Tschechoslowakei mitgegründet hatte, erinnert sich, daß Franz Burda einer von tausend Förderern war.

1971, als der Druck der Massen auf die »ausbeuterischen Unternehmer« größer wurde, begann Franz Burda, in der *Bunte* politische Kolumnen zu schreiben: gegen die Funktionärsherrschaft des Kommunismus und für die Freiheit des einzelnen, gegen »Erdrosselungssteuern« und für Betriebe, die ausreichend Gewinne und Rücklagen machen dürfen, um zu investieren und »ihren Mitarbeitern gute und immer bessere Löhne und Gehälter zahlen« zu können, gegen paritätische Mitbestimmung und für Unternehmer, die ihren Mitarbeitern »Aufstieg zu immer mehr Wohlstand« ermöglichten, gegen Experimente und für Stabilität. Der Beweis lag auf der Hand: Den einfachsten Hilfsarbeitern gehe es hier viel besser als dem führenden Ingenieur in China. Und wem haben die Deutschen das zu verdanken? Ihren Unternehmern. »Jeder von uns kennt erfolgreiche Männer, die damals mit dem Rucksack über die Zonengrenze kamen oder aus anderen Gründen am Nullpunkt begannen und tüchtig genug waren, bedeutende Unternehmen aufzubauen.« So bog und log Franz Burda sich und seinem Publikum die Welt zurecht.

Burdas Bücher: »Für Verständigung und Freundschaft«

Als Konrad Adenauers Tod nahte, hatte Franz Burda die Idee für einen Bildband über den Kanzler a. D. Er müsse wenige Tage nach Adenauers Tod fertig sein, verlangte der Alte von den *Bunte*-Redakteuren und den leitenden Herren seiner Druckerei: »Jetzt will ich mal sehen, ob ihr Flaschen seid oder Kerle.«

Neben der aktuellen Arbeit fürs Heft trugen die Redakteure in Tag- und Nachtschichten Texte und Fotos zu Adenauers Leben zusammen. Der historische Teil war bald komplett, eine 40seitige Farbstrecke blieb für viele aktuelle Fotos und knappe Texte offen. Nachdem Adenauer am 19. April 1967 gestorben war, mußten kleine Schulkinder Trauerbilder von Kreuzen und Särgen malen, die Hausmeister aller öffentlichen Gebäude holten die Fahnen aus den Kellern und hängten sie auf halbmast. Überall in Bonn lauerten Burda-Fotografen auf die besten Motive, als der Sarg noch einmal durch die Hauptstadt chauffiert wurde. Die Burda-Fliegerstaffel schaffte das Material nach Offenburg, wo rund um die Uhr an dem Erinnerungsbuch gearbeitet wurde. Eine Woche nach Adenauers Tod war die Devotionalie fertig, alle Beteiligten feierten in der Franzensstube zu Fessenbach. Auch über eine Sonderprämie durften sich die Mitarbeiter freuen, so Schönherr: »Das müssen ein paar tausend Mark gewesen sein.« Mehr als 100 000 Exemplare des Titels setzten Kioske und Buchhandlungen ab, wo die Gedenkbände schon zehn Tage nach Adenauers Tod in Stapeln lagen.

Das war ein großer Erfolg, auch mit seinen Büchern traf Burda den Zeitgeist ziemlich genau. Schon 1949 waren in »Bildbänden zum Zeitgeschehen« gängige Titel erschienen: »Nie vergessene Heimat« oder »Jenseits von Oder und Neiße«. Hohe Auflagen waren stets innerhalb weniger Wochen vergriffen. Burda befriedigte darin die Bedürfnisse derjenigen Menschen, die ihre Heimat im Osten verlassen mußten; der Text sprach ihre Sprache: Jenseits von Oder und Neiße habe eine »systematische Austreibung der geschundenen und gequälten deutschen Bevölkerung« stattgefunden, lasen sie darin. In Schlesien schicke eine Deutsche ihre polnisch sprechende Enkelin in den Laden, »weil Deutsche in polnischen Läden meist ungern und sehr schlecht bedient werden«. Am 15. März 1939, »ein halbes Jahr vor dem Ausbruch des Zweiten Weltkrieges, folgte die Errichtung des nationalsozialistischen ›Protektorats Böhmen und Mähren‹. Damals zeichnete sich der Beginn eines Völkermordens ab, dessen katastrophales Ende gerade für die Sudetendeutschen grauenhafte Folgen hatte: Sie wurden dezimiert, sie wurden von Haus und Hof verjagt, sie wurden zur Flucht nach dem Westen gezwungen oder von jahrelang aufgestautem, blindwütigem Haß ereilt.« Woher der Haß kam, erklärt das Buch nicht.

Auch das Kapitel über Ostpreußen betreibt hauseigene Geschichtsschreibung: »Die Katastrophe begann für Ostpreußen und seine zweieinhalb Millionen Menschen am 12. Januar 1945. An diesem Tag traten die 2. und 3. Belorussische Armee zum Großangriff gegen die deutsche Heeresgruppe Nord an.« Schon im Oktober 1944 seien die Sowjets vorübergehend in Ostpreußen eingedrungen. »Was damals deutsche Soldaten bei der Rückeroberung dieser Orte vorfanden, ist unbeschreiblich. Gewalttat und Zerstörung, Mord an wehrlosen Frauen, Kindern und Greisen zeichneten eine Straße des Grauens.«

Im ersten Band von »Der Zweite Weltkrieg im Bild« (Von Nürnberg bis Stalingrad, Band II: Von Stalingrad bis Nürnberg), wovon ab 1952 rund 64 000 Bände abgesetzt wurden, wird Geschichte zu Propaganda: Den Überfall Hitlers auf Polen erklärten Herausgeber Franz Burda, Redakteur Hanns Adam Faerber und der Militärische Berater Generalmajor a. D. Martin Ronicke mit dem Vertrag von Versailles, der »die Keime künftiger Verwicklungen in sich trug« – und zwar wegen der Unterstellung Danzigs unter die Kontrolle eines vom Völkerbund zu bestellenden Oberkommissars. Die Beziehungen zwischen Polen und Deutschland seien kühl geblieben, und unter diesen Umständen müsse es »als ein außenpolitischer Erfolg des Hitler-Regimes gewertet werden, daß es am 26. Januar zum Abschluß eines deutsch-polnischen Vertrages kam, der eine Entspannung an der deutschen Ostgrenze schuf und den Problemen des Korridors und Danzigs ihre aktuelle Bedrohlichkeit nahm«.

Generaloberst Eduard Dietl wurde als Held von Narvik gefeiert, eine Aufnahme zeigt Generalfeldmarschall Erwin Rommel (»schnelle und geschickte Absetzbewegungen«), »wie er in vollendeter geistiger Konzentration den Angriffsplan ›erarbeitet‹« (den auf Tobruk). Das Abschlußkapitel berichtete über Kriegsgreuel, »von denen sich das anständige Soldatentum aller Nationen empört distanziert«. Die Fotos zeigten fast ausschließlich deutsche Soldaten. Sie waren bei den Nürnberger Prozessen vorgelegt worden, um zu beweisen, »daß nicht nur der in diesem Krieg besiegten Partei Greueltaten zur Last gelegt werden dürfen«, sondern auch den Siegern. Unter die Fotos von deutschen Opfern schrieb die Burda-Redaktion: »Im Kampf gegen Partisanen erfolgten scharfe Abwehrmaßnahmen.«

Der zweite Band enthält eine Karte der *Bunte Illustrierte* von West- und Ostpreußen. Im Laufe der Nürnberger Prozesse, wird behauptet, habe »die deutsche Öffentlichkeit zum ersten Male die volle Wahrheit über die Schmach der Konzentrations- und Vernichtungslager« erfahren. »Das deutsche Volk, das in seiner überwiegenden Mehrheit wenig oder nichts von den Scheußlichkeiten gewußt hatte und erst nach dem Zusammenbruch des Hitler-Regimes mit Empörung und Erschütterung von Art und Umfang dieser Greuel erfuhr, hatte die harte Behandlung, die ihm von den Siegern widerfuhr, nicht zuletzt der Reaktion auf diese Schändlichkeiten zu verdanken.«

Die »furchtbare Bilanz des Zweiten Weltkrieges« am Schluß des zweiten Bandes nennt nur einen Schuldigen: Hitler, der als »Dilettant« bezeichnet wird, politisch wie auch militärisch. »Es war das deutsche Volk, das für das Tun seines Diktators einzustehen hatte.« Kein Wort von Schuld, nur Jammern: »… die deutschen Bewohner Ost- und Westpreußens, Schlesiens, Pommerns und des östlichen Teils von Brandenburg – ganz zu schweigen von den Deutschen im Sudetenland und den volksdeutschen Inseln außerhalb der alten Reichsgrenzen – wurden ausgetrieben, von Haus und Hof verjagt, als Bettler in das verkleinerte, verwüstete, verarmte Restdeutschland hineingepfercht. In dieses Restdeutschland, dessen Städte in Schutt und Trümmer gesunken waren, dem das Schicksal drohte, nach Vernichtung seiner Industrie in einen Kartoffelacker verwandelt zu werden, dessen Versuche, sich aus tiefstem Fall mühselig wieder hochzuarbeiten, durch rücksichtslose Demontagen fast unmöglich gemacht wurden.«

Es waren nicht zuletzt solche Bücher der Fälschungen und Klitterungen, die junge Intellektuelle in den sechziger Jahren dazu zwangen, endlich nachzuforschen und die andere Seite der deutschen Geschichte zu betrachten: die Seite der Täter und deren Opfer.

Offenbar beobachtete auch die DDR Burdas verlegerische Aktivitäten. 1962 erschien im VEB Domowina-Verlag, Bautzen ein Buch mit dem Burda-Titel »Jenseits von Oder und Neiße«. Es versammelte »Reisebilder aus den polnischen West- und Nordgebieten«. Als Autor ist ein Ben Budar ausgewiesen. Das Vorwort versprach, die Publikation wolle »der Verständigung und der Freundschaft zwischen dem deutschen und dem polnischen Volk dienen«, etwas, was Burdas Machwerken nicht unterstellt werden konnte. Das Ost-Buch zitiert aus Walter Ulbrichts Erklärung anläßlich der Deklaration von Warschau vom 6. Juni 1950: »Das fortschrittliche Deutschland wird alles tun, um die Wahrheit über das große Aufbauwerk des friedlichen polnischen Volkes, das den Weg zum Sozialismus beschritten hat, zu verteidigen.«

Zweite Bundesliga: »Den Hamburgern zeigen wir's«

Als Franz Burda den sechzigsten Geburtstag hinter sich hatte, verkehrte er längst mit den »Großen« der Welt: Konrad Adenauer und Franz Josef Strauß, Heinz Rühmann und Peter Alexander, Max Schmeling kam häufig, und Papst Paul VI. gewährte ihm eine Audienz. Schließlich schickte ihm auch der Bundespräsident eine Einladung. Am 1. Juni 1967 hatte ihn Heinrich Lübke nach Bonn eingeladen, wo er auf dem Petersberg ein Staatsbankett für den Schah von Persien, Mohammed Reza Pahlevi, und dessen Frau Farah Diba gab. Mit zweistündiger Verspätung kam Burda aus Barcelona in Straßburg an und warf sich in den 600er Mercedes. »Das schaffen wir noch, Herr Doktor«, ermutigte ihn sein Fahrer Robert Köther. »Hauptsache, wir kommen in keinen Stau rein.«

Während der Fahrt zwängte Burda sich in das steife Frackhemd, aber entweder waren die Knöpfe zu groß oder die Löcher des gestärkten Textils zu eng – Burda kriegte die verflixten Dinger nicht zu.

»Hast du ein Taschenmesser dabei?«

»Ein Messer nicht, aber einen Hirschfänger.«

»Gib her.«

Hastig versuchte Burda, die Löcher etwas weiter aufzuschneiden, und dabei schnitt er sich in den linken Mittelfinger. Als ihm sein Fahrer helfen wollte, die Orden und Ehrenzeichen anzulegen, sah er die Bescherung: »Um Gottes Willen, Herr Doktor, Ihre ganze Frackbrust ist voll mit Blut. So können Sie unmöglich erscheinen.«

»Fahr zu!« befahl Burda. »irgendwie werden wir einen Ausweg finden.«

Als wenig später der Bundespräsident und der Schah samt Frau vor ihm standen, war das Hemd naß und zerknautscht, aber vom Blut befreit. Burda schrieb allen Ernstes über das Kapitel: »Mein Blut für den Schah.«

Am nächsten Tag flog das iranische Herrscherpaar nach Berlin, um in der Deutschen Oper die »Zauberflöte« zu sehen. Als die Limousine mit dem persischen Diktator und seiner Frau kurz vor 20 Uhr vor das Opernportal rollte, wurden auf der gegenüberliegenden Straßenseite Sprechchöre laut: Demonstranten riefen »Schah, Schah, Scharlatan« und »Mörder, Mörder«. Berlins Polizeipräsident Erich Duensing und der Kommandeur der Schutzpolizei, Hans-Ulrich Werner, ließen ihre Beamten in den folgenden Stunden wahllos auf Demonstranten einprügeln. Unterstützt wurden sie dabei von »Jubelpersern«, überwiegend Anhänger des iranischen Geheimdienstes. Als eine Gruppe Polizisten den vermeintlichen Rädelsführer Benno Ohnesorg überwältigte, löste sich aus der Dienstpistole von Karl-Heinz Kurras ein Schuß. Der Student Ohnesorg starb noch in derselben Nacht. Darüber berichtete Burda in seinen Memoiren nicht, er war ja schließlich nicht dabei.

Aber er erinnerte sich, wie Kardinal Bafile, der Nuntius des Diplomatischen Korps, während des Banketts am Vortag auf ihn zugestürmt war: »Herr Dr. Burda! Ich kann nicht länger zusehen, wie Sie in Ihren Illustrierten Pornographie veröffentlichen, jawohl, Pornographie, sage ich! Wie wollen Sie das vor Ihren Lesern verantworten?«

»Eminenz«, will Burda geantwortet haben, »ich glaube, Sie verwechseln mich. Ich bin so ziemlich der einzige Illustrierten-Verleger in der Bundesrepublik, der die Sexwelle nicht mitmacht. Meine Redakteure haben strikte Anweisung ...«

Weil Bafile sich nicht zu beruhigen vermochte, ließ ihn Burda stehen. Wenn man ihm glauben darf, hat er von Bafile nie mehr etwas gehört.

Die vier auflagenstärksten westdeutschen Magazine wurden allesamt 1948 gegründet: In der amerikanischen Zone erschien seit April 1948 die *Quick*, im Oktober die *Revue*, in der britischen Zone im August der *Stern*. Alle drei Blätter könnte Bafile gemeint haben, aber das vierte, die *Bunte*, war nun wirklich gegen jeden Verdacht erhaben. Burda verzichtete auf nackte Tatsachen ebenso wie auf investigative Recherchen im politischen Bereich, die er ebenso für unappetitlich hielt, wenn sie sich gegen Mitglieder der Bundesregierung richteten. Die Welt hatte schön, ordentlich und sauber zu sein.

Allerdings hatte die Wirtschaft für ihre Werbung diesen Kurs nicht gewürdigt. Ihre Anzeigen schalteten die Werbestrategen in den größten Illustrierten. Burda hatte deshalb weitsichtig zugekauft: Im Februar 1959 gliederte er die *Deutsche Illustrierte* ein, im Oktober 1960 vom Süddeutschen Verlag die *Münchner Illustrierte* und am 1. Januar 1963 von der Societätsdruckerei die *Frankfurter Illustrierte*, was zusammen fünf Millionen Mark gekostet haben soll. Am 17. Dezember 1963 erwarb er von der ÖVP die *Österreich Illustrierte* und brachte in der Folge die *Bunte Österreich Illustrierte* heraus.

Von diesem Zeitpunkt an nahmen die Konkurrenten in Hamburg den hemdsärmligen Mann ernst, den sie zuvor als »Schwarzwald-Springerle« und »Burdapescht« verspottet hatten. »Denen zeigen mer's«, trotzte Burda. 1969 hatte die *Bunte* erstmals den ersten Auflagenplatz unter den Illus errungen. Beim Fest im Kasino nahm Franz Burda jun. sein Orakel aus früheren Zeiten öffentlich zurück: »Und geh'n wir einmal vor die Hunde, schuld daran ist nur die *Bunte*.« Und Waldemar Dinkat konnte nicht an sich halten. Triumphierend schickte er Henri Nannen ein Telegramm. Wenige Stunden später wurde er zum Chef zitiert, um sich einen Rüffel abzuholen.

Seither wußte Dinkat: »Burda pflegte einen heimlichen Kontakt zu Henri Nannen. Offiziell gab es keine Treffen, man traf sich ›zufällig‹.« Und man telefonierte. »Mit Nannen hat sich Franz Burda großartig verstanden«, weiß Karlheinz Schönherr. »Er fand den Nannen einfach doll als Blattmacher.« Als Konkurrenz verstanden sich die beiden nicht wirklich. Burda wollte nie einen *Stern* machen. Wolf Schneider schätzt das Verhältnis in seiner »Gruner + Jahr-Story« so ein: »Franz Burda war der andere große Illustriertenmacher in Deutschland neben Henri Nannen. Man hörte damals oft, der *Stern* sei das Blatt des evangelischen Facharbeiters, die *Bunte* das der katholischen Landfrauen. Das war zu simpel, aber nicht ganz falsch. Hier standen Norddeutschland gegen Süddeutschland, Großstadt gegen Provinz, Unrast gegen Beharrung, Spott über die Fürstenhäuser gegen innige Bewunderung derselben, Weltläufigkeit mit einem Schuß Zynismus gegen Biedersinn – Nannen gegen Burda eben. Schade, daß die *Bunte* sich aus dieser einst schlüssigen und fruchtbaren Polarität vollständig verabschiedet hat.«

Der Sohn Hubert Burda dagegen strebte später an, dem *Stern* die Leser abspenstig zu machen. Er war mit den Blättle seines Vaters nie wirklich glücklich. Er wollte ein politischeres Blatt, mehr Tiefgang. »Nannen und der *Stern* – das war ein anderer Fußballverein«, sagt er. »Mein Vater spielte in den ersten Jahren eher zweite Bundesliga mit *Bunte* und *Freizeit Revue*. Nannen spielte das, was wir heute spielen, Markwort und ich. Der *Stern*, das war das beste Magazin der Welt. Da habe ich den Atem angehalten. Ich fand den *Stern* besser als *Life Magazin*.«

Alle Jahre wieder, in den Wochen nach dem Fest der Heiligen Drei Könige, zeigte sich Münchens Schickeria überaus nervös. Alle waren aus dem Winterurlaub zurück, die Skihosen waren gewaschen, das Gspusi vorbei, der Teint aber noch immer schokobraun, und der Jet Set fragte sich: Hat er mich auch nicht vergessen? Spätestens wenn der Poldi der Resi gesteckt hatte, daß er eine Einladung bekommen habe, wußte die Resi: Ich bin nicht dabei.

Jeder wollte teilnehmen am Bal paré, dem Faschingshöhepunkt in der Landeshauptstadt, den Franz Burda seit 1961, seit er die *Münchner Illustrierte* gekauft hatte, wieder im Bayerischen Hof gab. In den Redaktionen klingelten alle Telefone. Lang vergessene Freunde meldeten sich mit zuckersüßen Stimmen, erkundigten sich nach dem werten Befinden, um dann eilig den wahren Grund ihres Anrufs zu offenbaren: »Hast du noch Karten?« *Bild + Funk*-Redakteur Jochen Birr war in diesen Wochen regelmäßig genervt: »Das sind doch nur Januarfreunde. Die melden sich erst nächstes Jahr wieder.«

Auch Personalchef Kurt Neuschütz erreichten solche Bettelanrufe. Er organisierte alle Partys, die sein Chef veranstaltete. 800 Leute konnte er nur einladen, und das war nicht das einzige Problem: Wer drin war, wollte auch in der ersten Reihe sitzen, wer in die hinteren Säle verlegt wurde, war beleidigt. »Jeder hat sich für wichtiger genommen«, bedauert Neuschütz.

Das war Franz Burdas Welt. Zu seinen Wirtschaftswunder-Glitzerpartys kam alles, was Rang und Namen hatte. Als ersten Stargast präsentierte er 1961 den US-Schauspieler Kirk Douglas. Wer nicht freiwillig erscheinen wollte, wurde eingekauft: »Die Pariser Clique um Curd Jürgens mußte natürlich bezahlt werden«, gibt Neuschütz zu. Jonny Holliday und Silvie Vartan bekamen 1966 schon 24 000 Mark Gage.

Für jeden Ball mußte eine neue Sensation her, und sie durfte nie kleiner ausfallen als im Jahr zuvor. Tangotänzer tanzten, Sänger sangen, und der Zauberer Kalanag ließ vier Mädchen samt Neuschütz im Fiat verschwinden. Aber am besten in Erinnerung ist

Neuschütz die Nacht mit dem »Negerballett«. Es war 1965, die Agentur Hoffmeister hatte etwas ganz Neuartiges angeboten. Neuschütz war sich nicht sicher, also ging er zum Chef: »Ich hab' da was. Ich trau' mich kaum, es zu sagen.« Aber dann rückte er doch mit der Sprache heraus: eine Gruppe Tänzerinnen aus Guinea oder so, woher war auch gar nicht so wichtig, schwarze jedenfalls, die fast nackt tanzten. Hoffmeister habe einen »unwahrscheinlichen Knüller« versprochen. Neuschütz zeigte Burda Fotos. »Da hat's in ihm angefangen zu arbeiten da oben« – Neuschütz tippt sich an die Schläfe – »isch doch logisch.«

»Das könnte eine Sensation werden«, lockte Neuschütz, der die Gruppe unbedingt erleben wollte. »Und kosten soll's auch ganz wenig.« Da habe der Alte gesagt: »Des mache mer.«

Und dann gingen im Saal des Bayerischen Hofs die Lichter aus, nur die Kerzen auf den Tischen verbreiteten diffuses Licht. Durch die Reihen, strahlenförmig um die Tanzfläche angeordnet, wippten zu leisen Trommelschlägen barbusige Mädchen herein, ihnen folgten grauslig bemalte Krieger. Als alle auf der Bühne standen, richteten sich Scheinwerfer auf sie. Eine Stunde lang hüpften sich die Tänzer die Seele aus dem Leib, die Trommeln wurden immer lauter, die Bewegungen immer ekstatischer, die Scheinwerfer flackerten dazu, der Bayerische Hof erzitterte in seinen Grundfesten, bis alles mit einem letzten Blitz und lautem Donnerschlag endete. Als die Deckenbeleuchtung eingeschaltet wurde, waren die Tänzer bereits verschwunden. Beifall brandete auf. »Das war ein Naturereignis«, kommentiert Neuschütz heute noch mit Glanz in den Augen.

Burda schlug mit diesen Partys mindestens zwei Fliegen mit einer Klappe. Zu den Gästen gehörten seine Druck- und Vertriebskunden, die er so ans Haus band. Vor allem aber wurde der Bal paré »aus Gründen der Werbung für das Haus Burda« inszeniert. »Die Verpflichtung prominenter Künstler wie Ella Fitzgerald, Duke Ellington, Mireille Mathieu, Tom Jones, Diana Ross, Udo Jürgens, The Supremes und vielen anderen hat sich indessen in mehrfacher Hinsicht ausgezahlt«, resümierte der Gastgeber. »Über den Verlauf des Festes berichtete die deutsche Presse spaltenlang in Wort und Bild« – selbstverständlich auch die *Bunte*.

Es war so schön, schwelgt Kurt Neuschütz in Erinnerungen, aber dann hätte die »Baader-Meinhof-Bande« gewütet, »das war uns zu gefährlich«, und man habe aufgehört – als Vorsichtsmaßnahme. Karlheinz Schönherr erlebte, wie »diese Westentaschenrevoluzzer« am Eingang Spalier bildeten und anklagten: »Ihr feiert und in Vietnam wird gestorben.« Schönherr dachte nicht weiter als: »Wenn wir nicht mehr feiern, auch.«

Burda wurde in dieser Zeit neben Springer Ziel für Angriffe der erwachten Generation. Bei der Feier zum Münchner Kunstpreis 1968 überreichten ihm Demonstranten einen Gartenzwerg »für seine Verdienste um das gesunde Volksempfinden«. Im nächsten Jahr hatte Franz Burda keine Lust mehr, den Kunstpreis auszuloben.

Eine zweite Galashow, die Burda Anfang der sechziger Jahre an Land gezogen hatte, setzte er jedoch unbeirrt fort: die Bambi-Verleihung. Das Bambi kam 1962 zu Burda – aus Karlsruhe. Das sei die »Idee meines früheren Teilhabers Karl Fritz« gewesen, gab Burda zu, was heutige Bambiverleihungen übergehen. Er hatte von dessen Neuer Verlagsgesellschaft GmbH, Karlsruhe und damit der *Film-Revue* und der *Freundin* 55 Prozent der Anteile übernommen. Fritz' *Film-Revue* hatte den Filmstars aus aller Welt schon seit Ende der vierziger Jahre goldene Rehlein geschenkt. In der Schwarzwaldhalle zu Karlsruhe gaben sich Liz Taylor und Richard Burton die Ehre, Sophia Loren fuhr im offenen Mercedes durch die Ettlinger Straße, Rock Hudson lächelte smart vom Balkon des Rathauses, Tony Curtis und Gina Lollobrigida ließen sich in der Schwarzwaldhalle feiern. Maria Schell und O. W. Fischer kamen, Ingrid Bergmann und Jean Marais. Hollywood in Karlsruhe. Und dazu die deutschen Lieblinge: Heinz Rühmann und Romy Schneider und wie sie alle hießen.

Kurt Neuschütz erinnert sich noch genau, wie er Sophia Loren in den Saal begleiten durfte. Einen halben Schritt hinter der Diva ging er, und er musterte sie aufmerksam, wie sie im wunderbar cremefarbenen, enganliegenden Kleid durch die Reporterschar stolzierte. Alle beneideten ihn damals, und Neuschütz, dem der Ruf vorausging, bei den Frauen einen Stein im Brett zu haben, war mächtig stolz. Neuschütz schmunzelt, und dann sagt er, was er damals nie zugegeben hätte: »Ich hätte nicht gewußt, was ich mit dieser Frau hätte anfangen sollen.«

1963 verlegte Burda die Verleihung nach München. Die Karlsruher verziehen ihm das nie, aber München war der publicity-trächtigere Boden. Burda bedauerte in seinen Memoiren, daß es »Filmstars von legendärem Ruf, wie wir sie zu Zeiten der Ufa hatten«, nicht mehr gebe, die glanzvollen Namen fehlten. »Und so ist die Misère, in der sich zumal der deutsche Film befindet, der eigentliche Grund dafür, daß wohl eines Tages die Veranstaltung ganz eingestellt wird.«

Die Welt des Autorenfilms war nicht Franz Burdas Welt, überhaupt wurde ihm das Kino zu kritisch, zu politisch. Doch Bambi starb nicht. Wie auch die *Bunte* wandelte sich der Filmpreis nach der Übernahme durch Hubert Burda. Beate Wedekind, damals *Bunte*-Redakteurin für Rendezvous mit Prominenten, entwickelte eine Glamour-Show, die 1987 sogar noch einmal nach Offenburg zurückkehrte – Hubert Burda wollte nach seiner »Machtübernahme« Verbundenheit demonstrieren. »Ein Hauch von Hollywood« habe die Stadt durchweht, schrieb die Lokalpresse dankbar, Offenburg habe eine »Jahrhundert-Fete« erlebt.

1988 gaben Thomas Gottschalk, Klausjürgen Wussow und Ute Lemper ihren Bambi zurück. Wedekind erläuterte im *Offenburger Tageblatt*: »Da gibt es hochverdiente Künstler, die, sensibel wie sie sind, auf nicht genehme Berichterstattung empfindlich reagieren.« Wussow habe sich aufgeregt, weil über seine Ehescheidung berichtet worden sei. Ein Freund seiner Noch-Ehefrau hatte in der *Freizeit Revue* Stellung bezogen. »Aber«, so Wedekind, »erst nachdem Herr Wussow sich in verschiedenen Medien immer wieder und gegen großzügige Honorierung zu eben diesem Thema ›Scheidung im Hause Wussow/Brinkmann‹ geäußert hat. Höchst freiwillig, und immer zu Zeitpunkten, wo es seiner Publicity guttat.« Auch Gottschalk verwahrte sich dagegen, daß die *Bunte* Details aus seinem Privatleben ausgebreitet hatte. »Hier reagierte ein sensibler Künstler offensichtlich zu spontan. Denn schon wenige Wochen später gab Gottschalk der soeben noch heftig angegriffenen Illustrierten *Bunte* ein höchst moderates Interview, ohne auch nur in Nebensätzen auf die unangenehme *Bunte*-Berichterstattung über seine außerehelichen Vergnügen einzugehen.« Lemper war kritisiert worden, weil sie 1988 nicht gehalten habe, was sie 1987 versprochen habe. Wedekind verstand auch ihren Protest nicht: »Ein wahrer Künstler ... muß Kritik vertragen können.«

Die Künstler wehrten sich dagegen, daß sie von einem Magazin, das sie brauchte, angegriffen wurden. Und das Publikum erkannte: Die Burda-Welt war nicht mehr die des Friede-Freude-Senators.

9

Offenburg und Burda: »Ein Segen für die Stadt«

Franz Burda III. war kein guter Schüler. Zweimal mußte er eine Klasse wiederholen, aber das hatte den Vorteil, daß er als Abiturient alt genug war, mit dem Cabriolet seiner Mutter vorzufahren. Das war alles andere als ein Nachweis für soziale Intelligenz, wie sein jüngster Bruder Hubert findet. Aber dennoch hätten die Lehrer nicht tun dürfen, was sie seiner Meinung nach taten: Sie ließen den Franzl durchs Abitur rauschen.

»Das war auch eine Revanche am Alten«, glaubt Franz Burda noch heute. »Meine Durchschnittsnote war so, daß ich hätte zugelassen werden dürfen.« Den Aufsatz habe er versaut, aber anschließend hätten zwei Freunde seines Vaters den Text gelesen, zwei Lehrer: »Die haben den als erstklassig beurteilt.« Das Thema: »Sind Geburt und Herkunft wichtig für den weiteren Lebensweg eines Menschen?« Franz Burda hat ihn leider weggeworfen.

Nachzusehen sind allerdings noch die Noten, die er hatte, im Archiv des Schiller-Gymnasiums. In Englisch und Mathematik brachte es Franz Burda lediglich auf fünf Punkte, auch in Französisch lag er mit sieben Punkten unter dem im französischen 20-Punkte-System geforderten Soll von acht Punkten. Die Schulleitung entschied: »Wird nicht zur mündlichen Prüfung zugelassen«.

Frieder wechselte nach der siebten Klasse mit miserablen Noten auf eine Privatschule, die Schwarzwaldschule Triberg. So mußte sich Hubert allein behaupten und eine Menge Demütigungen einstecken. Jürgen Todenhöfer erinnert sich an einen Fall: »Es war in der Pause des ersten Schultages eines neuen Jahres, und wir alle –

auch Hubert Burda – standen auf den Tischen und Bänken, schrieen, gestikulierten und hüpften herum. Wir überhörten das Klingelzeichen. Da kam der neue Klassenlehrer zu seiner ersten Stunde herein, er hieß Stöß, hatte Knickerbocker an und war ein stämmiger Mann. Er ging quer durch die ganze Klasse mit ihren rund 30 Schülern. In einer der hinteren Reihen saß Hubert Burda; dem schlug er so hart ins Gesicht, daß er zu Boden stürzte. Weil er ein Burda war, wurde er das Opfer einer an Ungerechtigkeit nicht zu überbietenden Gewalttätigkeit des strengen Pädagogen. Gegen die Familie gab es wegen des schnellen Aufstiegs damals viel Mißgunst.«

Die Gunst der Stadtoberen war dem alten Burda dagegen sicher. Die Firma war binnen weniger Jahre gewachsen, druckte nicht nur *Das Ufer*, sondern auch *Das Haus* und wieder wie vor dem Krieg Prospekte für Edeka. Die *Sürag*, die in Süddeutschland erschien, hatte in Bayern noch eine Schwester bekommen, die *Bild + Funk*. Von insgesamt 130 Betrieben mit mehr als zehn Mitarbeitern in Offenburg stellte Burda Ende 1952 mehr als elf Prozent, die fast fünfzehn Prozent aller Arbeitsstunden leisteten, siebzehn Prozent der Löhne erhielten und jede fünfte Mark Umsatz erwirtschafteten. Die Stadt hing bereits am Tropf des schnell expandierenden Unternehmens, und die Abhängigkeit wuchs.

In der Hauptstraße saß Franz Burda senior in seinem Büro und machte sich Sorgen: nicht nur wegen seiner Söhne, deren schulische Leistungen zu wünschen übrig ließen, sondern auch weil sein Betrieb und seine Mitarbeiter auf 15 Standorte verteilt waren, die nicht einmal alle in der Stadt lagen, sondern auch in Lahr und Dinglingen. Burda lenkte seinen VW Käfer mit Brezelscheibe und dem Kennzeichen FB 09-3435 – FB hieß nicht Franz Burda, sondern Französische Besatzungszone – fast täglich auf die B 3 zwischen Offenburg und Lahr. Um dem ein Ende zu machen, träumte Burda von einem »Monumentalbau« im Zentrum der Stadt. Der badische Staatspräsident und Wirtschaftsminister Eduard Lais hätten ihm bei der Beschaffung eines Kredits zum Bau dieses Werks ihre Unterstützung durch Gewährung einer Staatsbürgschaft zugesagt. »Es wäre bestimmt schön gewesen, wenn man als Ausdruck unserer

Zeit und unserer Generation durch ein solches Bauwerk der Stadt das Stück eines neuen Gesichts gegeben hätte«, schrieb er am 8. November 1950 an den Bürgermeister. »Es besteht gar kein Zweifel darüber, daß für jeden Fremden, der durch Offenburg fährt, sich seit dem Jahr 1900 bis heute das Stadtbild nur wenig verändert hat. In allen großen Städten, fast ohne Ausnahme, gehören die Druckereien zu den markanten Gebäuden des Stadtbilds.«

Aber in der engen Gassen der Stadt gab es kein Gelände für einen Monumentalbau. Um einen adäquaten Bauplatz zu bekommen, ließ Burda wissen, daß Offenburg nicht der einzige mögliche Standort sei: »Ich habe Ihnen gegenüber bereits zum Ausdruck gebracht, daß vor allem von seiten des Herrn Oberbürgermeister Dr. (Paul) Waeldin die größten Anstrengungen gemacht werden, meinen Betriebsneubau nach Lahr zu verlegen.« Auch Stadtrat Otto Hüglin sei kürzlich erneut bei ihm gewesen, um ihm ein äußerst günstiges Grundstück direkt am Bahnhof Dinglingen anzubieten. Natürlich, versicherte er schlitzohrig, wäre das dem Unternehmer nie in den Sinn gekommen, »weil ich als alter Offenburger niemals mein Lebenswerk in die Schutterstadt verlegen kann«. Aber daß ihm auch der Oberbürgermeister von Baden-Baden, Ernst Schlapper, »zu günstigsten Bedingungen Gelände und Kredit für den Neubau in Baden-Baden offeriert« habe, durfte man ja einmal erwähnen.

In Gesprächen mit Stadträten und dem OB verwies Burda auf die »erhebliche Stärkung der Steuerkraft«, die Offenburg zu erwarten habe. Deshalb schlug er die Stundung des Kaufpreises für einige Jahre vor, zwei bis drei Jahre zinsfrei, dann Rückzahlung in fünf Jahresraten. Die ersten beiden Hypothekenstellen müßten für die übrigen Kredite freigehalten werden. Außerdem wünschte er, ihm solle für mindestens ein Jahr die Grundsteuer erlassen werden. »Am liebsten wäre es ihm«, faßte ein Ratsmitglied am 2. Dezember 1950 zusammen, »wenn die Grundsteuer erst dann beginnen sollte, wenn er den Bau vollendet hat.« Da es nicht möglich gewesen sei, für einen repräsentativen Bau ein Gelände im Stadtzentrum zu finden, solle erörtert werden, ob der Veranstaltungsplatz am südlichen Ausgang der Stadt nicht auf die Eiswiese verlegt werden und damit die Kronenwiese für einen solchen Bau zur Verfügung gestellt werden könnte.

Genauso kam es. Oberbürgermeister Karl Heitz konnte seinem Freund die Kronenwiese anbieten, einst Messeplatz, auf dem nun alte Fahrzeuge der Franzosen abgestellt waren. Burda sollte das Bauland zu dem Preis bekommen, den die Stadt selbst bezahlt hatte: vier Mark pro Quadratmeter. Doch einem Teil des Stadtrats war auch dieser Preis noch zu hoch, Lahr und Baden-Baden hatten zuletzt sogar kostenlose Überlassung von Gelände angeboten. Burda bezahlte schließlich 2,50 Mark, einen Betrag, dem er, so ein Ausschußprotokoll, »ohne weiteres« zustimmte. Burda vereinbarte eine Anzahlung von 10 000 Mark unter Verzicht auf Zinsen auf den Restbetrag. Die restlichen 45 100 Mark wollte er binnen drei Jahren tilgen. Die Grundsteuer wurde auf zwei Jahre ausgesetzt. Die Kosten der Abgrenzung des Baugeländes vom Fuhrpark der französischen Kompanie 303 durch den Bauunternehmer Louis Fischer, 991,31 Mark, trug die Stadt zur Hälfte. Für 27 Birnbäume, die weichen mußten, berechnete Bürgermeister Schenkel 1770 Mark Baumentschädigung. Der Stadtrat sah – »in Anbetracht der Größe des Bauobjekts und der Bedeutung, die das Vorhaben der Fa. Burda-Druck für die Stadt Offenburg besitzt« – jedoch davon ab, den Betrag zu kassieren.

Architekt Walter Nef aus Zürich entwarf den 50 Meter hohen Burda-Turm, den verkleideten Schornstein, der von einer Aussichtsfläche und einem kleinen Restaurant bei klarem Wetter einen Blick auf den Schwarzwald und die Vogesen erlaubt. Der Turm avancierte zum Wahrzeichen Offenburgs. »Wir sind ein schöngeistiges Unternehmen«, begründete Burda den Turmbau, »und keine Fabrik mit einem Schornstein.«

Am Abend des Richtfests zogen 1952 bunte Lampen die Silhouette des Neubaus nach. Eine Woche später brannte der Turm, ausgelöst durch den glühenden Rest eines bengalischen Feuers, mit dem Franz Burda nach dem Abschlußfeuerwerk der Ortenauer Herbstmesse den neuen Turm noch einmal hatte beleuchten lassen. Es war schnell gelöscht, doch die Brandschutzpolizei forderte ein Protokoll. Burda hatte für das bürokratische Interesse am Brand des Burda-Eisenbetonturms kein Verständnis und erklärte dem »Feuergewaltigen der Stadt«, Landrat Eduard Joachim: »Dabei hat einer dieser Feuerwerkskörper ein kleines Brett, 1,20 m lang, 14 cm breit und 2 cm stark, teilweise zum Entzünden gebracht. Nachdem auf dem Turm kein Wasser war, wurde dieser Brand durch die Urinanlagen meiner Feuerwerker Heinrich Ruckenbrod und Karl Pröttel in einem Zug gelöscht. Ich würde mich freuen, wenn diese beiden Männer dafür eine Auszeichnung bekommen würden.«

Der Bau ging so rasant vorwärts, daß Burda sogar vergaß, die Urkunde der Grundsteinlegung einzumauern, wie das damals so üblich war. Erst drei Jahre danach holte Burda dieses Versäumnis nach. Er erklärte, er habe sich nicht getraut, weil er selbst nicht gewußt habe, wie groß der Bau letztendlich werden würde. Es sei ja nicht wie beim Staat, wo man sage, der Bau müsse soundso groß werden, also verlange man soundso viel Geld. »Bei uns ist die Geschichte nämlich umgekehrt. Ich muß sagen: Wieviel Geld habe ich – und danach kann ich bauen.« So habe er den Akt »klugerweise« aufgehoben, »denn die Dokumente, die wir damals in unseren Bau hätten hineinlegen können, hätten bestimmt nicht diese hohe Qualität und diesen tiefen inneren Wert gehabt wie heute«.

Was legte er in die Kassette, die er in ein Kreiderelief des Sonnengottes Helios, das später durch ein Mosaik ersetzt wurde, in der Eingangshalle einmauern ließ? Zuoberst die Urkunde mit folgendem Text: »Dr. Franz Burda, Buchdruckermeister, geboren am 24. Februar 1903 zu Philippsburg in Baden, erbaute dieses Haus in den Jahren 1951 bis 1954 auf der Kronenwiese in Offenburg. Gestützt auf seine Kenntnisse im Buchdruckfach, im Vertrauen auf seine unermüdliche Schaffenskraft, getragen von einem unverwüstlichen Optimismus, nach Kräften unterstützt von seinen unverbrüchlich zu ihm stehenden Mitarbeitern, entwickelte Senator E. h. Dr. Franz Burda den von seinem 1929 verstorbenen Vater übernommenen Betrieb in fünfundzwanzig Jahren zum zahlenmäßig zweitgrößten Druckereibetrieb der Bundesrepublik und zum größten Tiefdruck-Spezialbetrieb Deutschlands, unter Überwindung aller Schwierigkeiten und Hemmnisse des Weltkrieges 1939 bis 1945 und inmitten einer völlig zerstörten deutschen Wirtschaft.

Aenne Burda
mit ihrer Familie

Kommunion von
Aenne Burda, 1919

Verlobung von Aenne (geborene Anna Magdalena Lemminger) und Franz Burda, Ostern 1930

Hochzeit von Aenne und Franz Burda, 1931

Aenne Burda mit ihren Söhnen Frieder, Hubert und Franz (v. l.), 1942

Hubert, Frieder und Franz Burda (v. l.), Anfang der 50er Jahre

Der französische General Raymond Schmittlein wurde während der Besatzung zu einem wichtigen Protektor des Verlegers, 40er Jahre

Ab 1953 machte die Burda-Staffel Werbung für die Produkte des Verlags

BADEN BADEN

INTERNATIONALE
ROSENAUSSTELLUNG
1952

EHREN-URKUNDE

BEIM ROSEN-CORSO 1952
WURDE DER 2. PREIS
FÜR
DAS SCHÖNSTE AUTOMOBIL
Frau Aenne Burda
VOLKSWAGEN ROMETSCH „ELEGANZ"
ZUERKANNT

BADEN-BADEN, 13. JULI 1952

für DIE JURY:

Die Ehrenurkunde beim Rosen-Corso Baden-Baden 1952 ging an Aenne Burda

Aenne Burda (li.) beim Baden mit Freundinnen im Hauspool, 50er Jahre

1966 gibt es eine symbolische Schlüsselübergabe – Franz Burda gratuliert seinem Sohn Hubert zur Einweihung des neuen Münchener Verlagsgebäudes

Zum 60. Geburtstag von Franz Burda veranstaltete der »Circus Burda« eine Aufführung mit Franz Burda als Zirkusdirektor, 1963

Rauschende Bal-paré-Nacht im Bayerischen Hof in München, 1968

Die Burda-Verlagsgebäude in Offenburg

Aenne und Franz Burda Ende der 60er Jahre in Paris

Aenne Burda mit einem »Rolls-Royce-Mini« vor dem Verlagsgebäude, 1973

Mittagessen in der Schanzstraße in Offenburg: neben Andy Warhol im Uhrzeigersinn Hubert Burda, Thomas Amman, Fred Hughes, Aenne Burda, Bruno Bischofberger, Franz Burda und Galeristen-Gattin Yoyo Bischofberger, 1973

Hubert Burda beim Interview mit Helmut Kohl, damals Ministerpräsident von Rheinland-Pfalz, in der Mainzer Staatskanzlei, 1976

Bei der Übergabe der *Bunte*-Chefredaktion überreicht der Vater dem Sohn Hubert zu diesem Anlass einen Strauß mit seinen Lieblingsblumen – Schneeglöckchen, 1976

Hubert Burda mit seiner ersten Ehefrau Christa Maar und dem gemeinsamen Sohn Felix, 80er Jahre

Hubert Burda mit seiner Mutter Aenne und Ehefrau Maria Furtwängler, 90er Jahre

Hubert Burda heiratet in zweiter Ehe die Ärztin und Schauspielerin
Maria Furtwängler, November 1991

Hubert Burda mit seinem Sohn Felix aus erster Ehe, 90er Jahre

Jacob und Lisa, die Kinder von Hubert Burda und Maria Furtwängler, Ende der 90er Jahre

Die Verleihung des Bundesverdienstkreuzes erster Klasse an Hubert Burda am 7. Mai 1997, Maria Furtwängler, Aenne Burda, Hubert Burda, Felix Burda und Erwin Teufel (v. l.)

Hubert Burda mit Jacob und Lisa, Ende der 90er Jahre

Möge dieses Gebäude ein Beweis sein für deutschen Arbeitswillen, für die Kraft der unternehmerischen Initiative und für die Leistungsmöglichkeiten einer von Idealismus und gegenseitigem Vertrauen getragenen Betriebsgemeinschaft. Dieser Grundstein wird gelegt im Vertrauen zur deutschen Heimat, in Liebe zum gesamten deutschen Volk, in Treue zum graphischen Beruf, als Verpflichtung für eine friedliche Zukunft. Offenburg, 5. Juni 1954.«

Außerdem lagen in der Kassette: Der Prolog zur Einweihung der Eingangshalle, Bilder von Burda und den Familienangehörigen, vom ältesten und jüngsten Mitarbeiter (Kurt Sander, 73, und Peter Streit, 13), vom größten und kleinsten (Klaus Koop und Karlheinz Egg), vom dicksten und dünnsten (Fritz Amann und Inge Kopf) sowie den vier dienstältesten Mitarbeitern, ein Bild der Werkskapelle, eines von den Betriebsratsmitgliedern, eine Liste aller Mitarbeiter, je eine Ausgabe der Burda-Zeitschriften, ein Bildband Offenburg, mehrere Muster der Industrieaufträge, die an diesem Tag gültigen Geldsorten, eine Aufstellung über Umsätze und Steuern des Betriebs von 1950 bis 1953 und eine Liste der Bauarbeiter.

Keine zehn Jahre später, am 27. Oktober 1961, stand Franz Burda jenseits der Straße unter einem grauen Herbsthimmel auf dem ehemaligen Messegelände der Stadt und sprach mit lauter Stimme: »Nun fanget an.« Dann zog er an einem Seil, über die Schulter schauten ihm Bauunternehmersohn Louis Fischer, sein Sohn Franz und der Baden-Badener Architekt Kurt E. Walker zu, durch die Beine Pudel Bläcky. Die Schaufel eines großen Baggers senkten sich, die Zähne gruben sich ins Erdreich, der erste »Spatenstich« für den nächsten Neubau war getan.

160 Tonnen Stahl wollte Burda verbauen, um 30 000 Kubikmeter Raum zu schaffen, 70 Meter hoch, 38 Meter lang, acht bis zwölf Meter breit. Zwei Schnellaufzüge, einen Paternoster und einen Aktenaufzug plante er ein, Redaktionen, Vertrieb und Verwaltung sollten Platz in dem neuen Hochhaus finden. Walker war extra nach Rio de Janeiro und Sao Paolo geflogen, um Vorbilder fürs neue südbadische Wahrzeichen zu finden.

Als am 9. Mai 1963 um 9.45 Uhr die Sikorsky P J 367 der Fliegerstaffel Friedrichshafen eintraf, um dem Neubau die Krone aufzusetzen, blies ein starker Wind. Trotzdem klinkte der Pilot um 10.34 Uhr den ersten Buchstaben ein, das B, eine Minute später hob er ab. Dann beobachtete Bauleiter Hans Heinrich entsetzt, wie die Letter, eine Tonne schwer, schwankte und schließlich zwischen zwei Hochspannungsleitungen hindurch zu Boden stürzte. Das Unternehmen wurde abgeblasen, die vier Buchstaben U, R, D und A mußten noch warten, bis ein paar Wochen später ein neues B geschaffen war. Dann erst wurde das Hausschild per Kran dem neuen Hochhaus aufs Dach gesetzt.

Als die Mitarbeiter das Haus bezogen, galt für sie eine merkwürdige Vorschrift. Jugendliche Betriebsangehörige sollten ausschließlich den Paternoster statt des Aufzugs benützen, in den Hauptverkehrszeiten auch die älteren, die in den unteren sechs Stockwerken arbeiteten. Diese Beschränkungen fanden »natürlich auf fußkranke oder sonstwie gehbehinderte Angestellte keine Anwendung«. Franz Burda soll Mitarbeitern gekündigt haben, die sich an diese Vorschrift nicht hielten. Er war ein ungeduldiger Mann. Wenn er morgens in den Fahrstuhl stieg, weiß Karlheinz Binder, barst er vor Tatendrang. Nichts ärgerte ihn mehr, als wenn der Fahrstuhl dauernd hielt. Eines Tages bremste der Aufzug schon in der ersten Etage, die Tür ging auf und ein junger Mann trat ein. Burda musterte ihn und wollte wissen, wie er hieße.

Als er seinen Namen genannt hatte, drückte Burda den Haltknopf und warf den Mann hinaus. Als er oben war, rief er wütend die Chefredaktion der *Bunte* an. Der Kollege sei tiefunglücklich, hörte er dort, er sei neu in der Redaktion, er sei ein hervorragender Schreiber. »Schicken Sie ihn rauf«, befahl der Verleger.

Wenige Momente später stand der Delinquent vor seinem Chef und trat von einem Bein aufs andere. Zu seiner Überraschung entschuldigte sich dieser, griff in seinen Zettelkasten, kritzelte etwas hin und verabschiedete den jungen Redakteur mit den Worten: »Den tragen Sie jetzt immer bei sich.«

Als der Mann das Briefchen draußen öffnete, las er: »Hiermit ist es Herrn X erlaubt, jederzeit meinen Fahrstuhl zu benutzen.«

Bis heute wetten Offenburger immer wieder, wer denn nun dem Himmel näher sei, das Hochhaus von Burda oder der Heilig-

Kreuz-Kirchturm vom Pastor. Kurt Neuschütz schmunzelt, wenn er erzählt, wie listig sich sein Chef über den Wunsch der Kirche hinweggesetzt habe. Die Spitze des Kirchturms rage zwar höher nach oben, weil das Fundament der Kirche mitten in der Stadt und damit höher liege als das des Hochhauses am Ufer der Kinzig. Doch der Turm von Burda sei an Metern höher. Man möge doch nachmessen.

Dem Alten hätten die Einheimischen das zugetraut. Aber Neuschütz' Geschichte ist nicht wahr. Peter Jost, Leiter der Bauabteilung, holt die Pläne noch einmal hervor. Und die weisen nach, daß Burda genügend Respekt und Gottesfürchtigkeit besaß, um das himmlische Gericht nicht unnötig herauszufordern. 75 Meter ist der Kirchturm hoch, der Burdabau kommt bei wohlwollender Messung auf 69,30 Meter – einschließlich Aufschüttung am Fundament und den vier Meter hohen Buchstaben auf der Spitze, die auf einem 1,80 Meter hohen Unterbau stehen. Ohne Zugaben bringt es das Gebäude nur auf 59,53 Meter. Burda hielt sich also an sein Versprechen, ohne Tricks. »Sonst wäre er wohl nicht in den Himmel gekommen«, mutmaßt Jost.

Geben und Nehmen: »Das würde der ›Senator‹ nie verzeihen«

Als Oberbürgermeister Karl Heitz am 23. Februar 1963 Franz Burda am Vorabend seines 60. Geburtstags das Ehrenbürgerrecht übertrug, sagte er: »Es hat schon einige Dutzend Dinge im öffentlichen Leben der Stadt gegeben, die an wirtschaftlichen, die an finanziellen Hemmnissen zu scheitern drohten. In einer Reihe solcher Fälle habe ich mich an Dr. Burda gewandt, mit der Bitte zu helfen. Nie habe ich lange bitten müssen, und nie habe ich eine Absage bekommen. Meistens war der Fall schon nach wenigen Minuten erledigt. Franz Burda fragte: ›Was kostet es?‹ und schon war alles geklärt.«

»Der Offenburger Drucker verkörpert jene Spezies des Provinz-Patriziats«, urteilte der *Spiegel*, »die im kleinen Fähnlein der reichen Stifter durch die Buntheit ihrer Spendierhosen hervorsticht.« Dafür erwartete er bedingungslose Loyalität und Dankbarkeit. Als die Schwarzwaldgemeinde Menzenschwand, die Burda wie auch Offenburg und Philippsburg zum Ehrenbürger gemacht hatte, nicht daran dachte, ihren Kurbereich nach seinen Wünschen auszubauen, schickte Burda seinen Chauffeur ins Rathaus, um sein Porträt mit von ihm erlegten Hirsch abzuholen.

Der OB von Offenburg war Franz Burdas persönlicher Freund. 27 Jahre lang war der Heitze-Karle im Amt, und er hatte längst nicht die Kraft, um Burda Paroli zu bieten. Vielleicht wollte er es auch nicht. In seiner Amtsstube hing ein Foto des Unternehmers, und in der Stadt hieß er »der Bürgermeister Heitz vom Oberbürgermeister Burda«. Nur einmal wagte er es, nein zu sagen, und daran zerbrach denn auch ihre Freundschaft. Burda wollte ein Museum für seine Gemäldesammlung haben, doch Heitz hatte keinen Sinn für Kunst; sein Leben gehörte dem Sport, speziell dem Fußball, dem Offenburger FV. Jedenfalls war der »Senator« gekränkt, daß die Stadt seine Gemälde ablehnte, die in seinem Haus in der Schanzstraße und teilweise auch im Verlag lagerten. Einem geschenkten Gaul guckte man doch nicht ins Maul. Geschenke, so sah das Franz Burda, waren dazu da, sie zu nehmen, und bei passender Gelegenheit mit gleicher Münze zurückzuzahlen.

Andere verstanden den Deal. Zum Beispiel jenes Vorstandsmitglied der Freiburger Turnerschaft, der er 1961 gespendet hatte, 100 000 Mark für eine Turnhalle, obwohl er mit den Freiburger Turnern nichts zu tun hatte. Die brauchten das Geld dringend, er gab's und Aenne tobte: »Wie kannst du 100 000 Mark hergeben?« Doch Burda glaubte fest daran: Wer gibt, dem wird gegeben.

Natürlich gab er nicht jedem gern, zum Beispiel dem Finanzamt. Mit dem lokalen Finanzamt führte Burda eine heftige Diskussion wegen der Abschreibungen von Abonnements, die er steuerlich geltend machen wollte. Das örtliche Finanzamt akzeptierte dies nicht und verlangte eine Steuernachzahlung in Millionenhöhe. Es kam zum Streit. Ein Verfahren wurde eingeleitet und ging an die höhere Instanz, zur Oberfinanzdirektion nach Freiburg. Eines Tages fuhr Franz Burda hin und wollte seinen Ohren und Augen nicht trauen. »In dem Gremium, das den Fall zu begutachten hatte, saß auch ein Mitglied dieser Freiburger Turnerschaft, den er bis dahin nicht kannte«, erzählte Franz Burdas Sohns Hubert. »Dieser Mann sagte: ›Wenn jemand so idealistisch wie Sie in einer so schweren Zeit dem Sportverein geholfen hat, dann wissen wir, daß Sie ein ordentlicher Mann sind.‹« In erster Linie gab Franz Burda solche Anekdoten zum besten, weil er allen, und allen voran seiner Frau, sagen wollte: »Seht her, ihr Simpel, so macht man Geschäfte.«

Ein anderes Beispiel liefert jener Hamburger mit seiner Geschäftsidee. Wie hatte sein Prokurist Karlheinz Binder gestaunt, als Burda auf einen Bierdeckel »100 000 Mark« schrieb und den jungen Mann damit zu Kurt Neuschütz schickte. Warum er das getan habe, wollte Binder wissen. »Weil ich spüre, daß der Dynamik hat«, antwortete Burda. »Das kriege ich fünffach wieder zurück, weil das ein künftiger Geschäftspartner sein wird.« Und war's nicht so? »Auch wenn Burda ein bißchen teurer war«, bestätigte der Unternehmer später, »habe ich immer bei ihm geordert.« Nur Heitz hatte das Prinzip nicht verstanden.

Agnes Braun, die beim OB im Vorzimmer saß, kennt einen weiteren Grund für das Zerwürfnis. Heitz, der dem Präsidium des lokalen Fußballvereins Offenburger FV angehörte, hatte die Genehmigung zum Bau eines weiteren Parkplatzes in der Nähe des Stadions gegeben. Dabei hatte er übersehen, daß der Parkplatz direkt unterhalb Burdas Grundstück lag. Zwar konnte er das Bauvorhaben noch abbiegen, aber der »Senator« war so erbost gewesen, daß die Strafe, Entzug der Zuneigung, blieb. So leicht war es, dessen Gunst zu verlieren. »Mit Lob und Strenge«, so Kurt Neuschütz, habe Burda seine Mitarbeiter erzogen. Und wohl auch den Oberbürgermeister.

1975, nach 27 Jahren, wollte Heitz abtreten, und es gab keine Anzeichen dafür, daß die CDU damit auch die Macht in der Stadt einbüßen müßte. Doch dann meldete Werner Morstadt seine Kandidatur an, auf dem Ticket der Freien Wähler. Offenbar rechnete der eingesessene Offenburger damit, daß er von der CDU unterstützt würde. Es kam anders, und »da hat auch Franz Burda junior eine Rolle gespielt«, wie Günter Morstadt beobachtete. »Die beiden pflegten eine Fehde, deren Wurzeln aus Pubertätszeiten zurückreichen. Die beiden haben immer um dasselbe Mädchen gebuhlt.« Davon weiß Franz III. nichts, das sei eine Beleidigung. Aber daß er den Morstadt nicht mochte, das sei schon wahr.

Werner Morstadt stimmt zu, daß »das Haus Burda mich nicht zur Kandidatur motiviert hat«. Aber er habe die Burdas informiert, »im Zusammenhang mit meinem Angestelltenverhältnis«. Morstadt war Personaldirektor bei Burda. Auch für den Fall einer Wahlniederlage kündigte er sein Ausscheiden an, weil er die Kanzlei seines Vaters übernehmen wollte.

Franz Burda junior, einflußreiches Mitglied in der CDU Offenburg, setzte, weil er nichts von Morstadt hielt, einen eigenen CDU-Vorschlag durch: Günter Fehringer, ein Klassenkamerad von Günter Morstadt und »kein großes Licht«, wie der findet. Der Zweikampf kam jedoch nicht zustande, weil unerwartet auch die SPD einen jungen und unbekannten Mann aus Frankfurt ins Rennen schickte, Martin Grüber. Das hat niemand beunruhigt, hatte doch die CDU im Stadtrat immer eine Zwei-Drittel-Mehrheit erreicht. »Aber man hat mich aufgefordert, meine Bewerbung zurückzuziehen«, gibt Morstadt an, »damit sich nicht zwei Offenburger verheizen.«

Franz Burda III. will damit nichts zu tun haben: »Das habe ich nicht einmal versucht, das wäre auch völlig sinnlos gewesen. Der Morstadt wollte.« Franz Burda tat, was er tun mußte: Er unterstützte Fehringers Wahlkampf. »Burda«, erzählt Grüber, dem sich später ein CDU-Stadtrat offenbarte, »hat alle Gegenkandidaten finanziert. Er bezahlte und druckte Werbeschriften und es gab sogar ein Wahlkampfbüro im Hochhaus.«

Tatsächlich? »Natürlich«, bestätigt Franz Burda. »Die Werbung und alles was dazugehört. Die Organisation stand ja schon. Der Simke hat auch die gesamten Wahlkämpfe von Wolfgang Schäuble gemacht hier im Wahlkreis Offenburg.«

Gerd Simke war persönlicher Referent von Franz Burda junior.

Hubert Burda war damals wütend darüber, daß sein Bruder diese Wahl mitentschied – und dann auch noch zugunsten der SPD. Er hielt es grundsätzlich für einen Fehler, daß die Wähler den Eindruck erhielten, der zentrale Arbeitgeber der Stadt mische auch noch bei der Wahl des höchsten Amtes mit. Und so kam es, daß die Initiative »Bürger für Offenburg«, an der auch Louis Fischer mitwirkte, eine Gegnerin bekam: »Bürger für Grüber«. Sogar ein Burda reihte sich ein, der Fotograf Heinz Burda, der nicht nur beim »Senator« arbeitete, sondern der Sohn von dessen Bruder Erwin war.

Wider Erwarten erwies sich der Herausforderer im ersten Wahlgang als stark. Er errang sogar die Mehrheit, 45,1 Prozent. Fehringer kam auf 40,4, Morstadt auf 14,5. Da wurde auch Franz Burda senior nervös, berichtete Grübers Gewährsmann, und schickte sogar einen *Bunte*-Reporter nach Frankfurt, an Grübers vorherigen Dienstsitz, um Material zutage zu fördern. Das mißlang. Nun hoffte Burda darauf, daß die Morstadt-Wähler ihre Stimme Fehringer geben würden. Aber inzwischen wollten 55 Prozent den Wechsel, und bei der offiziellen Amtseinführung des SPD-Mannes warnte ihn der Ehrenbürger der Stadt, Franz Burda senior: »Aber lassen Sie sich bloß nicht einfallen, sozialdemokratische Politik im Rathaus zu machen.« Unter Buhrufen und Türenknallen verließen SPD-Stadträte den Saal. Ein Eklat.

Als Martin Grüber nach Offenburg kam, hatte er den Eindruck, das Ansehen der Familie Burda sei in der Bevölkerung »nicht besonders hoch« gewesen. Aber viele waren direkt oder indirekt abhängig, nicht zuletzt die Stadt. »Beim Heitz war das so«, erzählt Grüber, der dessen Sekretärin übernahm: »Wenn der Burda bei dem anrief, weil er etwas wollte, dann wurde das so gemacht.« Regelmäßig trafen sich die städtischen Verwaltungsfachleute mit den Abteilungsleitern des Hauses Burda, um die Interessenlage abzugleichen.

Grüber fand bei der Übernahme des Rathauses weitere, wie er sich ausdrückt, »merkwürdige Gewohnheiten« vor. Nicht nur, daß die höheren Chargen in der Stadtverwaltung die Produkte des Hauses Burda regelmäßig kostenlos frei Haus erhielten. Im Aufsichtsrat der Elektrizitätswerke Mittelbaden saß Franz Burda junior auf einer Stelle, die eigentlich der Stadt zugestanden hätte – weil er Großkunde sei, wurde erklärt. Als es daran ging, eine neue

Wassersatzung zu erarbeiten, bemerkte Grüber, daß es in der alten einen Mengenrabatt gab. Wer also mehr Wasser verbrauchte, bekam es billiger. »Wo bleibt denn da der ökologische Gedanke?« fragte der Neue und wollte die Rabattstaffel abschaffen.

In diesem Fall werde Burda eine eigene Anlage bauen, wurde ihm beschieden. Direkt an der Kinzig, auf den ehemaligen Eiswiesen, wo die Brauereien früher im Winter Eis für die Bierkühlung holten, stand Burda ja praktisch im Wasser.

»Aber dafür würde er doch niemals die Zustimmung des Landes erhalten«, widersprach Grüber. »Doch«, bedauerten seine Beamte, »das würde er wohl.« Grüber verzichtete auf seinen Änderungsplan, auch weil er die Abstimmung im CDU-bestimmten Stadtrat niemals gewonnen und die Stadt damit um Einnahmen gebracht hätte.

Und dann die Jagdpacht! Nur ein Drittel des für Normalsterbliche üblichen Pachtzinses zahlte Burda für seine Jagd im Stadtwald, und Grüber wollte das nicht durchgehen lassen. Zumal die Damhirsche, die nach Burdas listiger Argumentation seit vier Jahren über den Rhein ins bisher von Damhirschen freie Offenburger Revier geschwommen sein müßten, durch Verbiß mehr Schäden anrichteten als die Pacht einbrachte. Aber im Stadtrat stimmten nicht einmal seine SPD-Abgeordneten mit ihm.

Und zu guter Letzt nahm Grüber Kenntnis von jenem »Zirkel«, dem Offenburgs Honoratioren angehörten: der Männerbadgesellschaft. Als Franz Burda das gewesen war, was man in der nächsten Generation einen Teenager nennen sollte, sammelte er gegen ein Taschengeld die Filzbälle ein, die die Honoratioren des Tennisclubs ins Netz geschlagen hatten. Manchmal staubte er einen ab, um damit kicken zu können. Gern wäre er auch Mitglied im Tennisverein geworden, aber einen Balljungen konnte der elitäre Kreis unmöglich als Mitglied tolerieren. »Die Offenburger Crème wollte unter sich bleiben«, spottete er in seinen Memoiren, noch immer spürbar angesäuert. Burda, der noch nicht zur Crème gehörte, widmete sich als junger Mann der Leichtathletik und dem Fußball, und schließlich trat er der besagten Männerbadgesellschaft bei, ursprünglich ein Lehrerverein.

Die Mitglieder spielten Faustball und lagen, durch Bretterwände abgeschirmt, nackt in der Sonne oder badeten im Mühlbach. »Durch Astlöcher hindurch«, weiß Kurt Neuschütz, »schauten neugierige Mädchen zu.« Später seien immer mehr Unternehmer hinzugestoßen. So manches Geschäft wurde in diesem illustren Kreis vereinbart. »Sicher wurden da auch unternehmerische Probleme besprochen«, meint Neuschütz. »Die waren alle dicke Freunde.« Und duldeten keinen Zugang. »Über einen, der einen Aufnahmeantrag gestellt hatte, wurde Gericht gehalten.«

»Wir Alten halten zusammen wie Pech und Schwefel«, sagte Burda oft.

»Politische Ambitionen gab's aber nicht«, meint Grüber.

Auch der Hohe-Horn-Kreis ist solch ein Zirkel, der die Honoratioren der Stadt versammelt. Vormals sponserten die Mitglieder die Renovierung eines Turms auf dem Hausberg Offenburgs, dem Hohen Horn. Seither treffen sie sich einmal im Jahr. Es gibt einen Vortrag – inzwischen meist von Hubert Burda gehalten – dann gutes Essen, und manchmal wird beschlossen, wo man Gutes tun will. Dann folgt der wichtigste Teil des Abends: »Da lernt man Leute kennen, die zu kennen nicht schadet«, gibt der Schulleiter des Schillergymnasiums, Friedbert Firner, zu. »Das ist wie früher bei den Freimaurern.«

Franz Burda senior blieb nicht verborgen, daß der neue OB in seinen Angelegenheiten herumschnüffelte. Auf einer Sitzung des Aufsichtsrats der Sparkassen saß Grüber neben Burda. Da platzte der heraus: »Sie sind gegen mich. Ich lasse mir von Ihnen nicht alles kaputtmachen.«

Burda bezahlte damals die Hälfte des Gewerbesteueraufkommens der Stadt. »Das hat mir schlaflose Nächte bereitet«, bekennt Grüber. Was, wenn Burda auf die Idee käme, Teile seines Betriebs umzusiedeln? Doch dann wendete sich das Blatt. Im Herbst 1976 ließ Burda beim OB anfragen, ob er ihn in seinem Büro besuchen könne. Als Grüber mit dem »Senator« vom 13. Stockwerk des Hochhauses auf die Stadt herabblickte, erzählte Burda von seinem Vater. »Aber geschaffen habe ich das alles. Ich bin der einzige, der weiß, was die *Bunte* wirklich ist.« Einmal, klagte er, habe ihm einer aufgeschwätzt, auf dem Titel nackte Busen zu zeigen. Er habe auf den Rat gehört, die Auflage sei um 100000 Exemplare gesunken. »Jede Brustwarze«, scherzte er, »hat mich 50000 gekostet.«

Dann zeigte er Grüber die Fotos an den Wänden, Burda mit Franz Josef Strauß, Burda mit Kurt Georg Kiesinger, Burda mit Ludwig Erhard, und schließlich holte er einen Brief von Helmut Schmidt hervor und erzählte vom gemeinsamen Besuch des Kaiserstuhls mit dessen Frau Loki. »Ich wußte immer noch nicht, was er von mir wollte«, wundert sich Grüber. Aber plötzlich ging ihm ein Licht auf. »Er wollte mir sagen: Wer die Politik leitet, ist mir zweitrangig. Ich will meine Geschäfte möglichst ungestört machen.«

Wenig später wurden im Rathaus ein frisch geschossener Hase und eine Kiste Franzensberger abgeliefert. Grüber trug seiner Sekretärin auf, das wieder zurückzuschicken. »Bloß das nicht«, warnte ihn Agnes Braun, »das würde der ›Senator‹ nie verzeihen. Sie schaden der Stadt.« Grüber grübelte, was er tun sollte, und mitten hinein sagte seine Sekretärin: »Ich glaube, der mag Sie.«

Irgendwann durfte Grüber ihn auch in seinem Weingut besuchen. Er müsse ihm etwas zeigen. Burda öffnete einen sargähnlichen Holzkasten voller Styroporkügelchen. Darin lag eine hölzerne Madonna. »Die schenke ich der Stadt«, erklärte Burda strahlend. Auch die Gutenbergbibel, die heute in der Heilig Kreuz Kirche steht, hat Burda gestiftet – dem Land. Und die Ursulasäule, die den 1940 von den Nazis geschleiften Sir Francis Drake ersetzte, und den Bacchus in Fessenberg, gearbeitet von Sandro Chia. Und und und. »Natürlich will so einer sich damit selbst ein Denkmal setzen«, meint Grüber. »Aber all das war auch für die Stadt ein Gewinn.« Man könne ja nicht verschweigen, »daß Burda auch ein Segen für Offenburg war«.

Eines Tages fragte Grüber wegen der Gemäldesammlung nach. Man könne doch noch einmal darüber reden. In diesem Punkt blieb Burda kühl: »Jetzt ist's zu spät«, trotzte er. »Die habe ich schon meinen Söhnen versprochen.« Und dann zeigte er sich versöhnt mit dem SPDler: »Aber Sie kriegen eins.« Dazu, so Grüber, sei es allerdings nie gekommen.

Was Grüber an Burda sen. schätzte, war seine Großzügigkeit:

»Er war ein ganzer Kerl.« Zwar seien seine Weihnachtsfeiern für Bedürftige eine peinliche Veranstaltung gewesen, aber sein Bedürfnis, zu teilen, sei ehrlich gewesen. »1983 war Burda schon ein Fan von mir«, denkt Grüber. Franz Burda junior, der längst dem Wirtschaftsrat der CDU angehörte, förderte zwar Grübers Gegenkandidaten Horst Schöttler, aber zur Abschlußkundgebung zwei Tage vor der Wahl konnte Grüber eine Postkarte des »Senators« verlesen, mit der dieser bedauerte, wegen eines Auslandsaufenthalts nicht an der Wahl teilnehmen zu können. Er würde Grüber wählen, ließ er wissen. »Damit waren 100000 Mark von Franz junior vernichtet«, freut sich Grüber noch heute. 72 Prozent der Offenburger Wähler gaben ihm die Stimme. Eine Antwort, warum der »Senator« ihm diese Vorlage gab, hat Grüber auch: »Er wollte nie bei den Verlierern sein. Und deshalb hat er sich auch mit mir arrangiert.«

10

Hubert Burdas Rebellion: »Zwischen Scylla und Charybdis«

Zur Fastnacht 1963 mischten sich bei Burdas in der Schanzstraße merkwürdige Gestalten unter die Gäste: Zwei Mafiabosse versteckten sich hinter dunklen Brillengläsern und ebenso dunklen Anzügen. Mit eiskalter Miene schlichen sie in der Schanzstraße herum. Wer sie ansprach, erhielt bestenfalls eine kurze Antwort in reinstem italo-amerikanischem Slang. Hinter der Verkleidung verbargen sich Christian Semler und Friedrich Hitzer, damals zwei enge Freunde des jüngsten Sprosses der Familie. Es waren Freunde, vor denen Franz Burda seinen Sohn immer gewarnt hatte. Es war die Zeit, als Hubert Burda den Sozialismus entdeckt hatte.

Hubert Burda war schon immer anders gewesen als seine beiden Brüder Franz und Frieder, die acht und vier Jahre älter waren. Alle drei waren sie ins Schiller-Gymnasium geschickt worden, aber Hubert suchte seine Freunde im »Grimmels«, dem humanistischen Grimmelshausen-Gymnasium. Mit einem von ihnen, Günter Morstadt, saß er Ende der vierziger Jahre unterm Büffettisch und blinzelte unterm Tischtuch vor, um zu sehen, was die Eltern bei ihren ausgelassenen Partys veranstalteten. Damals trafen sich häufig sechs bis acht Ehepaare privat, um nachzuholen, was ihnen in den Kriegsjahren vorenthalten worden war: Spaß am Leben. Dazu zählten die Burdas, die Morstadts, die Arztfamilie Gamstätter, die Oberbürgermeisterfamilie Heitz, die Familie des Frauenarztes Schwank vom Krankenhaus und andere. Die Frauen schneiderten sich Kleider aus Vorhängen, der letzte Schrei Offenburger Nachkriegs-Couture. »Wir Kinder waren zwar nicht eingeladen, aber wir waren immer die Zaungäste«, erzählt Günter Morstadt. »Und wenn dann der eine mit der anderen geschmust hat – das war natürlich alles harmlos. Aber die haben damit gespielt. Die Frauen hatte man ja um die schönsten Zeiten ihres Lebens gebracht gehabt.«

Endlich leben. Das dachte auch Aenne Burda, nachdem sie mit ihrem Betrieb zu einer großen, ja, der größten Kundin ihres Mannes geworden war. Huberts junge Freunde standen manchmal mit offenem Mund am Gartentor, wenn Frau Burda in ihrem weißen Corvette-Cabrio aus der Garage fuhr, um zum Friseur nach Baden-Baden zu kutschieren. Ihr Mann dagegen zeigte sich lange Jahre in einem 180er Mercedes, der zusammenzubrechen drohte. Autos interessierten Hubert Burda im Gegensatz zu seinen älteren Brüdern herzlich wenig. »Hubert war dagegen an der geistigen Auseinandersetzung interessiert«, so Morstadt, der sich noch heute wundert, daß der Vater die Prahlerei seines Ältesten durchgehen ließ. »Franz galt als Playboy, der gerne gewesen wäre wie der Gunter Sachs, wozu es aber nicht gereicht hat.« Frieder habe das Image des »Dummerl« gehabt, was er aber keineswegs gewesen sei. »Der Frieder war ein schlauer Bursche, mit viel Fähigkeit zu schnellem Begreifen. Aber mit Bildung hatte der nichts am Hut und war stinkfaul. Er wurde ziemlich unter Druck gesetzt vom Vater. Und ich glaube, daß aus dieser Aufregung, dem gerecht zu werden, das Stottern resultierte. Er wollte immer ganz schnell was sagen und kam mit dem Formulieren nicht hinterher.« Frieder paßte sich an – dem älteren Bruder.

Hubert stand öfters in der Druckerei in der Hauptstraße, wo der Vater auf ein Schild an der Wand deutete und ihn aufforderte: »Lies das!« Hubert kannte das Faust-Zitat bald auswendig: »Ja diesem Sinne bin ich ganz ergeben, / das ist der Weisheit letzter Schluß: / Nur der verdient sich Freiheit wie das Leben, / der täglich sie erobern muß.« Da war er elf, der Schniggo de la Maggelagingo, wie ihn der Vater nannte. Der Schniggo hatte bald verstanden, daß der Vater, indem er ihm seine Lebensweisheiten weitergab, Franz und Frieder abqualifizierte. Mit 14, glaubt Morstadt, habe sein Freund »die schwebende Kritik des Vaters an der Oberflächlichkeit seiner Brüder registriert, die nur Kohle im Kopf hatten. Er hat kapiert, daß er die Liebe seines Vaters anders kriegt. Und die war ihm wichtig. Er war immer sehr fleißig und hat an diesem flachen Vergnügen keine Freude gehabt. Vielleicht hat er sogar gespürt, daß er sich profilieren kann, indem er das neureiche Protzentum nicht mitmacht.«

Noch etwas fiel Hubert Burda auf: An der älteren Generation war etwas nicht in Ordnung. Der Mathematik- und der Physiklehrer waren aus dem Krieg zurückgekehrt, aber sie redeten nicht darüber. Niemand sprach über diese dunkle Zeit. »Von Holocaust oder Judenvernichtung habe ich in der Schule nie etwas gehört«, bedauert er. »Der Geschichtsunterricht endete mit dem Jahr 1919.« Auch sein Vater verlor kaum ein Wort über diese Zeit, die er im Gegensatz zu Hubert Burdas Lehrern nicht an der Front verbracht hatte. »In den Erzählungen des Vaters kam immer nur vor, wie er den Krieg und die Nazis überlistet hat. Zum Beispiel wie ihn nach der Kapitulation 1945 zwei deutsche Soldaten, die der Gefangenschaft entgehen wollten, in einem Wald in Offenburg stellten, um ihm die Zivilkleidung wegzunehmen, und wie er es fertigbrachte, diese zu behalten.« Franz Burdas Erinnerungen an die jüngste Vergangenheit drehten sich allein um die Frage, wie er es schaffte, zwischen Scylla und Charybdis durchzukommen.

Der Philosophenclub: »Mit blutendem Herzen«

»Engele, du hesch a Genie«, sagte Hans Kuhn, und Aenne Burda lächelte dem Maler dankbar zu, der an ihrem Kleinen künstlerisches Talent erkannte. Aenne war stolz, sie strahlte. Ein Blick auf ihren Sohn verriet: Der Bub selbst glaubte, was Kuhn da gesagt hatte. Noch eifriger pinselte er fortan auf seiner Staffelei unterm Dach, und wenn er nicht malte, las Hubert Burda, am liebsten Lyrik. Rilke. Mit 15 lernte er Trompete spielen, angeblich weil er Mitleid mit Louis Armstrong hatte. Es hieß damals, der großartige Musiker leide an Lippenkrebs. Und er traf sich mit seinen Freunden vom Grimmelshausen-Gymnasium, Günter Morstadt, der auch viel las, und Peter Kammerer, der sogar Heinrich Mann nacheiferte und einen Roman schrieb – natürlich über eine Kleinstadt. Das Manuskript wurde gestohlen. Mit den beiden und Hartmut Beck saß Hubert Burda stundenlang zusammen, sie lasen Gedichte, sprachen darüber und dichteten selbst, und als Abiturienten diskutierten sie Karl Jaspers, Martin Heidegger und nächtelang Jean-Paul Sartre. »Es war ein Hunger in uns allen«, so Morstadt. »Das tumpfe Offenburg konnte doch nicht alles sein.«

»Ah, der Philosophenclub«, spöttelte der Vater, wenn er sie die Köpfe zusammenstecken sah. »Jetzt lassen sie wieder den Geist zum Kamin naus.« Es war wohlwollende Häme, wie ihn Väter äußern, wenn sie nicht ernst nehmen, was die Kinder, zumal Söhne, tun, und erwarten, daß sie das bald selbst einsehen. Noch war ja Hoffnung, und manchmal durften die jungen Denker sich im Jagdhaus des Vaters ausbreiten. Morstadt und Kammerer waren für Burda eher Lehrer, sie waren drei Jahre älter. Mit dem gleichaltrigen Hartmut Beck dagegen stand Hubert Burda in Konkurrenz. Beide malten, imitierten George Braque, Paul Cézanne, Pablo Picasso. Die Frage war: Wer ist der bessere Epigone?

Natürlich trieben die vier auch Sport, spielten Tischtennis, und Partys veranstalteten sie auch. Aber es waren keine pompösen Feste, und die Gäste waren ganz andere als die des älteren Bruders Franz. Der suchte Nobelrestaurants in Hoheritt oder Baden-Baden auf. Da trafen sich die Sportwagen- und Mercedesfahrer mit dem Verlegersohn, dem Bauunternehmersohn Louis Fischer und Gustl Müller von Stahlbau Müller. Die Philosophenfreunde hingegen hatten damals noch kein Auto, und als Hubert sich eines erbat, reichte ihm ein hellblauer VW Käfer. Es war das erste Auto des Philosophenclubs, und es hielt nicht lang. In einer Kurve bei Pisa setzte es Peter Kammerer an einen Lattenzaun: Totalschaden.

»Mit Hartmut ging's auch um die ersten Mädchen«, weiß Morstadt. »Der Hartmut war ein hübscher Bursche, und hatte es recht leicht. Wenn der mit seiner Malerei herkam, dann lagen die flach.« Hubert Burda habe ein distanziertes Verhältnis zu Mädchen gehabt. Deren Hochachtung habe er immer genossen, auch die Liebe, aber eine platonische. Erotische Bindungen fand Hubert Burda eher unter seinen Freunden.

»Wir haben unseren Goethe unter den Arm geklemmt und sind die Touren abgefahren, unsere Wurzeln zu suchen«, so Morstadt. Sie stiegen auf den Ida, um den Geburtsort von Zeus zu erleben. Ein Schafhirte, Nikolaios, führte sie und seine Herde nach oben, drei Tage lang wanderten sie über Geröllhaufen, »mit blutendem Herzen«. Nikolaios bluteten die Füße, er wanderte barfuß. Und abends spuckte er auf seine Wunden und scherzte: »Penizillin«.

Morstadt fühlt noch heute, wie sie sich dem Ort mit Schaudern näherten. Schließlich standen sie vor einer Höhle, die sie als die Vagina interpretierten, in der Kronos den Zeus gezeugt hat. Sie war total verschüttet, Schafdreck von Jahren lag drin, aber die beiden Wanderer ließen sich in ihrer Ergriffenheit nicht stören. »Das ist die Geburtsstätte Europas«, sagten sie sich. Dann schwiegen sie und schrieben ihre Gedanken in Tagebücher.

»Da«, erinnert sich Morstadt, »ist eine Innigkeit entstanden. Mein Verhältnis zu Peter und auch das zu Hubert war geprägt von einer jugenderfüllten Männerfreundschaft, die entsteht, wenn man zusammen ins Leben findet. Das hat ja ein ungeheures Aufeinandereinlassen. Das hat auch eine erotische, aber null sexuelle Komponente.«

Hubert Burdas Obsession blieb die Malerei. Er entwickelte sie gut genug, um seine Bilder verschenken zu können. Bei Peter Kammerer zum Beispiel hing von 1958 an ein Bild, »viel Cézanne und eine Banane«, wie Kammerer sich erinnert. Huberts Vater wünschte sich längst, der Junge möge die Flausen vergessen und Realitätssinn gewinnen. »Ihr wißt, was Philosophieren heißt!« mahnte er die jungen Männer, »Philosophieren heißt, nichts zu fressen zu haben.«

Aber da war aus der jugendlichen Neigung schon ein Lebensziel geworden. Cézanne war sein Vorbild, und eines Tages trat er vor seinen Vater und erklärte: »Der Vater von Cézanne war wie du, zwar kein Verleger, sondern Bankier; auch ich will Künstler werden.« Da spürte auch Franz Burda: Sein Sohn meinte das ernst. Dabei hatte er längst ganz andere Pläne mit ihm: Er sollte einmal den Verlag übernehmen. Seine älteren Brüder waren dazu nicht geboren; weder den Verlag noch die *Bunte*-Redaktion konnte er ihnen anvertrauen. Sie würden andere Aufgaben übernehmen. Die Folge war ein Machtkampf, der erste zwischen dem Vater und seinem

Jüngsten: »Mit 16, 17 Jahren knallte es zwischen mir und dem Vater am laufenden Band.«

Ich! Will! Raus! »Dieses Abenteuer des Geistes«

Als Hubert Burda am 11. September 1960 das Abiturzeugnis in der Hand hielt, bestätigten die Noten seine Neigungen: Note eins in Kunst und Geschichte, zwei in Musik und Religion sowie in Chemie. Lediglich eine drei gab's in Sport, und die Leistungen in den Kernfächern waren dürftig: Englisch, Mathematik und Biologie drei. In Französisch und Physik setzte es eine vier. Lediglich einen Eintrag mußten die Lehrer im Klassenbuch vornehmen, in der zehnten Klasse, 1955/56: »Stört öfters den Unterricht durch Schwätzen.« Er war, so der heutige Schulleiter Friedbert Firner, »einer der Braveren«. Seine Brüder hatte er damit auf der ganzen Linie übertroffen.

Mit dem Abitur hatte Burda die Eintrittskarte in eine neue Welt gelöst. Seine Schule, wo er der Willkür seiner Lehrer ausgeliefert war, sollte er erst vierzig Jahre später wieder betreten. Das Reifezeugnis war ihm die Basis, sich von der kleinen Stadt zu entfernen, gleichzeitig aber auch von seinem Vater, der ihn und die Mutter und alle anderen auch zu erdrücken schien. Hubert Burda entschied sich für München, das war weiter entfernt als Freiburg. Für die Nestwärme sorgten Günter Morstadt und Peter Kammerer, die aus Innsbruck ebenfalls nach München zogen. Der Philosophenclub traf sich wieder.

Daß sein Sohn studieren wollte, war dem Vater recht. Schließlich waren die beiden älteren bereits ans Unternehmen gebunden, da durfte der dritte ruhig etwas ausprobieren. »Irgendeinen Doktor wollte er haben«, spottet Franz Burda III. Das Fach sei dem Vater egal gewesen. »In jener Zeit war er so fasziniert von der Zeitschriftenherstellerei, daß ihn die Kinder nur am Rand interessiert haben. Blättle machen – das war sein Leben.«

Aber dann ging dem Alten der Hut hoch: »Du spinnst«, rief Burda senior wütend, als sein Filius ihm sein Berufsziel genannt hatte, »du wirst kein Künstler!« Der Kompromiß war Kunstgeschichte. Damit konnte der Patriarch leben, und Hubert setzte nicht die Finanzierung des Studiums aufs Spiel. Kurt Neuschütz beauftragte Burdas Statthalter in Bayerns Hauptstadt, eine Wohnung für den Sohn des Chefs zu suchen. Nicht zu aufwendig solle sie sein, gab er Neuschütz mit auf den Weg, angemessen. Der Adlatus fand eine Zwei-Zimmer-Wohnung in der Nordendstraße in Schwabing, das Seminar lag fünf Minuten Fußweg entfernt.

Mit Rubens begann Hubert Burda sein erstes Semester, aber dann begann ein frischerer Wind zu wehen. Nicht daß er ein Provinzler gewesen wäre. Schließlich war er mit seinen Eltern viel herumgekommen, hatte mit Prominenten selbstverständlichen Umgang genossen und wußte, wie man sich in der großen Welt bewegte. Wenn man zum Skifahren in ein Hotel ging, dann nahm er es in Besitz, indem er ins Waschbecken pinkelte. Kolportiert Morstadt. Jedenfalls wußte Hubert Burda schon, wie man die Welt erobert – nach vergeblichen Bemühungen oder halbherzigen Abenteuern in Offenburg auch die erste Freundin.

»Er war immer neugierig. Und mutig, so was anzupacken. Er war ja nicht schüchtern«, sagt Christa Maar, die damals Krauss hieß und davor Weber. Er lernte sie an der Universität kennen. Ihr Studium finanzierte sie als Model. Sie ließ sich fotografieren, spazierte in den neuen Berliner Kollektionen über den Kurfürstendamm, präsentierte Blusen und Jacken von Neckermann. »Ich war mit einem Sohn der Familie Neckermann befreundet«, gibt Maar preis. »Das war sehr bequem. Ich brauchte nur ein paar Tage zu arbeiten und hatte dann für das Semester das Geld.« 600 Mark im Monat reichten ihr damals. Die Miete kostete 100 Mark, und vom Rest habe sie gelebt. Meist aßen sie abends im »Atzinger« oder einer anderen der vielen Studentenkneipen rund um die Universität, wo Ölöfen stanken und ein Menü nicht mehr als zwei oder drei Mark kostete. Manchmal lud Hubert Burda die ganze Runde ein. Auch als der Schweizer Schriftsteller Kuno Raeber einmal pleite war und aus der Wohnung rauszufliegen drohte, half Hubert Burda aus.

Nicht daß ihm der Alte ein Leben in Luxus ermöglicht hätte, aber, so Christa Maar, »er hatte vielleicht 1500 Mark und war damit der King unter allen«. Auch wegen seines roten VW-Cabrios. Dafür mußte er antanzen, wenn der Vater pfiff. Christa Maar wollte das nicht mitmachen. Sie war eine attraktive junge Frau, verdiente ihr eigenes Geld, war selbständig und hatte schon eine Ehe hinter sich. Hubert zog diese Frau an. Es war etwas Fremdes, Aufregendes um sie, und auch die Freunde blickten mit Bewunderung auf seine Eroberung. Darüber hinaus trumpfte sie mit einer gewissen Intelligenz auf, die Günter Morstadt als kalkulierend empfand. Christa Maar jedenfalls war anders, und sie ließ sich von niemandem dominieren: »Er hat sicherlich mit mir eine Partnerin gehabt, die seine rebellischen Anwandlungen unterstützt hat.«

Die Familie mochte Huberts Flamme nicht. Sein ältester Bruder nannte Christa »die rote Sau«, wie er erzählt. »Sie hat ihn auch links reingedrückt.« Für den Senior war die »Kommunischtin« eine Provokation, und daß sie schon einmal geschieden war fast noch mehr. Das imponierte Hubert Burda erst recht: Seine Freundin bot seinem Vater die Stirn.

Wenn er von seinen Besuchen zu Hause wieder nach München kam, hatte die Haushälterin Berta ihm immer ein schönes Stück Schwarzwälder Schinken eingepackt. »Das hat er gehütet«, erzählt Günter Morstadt. »Und Peter und ich sind immer an den Kühlschrank und haben heimlich ein Stück abgeschnitten. Er war empört, daß wir dieses Heiligtum entweihen. Pro Frühstück gab's für jeden zwei Scheiben, und damit waren alle Ansprüche befriedigt.«

Hubert Burda fand auch neue Freunde in München, unter ihnen Florian Furtwängler, der eine genialische Aura um sich verbreitete. Nachlässig ließ er seinen Pullover über eine Schulter fallen, mal ließ er sich rechts über der Lippe ein Bärtchen wachsen, das er links sorgfältig bekämpfte. Unter seinem Einfluß begann der junge Student Hugo von Hofmannsthal zu lesen, durchleuchtete die Wiener Aristokratie und deren Verbindung zu den Schriftstellern. Der Theaterregisseur Max Reinhardt beschäftigte ihn. Er entdeckte die Gruppe 47 für sich, las Magnus Enzensbergers »Verteidigung der Wölfe« und Ingeborg Bachmanns »Anrufung des Großen Bären«. Das war eine neue Welt, das war eine Welt, die ihn interessierte und politisierte.

Mit Peter Kammerer, Florian Sattler und anderen gründete er im Wintersemester 1962/63 eine Zeitschrift, die »Hefte für Dichtung und Übertragung«, in der Übersetzungen von Lyrik erschienen. Der Verlegersohn gab das Geld, der spätere Pasternak-Übersetzer Alexander »Sascha« Kaempfe erstellte Rohübersetzungen, wie sich Sattler erinnnert, »und Kammerer und ich mußten sie in deutsche, musikalische Verse bringen. Kaempfe hielt sich damals mehr für einen Diener der Literatur.« Es erschienen drei Hefte, dann war das Projekt pleite. Um die Defizite auszugleichen, trafen sich die Herausgeber in Sattlers Wohnung in der Sigmundstraße zum Roulette. »Die Bank war das Heft, die Bank sollte gewinnen.« Aber nicht alle wollten verlieren. »Die Mädchen wollten immer das Geld einstekken«, klagt Sattler. »Wir haben sie sehr geschimpft.«

»Weißt du, daß der Raimar schwul ist?« fragte Hubert Burda seinen Freund Günter Morstadt eines Tages etwas aufgebracht und erzählte, daß einer aus der Clique ihn habe in den Arm nehmen wollen. »Das hat ihn total irritiert, daß diese Komponente da so virulent war. Ich hatte das immer so eingeordnet unter dem Rubrum Stefan George. Künstlerisch verbundene Männer lassen sich miteinander ein. Wie Schiller und Goethe.« Morstadt hatte die Vertraulichkeiten unter manchen der Freunde falsch interpretiert: »Die Verbindung entsteht aus einer Hingezogenheit zum Leben. Zu dieser ganzen Aufregung, dieses: Spürst du? Und weißt du? Dieses Abenteuer des Geistes, das man in diesem Alter mit Freunden tiefer ausleben kann als mit einer Freundin. Da spielen andere Kategorien eine Rolle. Das war für mich der Kitt, aber das hatte eine sehr konkrete erotische Seite ganz offensichtlich auch, die mir entgangen war.«

Erst als sich alle zum 50. Geburtstag von Peter Kammerer in einem alten Hotel bei Rom trafen, ging Morstadt ein Licht auf. Er sah einen frühen Kommilitonen mit einem jungen Mann: »Und du bist bestimmt Tilmans Sohn«, sprach er ihn an. Der blickte zu Boden und antwortete: »Nein, sein Freund.« Morstadt schämte sich ein bißchen wegen dieses Tritts in den Fettnapf und sprach Kammerer darauf an: »Du, ich habe das überhaupt nicht gemerkt damals.«

Kammerer lachte: »Klar, du warst auch immer völlig beschäftigt mit deinen Weibern.«

Der Alexander-Herzen-Club: »Andrang wie bei einer Bambi-Verleihung«

Die Revolte begann in Bayern. Früher als anderswo rumorte es an der Ludwig-Maximilians-Universität, aber sie blieb bald stecken. Anders als in Frankfurt oder Berlin gab es in München keinen Theodor Adorno, keinen Jürgen Habermas und keinen Max Horkheimer, sondern konservative Köpfe wie Hans Sedlmayr oder Eric Vögelin, bei denen Studenten wie Burda und Sattler lernten – Kapazitäten in ihrem Fach, aber keine Gesellschaftskritiker. Rudi Dutschke, Dieter Kunzelmann und all die anderen hielt deshalb nichts im Süden, weil sie befürchteten, daß man Bayern, weil fest in der Hand der CSU, nicht verändern konnte.

Hubert Burda wollte die Welt nicht aus den Angeln heben, nur kurzzeitig entdeckte er die praktische Politik. Er las von Ludwig Curtius, dem Lehrer vom Wilhelm Furtwängler, »Deutsche und antike Welt«, das ihn sehr geprägt hat.

»Weil Curtius auf Wahlversammlungen gegangen war, ging ich auch. Aber ich merkte bald, daß ich weder von Kreistagen noch von Kommunalausschüssen eine Ahnung hatte oder daß es mich richtig interessieren würde. Mit der Kunst und der alten und neueren Geschichte, damit konnte ich etwas anfangen.«

Mit Christian Semler, einem der Mafiosi, debattierte er das suprematistische Manifest von Kasimir Malewitsch (»Vom Kubismus zum Suprematismus«). Christian Semler und Friedrich Hitzer waren alles andere als Mafiabosse. Frieder Hitzer war erst Stipendiat in Moskau gewesen, dann in den USA. »Ihm wurde immer unterstellt, daß er Doppelagent sei«, sagt Florian Sattler. »In diesem Gefühl hatten wir uns ihm genähert.« Hitzer und Semler gehörten zu den Gründern des Alexander-Herzen-Clubs, der sich seit 1961 in München um die Wiederbelebung der deutsch-russischen Beziehungen bemühte – auf kulturellem Terrain. Der Name war ganz bewußt gewählt: Der »Patron« war das uneheliche Kind eines russischen Fürsten, Alexander Jakowlew, und einer Stuttgarterin aus dem Volk, die nicht offiziell heirateten. Seine Mutter nannte ihn »Herzele«, und er sich selbst, als er Dichter wurde, Alexander Herzen. Herzen (1812–1870) setzte sich für die Abschaffung der Leibeigenschaft ein. Er gehörte zu den Russen, die schon damals für eine Demokratisierung warben und sich mit Deutschen und Polen eng verbunden fühlten. »In einer Zeit, als die Hallstein-Doktrin noch galt, wollten wir über kulturellen Austausch eine Ostpolitik in Gang setzen«, erläutert Christian Semler, heute Redakteur der *tageszeitung*. Vor der Auflösung der Gesellschaft, 1966, seien auch DDR-Dissidenten eingeladen worden, darunter Wolf Biermann und Volker Braun.

Im Alexander-Herzen-Club trafen sich damals in München Bohemiens jedweder Couleur, die sich der russischen Kulturszene zugeneigt fühlten, ein buntes Häufchen: Slawisten und Literaten, DKPler und Mitglieder der illegalen KPD, Emigranten und ehemalige Wehrmachtsangehörige, die dem Nationalkomitee Freies Deutschland angehört hatten. Jeder brachte ein paar Freunde mit, und bei jedem Treffen wurden es mehr. Irgendwann schlug Semler vor: »Meine Mutter hat eine große Wohnung und ist selten zu Hause. Da können wir uns treffen.«

Mit der Tauwetterperiode in der Sowjetunion entstand die Möglichkeit, mit russischen Dichtern ins Gespräch zu kommen. Hitzer, der sich als »Entdecker der russischen Dissidenten« verstand, hatte die Idee, Jewgenij Alexandrowitsch Jewtuschenko (»Stalins Erben«) einzuladen, der in Moskau und anderen Städten mit seinen Lesungen Fußballstadien füllte. Hitzer und Sascha Kaempfe verfaßten daraufhin einen Brief: »Sehr geehrter Herr Jewtuschenko, Sie sind ein führender Internationalist, und deshalb wollen wir, weil der Frieden zwischen den Völkern uns nach den Schrecken des II. Weltkrieges immer noch wichtig ist, daß Sie kommen und über Rußland berichten.« So jedenfalls memoriert Sattler das Schreiben, das er und Furtwängler unterzeichneten. Man habe sie, die Bürgerlichen, mißbraucht, fühlten die beiden später. Damals habe eine leninistische Theorie zur Bildung von Regierungen vorgegeben: Vorne zwei Bürger, und der KP-Mensch ist immer der Innenminister.

Jewtuschenko wollte kommen, und weil er nicht nur den Herzen-Club, sondern mehr von Deutschland sehen wollte, übernahm

Gerd Bucerius, damaliger Herausgeber der Wochenzeitung *Die Zeit*, die offizielle Einladung. Hubert Burdas Rolle beschränkte sich darauf, für ein Event in München den Wein und belegte Brote zu stiften. Mehr gab's nicht. Und so fand im zweiten Stock der Georgenstraße 2 in der Wohnung von Semlers Mutter, der Schauspielerin Ursula Herking, in deren Abwesenheit eine legendäre Party statt.

Es war der 18. Januar 1963, 19.17 Uhr, als der 29jährige Russe, von Tübingen kommend, am Münchner Hauptbahnhof ankam. Frieder Hitzer geleitete ihn ins Hotel, dann zum Essen ins Hofbräuhaus und anschließend zu »Gisela« nach Schwabing, die ihm ein Lied sang und zum Abschied eine Schallplatte in die Hand drückte: »Fremder Mann, sprich mich an.« Im »Mutti-Bräu« drückte ihn die Wirtin an die Brust und herzte ihn, wie es in Bayern eben üblich ist. Und auf dem Faschingsball am Samstag nahm im Haus der Kunst Kitty Matern in Korsage und kurzem Röckchen Tuchfühlung mit dem Dichter auf. Aber all das war nichts gegen den Empfang des Herzen-Clubs in der Georgenstraße am nächsten Tag, wo auch Hubert Burda ungeduldig wartete. Zu Semler, erinnerte er sich, waren »mehrere hundert Leute, die ganze Münchner Intelligentsia« gekommen. Sogar Fritz Kortner schaute vorbei und Barbara Rütting, Günther Gaus und Dutzende von Journalisten wie Ursula von Kardorff von der *Abendzeitung*, der ehemalige Ufa-Produktionschef Wolfgang Liebeneiner, die Schauspielerin Hilde Krahl, Franz Schönhuber, der damals noch nichts von den »Republikanern« und Heinrich Graf Einsiedel, Rüttings Freund, der damals noch nichts von der PDS wußte. Daß Peter Hamm an diesem Abend Christian Semler die Freundin Barbara ausgespannt haben soll, vermerkten die Klatschspalten nicht, deren Kolumnisten kein Interesse an den Veranstaltern hatten. Auch Margarethe von Trotta, die mit dem befreundeten Fernsehredakteur Jürgen Möller kam, wurde damals noch nicht gewürdigt, und der Name Burda blitzte nur indirekt auf – wegen des »Andrangs wie bei einer Bambi-Verleihung«.

Gegen 23 Uhr verlangte ein mehrstimmiges Zischen Ruhe, Jewtuschenko wollte vortragen. »Es gibt zwei Anlässe«, ließ er übersetzen, »bei denen ich meine Verse vortrage: vor einem großen Auditorium oder im Kreis von Freunden, wenn man gemütlich trinkt. Nun, ich bin mit Freunden zusammen, und so trage ich vor.«

Jewtuschenkos Vortrag war eine Schauspiel, eine Lyrik-Show. Der Russe redete nicht, er sang, er fauchte, er polterte, er weinte, er lachte; sein Gesicht rötete sich und auf der Stirn schwoll eine Ader an. Das Publikum war »teilweise begeistert, teilweise entgeistert«, resümiert Semler, und die Presse berichtete noch tagelang.

Im Herzen-Club gehörte der junge Burda nicht zu den Wortführern: »Hubert Burda hat keine prominenten Rolle gespielt«, urteilt Hitzer heute. »Er hat nicht mit Geld geprunkt, und umso sympathischer wirkte er. Übermäßig viel Geld hat er nicht gehabt, alte Unternehmer hielten es damals für richtig, ihre Söhne nicht zu verwöhnen.« Im Grunde war Hubert Burda »einer unter den anderen«. Auch Semler »mochte den Hubert gern«. Man siezte sich und nannte sich beim Vornamen. Geduzt habe man nur Kommilitoninnen, mit denen man Sex hatte, so Semler.

Hubert Burda nutzte die Gunst, er fühlte sich wohl in diesem intellektuellen Kreis, er beobachtete und lernte. Und sein Vater nutzte seinerseits die Kontakte seines Sohns zu dieser »roten Zelle« – es ging um Geschäfte. Ende Juni 1962 besuchte Franz Burda sen. erstmals die UdSSR – mit Franz jun. Sie besichtigten die Druckereien der *Prawda* und der *Iswestija*, und die Sowjets wollten von den Deutschen erfahren, wie sie ihre Druckereien, insbesondere den Tiefdruck verbessern konnten. Burda sollte ein Gutachten für ein neues Druckzentrum erstellen und lernte dabei Leonid Gratschow, Generaldirektor bei der *Iswestija*, und B. A. Feldmann, Direktor der *Prawda*, kennen. Daraus konnte ein Geschäft werden, und als eine sowjetische Delegation Burdas Werk in Offenburg inspizierte, bat Burda Semler und Hitzer, der russisch spricht, ein Sightseeingprogramm auf die Beine zu stellen. Und so fuhr Hitzer mit seinen Freunden und den Russen an den Chiemsee und in die Alpen. Franz Burda bezahlte. »Der alte Burda hat uns immer wieder bezuschußt«, erinnert sich Christian Semler, »und hin und wieder eine Hotelrechnung oder die Reisekosten bezahlt.«

Reise in den Sozialismus: »Alles Stuß!«

Im Herbst 1963 saß Christa Maar in München und sorgte sich um ihren Freund. Zusammen mit Peter Kammerer und dem Fotografen Alfred Strobel war Hubert Burda zu einer Reise durch die DDR aufgebrochen, zweieinhalb Wochen hinter dem Eisernen Vorhang. Wie die meisten Westdeutschen wußte sie nichts vom Leben jenseits der Mauer oder nur das, was die Zeitungen verkauften. Christa Maar fand es merkwürdig, daß Hubert Burda sich die SBZ anguckte. »Für mich war das weit weg. Ideen von Brüdern und Schwestern hatte ich keine, auch keine Verwandten.« Sie war froh, wenn er anrief, denn dann wußte sie ihn in West-Berlin.

Was hat den 23jährigen zu dieser Reise motiviert? Alfred Strobel glaubt, Franz Burda habe seinem Sohn die linken Flausen austreiben wollen. »Der Vater hat gesagt: ›Schau dir das mal an.‹ Denn der Hubert war ja als Student ein bißchen begeistert vom System der DDR.« Die Therapie war erfolgreich, wenn man dem Therapierten glauben möchte: »Bei dieser Reise kapierte ich, daß das alles Stuß ist.«

Acht Folgen über die Reise druckte Vaters *Bunte* unter dem Titel: »Auch das ist Deutschland«. Die »Serie einmaliger Farbberichte von jenseits der Zonengrenze« zeigte einfach nur ein schönes Land. »Drei Reporter der *Bunten* waren im anderen Deutschland« stand über der ersten Folge vom 6. November 1963. »Sie brachten Farbaufnahmen mit, wie sie bisher noch nie veröffentlicht wurden. Farbaufnahmen, die überzeugende Belege für die gemeinsame kulturelle Vergangenheit sind.« Die Fotos stammten von Alfred Strobel, die Texte von Herbert Brenda und Peter Cambitzer alias Hubert Burda und Peter Kammerer. Sie schrieben so langweilig wie Baedeker-Redakteure: »Mehrmals wurde Rostock bis auf den Grund zerstört – heute ist diese Stadt neu aufgebaut worden.« In den folgenden Ausgaben erfuhren die Leser, daß die Zeiss-Werke in Jena heute ein volkseigener Betrieb sind, »während die alten Zeiss-Leute in der Bundesrepublik produzieren«. Kammerer und Burda sahen einst »blühende Städte – vom Krieg schwer heimgesucht«. Kammerer und Burda feierten Leipzig als »lebendigste Stadt im anderen Teil Deutschlands«, in dem »die Frauen und Mädchen besser gekleidet« seien als in anderen Städten der DDR. Die aktuelle Reportage zum Abschluß der Serie schrieben Werner Schiller und Joachim G. Jung am 15. Januar 1964, nachdem erstmals nach dem Bau der Mauer Westberliner in den Ostteil der Stadt hatten reisen dürfen: »Das große Wiedersehen in Ostberlin«. Vierzehn Tage war für die Westberliner der Weg frei, die Verwandten in Ostberlin zu besuchen.

Später reiste auch Christa Maar in die DDR. »Für mich waren viele der Leute, mit denen ich Kontakt hatte, die besseren Deutschen. Die waren natürlich alle gegen das System und wollten am liebsten morgen ausreisen oder es waren solche, die heroisch dageblieben sind. Schriftsteller. Mit systemimmanenten Leuten hatte ich nie zu tun. Ich dachte immer: Die sind viel weniger egoistisch als wir, die halten viel mehr zusammen, helfen sich gegenseitig. Das hat einen viel intensiveren Zusammenhalt gebracht, diese Not- und Tauschwirtschaft. Da kommt man leicht auf die Idee, das seien die besseren Deutschen. Ich denke, er ist auch mit solch einer Idee zurückgekommen.«

»Er war lange nicht so lange links wie ich«, kann Maar bestätigen. Aber daß er bereits 1963 vom Glauben abgefallen sei, stimme nicht. Als am 21. August 1964 Palmiro Togliatti starb, der Generalsekretär der Kommunistischen Partei Italiens, hinterließ er ein Testament. Mit Florian Sattler und einigen anderen saß Hubert Burda im Haus seines Vaters in Garmisch und las die Hinterlassenschaft. Florian Sattler ist sicher: »Hubert sympathisierte damit.«

Ebenfalls 1964 brachte Hubert Burda den Schweizer Konrad Fahrner (»Marxistische Ästhetik«) in das Seminar der Münchner Universität. Christa Maar nennt ihn den »einzigen linken Professor, den's unter Kunsthistorikern gab«. Burda bereute seine Einladung schnell. Fahrner referierte über Théodor Géricaults »Floß der Medusa«. »Er erklärte, das sei die Arbeiterklasse, die am Horizont sich aus ihren Fesseln erhebt und gerettet wird und das Salz ist, mit dem nun der Kampf gegen die Ausbeutung gewonnen wird«, erinnert sich Burda. »Und da habe ich gesagt: ›Das ist aus dem Bild nicht zu sehen, Herr Fahrner. Das ist ein Schiff, das untergegangen ist, und es sind Leute, die gerettet werden.‹« Auch das interpretirt Hubert Burda heute als Weckruf, »da habe ich kapiert: Das ist nichts für mich.«

Als die führenden Köpfe des Alexander-Herzen-Clubs die Idee diskutierten, ihre Arbeit durch eine Zeitschrift zu begleiten, fühlte sich Hubert Burda nicht angesprochen. Sie gründeten den *Kürbiskern*, zu dessen Herausgebern zwei führende Mitglieder der DKP gehörten. Zu diesem Kreis hätte Hubert Burda sich zu keiner Zeit zählen lassen.

Hubert Burda entfernte sich aus der Clique, je näher sein Examen rückte. Im Gegensatz zu den meisten anderen studierte er sehr zielstrebig. Hans Sedlmayr gewährte nur den ehrgeizigeren Studenten einen Platz in seinem Seminar, und Hubert Burda war dabei. »An dessen Lippen hing er«, weiß Morstadt, »er war ja wie ein Papst damals.« Semler hält Sedlmayr für einen »Oberreaktionär«. »Der war so ein Star« und habe immer gegen die moderne Kunst gewettert. Und so hielt sich Hubert Burda in seiner Dissertation an das weniger Moderne und wählte ein ziemlich deutsches Thema. Er schrieb über »die Ruinen in den Bildern Hubert Roberts«.

Hubert Burda bedankte sich im Nachwort seiner Dissertation auch bei »Herrn Gratschow von der *Iswestija*, Frau Kamenskaja sowie der Direktion des Eremitage-Museums in Leningrad, die mir freundlicherweise Zutritt zu ihren Depots gewährte«. Das war auch den guten Verbindungen seines Vaters nach Moskau geschuldet. Weil Sedlmayr inzwischen emeritiert war, betreute Hermann Bauer seine Arbeit. Später mußte Hubert Burda sich anhören, er habe seinen Doktortitel gekauft. Ein gekündigter *Bunte*-Redakteur, Gerhard Eisenkolb, unterstellte in seinem Roman, der Sohn des Protagonisten, unschwer als Hubert Burda zu identifizieren, habe seine Dissertation von seiner Freundin schreiben lassen. Alles Unsinn. »Vielleicht tippte sie besser als er«, vermutet Florian Sattler. »Ich hatte nie das Gefühl, daß die Christa ihm intellektuell in irgendeiner Weise voraus war.« Es sei so gewesen, daß »er seine Dissertation geschrieben hat«, erläutert Christa Maar, »und ich habe mir dann 20 Seiten angeguckt am Abend. Und weil ich ganz anders gestrickt bin als er, habe ich es mit ihm überarbeitet, und ich habe gesagt: Da ist was überflüssig, da ist es redundant, und dann haben wir zusammen aus zwanzig Seiten drei gemacht. Aber es sind ja seine Ideen, seine Arbeit gewesen, und ich habe so etwas wie Verlagslektorat gemacht.«

Zu diesem Zeitpunkt, 1964, hatte sich Hubert Burda längst dafür entschieden, ins väterliche Unternehmen einzutreten. Der Verlag hatte nicht nur das Hochhaus in Offenburg bezogen, sondern auch eine Münchner Dependance in der Arnulfstraße. Franz Burda hatte die Redaktion der *Bild + Funk* nach München verlegt, und Hubert Burda durfte den Verlag leiten. Spätestens jetzt war die »linke« Phase im Leben des jungen Mannes zu Ende, nunmehr, so Florian Sattler, »kam der Ernst des Lebens durch die Realität des ökonomischen Lebens«.

1968, als es an den deutschen Universitäten wegen des Kriegs in Vietnam und wegen des Verdrängens der Nazi-Verbrechen zur Revolte der Jugend kam, traf Friedrich Hitzer seinen früheren Mitstreiter noch einmal in einem Wirtsgarten in Schwabing. Kaum saß er am Tisch, sei Burda entgegen seiner früheren Gewohnheit sofort bei der Politik gewesen. Über die Sowjetunion habe er geschimpft, und über die DDR. »Nanu«, fragte Hitzer, »bist du etwa Maoist geworden?« Burda fand das nicht lustig, und Hitzer stellte fest: »Er hatte sich von seiner kurzen Vergangenheit längst gelöst.« Er hatte nur noch einen Blick für die Zukunft, aber dazwischen stand eine große Hürde: sein Vater.

Üben bei der *Bild + Funk*: »Ihr eigenes Gewissen erforschen«

Der Baumeister-Schüler Eduard Micus verdiente seinen Lebensunterhalt im Frühjahr 1966 bei den Medien. Bei Hubert Burda, seit November 1964 Leiter des Münchner Verlagsteils, zeichnete er in der Georgenstraße Illustrationen für die Fortsetzungsromane der Burda-Zeitschriften und erstellte Layouts. Mit einem gewissen Helmut Markwort werkelte er außerdem als Art director bei einer anderen Zeitung. Franz Burda hatte seinem jüngsten Sohn die Verlagsleitung der *Bild + Funk* anvertraut, und dieser hatte Micus gefragt, ob er nicht einen wüßte, der die Chefredaktion übernehmen könnte. Micus wußte einen, und den rief er an: »Du mußt unbedingt Hubert Burda kennen lernen. Ich habe ihm von dir erzählt. Ihr werdet euch bestimmt gut verstehen.«

»Ergänzen« trifft die Sache eher. Helmut Markwort war damals 29 und Korrespondent des *Stern* in Düsseldorf. Seine Welt waren Texte. Hubert Burda war 25 und verstand wie sein Vater Zeitschriften als Fernsehen auf Papier, bestehend also hauptsächlich aus Bildern. Am Mittagstisch bei seinen »Titanen-Eltern«, so Markwort, habe Hubert deren Unternehmer- und Blattmacherweisheiten aufgesogen.

Die beiden verstanden sich, aber als Markwort am 1. September 1966 im Offenburger Hochhaus seine neue Stelle antreten wollte, war weder Hubert Burda da noch ein Zimmer für ihn frei. Die bisherigen Chefredakteure besetzten es noch immer, und Franz Burda hatte seinen Filius für ein Jahr nach New York verbannt, weil er ihm widersprochen hatte. Natürlich ging's um Frauen. Der »Senator« hatte gerade mal wieder mit einer jungen Redakteurin angebändelt. »Er liebte die Blättle und die Mädle und seine Mitarbeiter«, erinnert sich Markwort. »Warum, so sah es der fröhliche Jägersmann, sollte er seine Neigung verbergen?« Hubert sah das anders, nämlich daß sein Vater seiner Mutter weh tat, und er machte aus seinem Herzen keine Mördergrube. Der Vater schickte ihn zur Strafe ins Exil. »Den Schniggo hab ich nausgeschmisse. Der bleibt jetzt ein Jahr in Amerika. Dann kann er wiederkommen. Sie werden trotzdem Chefredakteur bei der *BiFu*.«

Christa Maar nennt einen anderen Grund für die Strafversetzung: Dem Alten habe nicht gepaßt, daß sein Sohn mit ihr zusammen war. »Da ich eine geschiedene Frau war, fanden die das überhaupt nicht komisch. Diese Frau sollte es nicht sein, es sollte eine andere sein. Die dachten wohl, wenn wir den mal strafversetzen, dann kommt er vielleicht auf andere Gedanken.« Es half nichts, Hubert heiratete die ungewünschte Schwiegertochter 1967, und die Eltern beugten sich. Sie richteten eine Hochzeit aus, mit Feuerwerk und allem Drum und Dran, allerdings nicht in Weiß. Im selben Jahr gebar Christa den gemeinsamen Sohn Felix, dem sie aus Angst, er könnte wie Axel Springers Sohn eines Tages gekidnappt werden, ihren Mädchennamen Weber gaben.

Helmut Markwort jedenfalls war stocksauer, wie er sagt. Am Abend lag er im Hotelzimmer und dachte über Henri Nannens Abschiedsworte nach: »Sie können jederzeit zurückkommen.« Markwort überlegte, wie viele Tage Schamfrist er sich geben solle, bis er reumütig, aber ehrenhaft zurückkehren könnte. Doch mitten in seine trüben Gedanken hinein habe Hubert Burda angerufen, konspirativ: »Ich bin nicht in Amerika, ich bin in München. Kommen Sie nach München.«

Markwort traf seinen Chef und dessen Freundin in der gemeinsamen Wohnung, der Senior-Chef hatte davon keine Ahnung. Den Vater-Sohn-Konflikt hätten sie an diesem Abend diskutiert, scherzt Markwort, und zum Abschied habe Burda gesagt: »Halten Sie durch, das wird wieder.« Die Mutter habe dann dafür gesorgt, daß er sich wieder blicken lassen konnte.

1967 zog auch die *BiFu*-Redaktion nach München, in die Arnulfstraße. Die Mitarbeiter des Fotolabors mußten sich in den ersten Tagen das Wasser von den Nachbarn holen und in Eimern ins Haus tragen. Das größere Problem aber bestand dauerhaft: Die Enge, der ein angestellter Journalist in einer Programmzeitschrift ausgesetzt ist, vor allem einer, die im Verlag von Franz Burda erschien. Markwort hätte gern mehr Politik gemacht, über den russischen Einzug in Prag, die randalierenden Studenten in Paris und nun auch in deutschen Städten berichtet. Eine kritische Programmzeitung wollten sie machen, »die kritischste«, schwört Markwort. Ein Künstler, der in der *Bunte* gefeiert wurde, sei vor der *Bild + Funk* nicht sicher gewesen. »Freiheit war mein Wort«, reklamiert Markwort, der damals in die FDP eintrat. Eine tschechische Fahne ließ er sich seinerzeit von seiner Frau nähen, band sie an die Autoantenne und fuhr tagelang damit herum.

Die Probleme der Leser, die nicht verstehen konnten, daß »Daktari«, die Serie mit dem schielenden Löwen Clarence und Schimpansendame Judy, nur in schwarz-weiß ausgestrahlt werden durfte, interessierten Markwort vergleichsweise wenig. Andere jammerten über den sonntäglichen Familienstreit, der immer um 17 Uhr begann, wenn eine Entscheidung getroffen werden mußte, ob die Familie »Bonanza« oder »Forellenhof« ansehen sollte. In der Stargalerie erfuhren die Leser, daß Ruth-Maria Kubitschek mit Spitznamen Bumsköpfchen hieß, Vico Torriani mit zweitem Vornamen Oxens, TV-Ansagerin Karin Ludwig (HR) am liebsten Labskaus ißt, Maxl Graf als seine Stärke »dumm daherreden« versteht, Peter Frankenfeld kein Lieblingsparfüm hat, weil er jeden Tag duscht, und Hans-Jürgen Bäumler am liebsten Strümpfe aus Wolle trägt. Die Damen vergaßen meistens, ihr Geburtsjahr zu nennen.

Markwort und sein Team feierten Vivi Bach und Dietmar Schönherr als »das glücklichste Paar der Welt«, die verrieten: »Wir lieben uns wie die Tauben.« Und er mußte sich mit Themen herumschlagen wie: »Thomas Fritsch gesteht: So liebe ich die Frauen« oder: »Marika Röcks Geheimnis: Mit 50 noch jung«.

Von Politik keine Spur, und im Zimmer jenseits des gemeinsamen Sekretariats saß auch noch ein Verlagsleiter, der erst das Handwerk lernen mußte: Hubert Burda kündigte für die vierte Ausgabe 1967 sieben zusätzliche Beiträge auf den Rundfunkseiten an, ohne Kürzung des Programms. »Daß diese Zugabe ohne Kürzung des Rundfunkprogramms möglich ist, verdanken wir unseren Technikern«, lobte er ungelenk. »Sie haben eine Art Wunderschrift vorgelegt. Diese Schrift heißt Helvetica Rationell. Die Buchstaben sind gleichzeitig schlanker und deutlicher als unsere bisherigen.« Das hatte natürlich seinen Preis, und das durften ruhig alle wissen: »Wir haben 7350 Mark dafür bezahlt, aber die Ausgabe hat sich für unsere Leser gelohnt.« Dr. med. Eberhard Körner hielt fortan Sprechstunde, Rennfahrer und Reporter Rainer Günzler gab 14tägig Tips für Autofahrer, und der Astrologe Karl Effner erstellte wöchentlich ein Horoskop – »präzise und doppelt soviel wie bisher«.

Die Leser kürten Victoria Voncampe und Karl-Heinz Köpcke zu Deutschlands populärsten Fernsehansagern. Dafür durften sie erfahren, daß Voncampe monatlich rund 2000 Mark verdient, Köpcke 500 Mark mehr. Vico Torriani steckte damals schon 20 000 Mark pro Goldenen Schuß ein, Peter Frankenfeld und Hans Joachim Kulenkampff ebensoviel, Inge Meysel 65 000 Mark für eine große Serie, Michael Pfleghar 30000 pro Film, Thomas Fritsch 5000 pro Auftritt.

»Aufwachen – Emma befreit die Frauen.« Gemeint war Diana Rigg, Geheimagentin Emma Peel aus »Mit Schirm, Charme und Melone«, die Ally McBeal der sechziger Jahre. »Sie bezwingt starke Männer mit einem Schlag und trägt moderne Hosen auf der Straße. Sie ist selbstbewußt, weil sie ihr Geld selbst verdient. Sie ist unabhängig, weil sie sich dazu entschlossen hat. (...) Viele möchten so sein wie Emma: Nicht nur gleichberechtigt, sondern auch ebenbürtig.« Wenige Wochen später verkündete Romy Schneider: »Keine Rolle ist so schön wie mein Kind.« Angebote lasse sie sausen, sie sei »vorläufig nur für Sohn David Christopher und Ehemann Harry Meyen da«. Natürlich wolle sie noch einmal einen großen Erfolg, aber »jetzt lernt Romy Baby wickeln und kochen. Romy, als schwierig verschrieen, wirkt durch Harry Meyen richtig gelöst.« Da war die Burda-Welt wieder in Ordnung.

Als Lou van Burg (»Mr. Wunnebar«) wegen einer Affäre gehen mußte und Vico Torriani den Goldenen Schuß übernahm (und nicht Rudi Carrell, den *BiFu* vorschnell als Nachfolger ausgerufen hatte), waren auch die Leserbriefspalten voll. »Wer so vielen Familien in die guten Stube kommt, muß eine saubere Weste haben«, gab Lene Bögler aus Speyer zu bedenken. Hermann Hebendanz aus Kronach erteilte Absolution: »Lou wegen einer Liebesgeschichte zu entlassen finde ich unerhört. Seine Sache als Quizmaster hat er doch gut gemacht. Diese Moralapostel sollten besser erst ihr eigenes Gewissen erforschen.«

Nach Brigitte Bardots Hochzeit mit Gunther Sachs lieferte *BiFu* eine sensationelle Headline: »Ich will Deutsche werden.« Sachs soll gesagt haben, daß Brigitte gern Deutsche werden würde – »aus Liebe zu mir und meinen Landsleuten«, aber das war nicht so wichtig. Wichtig war, daß die Paragraphen den Paßwechsel nicht zuließen, auch nicht bei dieser Frau. Zu spät hatte sich BB entschieden, sie hätte die deutsche Staatsbürgerschaft gleich bei der Eheschließung beantragen müssen. »Vielleicht gibt es noch eine Möglichkeit«, hoffte die *BiFu*, auch wenn die Bardot ihre französische Staatsangehörigkeit nicht aufgeben wolle. Das wäre doch echte deutsch-französische Verständigung, exerzierte statt nur proklamierte. »Deutschland und Frankreich müssen sich nicht nur auf dem Papier aussöhnen«, beschwor Sachs. »Die Menschen der Völker müssen sich näher kennenlernen.« Später, als Markwort *Focus* machte, war er bei der doppelten Staatsbürgerschaft nicht mehr so tolerant.

Auch über intelligente Beiträge durfte, wer danach suchte, sich freuen: Unter dem Titel »Lob der Faulheit« druckte Markwort ab, was gescheite Menschen vom Faulenzen halten. »Ohne Faulheit kein Fortschritt«, stellte Bundesminister Manfred Hausmann fest. »Weil der Mensch zu faul war zu rudern, erfand er das Dampfschiff; weil er zu faul war, zu Fuß zu gehen, erfand er das Auto; weil er zu faul war zu rechnen, erfand er das Elektronengehirn; weil er zu faul war zu denken, erfand er die Bildzeitschriften; weil er zu faul war, abends die Augen zuzumachen, erfand er das Fernsehen.« Thaddäus Troll mutmaßte: »Die Faulheit ist der Humus des Geistes.« Auch das Volkswagenwerk wußte die Faulheit zu schätzen, lange bevor ein Bundeskanzler mit Affinität zu diesem Werk sie in Bausch und Bogen verdammte: »Verstehen Sie unter Faulheit die Kunst, jeder überflüssigen Arbeit strikt aus dem Weg zu gehen? Dann sind Sie der richtige Faulpelz für den VW Automatic. Dieser neue Käfer schafft das ewige Kuppeln und Schalten ab. (…) Rufen Sie mal ihren VW-Händler an. Er holt Sie gern ab. Zum Probefaulenzen.«

Politik fand nur indirekt statt: Als Werner Schmidt, Produzent des Goldenen Schusses, das Musical »Hair« (die Zeitschrift nannte es »Haare«) vom Broadway nach Deutschland geholt hatte, prophezeite das Blatt einen »handfesten Skandal, das Hippie-Musical ist ein Fall für die Sittenpolizei. Denn in ›Haare‹ geschehen Dinge, die selbst den abgebrühtesten Zuschauer schamrot machen.«

Als die Parteien der Großen Koalition immer mehr Einfluß auf die Sendeanstalten nahmen, setzte sich Helmut Markwort vehement für die Pressefreiheit ein. Endlich eine Chance. Dieter Gütt hatte nach den Osterkrawallen 1968 in der Spätausgabe der Tagesschau einen abwägenden Kommentar gesprochen, in dem es u. a. hieß: »Gewalttätigkeit hat Gewalt gezeugt. Dieses nunmehr oft beschworene Wort hat nicht nur die Demonstranten, sondern auch die sogenannte Ordnungsmacht schuldig gesehen.« Die CDU-Mitglieder im Rundfunkrat des WDR wollten den Antrag stellen, Gütt von der Kommentatorenliste zu streichen. SPD-Fraktionschef Helmut Schmidt meinte sogar, Gütt gehöre »hinter Gitter«. Ein offizielles Regierungsfernsehen aber wollte Markwort nicht haben, »fünf Mark für ein Regierungsprogramm sind zuviel!« Von der *BiFu*-Redaktion bekam Gütt 1969 einen Bambi, als »einer der leidenschaftlichsten Hüter der Demokratie beim Fernsehen«, ebenso wie Bundespräsident Gustav Heinemann.

»Ich habe das Blatt total umgekrempelt«, behauptet Markwort heute. »Gütt war ein unkonventioneller Akt. Vorher war das ein Maria-Schell- und Heinz-Rühmann-Preis. Und wir haben damals, ich habe damals total mit dem Einverständnis von Hubert Burda, versucht, den Preis upzugraden oder aufzuwerten über das Schauspielerische hinaus. Das war nun ein Medienpreis, ein Fernsehpreis, und das war sensationell.«

Im ersten »Brief der Woche« wandte Markwort sich an den frisch gekürten Intendanten des WDR, Klaus von Bismarck. Journalisten seien keine Beamten, mahnte er, der »Reporter als Geheimpolizist« sei ein »Wunschtraum wie aus Diktaturen«. Markwort forderte Bismarck auf: »Leisten Sie Widerstand mit aller Macht Ihres Postens. Bleiben Sie hart auch gegen die Politiker, deren Gunst Sie an die Spitze des größten deutschen Senders gestellt hat.«

In der *BiFu* probierte Markwort bereits etwas aus, das später bei *Focus* zur festen Einrichtung werden sollte: Im September 1968 erschien erstmals ein »Tagebuch der Redaktion«. Nachrichtenredakteur Fritz Jando war dagegen gewesen, er meinte, Redaktionsprobleme interessierten die Leser nicht. Im übrigen scheint es davon nicht sehr viele gegeben zu haben, als Helmut Markwort die Redaktion leitete. »Wir haben wunderbar zusammengearbeitet«, sagt er, das gilt auch für Hubert Burda. Kein Streit, niemals. »Er hatte immer großen Respekt, hat mich arbeiten, hat mich machen lassen. Wir haben immer zusammen geredet, wenn mal ein Problem war.«

Unter Helmut Markwort arbeitete damals Karin Gaebert, die schon als 18jährige seine Volontärin gewesen war, als er Lokalchef in Nürnberg beim *8-Uhr-Blatt* war. Als Karin Dietl-Wichmann wurde sie später Chefredakteurin von *Cosmopolitan* und Buchautorin. Für *Bild + Funk* lieferte sie scharfe Storys, laut Markwort richtige »Knaller«. Es gelang ihr immer wieder, Prominenten Geheimnisse aus ihrem Privatleben zu entlocken. Umgekehrt bescheinigt Dietl-Wichmann ihrem damaligen Chef seltene Qualitäten: »In der Redaktion herrschte ein tolles Klima. Markwort hat immer ein menschliches Klima in seinen Redaktionen.« Die beiden duzten sich, und Markwort galt auch bei den anderen in der Redaktion als liebenswürdiger Chef. Alle nannten ihn Väterchen.

Markwort heckte mit seinem Verleger bereits neue Pläne aus. Als die beiden mal wieder durch den Hirschpark spazierten, vertraute Hubert Burda ihm an: »Demnächst werden wir viel mehr machen können.« Er phantasierte ganz neue Formate. »Früher habe ich schon oft, wie Journalisten das nach Redaktionsschluß gerne tun, in Kneipen Zeitungen gegründet«, sagt Markwort, »aber mit dem Kater am nächsten Tag waren die Schnapsideen wieder verflogen. Die Visionen aus dem Hirschgarten konnte ich ernster nehmen. Der enthusiastische Hubert Burda war kein notleidender Wahnmochinger Nachtschwärmer, sondern ein Verlegersohn, der seine Tagträume vielleicht tatsächlich verwirklichen konnte.«

Den Blütenträumen in München setzte der allmächtige Vater trotzdem erst mal ein Ende. Helmut Markwort hatte ein Redaktionsstatut und weniger hierarchische Strukturen durchsetzen wollen, außerdem einen eigenen Münchner Betriebsrat und Pensionskassen. Vergeblich hatte Hubert Burda ihn zu bremsen versucht. Er wußte, wie verärgert sein Vater über manchen redaktionellen Beitrag gewesen war. Einmal hatte ihn sogar auf der Jagd ARD-Intendant Karl Johannes Holzamer angegangen, weil er in der *Bild + Funk* als Gebührenverschwender angegriffen worden war. Das gab entsetzlichen Ärger, hatte ansonsten jedoch keine Konsequenzen.

Aber Hubert Burda wußte, daß sein Vater sich diese Dreistigkeit von Helmut Markwort nicht bieten lassen würde. »Sie wollen mir meinen Laden wegnehmen«, habe der »Senator« denn auch geschimpft und den renitenten Chefredakteur, dessen Vertrag bis 31. Dezember 1972 lief, schon im Juli 1970 beurlaubt. Ein Rechtsanwalt überreichte ihm die Kündigung, mit der auch ein Hausverbot verbunden war.

Daß er ein Sozialliberaler gewesen sein könnte, streitet FDP-Mitglied Helmut Markwort trotz seines Engagements für mehr Mitarbeiterrechte energisch ab: »Liberaler! Ich war FDPler. In die SPD wäre ich ja nicht eingetreten. Es war damals ja ungewöhnlich, in die FDP einzutreten. Der Vater Burda hat das nicht verstanden mit der FDP. Aber Hubert Burda hat das voll goutiert. Obwohl da ja in der Schackstraße Leute verkehrten, die weit links von mir waren. Peter Hamm und diese Leute vom *Kürbiskern*. Mit denen wollte ich nichts zu tun haben. Ich war Marktwirtschaftler.« Seine Arbeitsweise sei dem »Senator« verdächtig gewesen. »Er war ein Eigentümer, der für seine Firma Helfer suchte, aber keine Unternehmer-Typen.«

Auch Hubert Burda hat den Vorstoß Markworts keinesfalls begrüßt. Auch ihm wurde der Chefredakteur zu selbstbewußt. »Markwort drängte nach draußen, wollte mehr tun, umgestalten«, beschreibt Johannes Schulze die damalige Situation. Hubert Burda möge sich gefragt haben: »Wessen Verlag war das denn in der Arnulfstraße, der von Helmut Markwort oder der von Hubert Burda?« Das sei sicher schwierig gewesen zwischen den beiden. Auch Alfred Strobel, der 1963 mit Hubert Burda und Peter Kammerer in Ostdeutschland gewesen war, bekam Reibereien unter den beiden Leitwölfen mit: »Der Markwort war ein Fachmann, und der Hubert war noch Laie. Da stößt man schon mal zusammen.«

Das Männermagazin: »Die Sexriten der Hexen auf der Isle of Man«

Marella Agnelli, die Frau von Gianni, seinem Freund, nennt Hubert Burda immer den Dr. Faustus. Hubert Burda ist stolz auf dieses Etikett und kann viele Verse aus dem Drama aufsagen, wenn auch nicht immer fehlerfrei: »Was du ererbt von deinen Vätern hast / Erwirb es um es zu besitzen. / Was man nicht nützt ist eine schwere Last.«

Hubert Burda wollte etwas Eigenes schaffen, der Erbe zu sein, war ihm nicht genug. Die *BiFu* war nicht das, was er sich für seine Zukunft vorstellte. Aus der *Bunte* hätte man vielleicht etwas machen können, aber da saß der Alte drauf wie ein Elefant auf einem Laib alten Brots. Der Sohn hatte eigene Ideen.

Last kann man auch abwerfen, fand sein anderer Freund, Peter Handke. Bazon Brock hatte Hubert Burda mit dem Dichter bekannt gemacht, dessen »Publikumsbeschimpfung« er in den Kammerspielen gesehen hatte. »Jeder Satz, den er da aussprach, den hätte ich gern selber formuliert. Und deshalb wollte ich ihn kennenlernen.« Brock war mit Handke im Verlag der Autoren zusammen, und Burda bat Brock: »Rufen Sie den Handke an.«

Peter Handke wünschte sich oft, Hubert Burda hätte sich der Kontemplation hingegeben, wie er sich ausdrückt. Es gab Momente, da war er voller Hoffnung, der Freund könnte sich aus dem väterlichen Betrieb zurückziehen. »Das war, als dein Vater dir zugesetzt hat«, schrieb er zum 60. Geburtstag des Verlegers, »als dein Vater dich fast hat zerstören wollen.« Es war die Zeit um des Vaters 65. Geburtstag, die Zeit, zu der andere Männer darüber nachdenken, ihr Werk in die Hände Jüngerer zu geben. Da erteilte Franz Burda seinem Sohn Hubert eine Lehrstunde. Bei seiner Geburtstagsfeier, vor den Augen der ganzen Prominenz und des Betriebs in der Oberrheinhalle, zeigte er sich in seiner Paraderolle: Elefantenkuh Yolanthe vom Zirkus Sembach-Krone machte Männchen, Franz Burda stellte sich mit ausgebreiteten Armen darunter. Und Hubert Burda mußte auf einem Esel reiten, bis er abgeworfen wurde. Jeder sah, wer bei den Burdas der Zampano war.

Es war gegen Ende der sechziger Jahre, die jungen Intellektuellen schickten sich auch in der Bundesrepublik an, den Muff von tausend Jahren aus allen Ecken zu vertreiben. Auch im Haus Burda tobte der Generationenkampf. Unpolitisch, so sah Franz Burda sein Vorzeigeblatt, die *Bunte*, und sexfrei sollte es sein. Diese Vorgabe galt für alle Blätter des Hauses, auch für solche, die sein Sohn zu machen gedachte. Der aber wollte ein Männermagazin gründen, und Franz Burda fragte sich, was das wohl sein sollte. Aber der Junior sollte sich ruhig die Hörner abstoßen, und deshalb bekam er grünes Licht: »Nun mach mal, Büble«, soll der Alte sich 1969 jovial gezeigt haben.

Hubert Burda ging die Sache wissenschaftlich an. Er beauftragte das Institut für Demoskopie Allensbach mit einer Zielgruppenanalyse, die zwei Jahre dauerte, 1967 und 1968. Die Zielgruppe Männer in White-collar-Berufen zwischen 25 und 39 Jahren zeigte sich »kaufkräftig und konsumfreudig« und »scheint weitgehend zufrieden und glücklich zu sein«. Langeweile kannten sie kaum. Hervorstechend sei das Interesse an Büchern und an Politik. Ein Interesse an kirchlichen und religiösen Fragen war »nur sehr bedingt vorhanden«. Für »Gammler« hatten zwei Drittel kein Verständnis, Minirock fand nur ein Drittel die beste Rocklänge (kniefrei 48 Prozent). Damit konnte der Alte leben.

In einer der drei Kopien der Auswertung, die am Institut für Publizistik in Berlin liegt, heißt es: »Die Burda Druck und Verlag GmbH plant die Herausgabe einer Zeitschrift für Männer.« Das war der Verlag des Vaters. Handschriftlich wurde jedoch korrigiert: »Der Verlag Aenne Burda ...« Als die Allensbacher mit ihrer Arbeit für das Männermagazin mit dem Arbeitstitel »Mister X« begannen, hatte Aenne Burdas Haus noch Modenverlag Aenne Burda geheißen. Das Impressum von *M* – wie das Blatt schließlich hieß – wies auch einige von Franz Burdas *Bunte*-Korrespondenten aus, etwa Corso Bojano in Rom.

Franz Burdas Sekretärin Edith Viertel erinnert sich an den »großen Zirkus« um Hubert Burdas Erstling. Daß er erscheinen konnte, sei einer »Trotzreaktion der Frau« geschuldet, die, weil es ihrem Mann nicht gefallen habe, den Sohn unterstützt hätte. Franz Burda blieb wohl nichts anderes übrig, als sich zu fügen.

Es muß ein schwerer Schock für ihn gewesen sein, als er die ersten Entwürfe sah. Jetzt erst dockte Hubert Burdas Erstling im Verlag seiner Mutter an. Und er mußte seinen Chefredakteur Janos Bardi entlassen, der monatelang an ersten Dummys gearbeitet hatte, die dem Vater nicht gefallen hatten. Für Janos Bardi kam Horst Vetten, zu dessen Antrittsbesuch lud der angehende Herausgeber auch die Ehefrau in die Münchner Schackstraße. Das empfahlen damals die Unternehmensberater von *Capital* zur erfolgreichen Mitarbeiterführung.

Beim Tischtennisspiel fegte Vettens Frau den Hausherrn mit ihren Schmetterbällen von der Platte, ganz ohne jedes taktisches Gespür, wie Vetten in Sorge um seinen künftigen Arbeitsplatz im Stillen monierte. Beim zweiten Satz aber hatte Hubert Burda eine Schwäche seiner Gegnerin entdeckt: die Rückhand. Konsequent spielte er nun diese Ecke an und gewann. Vetten wurde eingestellt. Danach, schwört Vetten, seien seine Frau und Burda 15 Jahre lang nicht mehr zusammengetroffen, und als man sich wiedersah, habe er seine Frau mit der Frage begrüßt: »Na? Rückhand inzwischen verbessert?«

Zum gemeinsamen Abendessen waren Franz und Aenne Burda auch da, offenbar bemühte sich der Sohn, den Vater noch zu versöhnen. Zwischen Suppe und Braten sagte der Alte: »Schniggo, den gibst du mir. Der hat den Kopf und ich hab' die Nase.« Als die Druckplatten fürs erste Heft der Zeitschrift *M – das Männermagazin* in der Offenburger Druckerei eintrafen, war der »Senator« nicht mehr so begeistert von Vetten. Der prüde Alt-Verleger sah eine Fotoserie von leichtgekleideten Mädchen, die vor dem Ortsschild der bayerischen Gemeinde Petting tanzten. »Wir fanden das damals komisch«, gibt Vetten zu. Es war eine Zeit, in der bei *Jasmin* die Seiten mit den Nacktfotos vor dem Anschauen noch eigenhändig mit der Schere aufgeschnitten werden mußten. So freizügig, findet Vetten, seien die Aufnahmen ohnehin nicht gewesen. »Heute würde das keinen Hund mehr hinter dem Ofen hervorlocken.« Aber Franz Burda tobte: »So ein Schweinkram kommt mir nicht über meine Mühlen.« Er druckte doch.

Horst Vetten allerdings mußte gehen. Er besteht darauf, wegen des väterlichen Eingriffs selbst gekündigt zu haben. Zur Mittagszeit sei er zu Hubert Burda ins Büro gegangen und habe gesagt: »Um 12.05 Uhr bin ich nicht mehr Angestellter dieser Firma.« Hubert Burda, im Impressum für Produktmanagement ausgewiesen, mußte abermals eine neue Chefredaktion berufen: Auf Vetten folgten Klaus Bresser und der Kisch-Preisträger Roger Anderson, die bereits der Redaktion angehört hatten. Bresser habe er lange mit

Geld ködern müssen, erinnert sich Vetten. »Der paßte eigentlich gar nicht zu unserer verspielten Crew.«

Bei Erscheinen des ersten Hefts Ende August 1969 hatte Hubert Burda seine Meinungsforscher neben die Kioske gestellt. Sie eruierten, daß 83 Prozent es wieder kaufen wollten. 13 Prozent waren weibliche Leser, gut ein Drittel ledig, 59 Prozent verheiratet. Die männlichen Leser waren überwiegend Angestellte und Beamte, aber außergewöhnlich viele Selbständige und unterdurchschnittlich viele Arbeiter, ihr Einkommen lag bei überdurchschnittlichen 1465 Mark. Am meisten interessierten sie sich für Reisen und Urlaub, Autos, gute Getränke und gutes Essen, Wohnen, Beruf bzw. Karriere. 41 Prozent wählten SPD, der CDU vertrauten 27, der FDP acht Prozent.

Mächtigster Mann bei *M* neben dem Verleger war Art Director Christian Diener, den Helmut Markwort von der *BiFu* ausgeliehen hatte. Im dritten Heft druckte *M* auf einer Doppelseite das Foto eines Spiegeleis, in dessen Mitte sich eine Lampe spiegelte. »Dazu«, so Vetten, »schrieb Wolf Wondratschek einen Text, und die meinten, das sei Kunst.« Was daran Kunst sei? »Wenn Sie die Frage heute Christian Diener stellen, dann hat er sicher auch Schwierigkeiten, sie zu beantworten.«

Nach nur drei Ausgaben mußten sich Bresser und Anderson bereits wieder verabschieden. »Wir waren ein paar Monate arbeitslos danach«, gibt Anderson preis, »und wir wurden von Detektiven beobachtet.« Auch Markwort bestätigt, daß »Personalleute« von Burda, genauer vom »Senator«, die ausgeschiedenen Kollegen »beschnüffelt« hätten. Er kennt »einen Fall, der ist mit seinem Detektiv neben sich im Flugzeug verreist. Die wollten die Abfindung sparen. Da habe ich mich wahnsinnig aufgeregt.«

Der lange Arm des Vaters reichte spürbar bis nach München. Aber auch mit dem neuen Chefredakteur, Walther H. Schünemann, gab es keine Wende. Was war es, was Franz Burda zu ständigen Einsprüchen herausforderte? Autofahren mit Jochen Rindt, Whiskytrinken mit Ernest Hemingway – das war ja akzeptabel. Geschenkt auch, daß die Redaktion eine Antwort auf die Frage: »Marxismus, was ist das?« suchte – obwohl doch jeder wußte, was das war: Teufelszeug. Geschluckt hätte Franz Burda auch Klaus Bressers Bemerkungen zum Regierungswechsel und dessen Eloge über Willy Brandt, »der neue Champion«: »Noch in der Nacht vor den Kameras und am nächsten Morgen bei Bundespräsident Heinemann erklärte er sich zum Kanzleranwärter – gutgelaunt, gelassen, selbstbewußt. Ein Mann.« Kiesinger habe sich in diesen Stunden müde präsentiert, »arrogant und verkrampft, lust- und tatenlos. Ein Schwächling.«

Was den »Senator« am meisten erzürnte, war viel nackte Haut auf Huberts Titelseiten. Mit ihm echauffierten sich die Saubermänner der Republik über das »Soft-core-Magazin« im einst so aseptischen Burda-Verlag. Und Franz Burda sorgte sich, der Kardinal Bafile könnte ihn noch einmal angreifen. Im Dezemberheft saß eine unbekannte Nackte breitbeinig auf dem Motorrad, das der Knecht Ruprecht fuhr. In einer anderen Ausgabe fläzte sich Baronesse Gila von Weitershausen hüllenlos auf einem Bett, Uschi Obermaier, Rainer Langhans' Revoluzzerbraut, räkelte sich am Strand. Empört rief der Alte in München an, »er zeterte furchtbar herum«, wie sich Markwort erinnert, »der hat sich aufgeregt, weil sich Leute bei ihm beschwert hätten«.

Der junge Autor Bazon Brock, der von Beginn an zum Beraterkreis des dynamischen Blattmachers gehörte, sprach mit Jacqueline Susan (»Tal der Puppen«, »Liebesmaschine«) im Schlafzimmer über Schlafzimmer und über »das Ding, das Jacqueline Charly nennt«. Auch ein gewisser Dr. Michael Naumann schrieb in *M*, beispielsweise über »die sexuellen Riten der Hexen auf der Isle of Man«: »Teufel, Teufel!« hieß es darin, »die Hexen sind unter uns.« Der spätere Bundeskulturminister und *Zeit*-Herausgeber scheute sich nicht, die gefährlichen Frauen persönlich aufzusuchen. Er traf Monique Wilson, unter den Bewohnern der Isle of Man als schottische Hexe »Orwen« bekannt, »klein, schwarzhaarig« und nach eigener Auskunft 160 Jahre alt. »Nach menschlichem Ermessen«, urteilte Naumann, »könnte man sie als 48jährige einstufen.« Sie war eine von neun Hexen auf der Insel und »trug einen grünen Minirock und hohe schwarze Lederstiefel«. Yvette fand er an anderem Ort. »Yvette wurde nackt unter Nackten in den Hexenstand I. Grades initiiert und erhielt den Namen ›Marven‹. Als solche nahm sie an Festivitäten teil, die die Fruchtbarkeit aller Anwesenden erhöhen sollten. Zum Beispiel durch symbolische Geschlechtsakte.« Auch bei Allex Sanders war Naumann, dem »König der Hexen«, der seinen Coven, bestehend aus 13 Hexen, wöchentlich im Gasthaus »Zum Schwan« abholte, um sie in seinen Tempel zu führen. »In der Wohnung des Meisters werfen die ›Coven‹-Mitglieder ihre Kleider ab; und während der ›König‹ okkulte Sprüche aus dem ›Buch der Schatten‹ zitiert, atmen die anderen tief die weihrauchgeschwängerte Luft ein, hocken im vorgezeichneten Kreis des Wohnzimmers, erheben sich schließlich zu einem rituellen Tanz.« Warum sie denn nackt tanzten, wollte der Hautnah-Reporter Naumann wissen. »In Erwartung des Teufels gar?« Eine (nicht sehr schlüssige, aber den Publikumsgeschmack befriedigende) Erklärung fiel dem investigativen und archivsicheren Naumann selbst ein: Er erinnerte sich an eine deutsche Hexe, Alexia Dragaea, die 1588 zu Protokoll gegeben hatte, »ihre Bulschaft hätte ein Glied so starcken allezeit gehabt, wenn ihm gestanden, und so groß alls ein Ofengabel-Stil, desgleichen sie zugegen zeigte, denn ohnegefehr eine Gabel zugegen war, sagte auch wie sie kein Geleuth gemerckt hat«. Das verstehe, wer will. Klarer war da schon die Aussage der Hexe Isabel Gowdie: »Der Satan ist viel fähiger als irgendein Mann, nur ist er schwer wie ein Malzsack und kalt wie Eis.« Und dann »der heute so harmlos erscheinende Riese Rübezahl aus der deutschen Folklore«! Naumann recherchierte knallhart, daß Rübezahl früher Rübezagel geheißen habe, und Zagel bedeutete im Mittelalter – na? – nichts anderes als Phallus.

Die Frage, warum Hexen und der Meister nackt tanzen, war damit zwar noch immer nicht beantwortet, aber die Leser hatten sie sicher längst vergessen.

Helmut Markwort, dessen *Bild + Funk*-Redaktion im selben Haus in der Arnulfstraße arbeitete, will mit *M* nichts zu tun gehabt haben. »Ich hatte keinen Zugang zu *M*. Ich kannte die Träume von Anfang an. Wir haben im Hirschgarten darüber geredet, was wir später alles machen, wenn der ganze Verlag einmal nach München kommt. Aber mich haben ganz andere Dinge interessiert. Ich wollte damals über politische Sachen reden. *Bunte*, was wir da machen können. Das war ja damals Vaters Leib- und Magenblatt. Jedes Foto, jede Romanillustrierte, jede Zeile, alles war der Vater.« Hubert Burdas Ideen und die Leute, mit denen er sich umgeben hatte, fand er »eher spinös. Ich wußte: Das wird nix. Aber Hubert war ganz begeistert von den Ideen dieser Leute. Da sagte einer: ›Wir lassen den Schiller und den Strauß gegeneinander Tischfußball spielen.‹ Da sagten die: ›Toll! Doppelseite, Aufmacher.‹ Und haben tagelang gerackert, bis sie einen Termin hatten, und dann haben Strauß und Schiller gesagt: ›Spinnt ihr?‹ Ich hätte gar nicht angefangen.« Das Männermagazin sei Hubert Burdas Werk gewesen, das habe ihn viel mehr interessiert als die *Bild + Funk*. »Das war seine Leidenschaft. Der Hubert wollte etwas tolles Neues machen, der Markwort machte die *BiFu*. Das lief gut.« Er habe »niemals einen Buchstaben für ihn getan«.

Aber Markwort kannte Janos Bardi, den ersten Chefredakteur von *M*. Der ungarische Journalist, davor unter anderem für den Springer Auslandsdienst in London, wohnte mit seiner Familie in Kleinhadern ganz in der Nähe der Markworts. Die Familien waren befreundet, und für Bardis damals dreijährigen Sohn Andreas mimte Markwort sogar den Weihnachtsmann. Nachdem Bardi gehen mußte, kümmerte sich Markwort um einen Nachfolger. Er empfahl Vetten, der Anfang der sechziger Jahre sein Nachfolger als Sportchef bei Drostes *Mittag* in Düsseldorf geworden war. Vetten freute sich bei *M* über ein Jahresgehalt von 150 000 Mark, wie er heute noch stolz anmerkt.

Hubert Burdas Bruder Franz hätte sicher zu den *M*-Lesern gehört. Er glaubt bis heute, »das hätte die tollste Männerzeitschrift aller Zeiten geben können. Das Blatt war absolut nach meinem Geschmack.« Daß es nicht geklappt hat, habe nicht zuletzt an Hubert gelegen, »weil er's nicht gemacht hat, sondern andere Leute. Er hätte Verleger spielen müssen, und das hat er nicht getan. Er war der Meinung, er sei das Blatt.« Zwölf Millionen Mark sei zwar kein Pappenstiel, aber »das Ding hätte durchgestanden werden können, ohne Probleme«. Doch der »Senator« beschloß kurzerhand: Das Blättle wird eingestellt. Seine Geduld war am Ende.

Den Chefredakteur der *Freundin*, Sigfried Dinser, warf er im selben Jahr 1970 hinaus, weil er den Sexroman »Groupie« gedruckt hatte. »Jetzt fehlt uns nur noch, daß wir uns volle Nachttöpfe ins Gesicht schütten und Scheiße fressen«, zitiert *Der Spiegel* den verärgerten Patriarchen. Dinser wehrte sich öffentlich: »Ich wurde im *Spiegel* nun schon vier- oder fünfmal als ›Drecksau‹ apostrophiert, nur weil Herr Senator Dr. Franz Burda sich berechtigt fühlt, seine Untertanen ebenso ordinär zu qualifizieren wie seine eigene Frau.«

Nicht allein der Sex hat dem »Senator« bei *M* mißfallen, Vetten nennt die Defizite der Redaktion selbstkritisch beim Namen: »Wir, Hubert Burda, Christian Diener und ich, waren alle drei ungeeignet. Der Verleger war kein Verleger, der Chefredakteur kein Chefredakteur, und Diener war zu spleenig, das Layout für eine Zeitschrift zu machen, die irgendwann einmal 400000 Mal verkauft werden sollte.«

Ob der Vater allein die Bremse gezogen hat, weiß Franz Burda junior nicht mehr. Auch der Mutter habe es am Ende nicht mehr gepaßt. Am 2. Juli 1970 erfuhren es die Mitarbeiter aus der Hauszeitschrift. Die Auflage sei rückläufig, die Anzeigenkunden verlangten Garantien. Das letzte, das August-Heft kündigte an, man habe drei Werbeagenturen damit beauftragt, mögliche Wahlstrategien für die CDU/CSU auszuarbeiten – »nicht um ein altes Produkt vor dem Konkurs zu retten, sondern um es umzukrempeln«. Hubert Burda konnte der Union nicht mehr helfen. Statt dessen mußte er in der *Bild + Funk* wie zur Strafe eine Anzeige der *Bunte* drucken: »Die *Bunte* ist die Zeitschrift für die ganze Familie – ohne Sex und billige Sensationsmache.«

Sein Vater kritisierte den Ausritt seines Jüngsten noch in seinen Memoiren. Die Sache sei »gegen meine Überzeugung« durchgezogen worden, »daß selbst ein gut gemachtes erotisches Magazin nicht in die Burdasche Presselandschaft passe«. Und dann auch noch »hintenrum, aus dem Schmuckkästchen meiner Frau finanziert!« Burda japste nach Luft, tobte. »Ich zögerte nicht, beim Anblick des ersten Heftes zu sagen: ›Für diese Sauerei ist meine Frau verantwortlich!‹« Irgend jemand hat diese Passage im Manuskript gestrichen.

Hubert Burda kann sich heute nicht mehr daran erinnern, jemals erwogen zu haben, alles hinzuschmeißen. Jens J. Meyer schon. Er ist sicher, daß Hubert Burda und Christa Maar nach dieser Niederlage auch über einen Ausstieg nachdachten. War er vielleicht doch nicht zum Verleger geboren? Bei seinem Vater hatte alles immer geklappt, schon beim ersten Versuch hatte der Alte ein erfolgreiches Blättle geboren: die *Sürag*, dann *Bunte* und *Das Haus* – alles Erfolgstitel. Und er? Bauchlandung gleich beim ersten Versuch. Zwölf Millionen Mark im Eimer. Sollte er dem nachgeben, was seine Künstlerfreunde aus alten Studienzeiten schon immer gesagt hatten?

In diesem August 1970 durchlebte Hubert Burda eine schwere Krise. Einen ganzen Tag saß er im Straßburger Münster und heulte, er wußte nicht mehr ein noch aus, erzählte er später seinem Freund Günter Morstadt. »Hubert hat total gelitten darunter, daß er die Anerkennung seines Vaters nicht bekommen hat. Er hat gelitten wie ein Hund, als ihm der Vater *M* weggenommen hat.« Was den Schmerz vergrößert haben mag, waren die Erfolge, die sein Vater gleichzeitig einfuhr: Die *Bunte* verkaufte im ersten Quartal 1970 fast 1,8 Millionen Hefte und war damit Deutschlands meistgekaufter Wochentitel. Und schließlich gründete er einen Monat vor Huberts Scheitern die *Freizeit Revue*, die ebenfalls ein Renner wurde. »Die *Freizeit Revue* war ja von einer Seichtheit, die provokant war, ein derart harmloses Blatt, daß es jemandem mit verlegerischem Ehrgeiz schlecht wird«, urteilt Günter Morstadt, also noch ein Blatt, das Hubert Burda nicht genügte. Er wollte aufbrechen, Neues wagen, seine Ideen in den Verlag einbringen. Doch der Vater wußte es besser: »Der Alte hat aber nur gefragt, wieviel Auflage und wieviel Maschinenzeiten füllt das. Solange es nicht pornographisch war und nicht gegen seine Grundüberzeugungen ging, hat er jeden Bockmist gedruckt. Das war seine Grundauffassung als Verleger. Während Hubert damit nicht zufrieden war.«

Der »Dienstmann« vom *Kress Report*, Günther Kress, glaubte damals, »Zeichen eines kleinen Triumphes des Alten über den Jungen« bemerken zu können. Es war eine Demütigung, eine Lehrstunde. »Ja, da hängt man schon durch«, sagt Burda heute noch mit leidender Stimme. »Ach, da war man schon wahnsinnig unsicher.« Gelitten habe er nicht so sehr darunter, »daß mein Vater erfolgreich war und ich nicht. Sondern ich habe darunter gelitten, daß vierzig Redakteure nach Hause gehen müssen, daß man jede Autorität verloren hat, daß einem alles schiefgegangen ist. Ich war damals doch wochenlang die Lachnummer Deutschlands. Auf mich hat kein Mensch was gegeben zu dem Zeitpunkt.«

Hubert Burda sah für sich keine Zukunft mehr im Unternehmen seines Vaters. Mit Christian Kracht, der damals bei Springer ebenfalls keine Perspektive mehr zu haben schien, traf er sich Ende August zum Mittagessen im Hamburger Hotel »Vier Jahreszeiten«. »Kracht war damals mein Vorbild, ich fand ihn sensitiv, mit der richtigen Nervosität.« Was Hubert Burda ihm vorschlug, gefiel Christian Kracht allerdings überhaupt nicht. »Nein, Hubert«, riet er dem jungen Mann, »das machen Sie alles nicht, Sie bleiben schön in Ihrem Unternehmen.« Der Vorschlag lautete, gemeinsam einen eigenen Verlag zu gründen. Heute ist er froh, Krachts Rat befolgt zu haben. »Wenn jemand eine Autorität war, dann habe ich immer zugehört«, sagt Burda, »und befolgt, was er mir sagte.«

»Hubert entschloß sich zum Bleiben und zum Kämpfen«, verkauft der langjährige Pressesprecher des Unternehmens, Jens J. Meyer, die damalige Entwicklung. »Hinfallen kann jeder, aber es ist eine Kunst wieder aufzustehen.« Wunden blieben, und Hubert Burdas Tochterfirma Pan-TV entwickelte 20 Jahre später eine neue Ausgabe von *M – das Männermagazin*, das spätabends auf RTL lief und vorwiegend von Sex handelte, und bei der Ausstrahlung der ersten *Bunte*-Talkshow auf Kanal 8 des Münchner Kabelfernsehens im April 1984 hatte die Schauspielerin Elisabeth Volkmann plötzlich »oben ohne« vor den Kameras posiert.

Heute wiegelt Hubert Burda ab, die Auseinandersetzung zwischen ihm und seinem Vater sei überinterpretiert worden. »Es wurde ja von Hamburg aus und auch von meinen Brüdern, von Prinz und Boenisch, behauptet, daß mein Vater mich behandelt hätte wie den letzten Dreck und daß mein Vater manchmal gesagt hätte, aus dem wird nichts mehr. Das kann durchaus sein, daß er das gesagt hat«, räumt er ein. »Aber der Vater sagte zu mir als 12-, 13jähriger: ›Du hast die Krone auf, und du wirst der Verleger.‹«

Nachdem Hubert Burda den Tiefschlag des Vaters weggesteckt und sich gefügt hatte, erlebten die beiden wieder »gemeinsame Freude«. Franz Burda lobte später, sein Sohn habe die *Freundin* und *Meine Familie und ich*, die beide 1969 nach München gezogen waren, vorwärts gebracht. Damit habe er sich für die Übernahme des gesamten Verlagsbereiches und für die Chefredaktion der *Bunte* qualifiziert. »Der Tag, an dem ich zu ihm sagen konnte: ›Hubert, mach du weiter‹ gehört zu den glücklichsten in meinem Leben, obwohl ich mir, zugegeben, innerlich einen Stoß geben mußte, mein liebstes Kind, eben die *Bunte*, jüngeren Händen anzuvertrauen.«

Hubert Burda mußte noch manche Kröte schlucken, bis er den Verleger-Olymp erklimmen konnte. Im Grund war ihm das Geschäft seines Vaters zu gering, und mancher kluge Kopf ist schon am Widerspruch zwischen seinem Denken und seinem Handeln zerbrochen. Hubert Burda hat viele Freundschaften aus seiner rebellischen Phase über die Jahre bewahrt. Mit Leuten wie Peter Handke, Peter Hamm, Hermann Lenz, Michael Krüger und Bazon Brock hat er auch seine schöngeistigen Neigungen gepflegt. Um auch nach außen seinen Anspruch zu dokumentieren, erfand er einen Lyrik-Wettbewerb, den Petrarca-Preis. Ohne solche Gegengewichte hätte Hubert Burda in diesem Verlag nicht bestehen können. So aber nahm er die widerwillige Offerte seines Vaters doch noch an und ging nun daran, das Unternehmen in Besitz zu nehmen.

11

Diadochenkämpfe unter Brüdern: »Die Köpfe eingeschlagen«

Am 15. Juni 1959 war Franz IV. zur Welt gekommen, und der Großvater war außer sich vor Freude: »Meine Schwiegertochter hat mir heute einen Enkel geschenkt, der auf den Namen Franz Heinrich getauft wird«, ließ er seine Mitarbeiter per Rundschreiben wissen. »Ihr könnt euch denken, wie sehr ich mich darüber freue. Bei der Hochzeit meines Sohnes Franz mit seiner Frau Ursula, geb. Gamstätter, habe ich euch, wenn dieses freudige Ereignis eintreten sollte, eine Flasche Wein versprochen. Nachdem es aber nun von meinen Kindern der Erstgeborene und außerdem noch ein Bub ist, der in vierter Generation Franz heißt, ist die Freude besonders groß. Deshalb bekommt jeder von euch eine Flasche Sekt, die zu Hause auf das Wohl meines Enkels zu trinken ist.«

Die Linie schien vorgezeichnet. Franz dem I. war der II. gefolgt, dem II. der III., der Chef des Familienunternehmens werden sollte. Nach Lehrjahren in Deutschland, England und den USA galt Franz III. längst als hervorragender Druckereifachmann und hatte schon 1958 den technischen Bereich des Unternehmens übernommen. Nun also Franz IV., der irgendwann zweifellos in die Fußstapfen von Urgroßvater, Großvater und Vater treten würde.

Doch Franz III. war nicht der einzige, der Ansprüche anmeldete; alle drei Söhne sahen ihre Zukunft im Unternehmen. Also müßten die Kinder das Haus eben gemeinsam fortführen, wenn der Vater einmal wirklich nicht mehr könnte. Seinen zweiten Sohn Frieder ernannte der Chef im Frühjahr 1974 zum »Chef der Finanzen und der Verwaltung«. Und zuletzt hatte auch Hubert sich dafür entschieden, seinen Weg im Familienbetrieb zu gehen.

Im Juni 1971 überschrieb der »Senator« jedem seiner Söhne 24,5 Prozent an der Burda GmbH, er selbst behielt zunächst 26,5. Weihnachten 1977 gab es vier Viertel. Bei wichtigen Entscheidungen standen sich häufig zwei Fraktionen gegenüber, der »Senator« und Hubert auf der einen sowie Franz und Frieder auf der anderen Seite: Verleger gegen Erbsenzähler, wie es im Verlag noch heute heißt. In Pattsituationen hatte der Senior das letzte Wort. Damals standen die Brüder immerhin noch zusammen, trafen sich im Garten in der Münchner Schackstraße zum Fototermin und es schien, als setzte sich eine Dynastie fort.

Auch wenn er sein Erbe aufzuteilen begann, redete der Alte noch immer überall hinein; wirklich loslassen konnte er nicht. Wo immer Hubert Burda saß, in seinem Zimmer, im Konferenzraum, in der Grafik, überall stand sein Vater hinter ihm. »Der Vater hatte das Gefühl«, so Hubert Burdas erste Frau Christa Maar, »er könne über seinen Sohn verfügen, er könne ihm sagen, was er alles machen soll und wie er's genau machen soll.« Das habe er bei allen drei Söhnen so gehalten. »Er hat ihnen ja keine lange Leine gelassen, sondern war davon überzeugt, daß er am besten weiß, wie es gehen muß, und er hat das den Jungen auch gesagt.«

Franz Burda rechnete sich genau aus, wie er die Vorherrschaft in seiner Firma bewahren konnte: »Er hat sich geschickt das alte Divide et impere zu eigen gemacht«, urteilt sein Sohn Franz. »Er hat mit den Söhnen geteilt und die gegeneinander ausgespielt. Als Hubert in die Firma kam, waren wir zu dritt. Das war zu viel. Damit keiner zu groß wird, hat er ihn gegen den anderen ausgespielt, ihm einen Dämpfer gegeben.« Auch einen Wettbewerb löste der Vater damit unter seinen Söhnen aus, einen Wettstreit um seine Gunst. Franz Burda hatte dabei einen Startvorteil: »Ich hatte einen Vorsprung von acht Jahren, das konnte der Hubert nicht mehr aufholen.«

»Wenn Sie als Sohn eines Milliardärs auf die Welt kommen«, gibt Jürgen Todenhöfer zu bedenken, »dann ist es viel schwerer, sich zu motivieren, Abitur und ein Examen zu machen.« Das galt im Fall Burda für drei Söhne, und zwei hatten das erste Etappenziel nicht erreicht. Der jüngste promovierte zwar, hatte dadurch allerdings Jahre »verloren«.

Franz Burda war bereits ein gestandener Unternehmer, als Hubert aus der Universität kam und erste Schritte im Verlag unternahm. Längst war beim Vater vergessen, daß sein ältester Sohn nicht erreicht hatte, was er ihm zugedacht hatte, ein Studium: »Der Vater wollte halt den Dr. Franz Burda. Und für den fiel eine Welt zusammen, daß es den Dr. Franz Burda nicht gibt.« Der junge Franz war nicht so traurig: »Ich wäre an der Uni versauert.« Geärgert hatte ihn vielmehr, daß der Vater ihn 1953 aus Offenburg fort und nach Reutlingen geschickt hat, zu Enßlin & Laiblin, wo er Buchdrucker und Setzer lernen mußte. »Das war wie so eine Strafkompanie.« Im Lauf der Zeit begeisterte sich der Älteste für den Beruf, und als er nach Hause kam, schloß er 1955 die Gehilfenprüfung als Tiefdrucker im väterlichen Betrieb ab, ein Jahr später auch noch als Ätzereigehilfe. »Er brauchte jemand, der ihm die Druckerei steuert, deshalb habe ich mich auf den Tiefdruck spezialisiert.«

So gerüstet ging er im Juni 1957 zur größten englischen Druckerei, Sun Printers Ltd. in Watford bei London. Danach sollte er das Land kennenlernen, in dem er leben wollte: Amerika. »Als ich von Oktober 1957 bis März 1958 dort war«, erzählt Franz Burda, »wußte ich: Das ist mein Land.« 37000 Kilometer sei er »getrampt«, tatsächlich fuhr er mit einem Porsche ein halbes Jahr durch die Staaten. Bob Corlett, der Boss von Goss, dem Druckmaschinenbauer, fand Gefallen an dem jungen Mann aus Germany und öffnete ihm Türen. Mit Hilfe von Unternehmern, mit denen er feierte, kam er sogar in die Geotechnical Association (GTA). »Ich habe alles gesehen, was es gab, ich kam auch überall rein.« Und er erkannte, »daß wir in Deutschland viel weiter waren als die. Dort wurde alles in Buchdruck gedruckt, die bauten alles vierfarbig auf.

Der schwarze Zylinder war immer stärker als die Farben, die deshalb nicht rauskamen. Sie kannten keine variablen Falzapparate. Wir waren in der Lage, jedes Format zu drucken, wenn wir die Zylinder dafür bestellten. Donelli war stolz, von einer Matrize, von einem Satz, 750 000 zu drucken, das war für uns nichts.«

Aber Tiefdruck war teuer, und so erntete der junge Burda erst zehn Jahre später die Früchte dieses Besuchs. Inzwischen zog Franz Burda in England einen großen Auftrag an Land. Die Druckerei des *Telegraph* sah sich 1964 nicht in der Lage, eine neue, farbige Wochenendbeilage zu drucken. Die Eigentümer fragten deshalb bei den Gewerkschaften nach, ob sie im Ausland drucken durften, so Burda, der noch heute den Kopf darüber schüttelt, daß auf der Insel »die Gewerkschaften die Betriebe führen«. Weil sie nicht glaubten, eine ausländische Druckerei sei in der Lage, den Auftrag zu bewältigen, stimmten die Gewerkschafter zu. Springer sagte ab, und so fragte der Produktionschef eines Tages bei Burda in Darmstadt an.

»Da bin ich zum ersten Mal über den Konkurrenzschatten gesprungen«, erzählt Franz Burda III. »Ich rief in Frankfurt Maul und Co. an, Maul und Klaue in der Fachsprache, und Weitpert in Stuttgart. Ich sagte: ›Wenn jeder von uns einen Bogen nimmt, kriegen wir das hin.‹« Sie machten mit. Und so wurde der *Weekend Telegraph* in drei Druckereien gedruckt und per LKW nach London transportiert.

1967 stand Henry P. Korn in der Darmstädter Druckerei. Franz Burda kannte Korn aus den USA. Er war deutscher Jude, der in Amerika Bronziermaschinen für Glückwunschkarten vertrieb. »Franz«, habe er in Amerika immer gesagt, »wenn ich von denen 5000 Stück verkauft habe, kann ich von den Ersatzteilen leben.« Dieses Mal wollte Korn keine Bronziermaschinen verkaufen, sondern eine Botschaft überbringen. Die Firma Meredith in Des Moines/Iowa, die bisher reine Buchdrucker waren, planten eine neue Druckerei mit Tiefdruckverfahren. »Die wollen mal mit dir reden.«

»Das Projekt gefällt mir«, erklärte der Vater, nachdem ihm sein Sohn das Ansinnen der Amerikaner auseinandergesetzt hatte, und so flog der Älteste wieder einmal über den Atlantik: »Wir bieten Ihnen eine Million Dollar, wenn Sie uns den Tiefdruck einrichten und zum Laufen kriegen«, eröffnete ein unbedarfter Laborchef die Verhandlung. Franz Burda war sich sicher, daß die Amerikaner allein es nicht schaffen würden, deshalb verlangte er: »Entweder wir machen das 50:50. Oder gar nicht.«

Zurück in Offenburg rief wenig später der Druckereileiter an, John Gregg. Burda bat ihn, nach Offenburg zu kommen, um ihm zu zeigen, warum die in den USA übliche Technik bei Anzeigen im Tiefdruck nicht funktionierte, warum die Farbe so wichtig war und die variablen Falzapparate. Und er demonstrierte John Gregg, welche Vorteile der Tiefdruck brachte. »Der John hat das schnell kapiert. Und er sagte: Ich mache mit. Aber ich kann das nicht entscheiden. Du mußt nach Des Moines kommen und vor dem Aufsichtsrat den Vortrag noch einmal halten. Ich werde dich unterstützen.«

Die Hälfte des Gremiums und Präsident Ted Meredith habe er überzeugt, glaubt Franz Burda, aber die Kritiker seien nicht bereit gewesen, einen deutschen Partner am Geschäft zu beteiligen. Also sollte Burda von der neu zu gründenden Firma nur 49 Prozent erhalten, am Ende wurde aber eine gleichberechtigte Lösung vereinbart. Gebaut wurde in Lynchburg, Burda brachte die Frankfurter Druckfarbenfabrik Schmidt mit, und er bestand darauf, keine Goss-Tiefdruckmaschinen anzuschaffen, sondern Ceruttis mit variablen Falzapparaten. An die zehn Millionen Mark kostete jede der beiden Maschinen, insgesamt investierten Burda und Meredith 20 Millionen US-Dollar. »Finanziell war's für uns kein Problem«, sagt Burda, »die 50 Prozent waren von Deutschland aus zu finanzieren.«

Eingenebelt von Zigarren-Rauchschwaden saß Franz Burda senior mit seinen Söhnen am 14. Oktober 1971 in einer Boeing 707, weil sich neben ihnen Ludwig Erhard, in keinem politischen Amt mehr tätig, eine Brasil nach der anderen ansteckte. Mit Erhard verband den alten Burda »eine mir verwandte motorische Kraft, gepaart mit einem unerschütterlichen Optimismus, der ihm wie mir eingeboren war«. Auch die Burda-Kapelle wurde zur Einweihung über den Teich geflogen, und binnen kurzer Zeit bedruckten die

Maschinen in Lynchburg/Virginia soviel Papier wie die in Offenburg.

Von 1972 an druckten zwei Cerruti-Rotationen mit je acht Druckwerken und zwei Falzapparaten unter anderem die farbigen Innenteile der Zeitschrift *Better Homes and Gardens*, acht Millionen Kopien, sowie 18 Millionen Exemplare eines Avon-Katalogs mit 124 Seiten. Drei Jahre später liefen neben den Ceruttis zwei Albert TR 5, eine mit acht, eine mit zehn Druckwerken und je zwei Falzapparaten. 24 Seiten eines monatlich erscheinenden Magazins für die Automarken Buick, Chrysler und Pontiac und ungezählte weitere Aufträge waren zu bewältigen.

»Können Sie sich vorstellen, wie die Maschinle geschnurrt haben?« freut sich Franz Burda noch heute. »Das waren Volumen, die gab's in Europa nicht.«

»Der Franz«, lobt Hubert Burda heute, »hatte verstanden, daß dieser Verlag, *Better Homes and Gardens* und die Firma Meredith in Des Moines, zu Burda paßten: Midwest, konservativ, sehr gediegen, nicht Eastcoast, nicht Hollywood, nicht Los Angeles, nicht New York.«

Insgesamt vier Fabriken baute Burda mit Meredith, in Lynchburg/Virginia, Newton/North Carolina, Des Moines/Iowa, Casa Grande/Arizona. Bis zu 850 000 Tonnen Papier druckten sie jährlich, das gemeinsame Unternehmen verbuchte bald eine Milliarde Dollar Umsatz. Als nach einem Jahr die erste Abrechnung kam, hatte Franz Burda allen Grund zum Feiern. 45 Prozent Gewinn warfen die Tiefdruckmaschinen ab, in erster Linie weil sie schneller liefen und weniger Papierausschuß verursachten. Solche Gewinne zu behalten hätte sich der »Senator« geschämt. Alle Kunden zu Hause waren Freunde, und wenn ein hoher Gewinn erzielt worden war, predigte Franz senior Franz junior: »Das kannst du meinem Freund Schöpflin nicht antun. Jetzt reden wir mit dem Hans und du gibst ihm was zurück.« Der Junior schüttelt heute den Kopf: »Mit einem Gewinn von 45 Prozent wäre der Alte durch die Decke. Das fand er unanständig.«

Für die Amerikaner war das normal. Die sagten: »Wir sind billiger als die Konkurrenz, warum sollen wir dann nicht verdienen?«

Zu Kunden nahmen sie den jungen Deutschen vorsichtshalber nicht mehr mit, sie fürchteten, er könnte etwas ausplaudern. Ansonsten aber waren sie mit Burda hoch zufrieden.

Neues bei *Bunte*: »Immer auf hohem Niveau«

Es war ein dickes Brett, das zu bohren der jüngste Sproß sich vorgenommen hatte. Jens J. Meyer war 28 Jahre alt, als Hubert Burda ihn fragte, ob er mit ihm als Nachrichtenchef in die *Bunte*-Redaktion nach Offenburg kommen wolle.

»Ich habe von Soraya keine Ahnung«, gab der Umworbene zu bedenken.

Doch Hubert Burda hatte anderes vor: »Es geht nicht nur um die *Bunte*«, sagte er, »zunächst sind wir noch in einer Koalitionsregierung, später übernehmen wir den ganzen Verlag.«

Meyer war beeindruckt. Da drängte einer von Platz fünf in die Pole-Position, und bei dieser Aufholjagd wollte er dabei sein. Nach vier Jahren als Medienressortleiter der Fachzeitung *w&v* (werben & verkaufen) kündigte Meyer und blieb 20 Jahre bei Burda.

Hubert Burda war wieder obenauf, und er hatte große Ziele. Er hatte die Bewährungszeit genutzt, und der Vater hatte ihm 1974 die Leitung der *Bunte*-Redaktion anvertraut; im Jahr darauf ernannte er seinen Filius sogar zum Chefredakteur. Viele lächelten auf der kleinen Feier in der Redaktion still in sich hinein, als »das Hubertle« seinem Vater zum Dank ein Sträußchen seiner Lieblingsblumen, Maiglöckchen, überreichte. »Der schafft das nie«, wetteten die meisten.

»Die Größe eine Mannes zeigt sich nicht nur in dem, was er geschaffen hat«, lobt Karlheinz Binder heute, und läßt keinen Zweifel daran, daß er derartige Größe seinem ehemaligen Chef attestiert, »sondern auch in der Fähigkeit loszulassen.« Aber wie sollte einer loslassen, wenn er von sich glaubt, nur er könne die Burda-Familie zusammenhalten? Die Redakteure hatten sich eingerichtet auf das Regiment der harten Hand des Alten, dessen Wort in allen Abteilungen das letzte war und wenig Raum für eigene Kreativität ließ.

»Bei uns hat es keine Stars gegeben«, sagt der einstige Redaktionsdirektor Karlheinz Schönherr, »Offenburg war kein Zielort für journalistische Stars. Jeder in der Branche wußte: In Offenburg bestimmt der Alte. Und da er Erfolg damit hatte, blieb das auch so.«

Was Burda von seinen Redakteuren verlangte, war Präsenz. Vor 20 Uhr ging kaum jemand, bei einem Arbeitsbeginn gegen neun Uhr. »Samstag war der ruhigste Tag«, so Schönherr. Am Sonntag rückte er gegen halb fünf Uhr nachmittags ein und blieb, zusammen mit anderen, oft bis zwei Uhr nachts. Ohne schlechtes Gewissen nahm sich eine starke »Rieslingfraktion« deshalb das Recht, mittags von eins bis drei in der Kantine zu sitzen. Die Karten und die Flaschen nahmen sie anschließend mit in ihre Büros – falls nichts zu tun war.

Wenn der Dr. Burda Arbeit anwies, wurde sie erledigt. Wenn keine da war, hatten die Journalisten Freizeit. Sportreporter Helmut Sohre saß stoisch in seinem Büro und beschied Nörglern: »Ich weiß nicht, was ihr wollt. Wenn mich der Senator auf die Kinzigbrücke setzt, und ich soll da auf die Queen warten, setze ich mich hin.«

Hubert Burda wollte das Dolcefarniente beenden. Er wollte den Aufbruch, er wollte eine modernere Zeitschrift machen, und er orientierte sich am *Stern*: »Hamburg is New York, Offenburg is California«, stand auf einem Plakat in seinem Chefredakteurszimmer im zwölften Stock. Hubert Burda nannte sein *Bunte*-Konzept »Die Große Alternative«. Noch lagen sie mit 4000 Anzeigenseiten auf Platz drei hinter *Spiegel* und *Stern*. Aber der neue Boß träumte vom ersten Platz.

Verkrustungen aufzubrechen, den Muff von Jahrzehnten auszulüften war ja in den siebziger Jahren in, und das zu versuchen hatte sich Hubert Burda auch im Verlag vorgenommen. Neuer Wind blies in die Redaktion, Burda holte ambitionierte Jungredakteure: Matthias Nolte und Carl Schmidt-Polex, der schon bei *M* mitgearbeitet hatte, dem *Stern* kaufte er Ulrich Blumenschein, Andreas Odenwald und später den umstrittenen Norbert Sakowski ab. Von Getreuen seines Vaters trennte er sich. Willy Grafschmidt sah sich »ein bißchen im Keller«, als der Junior das Ruder übernahm, aber es sei normal, daß jemand, der neu kommt, seine Vasallen mitbringt. Das habe in der Redaktion jeder akzeptiert. »Von den 20 Redakteuren spielten ja 18 Fußball. Da war man auch an Niederlagen gewöhnt.«

Für Andreas Odenwald war es zunächst ein »exotisches Abenteuer, gut bezahlt«. Aber bereut habe er seinen Schritt in die Provinz nie. Man mußte ja nicht jeden Abend wie die eingefleischten *Burda*-Redakteure seinen Frust in Sigis Scotch Club ertränken, Straßburg war doch so nah. Der Chefredakteur vermittelte der Redaktion das Gefühl, in einem Team zu arbeiten. Und er zeigte sich sehr spontan. Odenwald mußte das eine oder andere Rendezvous absagen, weil Hubert Burda die Runde nach einem langen Tag noch zum Essen in die »Traube« in Durbach oder in die hauseigene »Franzensstube« ins Fessenbacher Schlößchen einlud. Er fuhr auch nach München, wenn der Verleger am Wochenende in die Schackstraße bat, und manchmal stand, wenn er die Treppe hinaufstieg, der Chef auf dem Absatz und blies Blueberry Hill auf der Trompete. Für den Norddeutschen war das »total anders als die etwas kühlere Hamburger Verlagslandschaft. Henri Nannen ging ja auf die andere Seite, wenn er einen auf der Straße sah. Der wollte nicht gestört werden. Mit dem hatte man als gemeiner Redakteur nichts zu tun.«

Weitere Neuerungen führte Hubert Burda ein. Martin Grüber wunderte sich nicht wenig, als ihn der Verlegersohn aufgefordert hatte, doch mal an einer der nächsten Redaktionskonferenzen teilzunehmen. Warum nicht? dachte sich der OB, und ging die dreihundert Meter zum Hochhaus rüber. Als er am großen Tisch Platz genommen hatte, staunte er über unzählige Flaschen Lithium-Limonade. »Das«, glaubt er sich zu erinnern, »sollte einen besonders schlauen Kopf machen.« Zumindest einen klareren. Lithiumsalze setzten Mediziner zur Prophylaxe und Behandlung von manisch-depressiven Zuständen ein.

Hubert Burda proklamierte zwar den Aufbruch, aber er wußte noch nicht so recht, wohin: »Er machte kein Hehl daraus, daß er lernte«, fiel Odenwald auf. »Er war noch etwas konturlos, er suchte noch seine Rolle, auch als Denker. Er war wahnsinnig sprunghaft.

Das war manchmal schwierig, mit ihm zu arbeiten – heute so, morgen so.«

Odenwald gehörte zum Zirkel von sechs oder sieben Redakteuren, die Hubert Burda um sich scharte, denen er vertraute und mit denen er sich besprach. Nach dem Wochenende, Sonntagnachmittag oder Montagmorgen, wenn sich die Runde zur Ideenkonferenz traf, fragten sich alle, wen der Jungverleger in München wohl getroffen hatte: »Wenn er eine gesellschaftliche Sache aus der Society brachte, war er mit Fritz Wepper zusammen gewesen. Wenn er ein neues philosophisches Modell vortrug, dann hatte er Peter Handke getroffen. Und wenn er über Amerika und neue Filme sprach, dann wußte man: Aha, Wim Wenders. Es war immer entscheidend, was er gerade las, mit wem er gerade sprach, mit welchen Politikern er sich unterhielt. Dann kam er zurück und hatte neue Flausen im Kopf«, sagt Odenwald. »Aber immer auf hohem Niveau.«

Nicht immer verstanden seine Redakteure, was er gemeint hatte: »Es gab kein neues philosophisches Modell, das er nicht aufgegriffen hätte. Mit solchen Sachen rannte der sofort rum. Es gab Konferenzen, da haben sich die Leute hinterher gefragt: Was hat er jetzt eigentlich gesagt? Hast du was verstanden?« Philosophie und *Bunte*, das war nicht immer kompatibel. Und manchmal schien er einen Titel im Kopf zu haben, den es nie geben würde: »Eines Tages kam er an, er habe gehört, daß Charles zum katholischen Glauben übertritt. Oder daß er Caroline von Monaco heiratet«, erinnert sich Odenwald und schüttelt den Kopf. »Aber immerhin: Das hatte hohen unterhaltenden Wert.« Er empfand den jungen Chef als angenehm, er mochte ihn. »Da war eine Atmosphäre, da hat man gern mitgetan«, sagt er.

Im Juni 1977 mußten die überwiegend älteren Leser erstmals ein leicht bekleidetes Mädchen auf dem Titel ertragen, wenig später sogar eine unbekleidete Frau. Der »Titel-Bikini« hatte sich nun auch bei der einst »sauberen« *Bunte* durchgesetzt. 1979 fühlte Hubert Burda sich verpflichtet, den Aufmacher zu rechtfertigen: »Wir sind keine Pharisäer. Auch die *Bunte* gehört zu den Zeitschriften, die mit Sensationsnachrichten ihre Käufer anlocken. Die Welt besteht aus guten und schlechten Nachrichten. Jeder erlebt dies an sich selbst. Sie besteht nicht nur aus guten, dann wäre sie ja eine ›heile‹ Welt. Aber sie besteht genausowenig nur aus schlechten Nachrichten. Wir von *Bunte* drucken beides.«

Nach und nach führte er neue Rubriken ein, etwa »Leute von heute, Leute von morgen, Leute von gestern«, und 1981 erstmals »Politik klipp + klar« mit »mehr Hintergrundinformationen über das Geschehen in Bonn und aller Welt«.

Kritik an den Entscheidungen des Chefs war erlaubt, mußte aber ähnlich wie beim Vater wohl dosiert werden. Wer die Grenze überschritt, der wurde mit dem Bann belegt: »Dann sprach er nicht mehr mit einem, oder er überging einen konsequent, da war er Meister drin.« Liebesentzug nennt es Odenwald, daran seien einige Leute zerbrochen. Es gab Redakteure, die ihre Geschichten wochenlang für den Papierkorb schrieben. Wochenlang warteten sie darauf, daß er sie wieder ansprach oder wenigstens anlächelte.

»Das war aber bei Henri Nannen auch nicht anders, vielleicht nicht so kraß«, relativiert Odenwald. »Wenn man wußte, der ist bei Henri Nannen in Ungnade, dann erwähnte man in der Konferenz dessen Namen nicht. Dann sagte man, wir haben eine gute Geschichte, in der Hoffnung, der Nannen merkt es nicht, von wem sie ist.« Ebenso hielten Hubert Burdas Ober-Redakteure nach einer Diskussion irgendwann den Mund. Wenn er den Titel kippte, und sie den Grund nicht verstanden, dann zuckten sie bloß mit den Schultern: So ist es, sein Name steht auf dem Dach, er ist der Chef.

Über Odenwald wurde Ende September 1980 der Bann verhängt, weil er lieber einen Boxkampf im Fernsehen ansehen wollte, als nach Paris zu fahren. Er und Mathias Nolte hatten sich am Vorabend mit ihrem Chef gestritten, von dem sie noch nicht wußten, daß er, wie der Vater, bei Betriebsfesten alle vollzählig erwartete. Hubert Burda nahm den beiden das übel, auch weil in Paris der Vertrag mit dem ZDF-Moderator Dieter Kronzucker unterzeichnet wurde: Mehr als zwei Millionen Mark für die Exklusivgeschichte über die Entführung seiner Kinder. Damit erbrachte die *Bunte* den größten Teil des Lösegelds.

Die alten *Bunte*-Redakteure waren dem »Senator« treu und ohne Widerspruch gefolgt. Sie waren Angestellte, und was geschah, bestimmte der Alte. Wer damals im *Stern* schrieb, war dagegen fast ein Autonomer. Und die zugereisten Hamburger Edelfedern ließen sich nun auch in Offenburg den Mund nicht ganz verbieten: »Herr Doktor«, wehrte sich Odenwald häufig, »das habe ich nicht nötig.«

»Was glauben sie, Andy«, gab Hubert Burda zurück, »was ich von meinem Vater alles eingesteckt habe.«

Odenwald war das gleichgültig: »Ich bin ja nicht Ihr Sohn.«

Ende der siebziger Jahre ging Hubert Burda oft »mit roten Ohren durch die Redaktion«. Odenwald empfand manchmal so etwas wie Mitleid mit dem Mann, der sein Chef war, der aber von seinem Vater noch immer als »Büble« abgekanzelt wurde.

Als Hubert Burda Andreas Odenwald zum stellvertretenden Chefredakteur ernennen wollte, schickte er den Kandidaten in die 13. Etage: »Gehen Sie mal zu meinem Vater, damit er es auch weiß.«

Oben angekommen, fragte der Alte: »Wo kommen Sie her?«

»Aus Hamburg.«

»Was halten Sie von Helmut Schmidt?«

Odenwald fürchtete, daß die Antwort heikel sein könnte. »Tut mir leid«, sagte er, »aber den Mann bewundere ich.«

Überraschend für Odenwald stimmte Burda zu: »Ich teile Ihre Meinung. Mit dem Strauß gehe ich ja jagen. Aber als Kanzler will ich den nicht. Ich nehm' auch Ihren.« Damit war die Audienz beendet, mit der zugleich signalisiert war: Das Zepter führe immer noch ich hier.

Hubert Burda wollte deshalb weg aus Offenburg, weg aus dem Gravitationsfeld des allmächtigen Vaters. Er wollte nach München, mit allen relevanten Redaktionen. Auch der Provinz den Rücken kehren. Wie aber sollte er das dem Vater und wie der Stadt erklären? Irgendwann hatte er eine Begründung gefunden, die auch dem Vater einleuchten müßte: »Es wird so schwer, gute Leute nach Offenburg zu holen«, klagte er. »Da geht mir einer nach dem anderen weg.« Weil er wußte, daß der Vater Stuttgart nicht mochte, fragte er listig: »Könnte ich nach Stuttgart gehen?« Sein Vater antwortete, wie er es erhofft hatte: »Bis du in sellem Loch in Stuttgart drunten bisch, fährscht du lieber gleich nach München.«

Hubert Burdas Herz hüpfte. Er wußte auch schon, wo er sich

niederlassen wollte. Bereits 1966 hatte er in einen Bau des Münchner Unternehmers Josef Schörghuber im Tucherpark ziehen wollen. Aber er mußte mit dem Gebäude in der Arnulfstraße vorliebnehmen. Nun riet er seinem Bruder Frieder, der gerade in eine Parkgarage in Klagenfurt investieren wollte: »Frieder, ich kenn' da einen, der heißt Schörghuber, der baut ein schönes Bürohaus. Das würde ich kaufen, da kriegst du gute Mieten.«

Vier Jahre später zog die *Bunte*-Redaktion tatsächlich in die Münchner Arabellastraße. Ins lichte Foyer ließ Burda Collagen von Andy Warhol hängen, in den siebten Stock, seinen »Hochsicherheitstrakt«, Bilder bekannter zeitgenössischer Maler. »Ich war zufrieden«, sagt er heute. »Ich hatte mein erstes Lebensziel erreicht, ich war in München. Und dort konnte ich endlich die Redakteure suchen, von denen ich wußte, daß sie damals in Offenburg immer wieder gehen würden. Und ich wollte verlegerisch in einem großen Fußballstadion spielen wie der FC Bayern.«

Doch die Brüder bremsten Hubert Burdas Visionen vom Wachstum. Während Gruner + Jahr zu Beginn der achtziger Jahre expandierte, schafften die Burdas nur *Ambiente*, *Pan* und die *Glücks-Revue*, die letzten Neugründungen des Patriarchen. Als Mitglied der Geschäftsleitung gewann Karlheinz Binder damals den Eindruck, Franz Burda junior habe sich durchgesetzt. Dieser sei der Meinung gewesen, wenn eine neue Zeitschrift scheitert, dann seien 30 Millionen Mark weg, wenn er keine Aufträge habe, stehe die Maschine immer noch da. »Das war eine freundliche Absage an Investitionen.«

Mitte der achtziger Jahre hatten auch die Brüder erkannt, daß es eine gemeinsame Zukunft nicht geben konnte. Das sah auch Franz Burda senior ein, und zu später Abendstunde gestand er Karlheinz Binder einmal: »Ich mache mir Sorgen um meine Söhne.« Im Dezember 1985 übertrug er seine restlichen Gesellschaftsanteile an die drei Söhne, aber er hatte die Hoffnung aufgegeben, daß sie sein Werk gemeinsam fortführen würden. Dazu waren sie zu verschieden, und vor allem der älteste und der jüngste hegten unvereinbare Ziele: »Das wußte auch der Vater«, ist Franz Burda klar, »aber er hatte nicht mehr die Kraft, das zu regeln.«

Springers Erben in spe: »Die Herren der Welt«

Nicht nur der alte Franz Burda hatte auf seine drei Söhne gesetzt, ein anderer Verleger wollte die Zukunft seines Unternehmens ebenfalls in die Hände der Burda-Brüder legen: Axel Cäsar Springer. Anfang der achtziger Jahre holte er seinen ehemaligen Generalbevollmächtigten Christian Kracht zurück und schickte ihn auf die Suche nach einem Nachfolger. Die Wahl fiel bald auf die Burdas. Zum alten Burda hielt Axel Springer schon seit den sechziger Jahren engen Kontakt. Zum 75. Geburtstag hatte er ihm geschrieben: »›Worte sind nur Worte‹, wie Lieblingsdichter Matthias Claudius sagt, ›und wo sie sogar leicht und behende dahinfahren, da sei auf Deiner Hut. Denn die Pferde, die den Wagen mit Gütern hinter sich haben, gehen langsameren Schritts.‹ Das zu erkennen, steht uns Älteren wohl an. Deshalb ist es nicht so dahingesagt, wenn ich ausspreche, wie sehr ich Dein Werk respektiere, Deine Originalität bewundere und weiß, daß über unserer Beziehung eine immerwährende, zu oft unausgesprochene Freundschaft liegt.« Springer vertraute Burda, und er lobte dessen »erprobte Jungs«, die »ihr Handwerk beherrschen«.

Springers Tochter und sein zweiter Sohn dagegen hatten fürs Verlegerische keine Ader. Springers Hoffnungen, sein ältester Sohn Axel, der mit Franz Burda junior befreundet und als Fotograf in der Branche tätig war, würde das Erbe antreten, zerschlugen sich schon vor dessen Freitod im Januar 1980. Springer wollte seine Kinder zu nichts zwingen, wie er erklärte, »ich muß mit Goethe Wahlverwandte suchen«. In einer Springer-Beteiligung sah Hubert Burda nicht nur marktstrategisch, sondern auch in seiner Auseinandersetzung mit den Brüdern eine Chance: Hubert Burda erkannte früh, daß er den Verlag allein besitzen mußte, um ihn allein führen zu können. Mit seinem Chefreporter, dem früheren Regisseur Will Tremper, saß er eines Abends in dessen Wohnung in der Münchner Pixisstraße und überlegte, wie das anzustellen wäre. In drei Teile war das Unternehmen nicht zu gliedern, dazu hatte Frieder zu wenig in der Hand. Mit dem Springer-Paket dagegen wäre Frieders Position gestärkt, weil er für Finanzen und Beteiligungen zuständig war.

Als Axel Springer junior am 6. Januar 1980 beerdigt wurde, war auch Christian Kracht anwesend, und Jens J. Meyer berichtete Hubert Burda, daß er bereits mit Bauer verhandle. Doch dieser Elefantenhochzeit schien das Kartellamt nicht zustimmen zu wollen, weil sowohl Bauer als auch Springer je zwei Programmzeitschriften (*TV Hören und Sehen* und *Fernsehwoche*; *Hörzu* und *Funkuhr*) herausgaben und im Verbund eine zu große Dominanz auf dem Markt erreichen könnten. Die Chancen für Burda, der nur eine derartige Zeitschrift (*Bild + Funk*) verlegte, standen also besser. »Als wir Frieder sagten, daß Bauer dran war«, meint Hubert Burda, »da ist er aufgewacht.«

Bald verhandelten Hubert und Frieder Burda mit Christian Kracht, was im Juni 1981 dem *Spiegel* gesteckt wurde. Die beiden Parteien kamen überein, daß die Offenburger zunächst 26, dann weitere 25 Prozent übernehmen sollten.

Springer soll sehr beeindruckt gewesen sein, als Hubert Burda ihm in seinem Gut Schierensee einmal den Weg eines Fotos, das in New York aufgenommen wurde, über eine Faxanlage in die Redaktion der *Bunte* beschrieb. »Da sieht man die verlegerische Begabung.« Franz und Frieder seien beschämt gewesen. Hubert Burda erinnert sich an ein anderes Treffen mit dem *Bild*-Verleger. »Ich hatte viel Respekt vor Springer«, sagt er. »Es gibt große Männer auf der Welt, die hat man zu respektieren.« Während seines Besuchs am 6. Oktober 1981 habe das Telefon geklingelt: Der ägyptische Staatschef Anwar el-Sadat, der auf eine friedliche Begegnung zwischen Judentum, Christentum und Islam gesetzt und auf dem Berg Sinai nebeneinander eine Synagoge, eine Kirche und eine Moschee hatte bauen wollen, war ermordet worden. Hubert Burda lauschte dem Telefonat und dachte: »Mein Gott, das sind die Herren der Welt. Da mußt du noch ordentlich Brot essen, bis du da rankommen kannst.«

Es hätte ein großer Medienkonzern werden können, doch das Kartellamt legte im November 1981 sein Veto ein. Deshalb wandte Axel Springer sich am 20. November 1981 mit einem Brief an Bundeswirtschaftsminister Otto Graf Lambsdorff und kündigte damit einen offiziellen Antrag an, den er stellen werde: Er wolle sein Haus bestellen, solange er noch bei Kräften sei, schrieb Springer. Die neuen Medien, prophezeite er, würden Zeitungs- und Zeitschriftenverlage vor eine Bewährungsprobe stellen, sie stünden sogar vor einer Überlebensfrage. Die Abschöpfung erheblicher Werbemittel erfordere das Zusammengehen auch großer Verlage. Angesichts der Bedrohung durch die neuen Medien äußerte Springer die Befürchtung, daß »es mir allein nicht möglich sein würde, *Die Welt* am Leben zu erhalten. Eine Partnerschaft mit Burda würde dem vorbeugen helfen.« *Die Welt* kostete damals jährlich rund 35 Millionen Mark. Auch die Sorge um Arbeitsplätze führte er an, das sei »kein sozial-taktisches Argument«, sondern er empfinde die Verantwortung für 12000 Menschen und ihre Familien als Pflicht zur Fürsorglichkeit. »Genau das ist der Beweggrund, der mich vor überwiegend kapitalmäßig orientierten Beteiligungen warnt.« Das Haus Burda sei »im Sinne der ›Wahlverwandtschaften‹, die zu suchen mir auferlegt ist, der beste Partner«. Die drei Söhne stünden »in einem Lebensalter, das der Nachfolgegeneration entspricht. Sie verfügen über eine solide Bodenständigkeit, über sachgemässen (sic!) Kenntnisreichtum und eine durable Wirtschaftskraft, die mir eine stabilisierende Wirkung auch für mein Unternehmen verheisst. (sic!)« Mitarbeiterbeteiligungen, wie sie Bertelsmann praktizierte, schienen Springer für sein Unternehmen ungeeignet. »Bertelsmann ist kein Zeitungshaus, auch ist es nicht auf Zeitschriften beschränkt, sondern in anderen Bereichen ›industrialisiert‹.« Auch ausländischen Beteiligungen stehe er skeptisch gegenüber. »Unser ganzes Volk« habe ein »Recht auf die Sicherung der grossen (sic!) unabhängigen Verlagshäuser und damit auf die Bewahrung der Vielfalt des gedruckten Wortes«. Und deshalb sei dies primär eine politische und sekundär eine wettbewerbsrechtliche Entscheidung. Doch der »sehr geehrte Herr Minister« blieb ungerührt, er konnte dem ihm sehr ergebenen Axel Springer nicht helfen.

Am 6. Januar 1983 unterzeichneten Christian Kracht, Hubert und Frieder Burda in Zürich den Kaufvertrag für lediglich 24,9 Prozent der Anteile der Axel Springer Gesellschaft für Publizistik. Sie kosteten 255 Millionen Mark. Nicht einmal eine Sperrminorität hatte das Kartellamt zugestehen wollen, die Burdas gaben ihr Geld, aber zu sagen hatten sie nichts. »Das machen die Jungen«, kommentierte der »Senator« die Beteiligung. »Mir wäre das zu riskant.« Viel später mußte auch Frieder Burda zugeben: »Wir waren rechtlos.« Zwar saß er von 1983 an im Aufsichtsrat, ab Mitte 1985 sogar als stellvertretender Vorsitzender, zwar stieß Bruder Hubert von 1985 bis 1987 hinzu, aber die Entscheidungen seien in der Verwaltungs-KG der Holding getroffen worden. Und da hatten die Burdas, die Axel Springer gern als seine Nachfolger gesehen hätte, keinerlei Mitspracherecht. Einziger Trost für Finanzverwalter Frieder Burda: Die Dividende war immer vorzüglich: 1986 nahm er mehr als zehn Millionen Mark Ausschüttung aus dem Überschuß ein.

Der Tod des »Senators«: »Hast du die Sorge nicht gekannt«

Am 28. Mai 1950 hatte Franz Burda senior in Mannheim am Boxring gesessen und darauf gehofft, daß der deutsche Europameister von 1947, Hein Ten Hoff, den 36jährigen US-Champion, Jersey Joe Walcott, auf die Bretter schicken würde. Es kam anders. Doch gewann Franz Burda an diesem Tag einen Freund; die Geschichte dieser Freundschaft erzählte er später noch gern: Im Boxring bot ein Auktionator damals einen saufarbenen Drahthaarteckel zum Verkauf. Burda erstand ihn und nannte ihn Schnaps, weil er alle Eigenschaften eines echten Schwarzwälder Kirsch habe: Er sei das beste Mittel gegen alle Arten von Verstimmung. Fortan begleitete er seinen Herrn jeden Tag ins Büro und lag dort zu dessen Füßen. Nach zwölf Jahren des Dackelns schaffte er den Weg nicht mehr. Der Hundedoktor empfahl die Spritze, aber Burda wollte das nicht. So vegetierte Schnaps tagelang vor sich hin, vom »Senator« mißachtet: Kranke Wesen waren ihm verhaßt.

Doch plötzlich erwachten in Schnaps die Lebensgeister wieder. Jaulend und bellend stand er vor der Tür, und als sie jemand öffnete, rannte er zu Nachbar Friedmanns Haus, wo eine Hündin wohnte. Samstag nach den Heiligen Drei Königen stürmte er zum letzten Mal hinaus. »Vor der Tür seiner Freundin singt er seine Serenade«, schrieb Scharfenberg auf, was ihm der »Senator« erzählt hatte,

»und bricht mittendrin, vom Herzschlag getroffen, tot zusammen. Er stirbt ›in Liebe‹.«

So wollte auch sein Herrchen sterben. Doch bei ihm war es nicht das Herz, sondern die Parkinsonsche Krankheit, die ihn zusehends schwächte. Seine letzten Wochen verbrachte Franz Burda im Rollstuhl. Und seine Gedanken kreisten immer noch um sein Unternehmen, das inzwischen ganz in den Händen der Söhne lag: »Ach, mein G'schäft«, jammerte er vor sich hin. »Ach war des schön, mein G'schäft. Ich kann's gar nicht erwarten, bis ich wieder in mein G'schäft gehen darf.«

Jens J. Meyer traf den »Senator« zum letzten Mal im Mai oder Juni 1986 an seinem Schreibtisch im 13. Stock des Offenburger Hochhauses. »Wie geht es ihm?« fragte er Edith Viertel, seine Sekretärin.

Sie sagte nur: »Gehen Sie ruhig hinein.«

Meyer war gerührt, als der alte Mann aufstand, um den viel jüngeren zu begrüßen. Vor ihm stand ein Glas Pilsener Urquell. »Möchten Sie auch eins? Das ist das beste Bier der Welt. Das weiß ich von meinem Sohn Franz, der versteht etwas vom Bier.«

»Wie geht es Ihnen?« wollte Meyer wissen.

»Ach wissen Sie, ich habe Krach daheim.«

»Das kenne ich auch, hört das denn nie auf?« fragte Meyer.

»Ich sage Ihnen, es wird immer schlimmer.«

Meyer wußte, daß Aenne Burda, damals auch schon 78, noch fast täglich im Büro war. »Sicher hat sie weder die Zeit noch die Geduld, einen kranken Partner zu betreuen«, dachte er und hatte Mitleid mit dem alten Mann. Er erzählte ihm, daß er morgens im Durbacher Rebland spazieren war, und der »Senator« erkundigte sich nach dem Zustand der Pflanzen und den Lichtverhältnissen. Alles war so, daß er Edith Viertel bat, nach dem *Bunte*-Fotografen Uli Skoruppa zu fragen. Burda wollte in seine geliebten Weinberge fahren und fotografieren. »Zum Abschied stand dieser feine Mensch wieder auf«, erinnert sich Meyer. »Ich war sehr traurig, als ob ich ahnte, daß es ein Abschied für immer war.«

Franz Burda versuchte in diesen letzten Wochen mit Mühe, seine Erinnerungen zu Papier bringen zu lassen. Johannes Schulze sollte sein Leben aufschreiben. Burda wurde mit jedem Tag ungeduldiger: »Mein lieber Schulze«, schrieb er in einer Hausmitteilung, »einmal muß ein Punkt gemacht werden. Ich verlange als Chef des Hauses Burda, daß meine Memoiren ein festes Gefüge bekommen. Wir müssen möglichst schnell – mein Sohn Frieder hat nichts dagegen – meine Lebenserinnerungen lebendig werden lassen. Jetzt wird es ernst, mein Lieber. Ich weiß, daß Sie mit Begeisterung bei der Sache sind. Und wenn ich einmal die Augen schließe, dann will ich, daß die Nachwelt weiß, wer der Franz Burda war«, ließ er den heutigen Geschäftsführer des Chemnitzer Verlags der *Freien Presse* wissen.

Auch dieser Versuch scheiterte: »Der große Burda tot«, titelte die *Bild*-Zeitung. Am 30. September 1986, früh um fünf Uhr, war er zu Hause gestorben. Aenne und die drei Söhne waren bei ihm. Hans-Hermann Tiedje nannte den »Senator« »so knorrig und vielseitig wie ein Rebstock aus seiner badischen Heimat«. Er sei Kunstmäzen, Faustball-Fan, Klavierspieler, Blumenfreund, Jäger, Dickschädel und Dünnhäuter und vieles mehr. »Vor allem aber beanspruchte er in seiner Firma immer das Sagen – und behielt es auch.«

Tausende Mitarbeiter trugen sich in die Kondolenzlisten ein, die Stadt Offenburg flaggte mehrere Tage halbmast. Als sich am Morgen des 6. Oktober die Angehörigen, Redner und auswärtigen Gäste im Hochhaus trafen, flüsterte Aenne Burda dem Stadtoberhaupt Martin Grüber im Aufzug zu: »Da bin ich jetzt zum ersten Mal seit der Einweihung wieder drin.« Hunderte Prominente waren angereist, nur geladene Gäste fanden Platz in der Kreuzkirche. Domkapitular Helmut Eberwein, persönlich verbunden mit der Familie, hielt die Ansprache.

Mit Eberwein zelebrierten Dekan Elmar Krotz und Bruno Bayer den Gottesdienst. Nach Fürbitten, Hochgebet, Vaterunser sowie Requiem und Choral, gespielt von der Bayerischen Staatsoper und dem Bayerischen Staatsorchester, lobte Lothar Späth eine »starke, eigenwüchsige Persönlichkeit«. Walter Scheel behauptete ernstlich: »Er dachte mit seinem Herzen.« Karlheinz Binder dankte Gott für 20 Jahre, »die er mit diesem Mann und Patriarchen arbeiten durfte. (...) Er war ein gerechter, nie ein bequemer Chef. Das entsprach nicht seiner Mentalität. Er hat uns manches Mal gefordert bis in die Grenzbereiche unserer Fähigkeiten, und ich bin ihm dankbar dafür.« Martin Grüber hob Burdas Fähigkeit heraus zu teilen. Franz Josef Strauß' Ansprache fiel aus, er hatte wegen Nebels nicht landen können.

Mit Johann Sebastian Bachs Toccata und Fuge d-Moll zog die Trauergemeinde aus der Kirche hinaus, die Karawane fuhr, der Sarg des Verstorbenen mit großem Blumengebinde auf der Ladefläche eines Daimler-Pickups mit Füssener Kennzeichen, durch die Stadt zum Werkgelände. Ganz Offenburg stand am Straßenrand. Auf der Fahne des Gesangvereins »Concordia«, die Eddy Weber hielt, stand: »Das Glück verschönt, das Glück versöhnt ...« Vor dem Betriebsgelände wartete der Spielmanns- und Fanfarenzug der Feuerwehr, drin die Mitarbeiter, um sich von ihrem Chef zu verabschieden. Alle Maschinen standen still. Dann fuhr der Konvoi, begleitet von dumpfem Trommelwirbel, durch die Pforte am Kinzigstadion und folgte dem Weg, den Burda täglich zu Fuß gegangen war. Vor *burda Moden* standen die Mitarbeiterinnen von Aenne Burda, jede eine Rose in der Hand, in der Stegermattstraße die Stadtkapelle. Unterhalb des Hauses in der Schanzstraße spielte die Betriebskapelle Franz Schuberts »Heilig« aus der Deutschen Messe, von dort fuhren die Wagen weiter Richtung Osten, zum Weingartenfriedhof. Helmut Eberwein nahm die Aussegnung vor, dann senkte sich der Sarg ins Grab.

Max Schmeling stand tief gebückt davor, Blacky Fuchsberger heulte wie ein Schloßhund. »Ich habe noch nie so viele Leute weinen sehen wie dort«, sagte Karlheinz Binder. »Die haben ihn wirklich geliebt.« Nach der Beerdigung hatten die Friedhofsbediensteten Mühe, Aberhunderte Kränze zu lagern, die die Gäste vom Eingang bis weit übers Grab hinaus sowie rechts und links auf den querenden Weg gelegt hatten – ein riesiges Kreuz aus Blumengebinden.

»Wenn sie das Geld gespendet hätten, wäre das mindestens eine Million gewesen«, nörgelt Victor Bernauer. »Der ›Senator‹ hätt's bestimmt net wolle.« Oder doch. Den Trauerzug hat er sich so gewünscht, er wollte, daß alle von ihm Abschied nehmen können.

Wer Burda als lebensfrohen, immer lustigen, leutseligen Menschen in Erinnerung hat, dem stellt sein Sohn Hubert entgegen: Sein Vater sei voller Sorge gewesen, ein Leben lang, »das ganze Leben war immer ein Krieg: die Angst an die Front zu kommen, nicht mehr im Unternehmen zu sein, Bombenalarm, daß alles zusammenkracht …« Oft zitierte er Goethes »Faust«: »Hast du die Sorge nie gekannt? – Ich bin nur durch die Welt gerannt.« Resigniert freilich habe er nie, sondern mit Faust gesagt: »Doch deine Macht, o Sorge, schleichend groß, ich werde sie nie anerkennen.«

Der Patriarch ist tot: »Wer bestimmt?«

Der Machtkampf unter den Brüdern hatte lange vor dem Tod des Altverlegers begonnen. Warum die Burdas Gruner + Jahr die *Hamburger Morgenpost* überließen, die Springers *Bild* vor der Haustür Konkurrenz machte, bleibe wohl ihr Geheimnis, schrieb die *Wirtschaftswoche* damals. Des Rätsels Lösung ist: Hubert Burda wollte sich nicht gängeln lassen von Entscheidungen, die seine Brüder trafen.

Frieder Burda, der die Beteiligungen des Verlags managte, hatte einen Vorvertrag unterzeichnet. »Damit kam er zu mir«, erinnert sich Hubert Burda, »und sagte: ›Und du wirst den Verlag führen.‹ Ich sagte: ›Nein, in diesen schwierigen Laden gehe ich nicht. Wenn du die *Morgenpost* kaufst, dann mußt du dir selber einen Chefredakteur suchen.‹« Das Nein des Bruders kostete Burda fünf Millionen Mark, um aus dem Vorvertrag wieder herauszukommen.

Offensichtlich war, daß Hubert Burda anderes plante, als es ihm seine Brüder zugestehen wollten. Andreas Odenwald schrieb in *neue medien* über den »Kampf der Söhne«. Und Frieder Burda klagte dort später: »Er will alle Entscheidungen alleine treffen. Das ist im Verlag vielleicht auch notwendig. Wir haben das aber nicht akzeptieren können.« Die Koalition der Brüder stand dagegen.

Den letzten Streich führten Franz und Frieder kurz vor dem Tod des Vaters, indem sie ihrem Bruder Hubert eine »höchste journalistisch-redaktionelle Instanz« ins Haus schickten, in Person des vormaligen *Bild*-Chefredakteurs Peter Boenisch. Hubert Burda fühlte sich bevormundet, es war sein Verlag. Aber der Vater hatte zugestimmt, nachdem sowohl Auflage als auch Anzeigenerlöse der *Bunte* beständig gesunken waren.

Er sei es gewesen, der Boenisch einstellte, betont Burda heute. »Der Franz hatte gesehen, daß der Chefredakteur mehr Macht hat als der Verleger.« Und also versucht, ihn, Hubert, zu schwächen. »Der Chefredakteur hat nur einen Nachteil: Der Verleger kann ihn kündigen. Aber wenn er gut ist, wird ihn kein Verleger kündigen. Wenn er schwach ist, dann wird irgendwann auch der Verleger schwach sein, weil das Blatt nicht geht.« Und so sieht Hubert Burda sich heute als flexibler Manager, der dem Druck nachgegeben habe und dabei gewonnen, was er wünschte:

»Bei den Big Points habe ich immer klare Worte gegenüber meinen Brüdern gesprochen«, sagt er. Das Wort hat er von Boris Bekker, mit dem er einmal über Inner Coaching diskutierte. »Als Frieder und Franz den Boenisch holen wollten, sagte ich: ›Es gibt klare, vertraglich geregelte Zuständigkeiten. Im Druck entscheidet der Franz, bei den Finanzen entscheidet der Frieder, und im Verlag entscheide ich.‹ Ich habe den Boenisch geholt, obwohl ich Bedenken hatte.« Richtig, die Brüder hätten Boenisch als Chefredakteur für die *Bunte*, die an Auflage verlor, haben wollen. »Aber ich habe, indem ich mich einverstanden erklärte, die Leitung des Verlags gewonnen. Und das wollte ich immer sein: Verleger.«

Franz Burda senior freute sich, als Boenisch im September 1986 in München in einem nagelneuen bayerischen Loden-Trachtenanzug sein jüngstes Blättle der Presse vorstellte, die *Glücks-Revue*. Hubert Burda wollte mit diesem Produkt nichts zu tun haben und weigerte sich sogar, im Impressum aufzuscheinen. Weniger freuten den Senior die Veränderungen seines Lieblingsblättles: Boenisch veränderte die *Bunte*, wie kein Chefredakteur vor ihm. Er griff mehr politische Themen auf, schon auf dem Titel zogen Tod, Katastrophen, Gewalt und Verbrechen ins Heft ein. »Es wird mehr geschrieben, recherchiert, informiert«, urteilte dagegen Günter Kress. Außerdem habe der Unfug aufgehört, auf jede Personalie oder Auflagensenkung des *Stern* hämisch zu reagieren. Bei Boenisch blieben die Türen offen, die Gespräche allerdings auch. Ein Aufbruch. Er kaufte neue Leute ein, und Horst Vetten freute sich, daß »Boenisch damals die *Bunte* so gemacht hat, daß man da schreiben konnte«. Vor allem aber freute er sich über die »exorbitanten Honorare«, die der neue Chefjournalist bezahlte, was wiederum die Verlagsmanager erzürnte. Im Sommer bereits war der Etat weit überzogen, und die Auflage sank trotzdem von 1,13 auf 1,115 Millionen.

Während Boenisch selten in der Redaktion zu sehen war, hatten sich seine Stellvertreter bald »den Krieg erklärt«, so Kress. Karin Dietl-Wichmann und Norbert Sakowski hätten »gestritten und intrigiert, daß die Fetzen fliegen«. Dietl-Wichmann war von der *Cosmopolitan* zur *Bunte* gekommen, eigentlich um ein Männerblatt zu entwickeln. Das ließ auf sich warten. In der *Bunte*-Redaktion, sagt sie, wurde damals »beleidigt und geduckt. Das war menschenverachtend. Soviel an Intrigen, Gemeinheit, gebrochenen und ängstlichen Menschen, die sich unter der Knute von Norbert Sakowski beugten.« An Sakowski, dem stellvertretenden Chefredakteur, spaltete sich die Redaktionsmeinung. Dietl-Wichmann jedenfalls war »fassungslos«. Sie sprach mit Hubert Burda, aber der winkte ab: »Du bist zu empfindlich. Typisch Frau.« Und auch Boenisch hatte kein Ohr für sie: »Ach, Mädchen.«

So hießen alle Frauen bei Boenisch, hat Dietl-Wichmann nicht vergessen, »Mädchen oder Kleine, vor allem die blonden, die bevorzugt eingestellt wurden. Irgendwie scheint der Job des Chefredakteurs in dem Haus das Schlechte aus den Menschen herauszukitzeln.«

Hubert Burda hielt keine großen Stücke auf Peter Boenisch. Der Mann konnte zwar kommentieren, aber Geschichten erzählen konnte er nicht. Sein Chefredakteur langweilte ihn. »Wagner«, sagt er heute, »Wagner kann das. Ich liebe Menschen, die Geschichten auf eigenwillige Weise erzählen.«

Am Tag nach dem Tod des »Senators« tanzte Boenisch mit seiner Frau beim Oktoberfest auf den Tischen, ein Fotograf drückte ab, und tags darauf war das Bild in der *Abendzeitung*. Damit war seine Zeit bei Burda beendet. Nach nur zehn Monaten führte Peter

Boenischs Nachfolger Lothar Strobach das Blatt »zu den schönen Dingen des Lebens«, den Abenteuern, fernen Ländern, exotischen Kulturen und schönsten Naturschauspielen. Auf dem Titel dominierten wieder die Reichen und die Schönen. So kehrte die *Bunte* mit Strobach »entschlossen ins Burda-Reich der Träume zurück«, belächelte der *Spiegel*.

»Immer sprunghafter« habe sich das Heft unter Hubert Burdas Ägide verändert, diagnostiziert Ex-Burda-Mitarbeiter Andreas Odenwald, eine »immer hektischere Kolumnitis« sei ausgebrochen. Aktuelle Themen seien mal vorn im Heft, mal hinten abgefeiert worden, mal unter dem Titel »Tagesthemen«, mal unter »Schnell im Bild«. Die Klatschspalten wurden mal grün, mal gelb unterlegt und hießen »Gehört, gelesen«, »Extrablatt« und bald »Mein Rendezvous«. Und in der »unsäglichen Medienkolumne »Das Krokodil« hätten »anonyme Handlanger des privaten Fernsehens« öffentlich-rechtliche Redakteure heruntergeputzt und über das Toupet von Tagesschausprecher Karl-Heinz Köpcke gespöttelt. »Hubert Burda aber stieg zwei, drei Mal die Woche vom siebten Stock (Geschäftsführung) in den sechsten Stock (Redaktion) herab, so wie einst der weise Großwesir Harun-al-Raschid sich überraschend unter das Volk von Bagdad begab«, witzelt Odenwald.

Mehr Zeit hatte Burda auch nicht. Nach dem Rücktritt seines Vaters war das Münchner Verlagshaus einzurichten und das Unternehmen neu zu bestellen, bei der *Bild + Funk* sank die Auflage ebenfalls. Hubert Burda kümmerte sich in dieser Zeit um alles, aber um nichts intensiv genug. Um Raum zu gewinnen, stellte der Verleger dem *Bunte*-Chefredakteur Hans-Hermann Tiedje zur Seite, nach dessen Wechsel zu *Bild* Franz Josef Wagner.

Die Teilung des Erbes: »Mächtige Konflikte«

Jens J. Meyer ist sicher, daß Hubert die Initiative ergriff. Im Gegensatz zu den beiden Brüdern, die 50 und 54 Jahre alt waren und schon mehr als 30 Berufsjahre auf dem Buckel hatten, war Hubert

Burda gerade 20 Jahre in der Firma und seit zehn Jahren Chefredakteur. Er stand im Vergleich zu seinen Brüdern, die sich aus dem Tagesgeschäft lieber zurückziehen wollten, noch am Anfang seiner Karriere. Konsterniert beobachtete Hubert Burda, wie sein Bruder Frieder nach Belieben frei nahm oder Franz sich zur Jagd abmeldete. Für Hubert Burda dagegen begann die Arbeit mit dem Aufstehen und frühestens um sieben Uhr war abends Schluß.

Frieder Burda schrieb zum 60. Geburtstag seines Bruders: »Du bist schon sehr früh zielstrebig deinen Weg gegangen. Schon immer wußtest du, was du wolltest: Du wolltest Verleger werden wie unser Vater. Es war Vaters Wunsch, daß wir alle drei Söhne sein Unternehmen weiterführen sollten. Nach seinem Tod 1986 haben wir erkannt, daß dies nur sehr schwer möglich sein würde. Aus dieser Erkenntnis heraus haben wir uns im selben Jahr getrennt, was damals keine leichte Entscheidung war. Nur einer konnte Verleger sein, und da wir alle drei sehr unterschiedlich waren, wußten wir, daß uns die gemeinsame Fortführung von Vaters Lebenswerk kein Glück gebracht hätte. Für dich war es wie ein Neuanfang, du konntest dich frei entfalten ...«

Daß Franz und Frieder Burda freiwillig auf den Verlag verzichtet hätten, glaubt auch Meyer nicht. Vielleicht war's wie unter Kindern: Zwei Brüder bekommen zu Weihnachten ein Fahrrad und eine Eisenbahn. Der eine Bruder möchte gern mit der Eisenbahn spielen, er sagt aber: Ich will mit dem Rad fahren. Sofort meldet der andere Bruder seine Ansprüche auf das Fahrrad an. Der erste gibt nach, der zweite radelt davon und der erste hat die Eisenbahn für sich allein.

Also sagte Hubert seinen Brüdern, er wolle bei Springer groß einsteigen. Die beiden Brüder behielten die Springer-Anteile erst recht, Hubert bekam das, was er wirklich wollte: die Alleinherrschaft im väterlichen Verlag.

Franz Burda besteht darauf, daß er es gewesen sei, der seinem jüngsten Bruder gesagt habe: »Hubert, wir können nicht miteinander, lassen wir das bleiben.« Hubert hätte allerdings schnell beigepflichtet. Also hätten sie die Masse in den Topf geworfen und bewertet. »Und es kam heraus, daß Vermögen von 1,5 Milliarden da ist. 500 Millionen für jeden, auf- und abgerundet. Das war die einzige vernünftige Lösung.«

Am 22. Dezember 1986, kaum drei Monate nach dem Tod des Vaters, erhielten Mitarbeiter und Presse eine schmale Notiz über die »Neuordnung der Burda-Unternehmen«:

»Die Brüder Franz, Frieder und Dr. Hubert Burda sind übereingekommen, ab 1. Januar 1987 die Führung und Verwaltung der Unternehmen und Beteiligungen der Familie in folgender Weise fortzusetzen:

Franz Burda, 54, und Frieder Burda, 50, übernehmen gemeinsam in Fortsetzung der bisherigen Aufgabenbereiche die Beteiligung an der Axel Springer Verlag AG mit einem Anteil von zur Zeit 24,9 %, die in den USA tätigen Druckunternehmen der Meredith-Burda Corp., an der Burda mit 50 % beteiligt ist. Sie betreibt Tiefdruckereien in Lynchburg/Virginia, Newton/North Carolina, Des Moines/Iowa, Casa Grande/Arizona. Der Umsatz dieser Druckereien erreicht im Jahr 1 986 400 Mio US $, eine 40 %-Beteiligung an den Papierfabriken MD mit einem Umsatz von einer Milliarde DM und den Pressegroßvertrieb Salzburg mit einem Umsatz von einer Milliarde ÖS. Der seit 1973 den Unternehmensbereich Verlag leitende Dr. Hubert Burda, 46, übernimmt den gesamten Druck- und Verlagsbereich. Er wird dementsprechend künftig als alleiniger geschäftsführender Gesellschafter die Burda GmbH und die Burda Farben GmbH & Co. einschließlich der Tochtergesellschaften sowie der deutschen und französischen Druckereien führen. Zu diesem Bereich gehören die Zeitschriften: *Bunte*, *Bild + Funk*, *Freizeit Revue*, *Glücks-Revue*, *Freundin*, *Meine Familie & ich*, *Das Haus*, *Mein schöner Garten*, *Ambiente* und *Pan*.

Die Verhältnisse im Verlag Aenne Burda GmbH & Co. bleiben unverändert.

Diese Neuregelung hat das Ziel, das Lebenswerk von Senator Dr. Franz Burda erfolgreich fortzuführen.«

Franz und Frieder Burda führten ihre Anteile in die gemeinsame »F & F Burda Gesellschaft für Beteiligungen« mit Sitz in Baden-Baden über. Ohne diesen Schnitt, da ist Hubert Burda sicher, hätte sich der Verlag nicht entwickeln können. Nur drei Monate nach dem

Tod des Prinzipals war dessen Vermächtnis vergessen. »Wir hatten mächtige Konflikte in den siebziger und achtziger Jahren, viel mehr unter den Brüdern als mit dem Vater«, gibt Hubert Burda heute zu. »Und wenn wir nichts gehabt hätten zum Teilen, hätten wir uns die Köpfe eingeschlagen um *Freizeit Revue*, *Bunte* und die anderen Blätter.« Und Franz bekennt: »Das wäre nie gegangen. Zusammen konnten wir das Unternehmen nicht führen. Wer hätte bestimmt?«

Ohne Streit kam der Abschluß offenbar nicht zustande. Unmittelbar nach der Mitteilung des Beschlusses hörte Kurt Henninger Franz Burda sagen: »Den Betrieb betrete ich nie mehr.« Sogar zur Gedenkfeier am zehnten Todestag des Vaters im Altbau sei der Stuhl neben der Mutter leer geblieben. Frieder Burda, so kolportiert Hans-Jürgen Jacobs, »soll sogar geäußert haben, daß der jüngere Bruder spätestens nach einem halben Jahr am Ende sei und die Burda GmbH dann billig zurückgekauft werden könne«.

Statt dessen verloren die Brüder. Der Wert des Aktienpakets sank während des Börsenkrachs vom 19. Oktober 1987 um ein Drittel (was rasch wieder aufgeholt war), und der Dollar im Sinkflug verringerte auch den Wert der US-Beteiligungen. *Der Dienst* resümierte ein Jahr später: Franz und Frieder Burda hätten sich »großzügig mit den vielfältigen Beteiligungsfirmen abfinden« lassen. »Alle drei Burdas blieben in ihrem Element. Der hyperaktive Hubert hat dem Stammhaus schnell seinen ganz persönlichen Stempel aufgedrückt. Yacht-Segler Franz und Jet-Pilot Frieder konnten sich ohne Alltagsstreß auf die schöne Beschäftigung des Couponschneidens verlegen. Das Timing war ideal, denn zu heutigen Kursen wäre eine problemlose Trennung nicht mehr möglich.«

Burda gegen Burda: »Wer die *Bild-Zeitung* hat, hat die Macht im Lande«

Eines Tages im April 1990 klingelte im Sekretariat bei Ruth Gudlat das Telefon. Am anderen Ende das Büro von Helmut Kohl. Der Herr Dr. Burda möge sich doch bitte nach Bonn bemühen, der Herr Bundeskanzler würde ihn gern sprechen. Das sei eine Aufregung gewesen in seinem Vorzimmer, erzählt Burda. Heute würde man damit ja souveräner umgehen, seit der Kanzler zehn Jahre jünger ist als man selbst. Aber damals!

Hubert Burda hatte zur Wahrung seiner Rechte die Gerichte eingeschaltet, und sein Einsatz richtete sich gegen die Brüder, die ihre Springer-Aktien an die Springer AG zurückverkauft hatten. Hubert Burda glaubte, ein Vorkaufsrecht reklamieren zu können. Die erste Instanz hatte ihm recht gegeben, und nun sollte auch das Oberlandesgericht Karlsruhe so entscheiden. Deshalb rief der Kanzler an, wenige Tage vor der zweiten Verhandlung. Er wollte den potentiellen Teilhaber des für ihn wichtigsten Presseobjekts näher kennenlernen. »Kohl war immer interessiert daran zu wissen, wo das Springer-Paket war«, weiß Hubert Burda. Doch das Gericht in Karlsruhe entschied gegen ihn, und »als der Prozeß verloren war, habe ich von Kohl nie wieder was gehört«.

»Wer die Bild-Zeitung hat, hat die Macht im Lande.« Das wußte auch Frieder Burda. Aber Macht war nicht das, was Frieder Burda anstrebte. Sehr früh hatte Hubert Burda Hinweise dafür, daß seine Brüder erwogen, die Aktien zu verkaufen. Er wollte sie in der Familie behalten, und wenn seine Brüder sie nicht mehr haben wollten, dann übernehme er sie eben, bevor sie an Dritte gingen. Schon 1987 sprach er deshalb mit Wolfgang Röller von der Dresdner Bank: »Ich habe Vorkaufsrecht auf das Springer-Paket, hätten Sie Lust, das zu finanzieren?« Wenig später, im September, ging er mit Frieder Burda in Baden-Baden spazieren: »Frieder, wenn das Paket auf den Markt kommt, würde ich das gern für die Burda GmbH haben.« Was sein Bruder antwortete, hat Hubert Burda so in Erinnerung: »An eine Veräußerung ist nicht zu denken, aber falls doch, dann hast du Vorkaufsrecht, dann reden wir mit dir.« Lächelnd merkt er an: »Das war dem Frieder recht, denn er konnte der Friede (Springer) sagen, der Hubert will das Paket haben. Dann haben sie's ja der Friede angeboten und verkauft.«

Dabei schienen die Burdas nach der sogenannten Realteilung doch noch dem Willen von Axel Springer entsprechen zu können. Der hatte sich zwar nach dem Scheitern der Verhandlungen mit Burda dazu überreden lassen, 49 Prozent der Anteile an der Börse zu streuen – als vinkulierte Namensaktien, so daß sie nicht ohne Zustimmung des Verlags verkauft werden und damit in falsche Hände geraten könnten. Der Filmhändler Leo Kirch, der Springer suspekt war, erwarb vorab zehn Prozent davon. Aber fünf der neun Aufsichtsratsplätze besetzten die Springers und die Burdas, also Bernhard Servatius, Friede Springer und Ernst Cramer sowie Frieder und Hubert Burda, die anderen vier (Friedrich Wilhelm Christians, Horst Cramp, Michael Otto und Johannes Semler) stellte das Depotinstitut, die Deutsche Bank.

Nachdem die Aktien in Burda-Hand nach der Trennung Frieder und Franz gehört hatten, die mit den Zeitschriften der Burda GmbH nichts mehr zu tun hatten, waren die Einwände des Kartellamts irrelevant geworden. Die Brüder hätten weitere Aktien zukaufen können, doch in der Branche ging das Gerücht, die beiden wollten verkaufen, wie sie zuvor schon die wenig renditeträchtigen Anteile an Sat.1 abgestoßen hatten.

Den Einsieg bei Sat.1 hatte Hubert Burda einst so begründet: »Burda hat immer sehr genau überlegt, wo man investiert und wo nicht. Beim Privatfernsehen müssen wir dabeisein, um die Position der Verlage sichtbar zu machen und um zu verhindern, daß unsere Werbegelder an branchenfremde Unternehmen fließen.« Dann aber waren die Burdas unzufrieden, weil der Springer-Vorstandsvorsitzende Peter Tamm für das Sat.1-Abenteuer jährlich 50 Millionen Mark verpulverte, Leo Kirch gegenüber mehr als nachgiebig war und den Viertel-Anteil der Burdas nach deren Meinung nicht genügend würdigte. Sie hätten ein Recht, im Aufsichtsrat mitzuhören, aber nicht mitzuentscheiden, ließ er einmal wissen. Während die Burdas über ihren Springer-Anteil für die Anlaufkosten des neuen Privatfernsehens aufkamen, machte Leo Kirch Kasse. Auch als der Springer Verlag mit *Ja* eine neue Zeitschrift plante, hätten die Burdas gern Nein gesagt und das Konkurrenzblatt verhindert. Aber die Entscheidung trafen andere.

Als Springer am 10. März 1987 zum Schnupperpreis von 50 Pfennig die neue Illustrierte *Ja* auf den Markt warf, fürchtete *Bunte*-Chefredakteur Strobach, daß »wir uns alle warm anziehen müssen«. Springer hatte teure Leute eingekauft, und in den bestehenden Blättern wurde heftig geworben. »Wir werden alle unnötig viel Geld ausgeben müssen, um den Angriff abzuwehren.«

Nach nur 15 Ausgaben war die Konkurrenz am Ende, mit weniger als einer halben Million Auflage war kein Silberstreif am Horizont zu erkennen.

Als Gegengewicht zu Peter Tamm machten die Burdas und die Vertreter der Deutschen Bank im Aufsichtsrat im Juli 1985 Günter Prinz, der seit 1966 für Springer arbeitete, zu Tamms Stellvertreter. Der Erfolg blieb aus. Im Mai 1987 mußte Prinz bei Springer gehen, am 8. Oktober unterschrieb er als Sonderbeauftragter bei Burda.

Im November 1986 hatten die Burdas ihre Beteiligung an Sat.1 also verkauft. Und nun auch die Springer-Aktien? Das Ansehen der »Couponschneider« aus Baden-Baden sank bei Friede Springer, Peter Tamm und Testamentsvollstrecker Ernst Cramer rapide. Die Brüder wollten abkassieren, hieß es allerorten, sie hätten sogar mit Rupert Murdoch verhandelt. Der australisch-amerikanische Presse-Tycoon hatte zwar abgewinkt, weil er nur an Mehrheitsbeteiligungen interessiert sei, aber die Frage war wieder auf dem Tisch: Wer wird Deutschlands mächtigstes Medienhaus beherrschen? Und schuld an diesen Turbulenzen waren die Burdas. Leo Kirch und dem Bauer-Verlag ist es sogar gelungen, bei Bundeskanzler Helmut Kohl das Bild von den Burdas als Vaterlandsverrätern wachzurufen.

Der Kurs der Aktie stieg 1986 von etwas mehr als 400 auf knapp 650 Mark. Vorstandschef Peter Tamm überraschte mit der Auskunft, nicht mehr zu wissen, wer am Unternehmen beteiligt ist. Weil viele Frauen Anteile erworben hatten, scherzte er, »die deutsche Hausfrau ist das Rückgrat unseres Unternehmens«. Schließlich stellte sich heraus, daß es Leo Kirch bis Ende dieses Jahres gelungen war, weitere 16,1 Prozent über Strohmänner oder -frauen kaufen zu lassen, die das Stimmrecht an ihn abtreten wollten. Er verfügte damit über eine Sperrminorität und wollte in den Aufsichtsrat. Frieder Burda verweigerte dieses Ansinnen, unterstützt von den Vertretern der Deutschen Bank. Doch Kirch verkündete lauthals, er strebe gemeinsam mit der Springer-Witwe die unternehmerische Führung im Haus Springer an. Frieder Burda sagte zu dieser Zeit: »Für mich gibt es keine Zukunft bei Springer mit Kirch.« Um mit Kirch gleichzuziehen, kaufte er nicht nur ein Prozent der Aktien hinzu, wie es Axel Springer zugesagt hatte, sondern weitere 0,2 Prozent.

Doch plötzlich schienen ganz andere Koalitionen denkbar: Die Burda-Brüder und Kirch wollten ihre Anteile zu einem Pool vereinigen, hieß es, und damit hätten sie die Mehrheit im Verlag vereint. Selbst *Die Zeit* warnte nun vor einer Entwicklung, die sie 20 Jahre zuvor auch den rebellierenden Studenten und Linken nicht hatte zugestehen wollen: »Das Syndikat enteignet Springer.«

Tatsächlich verlangten die Koalitionäre fünf der neun Aufsichtsratssitze, und die Unabhängigkeit des Unternehmens schien damit verloren. Doch einen Tag vor Unterzeichnung des Poolvertrages, am 19. April 1988, wendete sich das Blatt. In Baden-Baden hatten die Burdas auch mit einer Springer-Delegation um Mitgesellschafter Bernhard Servatius verhandelt und schließlich ihre Anteile an die Erben verkauft. Im nachhinein erwiesen sich F & F als bauernschlaues Brüderpaar, das Kirch, den sie nicht mochten, benutzte, um mit sattem Gewinn verkaufen zu können. Für die Papiere, die sie fünf Jahre zuvor für 255 Millionen Mark erworben hatten, erhielten sie fünf Jahre später 530 Millionen Mark.

885 Aktien mußten in Baden-Baden Stück für Stück unterschrieben werden, dann riefen die Brüder Hubert Burda an und erklärten: »Wir haben verkauft.« Als dieser das hörte, reklamierte er ein Vorkaufsrecht. »In unseren Verträgen stand aber kein Vorkaufsrecht drin«, wußte Franz Burda schon damals. Das habe ihm sein Justitiar eingeredet, Robert Schweizer, der die Verträge zur Teilung des Unternehmens gemacht habe. Und dem habe sein Bruder geglaubt. Also stellte Hubert Burda seinen Brüdern ein Ultimatum, den Verkauf binnen 24 Stunden rückgängig zu machen. Es verstrich, und der jüngste klagte vor dem Amtsgericht Offenburg.

Franz und Frieder Burda nahmen das zunächst nicht ernst. Frieder rechnete Hubert öffentlich vor, daß er bei der Rendite seines Verlags nicht einmal die Zinsen des Kaufpreises hätte bezahlen können. »Wir zerbrechen uns den Kopf«, sagte er Journalisten, »was Hubert überhaupt will.«

Für seine Brüder überraschend gab ihm das Landgericht Offenburg recht. Franz Burda hat bis heute keinen Zweifel daran, daß Jürgen Todenhöfer die richterliche Entscheidung in Offenburg beeinflußt habe. »Er war ja auch Richter.« Die Brüder riefen das nächsthöhere Gericht an, und dieses entschied im April 1990 zu ihren Gunsten. »Hubert sagte damals, wenn er in Freiburg verliere, dann höre er auf. Aber er ging noch einmal weiter.« Und die dritte Instanz bestätigte die zweite. »Das war für ihn ein teures Unterfangen.« 36 Millionen Mark habe es gekostet. »Das«, spöttelt Franz Burda, »hätte er alles billiger haben können.«

»Die Distanz unter den Brüdern ist im Moment schon groß«, gab F & F-Geschäftsführer Herbert Warth damals zu, »da gibt es kaum Kommunikation.« Das war freundlich formuliert. Als Frieder Burda am 5. August 1988 in Gstaad seine zweite Frau Monika Wildenburg heiratete, war Hubert Burda nicht unter den Gästen.

Aber Franz Burda war erleichtert: »Den Prozeß gegen Springer, wenn wir an Hubert verkauft hätten, den hätten wir nicht durchgestanden. Springer wäre nie einverstanden gewesen, daß wir an Hubert verkaufen. Denn Springer hatte ein Vorkaufsrecht, und Peter Tamm vor allem wollte uns raushaben.« Natürlich hätte er sagen können: »Freunde, da bietet einer mehr, der Kirch zahlt soundso viel mehr, wollt ihr einsteigen? Aber an Kirch zu verkaufen, das hätten wir nicht gemacht, das hätte ich dem alten Springer gegenüber gar nicht verantworten können.«

Johannes Schulze sieht das anders: Kernproblem der Auseinandersetzung unter den Brüdern sei gewesen, daß Hubert Burda dem Irrtum unterlag, er könne noch Einfluß nehmen. Die Gefahr, daß jemand anderer einsteigt, habe immer bestanden. Aber Hubert Burda glaubte, wenn Familienangehörige bei Springer drinblieben, bestünde eine gewisse Gewähr, daß nicht ein Mitbewerber einsteigt und wächst. Natürlich hätten die beiden außerdem an ihren jüngeren Bruder verkaufen können, wenn sie denn gewollt hätten. »Aber ich halte es für denkbar, daß Hubert Burda nicht so viel bezahlt hätte, wie das Springers Witwe tat.«

Die F & F Burda Gesellschaft für Beteiligungen verfügte nun über riesige Mittel. Als sie 1989 die US-Druckerei Meredith verkauften, füllte das die Kasse um eine weitere halbe Milliarde Mark. Die Brüder beteiligten sich an mehreren Speditionen und mit 40 Prozent an der Fluggesellschaft German Wings, die bald pleite ging. Acht Jahre nach der Realteilung war nicht mehr viel von ihrem ursprünglichen Besitz übrig: Eine Beteiligung an der MD-Papier GmbH in Dachau, einige Speditionen und der Presse-Grosso in Salzburg. Die erheblichen Mittel aus den Verkäufen der Springer-Aktien und von Meredith/Burda, den Anteilen an den *Kieler Nachrichten* und den *Harburger Anzeigen und Nachrichten* vermutete der *Kress Report* in internationalen Investments.

Das Verhältnis unter den Brüdern, behauptet Franz Burda, habe sich inzwischen wieder normalisiert: »Man telefoniert miteinander, wir trinken eine Flasche Wein miteinander und schwätzen über die Vergangenheit. Er geht seinen Weg, wir unseren. Es interessiert mich auch nicht, was er macht. Mich interessiert auch der Verlag gar nicht. Ob der nun gut geht oder schlecht geht, das ist mir egal. Ich habe eine persönliche Abneigung gegen Todenhöfer, die habe ich immer gehabt. Hubert schwört auf ihn. Aber das ist sein Geschäft, das geht mich nichts an. Und damit sind wir ganz gut gefahren, indem wir uns gegenseitig unsere Dinge haben machen lassen, wie wir's wollten.«

Natürlich sitzt da mancher Stachel im Fleisch, den sich die Brüder zugefügt haben. Franz Burda macht seinen Bruder noch heute dafür mitverantwortlich, daß seine Tochter Catherine den umstrittenen Finanzjongleur Thomas Kramer heiratete. Franz Burda hielt seinen Schwiegersohn in spe für einen Gauner, sein Bruder aber habe ihn geschätzt und dafür gesorgt, daß Kramer in seiner Wirtschaftszeitung *Forbes* gelobt wurde: »Bei *Forbes* spielte Kramer eine Riesenrolle, der Hubert hat ihn hochgelobt, und gesagt: Das ist ein Genie. Und das hat er auch der Catherine beigebracht.« Er habe versucht, seine Tochter von dieser Hochzeit abzuhalten. »Als der Kramer merkte, daß ich dagegen bin und er diesen Goldfisch nicht an Land ziehen kann, hat er sie ganz schnell geschnappt, ist nach New York und hat gesagt: So, jetzt wird geheiratet. Das war eine totale Katastrophe.« Wenigstens ein nettes Kind sei dabei herausgekommen. Und geschieden sei seine Tochter ja inzwischen auch.

Noch jemand hatte Schwierigkeiten wegen Kramer: Deutschlands Gelddrucker Siegfried Otto. Otto war mit Franz Burdas erster Frau verheiratet, Ursula, geborene Gamstätter, genannt »Bambi«. Er vertraute Bambis Schwiegersohn, Thomas Kramer, ein beträchtliches Schwarzgeld-Vermögen an, mit dem Kramer in Florida Immobilien ankaufte. Das *manager magazin* sprach von 200 bis 300 Millionen Mark. Auf Druck seiner Erben mußte Otto diese dunklen Geschäfte anzeigen und 100 Millionen Mark Steuern nachzahlen. Auch das viele Geld, das er Thomas Kramer zu treuen Händen gegeben hatte, mußte er weitgehend abschreiben: »Kramer hat das meiste versenkt«, resümierte das *manager magazin*, »auch ein schlechter Ruf verpflichtet.«

Für Hubert Burda endete der Zwist mit seinen Brüdern letztlich glücklich. Ihm blieb nach der Niederlage vor den Gerichten genügend Geld in der Kampfkasse, und die deutsche Pressegeschichte wäre anders verlaufen, hätte er bei Springer investieren dürfen. Jürgen Todenhöfer jedenfalls will erkannt haben, daß die Niederlage seinen Chef nicht umwarf. Im Gegenteil: Er habe nach vorn geblickt. Robert Schweizer, Burdas Justitiar, sei nach der dritten Verhandlung völlig geknickt in die Arabellastraße geschlichen. Hubert Burda empfing ihn mit Champagner und sagte: »Und jetzt trinken wir auf Ihre nächsten Erfolge.«

12

Alles neu: »Mit dem ›Senator‹ hätte es das nicht gegeben«

»Jener 30. April hat mir wieder bewiesen, was ich für großartige Mitarbeiter habe, die mir meinen Einsatz lohnen«, steht in einer 20seitigen blau broschierten Schrift mit dem Titel »Unser schönster Betriebsausflug«. Den hatte der »Senator« organisiert, um einem »seelischen Konflikt, den ich niemandem wünsche«, aus dem Weg zu gehen.

Es war im Jahre 1976, und die IG Druck und Papier machte Burda Schwierigkeiten. Die roten Genossen von der Gewerkschaft brachen den Hausfrieden. Sie wollten für höhere Löhne streiken lassen, und zwar in seinem Betrieb. Gleichzeitig hatte der Arbeitgeberverband für diesen Fall mit Aussperrung gedroht. Legale Kampfmittel seien das schon, wollte Burda beipflichten, »aber für meinen Betrieb sind sie einfach undenkbar«. Am Vorabend traf er sich mit seinem Betriebsrat, und der versicherte, daß bei Burda niemand streiken werde. Nutzen daraus zu ziehen, daß andere Betriebe still lagen, wollte der Chef aber auch nicht. Also ließ er die Rotationen abdecken und gab eine Runde Bier aus. An diesem Tag reinigten seine Mitarbeiter die Maschinen, putzten und strichen die Hallen.

In der Nacht zum zweiten Streiktag rief Franz Burda bei Rolf Saal an. Nachts um drei sei es gewesen, weiß Andreas Odenwald. »Hescht scho g'schlafe, Rolf?« habe er seinen Kantinenchef mitfühlend gefragt und sich auch noch nach dem Befinden der Familie erkundigt. Dann aber kam er zur Sache: 5000 Würste müsse Rolf Saal bis morgen früh besorgen, Schinken, Brot und Bier für mehr als 2000 Leute.

»Aber die Geschäfte haben doch zu«, wandte Saal schwach ein. »Das schaffsch du schon«, schnitt ihm Burda das Wort ab, »ich verlaß' mich auf dich.«

Am zweiten Streiktag, einen Tag vor dem 1. Mai, lud der Chef seine Mitarbeiter zu einem Betriebsausflug zum Holdereck bei Gengenbach ein. Rolf Saal hatte es wirklich geschafft: Würste waren da, Brot und Brezeln auch, die Brauerei Jehle lieferte 1500 Liter Bier sowie die Tische und Bänke, die Winzergenossenschaft Vorderes Kinzigtal brachte 1000 Flaschen Wein, und Emil Gmeiner, der Winzer des Chefs persönlich, steuerte eine unbekannte Menge Kirschschnaps bei. Die Betriebskapelle spielte »Muß i denn, muß i denn zum Städtle hinaus ...«, und 2000 Burda-Leute fuhren in Bussen und ihren Privatautos das Kinzigtal hinauf. Die Sonne schien, und alle sangen auf dem Waldfestplatz mit dem Chef dessen Lieblingslied vom »grünen Wald, da wo die Drossel singt«. Zur Rede des Alten hielt Betriebsratschef Karl Gießler das rote Mikrofon, Betriebsratsmitglied Gert Glattacker sammelte für Senior- und Juniorchefs je einen Maiglöckchenstrauß, und zum Foto setzte sich Franz Burda auch einmal zwischen sogenannte Gastarbeiter, vornehmlich Griechen und Türken. Und dann schmetterten alle noch einmal: »So ein Tag, so wunderschön wie heute.« Manche sollen das Wort Tag durch Streik ersetzt haben. »Wenn wir auch in Zukunft so zusammenhalten, dann kann uns überhaupt nichts passieren, denn wir haben einen guten und sicheren Betrieb«, versprach der Chef zum Abschluß. »Und ihr habt einen Chef, der immer auf eurer Seite stehen wird, und seine drei Söhne sind vom gleichen Schlag.« Denen, wiederholte er, habe er aufgetragen, den Betrieb in seinem Geist fortzuführen, im menschlichen und im sozialen Sinne.

Als der Chef am 3. Mai durch die Druckerei ging, waren alle wieder da, der Streik war zu Ende, und aus einem Sammelhefter lief gerade eine Broschüre seiner Mitarbeiter, auf der ein dickes Danke stand. Betriebsratschef Karl Gießler wurde in diesen Jahren der Lobhudelei nicht müde: »Wir alle können uns beglückwünschen, so einen Chef zu haben. Wir, und wohl nicht wir allein, sind glücklich, für einen solchen Chef arbeiten zu dürfen.«

Kurt Henninger, dessen Vater schon bei Burda gearbeitet hatte und der selbst als Tiefdrucker bei der Firma beschäftigt und im Betriebsrat engagiert war, vertraute Franz Burda einmal an: »Wenn ich Arbeitnehmer wäre, wäre ich auch in der Gewerkschaft.«

In der Höhle des zahnlosen Löwen: »Früher waren wir auch sozial vorn«

»Eberhard«, sagte Hubert Burda nach der Realteilung zu seinem Berater Eberhard von Brauchitsch, »wir müssen Zeitschriften machen, um die Druckerei in Darmstadt zu füttern.« Brauchitsch, den Burda in der Woche vor der Urteilsverkündung zum Parteispendenprozeß als »Spitzenmanager« in Schutz genommen hatte, sei gänzlich anderer Meinung gewesen: »Hubert, das ist das Dümmste, was Sie machen können. Wenn die Zeitschrift nicht geht, dann müssen Sie mit unrentablen Zeitschriften eine Druckerei finanzieren, der sie die Druckrechnung gar nicht bezahlen könne. Das lassen Sie mal schön bleiben.«

Den Juniorchef mag der Drucker Kurt Henninger auch, man duzt sich schon seit gemeinsamen Jugendzeiten, aber nie hat er so schlecht geschlafen wie in der Zeit, als der junge Verleger daran ging, den Betrieb umzukrempeln. Ende der achtziger Jahre strebte Hubert Burda an, die Maschinen auch samstags laufen zu lassen und die Zahl der Produktionsstunden von 120 auf 148 zu erhöhen. Die Konkurrenz, vor allem im Ausland, arbeitete länger, die Maschinen in Frankreich rund um die Uhr, und der für die Druckereien zuständige Geschäftsführer Gerd Spraul versuchte, dem Betriebsrat ein flexibles Schicht-Modell nahezubringen. Spraul, so Henninger, habe damals Broschüren drucken lassen, auf denen ein Surfer über einen See flitzte. Darauf stand: »Mittwochs gehört der Baggersee Ihnen allein!«

»So ein Stuß!« ereifert Henninger sich noch heute. Betriebsrat und Gewerkschaft waren der Meinung, Papi solle weiterhin samstags der Familie gehören. Und der Senior hätte das bestimmt auch so gesehen. »Der Samstag darf nicht fallen«, forderten die meisten

Mitarbeiter und wollten bei der alten Regelung bleiben. In einer Umfrage der Betriebszeitschrift im Stammhaus sprachen sich 1011 Offenburger gegen die geplante Änderung aus.

Da zog die Unternehmensführung die Daumenschrauben an: Sie legte zwei weniger rentable Rotationen im Altbau still, und 94 Kollegen waren von Entlassung bedroht. Von 400 bevorstehenden Kündigungen gingen Gerüchte in der Stadt, und man erzählte sich gallige Witze: Ein Krankenwagen mit Blaulicht rauscht in die Stadt. Wo hält er, beim Krankenhaus oder bei Burda? Bei Burda, weil's da mehr Doktoren gibt.

Die Doktoren, das waren die Herren in der Geschäftsleitung. Sie boten an, niemand zu entlassen, wenn statt drei in Zukunft vier Schichten gefahren würden, natürlich auch samstags. »Da lastete ein ungeheurer Druck auf mir«, preßt Henninger heraus. Er schwankte. Eines Tages aber stand der Bezirksvorsitzende der IG Medien, Kurt End, im Betriebsratsbüro, um die Burdianer auf die Gewerkschaftslinie einzuschwören: »Und wenn ein paar Leute übern Jordan gehen, wir dürfen keine Stunde Samstag preisgeben.« So jedenfalls hat es Henninger in Erinnerung, und da wußte er, wo er zu stehen hatte. Übern Jordan ging bei ihm keiner. Also warf er den Gewerkschafter hinaus. Von diesem Tag an verhandelte der Betriebsrat allein mit den Doktoren.

Gerd Spraul und Jürgen Todenhöfer kochten den Betriebsrat langsam weich. Schließlich trat Hubert Burda selbst im Dezember 1987 in die Höhle des zahnlosen Löwen. Er nannte drei Geschäfte, die für Burda zuletzt ausfielen:

Burda wollte den *Spiegel* drucken, ließ die Geschäftsführung die Mitarbeiter wissen, ein 50-Millionen-Mark-Auftrag. Der Auftrag ging an Gruner + Jahr und an Maul/Belser. In Itzehohe werde bereits samstags gearbeitet, bei Maul/Belser in Nürnberg ab 1990. Beim *Spiegel* sei am Freitag um Mitternacht Redaktionsschluß, am Samstag um 18 Uhr liege das erste Heft vor, schüchterte Burda die Belegschaft ein. Auch der Druckauftrag für die österreichische Wochenzeitung *Die ganze Woche* sei auf dem Markt gewesen: »Keine Chance für Burda. Zu geringe Produktionszeiten. Zu teuer.« Und die Pilotausgabe einer Zehn-Millionen-Zeitschrift des

Handelshauses Asko werde in Barcelona gedruckt – zu Preisen, bei denen Burda Bogen für Bogen draufgezahlt hätte. »Es ist heute schon ›fünf vor zwölf‹. Wir müssen günstiger produzieren. Die Maschinen müssen länger laufen.«

Mit einem unguten Gefühl im Magen ging Henninger hinaus zu 200 Kollegen, die vor dem Tagungsraum warteten. »Die Argumente von Dr. Hubert Burda haben uns nachdenklich gemacht«, sagte er kleinlaut. Und dann verhandelte er weiter. Nicht einmal die Einwände von Kirchenvertretern gegen die Wochenendarbeit mochten ihn mehr von seinem Weg abbringen. Henninger schwor seine Kollegen auf einen Kompromiß ein. »Wenn die bei Gruner + Jahr samstags drucken, dann können auch wir's nicht mehr halten.« Genau zwei Jahre nach dem Tod Franz Burdas, am 24. Februar 1988, versammelte sich die Belegschaft in der Oberrheinhalle. Allein IG-Medien-Chef Detlef Hensche verteidigte, was er für die Interessen der Drucker hielt, die nun regelmäßig Schicht arbeiten sollten, weil das im Ausland auch der Fall war. Aber die Belegschaft fragte nur noch nach Details der neuen Schichtpläne. Sie hatte sich mit dem scheinbar Unabwendbaren bereits abgefunden.

Verantwortliche der baden-württembergischen IG Druck und Papier unternahmen einen letzten Versuch, die Arbeiter umzustimmen. Kurt Henninger habe sich vom Verleger zu einem Essen einladen lassen, kolportierten sie. »Ich bin nicht käuflich«, wehrte sich Henninger auf der Betriebsversammlung im April. »Mir reichen ein Stück Schwartenmagen und ein Stück Brot.« Henninger glaubt, daß dank seines Kompromisses die gefährdeten 94 Arbeitsplätze im alten Drucksaal gerettet werden konnten und der Verleger eine halbe Milliarde Mark in den Standort Offenburg / Vieux Thann investiert habe: »Wir waren schließlich alle von Entlassung bedroht, und ich bin doch von meinen Leuten gewählt worden und nicht von der Gewerkschaft in Stuttgart. Ich wollte nicht eines Tages durch die Stadt gehen und hören, wie auf der anderen Seite einer zu seiner Frau sagt: ›Guck mal, das ist der Dreckspatz, der mich entlassen hat.‹«

136 Stunden – das war der Kompromiß, den der wackere Betriebsrat nach sieben Monaten Verhandlung für seine Drucker her-

ausschlagen konnte – »genau zwölf Jahre nach dem Holdereck«, wie die Belegschaft bitter bemerkte. Von Juli 1988 an arbeiteten Schichtarbeiter durchschnittlich 34 Stunden, die Wochenendschicht rückte freitags und samstags von 6 bis 14 Uhr und in der Nacht von Sonntag auf Montag von 22 bis 6 Uhr an. Auf 40 Seiten wurden die übrigen Regelungen akribisch festgeschrieben.

Nach einem Jahr hatten die Offenburger Tiefdrucker die neue Regelung akzeptiert. Nachdem die Gewerkschaft Druck und Papier im März 1989 durchgesetzt hatte, daß in deutschen Druckereien nur noch 120 Stunden wöchentlich gearbeitet werden darf, stimmten 80 Prozent der Burda-Drucker spontan gegen den neuen Manteltarifvertrag. Gegen die Gewerkschaften verteidigte der Betriebsrat gemeinsam mit der Konzernführung das Vier-Schichten-Modell, dem das Bundesarbeitsgericht am 20. August 1991 seinen Segen gab.

Hubert Burdas Neuorganisation begann damit erst richtig. Auf Anraten von Jürgen Todenhöfer ließ der Verleger sein Unternehmen Ende der achtziger Jahre von Fachleuten der Wirtschaftsberatung McKinsey durchleuchten, unter ihnen Peter H. Weidermann, Christian Hirsch und Paul-Bernhard Kallen. Hirsch erstellte eine Gemeinkostenwertanalyse, erarbeitete eine Verlagsstrategie für die *Freizeit Revue* und reorganisierte den Anzeigenbereich. »Eine solche Analyse ist in keinem Unternehmen beliebt«, weiß Hirsch, »weil es letztendlich dazu führt, daß die Kosten gesenkt werden müssen.« Ihm fiel sofort auf, daß das Haus damals noch sehr behäbig war, sehr badisch. »Es gab den Burda-Geist. Bei Kunden galt das Haus immer als extrem nett und gastfreundlich. Dynamisch war das nicht.« Widerstand brachte ihm zwar niemand entgegen, als er die Zahlen zusammentrug. »Aber es war, als wenn man in Watte faßt. Sie kommen ganz leicht durch, aber nicht bis zum Ende. Akten wurden erst nach Freigabe durch die Geschäftsführung herausgegeben. Unsere Schlüsse, die wir aus den Informationen zogen, unsere Empfehlungen, wurden von den Leuten nicht akzeptiert. Im großen Kreis wären sie abgelehnt worden. Es brauchte viele Einzelgespräche, um die Gesprächspartner von der Notwendigkeit zu überzeugen.«

Das Konzept Burda 2000 wurde geboren, der Verlag in Profitcenter aufgeteilt, und jedem Bereich wurde aufgetragen, die »bestmögliche, mindestens dem Branchendurchschnitt entsprechende Gesamtrentabilität« anzustreben. Neun Geschäftsführer standen an der Spitze des Verlags. Neben Burda selbst Jürgen Todenhöfer (Unternehmenspolitik und Neue Medien), Rudolf A. Reiff (Verlagsleitung Offenburg), Horst Hilbertz (Verlagsleitung München), Gerd Spraul (Druck Inland), Klaus Buss (Druck Ausland), Fritz Burkhardt (Finanzen), Karl-Heinz Hiller (Berater) und Robert Schweizer (Sonderbeauftragter).

Einige der McKinseys blieben im Haus und nahmen hohe Managementposten ein, nachdem sie Vorschläge für eine Neuorganisation des Konzerns gemacht hatten. »Herr Hirsch«, forderte Hubert Burda einen von ihnen auf, »Sie haben damals so schöne Konzepte geschrieben, jetzt möchte ich mal sehen, ob die auch umzusetzen sind.«

Sie vor allem, die zugereisten Chefs, erschienen den Mitarbeitern des einstigen Familienbetriebs verantwortlich für Kürzungen im sozialen Bereich und bei den Tarifen sowie für den größeren Leistungsdruck. »Das hat nicht der Verleger gemacht«, redeten sich die Mitarbeiter ein. »Der Hubert ist halt sehr leichtgläubig, wenn ihm solche Wirtschaftsmenschen was einreden«, verteidigten die Angestellten den Burda-Sohn. Auch Henninger glaubte an den Spruch, demzufolge der Apfel nicht weit vom Baum falle, und kämpfte beim Nachfolger des »Senators« für seine Kollegen und die gute alte Zeit. »Du mußt auch einmal ein paar von deinen Leuten da oben in den Wind schießen«, forderte er. »Dann glauben die Offenburger wieder an Burda.« Da habe er nur mehr nach Luft geschnappt: »Aber ich habe doch die besten Leute eingekauft.«

Das Bad in der Menge ist Hubert Burdas Sache nicht. Sein Kontakt zur Basis ist bestenfalls ein indirekter. Von seinem Büro in der siebten Etage der Arabellastraße 23 kann er auf die Straße hinunterblicken: »Ich stehe oft am Fenster und schaue heraus und will wissen, was die Frauen an der Bushaltestelle da unten denken«, bekennt er. Burda ist kein Telepath, und deshalb ergänzt er: »Man muß eine Liebe haben für U-Bahnfahrten und S-Bahnfahrten, man muß wissen, was die Leute interessiert.« Hubert Burda glaubt zu wissen, was die Leute interessiert. Aber er geht nicht auf die Straße, er fährt nicht mit der U-Bahn. Und doch glaubt er, behaupten zu dürfen: »Die Volkstümlichkeit meines Vaters habe ich sicher auch. Die Leute in Offenburg sagen: Wenn der Hubert auf ein Volksfest kommt, ist Stimmung. Ich bin mit den Leuten groß geworden, die in einer Kleinstadt leben.«

Diese Leute beobachteten, wie ihr Verleger McKinsey kommen ließ, die Technik und Verwaltung durchleuchten zu lassen. »Das waren Jobkiller, die zehn bis fünfzehn Prozent einsparen mußten, das war deren Prämisse.« Und zur Belohnung wurden einige nach den Umstellungen auch noch übernommen. Die meisten der »Fischköpfe«, wie Henninger sie schimpft, seien ja nun weg. »Und? Trotzdem geht's weiter!«

Selbst zugereiste, langjährige Chefredakteure beklagen sich noch heute in ihren Altersruhesitzen in den Weinbergen, Kontakt zur einheimischen Bevölkerung nie gefunden zu haben. Der Familienmythos sitzt noch tief in Offenburg. »In der Technik«, sagt Henninger, »waren wir immer vorn, und früher waren wir auch sozial vorn.« Und deswegen ist er sich bis heute sicher: »Die Umstellungen hätten wir auch selbst leisten können mit Leuten, die im Betrieb groß geworden sind«. Das ist natürlich eine Illusion. Umstellungen gehen selten ohne Verletzungen ab, und wer möchte in einer kleinen Stadt wie Offenburg schon gern die Rolle eines Sündenbocks übernehmen? Aber für die Eingesessenen muß das der schwerste Schock gewesen sein, der Verrat an der Familie, den Außenstehende vollziehen durften: »Die dachten nur wirtschaftlich, nicht an die Menschen.«

Aber irgend etwas stimmte auch mit dem Verleger nicht: Hubert Burda versuchte, trotz der offenkundigen Umwälzungen das Image des Familienunternehmens zu erhalten. Wenn eine Firmenbesichtigung anstand, ließ Burda seine Sekretärin bei Henninger anrufen: »Du mußt mitgehen.« Henninger interpretiert das heute so: Hubert Burda strebte an, so zu sein wie sein Vater, spätestens nach dessen Tod. Aber es wollte ihm nicht so recht gelingen. Er ist nicht der leutselige Patriarch, der sein Vater war. Er ist Geschäftsmann, Geschäftsmann in einer Zeit, in der keine Minute bleibt zum Schwatz von Mensch zu Mensch. Wenn Burda junior und Henninger zwei Hallen durchschritten hatten, dann sagte er: »Ich muß jetzt weiter, mein Hubschrauber wartet schon.«

Henninger hatte dafür kein Verständnis: »Du mußt mit den Leuten reden, dir Zeit nehmen. So gewinnst du sie nicht für dich.«

Burda habe nur entgegnet: »Du bist ein Schwarzseher. Die Leute lächeln doch alle.«

Hubert Burda ist nicht sein Vater, er kann es auch gar nicht sein. »Der ganze Betrieb hat Sie lieb«, wie es Karl Pröttel einmal öffentlich zu seinem Stiefbruder, dem »Senator«, sagte, würde niemand in bezug auf Hubert Burda behaupten. Nicht nur, weil er nicht jagt und weniger gern singt und die Zeiten überhaupt andere sind. Die Burda-Familie ist tot. Nostalgisch halten die Offenburger sich heute an der Vergangenheit fest: »Mit dem Senator Burda«, da mögen sie recht haben, »hätte es das nicht gegeben.« Eine stehende Redewendung in Offenburg.

Hubert Burda ist bei kaum einer Betriebsversammlung anwesend. »Das muß das Management machen«, entschuldigt er sich. Beim anschließenden Betriebsfest ist er dann dabei, das Badener Lied erklingt, und Burda singt lautstark mit: »Das schönste Land in Deutschlands Gau'n, das ist mein Badner Land …« Er singt auch: »In Karlsruh' ist die Residenz, / in Mannheim die Fabrik, / in Rastatt ist die Festung, / und das ist Badens Glück. / Zu Haslach gräbt man Silbererz, / bei Freiburg wächst der Wein, / im Schwarzwald schöne Mädchen, / ein Bad'ner möchte ich sein.«

Zwar weiß er, was seine badischen Arbeiter und Angestellten von ihm erwarten. »Wir sind doch alle Offenburger«, ruft er ihnen bei Betriebsfesten zu, in badischem Dialekt. »Wir müssen zusammenhalten.« Sein Vater jedoch wäre dabei niemals ins Hochdeutsche zurückgefallen, und die Kritischen im Publikum erkennen seinen Versuch, sich anzubiedern. »Aber viele denken noch immer, das sei einer der unseren«, resigniert Franz Xaver Feist von der Dienstleistungsgewerkschaft ver.di.

Acht Jahre nach der ersten Erhöhung der Laufzeiten setzte Hubert Burda eine zweite durch. 140 Stunden laufe die Druckerei in

Darmstadt jede Woche, im Burda-Werk in Vieux Thann im Elsaß dagegen 168. Prompt schloß er den ersten Standort, 400 Drucker waren ohne Arbeit. In Offenburg drohten seine Manager ebenfalls mit Stellenabbau. Rund 400 Angestellte unterschrieben daraufhin neue Verträge, die ihnen für fünf Jahre den Arbeitsplatz retteten, indem sie Lohnverzicht und Mehrarbeit akzeptierten. Im Haus hieß diese Vereinbarung schlicht »Burda-Modell«.

Die Gewerkschaft hat noch immer einen schweren, um nicht zu sagen gar keinen Stand bei Burda. Im Betriebsratsbüro hängen überm Schreibtisch die Porträts des Alten sowie der drei Söhne. Feist kann es nicht fassen: »Die glauben noch immer an den Patriarchen, der nur ihr Bestes will.« Dabei arbeiteten die Drucker wieder 39 Stunden, und weil alle Zuschläge und übertariflichen Leistungen aus der Zeit des »Senators« gestrichen wurden, bekommen sie »unterm Strich das gleiche Geld für mehr Arbeit«, so Feist. Hubert Burda habe sich zwar das Image eines Künstlers zugelegt, aber er sei ein »klassischer Unternehmer«. Und das ist noch wohlwollend.

Das, was die Gewerkschafter als schmutzige Arbeit bezeichnen würden, macht Jürgen Todenhöfer, »der stärkste Mann an Huberts Seite«, so Feist. Schon vor der Realteilung hatte Hubert Burda den smarten CDU-Politiker, der bis Januar 1956 mit ihm aufs Schiller-Gymnasium gegangen war, gefragt, ob er nicht mit ihm etwas aufbauen wolle. »Es ist eine Stärke von ihm«, urteilt Todenhöfer, »sich mit guten Leuten zu umgeben. Er sucht Menschen, die anders sind als er. Er selbst ist ein kreativer, phantasievoller Mensch. Deshalb sucht er für seine unmittelbare Umgebung Macher. Wenn er selbst ein richtig harter Durchzieher wäre, hätte er sich wahrscheinlich für sein engeres Umfeld vor allem kreative Leute gesucht. Ich finde diese Strategie sehr gescheit. Ein kluger Mittelfeldregisseur im Fußball wird sich nicht noch für fünf weitere Mittelfeldregisseure einsetzen. Er wird sich für gute Stürmer einsetzen, für eine gute Verteidigung und eine guten Torwart. Es gibt viele Politiker und Unternehmensführer, die holen sich lauter Abziehbilder ihrer selbst, Leute, die möglichst genau das sagen, was sie selbst sagen und denken.«

Dem leisen, graumelierten und stets sonnengebräunten Manager würde niemand unterstellen, er könnte Huberts »Durchzieher« sein. Als Todenhöfer damals in den Betrieb eintrat, fand er eine schmale Titelpalette von zehn Zeitschriften und fünf Sonderpublikationen vor. Die auf drei Druckereien verteilte Druckkapazität erschien ihm viel zu groß und unrentabel. Die Umsatzrendite des Gesamtunternehmens betrug gerade mal 0,6 Prozent.

»Die Aufteilung in Profitcenter führte zu einer bemerkenswerten Entfesselung unternehmerischer Energien«, resümiert Todenhöfer. »Der Konzern ist richtig explodiert.« Der Druckumsatz pro Mitarbeiter, errechnet Todenhöfer, sei von 160 000 auf 260 000 Mark gestiegen. Inzwischen setzt das Unternehmen dreimal so viel um wie 1986, die Umsatzrendite im Verlag ist längst zweistellig. Das alte Unternehmen habe gewiß etwas mehr Geborgenheit, Wärme und Gemütlichkeit geboten, räumt Todenhöfer ein. Die Profitcenter jedoch appellierten an den Egoismus der Geschäftsführer. Nun hieß es: Du mußt besser sein als das Nachbarprofitcenter. Todenhöfer freut sich über diese Entwicklung: »Die liefern sich packende Zweikämpfe, sind manchmal in heftige Streitigkeiten verwickelt. Das wollten wir. Wettbewerb ist gesund.«

Auch Hubert Burda setzte sich ehrgeizige Ziele, er wollte als Verleger reüssieren, endlich etwas Eigenes schaffen. Weil Zeitschriften nicht neu erfunden werden müssen, heißt das: mit dem eigenen »Baby« anderen Verlagen Markanteile streitig machen. Als Gegner für seinen packenden Zweikampf suchte er sich gleich den größten: den Springer Verlag. Da war schließlich noch eine Rechnung offen.

Was der Ostler will: »Schamlos vor Beate-Uhse-Läden«

Das war keine einfache Schwangerschaft, und kaum war das Baby geboren, da setzte es Geschrei: Von »Vaterlandsverrat« soll das Vorstandsmitglied der Deutschen Bank, Eckart van Hooven, gesprochen haben. Und aus dem Kanzleramt war zu vernehmen, die neue *Super!-Zeitung* sei »Dreck und Blödsinn aus dem Hause Burda«. Das jedenfalls sollte ein »Vertrauter Kohls« erklärt und damit auch die Meinung des Regierungschefs kundgetan haben. Allein der Verkünder der Nachrichten ließ Mißtrauen aufkommen: Das unfreundliche Urteil aus der Regierungszentrale stand in der Tageszeitung *Die Welt*, Schwester der *Super!*-Konkurrenz *Bild* aus dem Springer-Verlag. Aber auch die anderen Konkurrenten fuhren ihre Bataillone auf.

Hubert Burda duckte sich unter den Schlägen.

Jene Monate der Jahre 1991 und 1992 nennt er heute seine härteste Zeit. Die »Kampagne« habe darauf abgezielt, Burda zu zerstören, den ganzen Verlag zu ruinieren. »Das war ein ritterlicher Kampf«, räumt er generös ein, »einer wie Schulte-Hillen hat seine Bertelsmann-Interessen zu vertreten und er muß mich niederringen.« Daß Mark Wössner sich schon die Hände gerieben habe, das sei durchaus in Ordnung gewesen. »Der mußte anrufen und sagen: ›Hubert ich kauf' dir das und das ab.‹« Der Verlag stand mit dem Rücken zur Wand, und Hubert Burda vor seiner schwersten Niederlage. »Durch diese Gewitter muß man hindurch«, sprach er sich Mut zu, »da darf man nicht fallen, da darf man nicht wehleidig sein. Man kommt nicht weiter ohne Kämpfe.«

Wie war es zu dem Debakel gekommen? Die neunziger Jahre hatten für Hubert Burda phantastisch begonnen: Im Dezember ehrte ihn das Branchenblatt *Horizont* als »Medien-Mann des Jahres«. Mit »Mut und Dynamik« habe er sein Unternehmen vom Bambi-Image befreit: *Elle*-Einführung 1989, dann 1990 das Wirtschaftsmagazin *Forbes*, *Super-TV* und *Super Illu*, *inside Bunte* bei RTL, Grundsteinlegung für eine Druckerei im Osten und Planung einer Boulevardzeitung für Ostdeutschland.

Als die Mauer gefallen war, betrachteten viele Unternehmer den Osten vor allem als neuen Absatzmarkt, auch die Verlagshäuser, unter ihnen Burda. 17 Millionen Leser galt es zu gewinnen. »Die Medien haben den Weg zur friedlichen Revolution geebnet«, behauptete er später glattweg und forderte: »Sie müssen jetzt die zweite Mauer durch differenzierte Kommunikation abtragen.«

Zusammen mit Helmut Markwort, der damals Chefredakteur von *Gong* und Geschäftsführer des herausgebenden Verlags war, hatte er in der Schackstraße darüber gebrütet, wie dieser neue

Markt zu erobern war. Nie hatte Hubert Burda den Kontakt zum früheren *BiFu*-Chefredakteur abreißen lassen, seit dieser auf Geheiß des Vaters hatte gehen müssen. Nun strebten sie in Deutschlands Osten einen gemeinsamen Erfolg an.

Den Titel *Super!* habe Markwort erfunden, gesteht Burda zu. Er sollte die Keimzelle für eine ganze Familie werden: *Super Illu*, *Super-TV*, *Super!-Zeitung*, *Super!-Auto*, *Super!-Sonntag*, *Super!-Frauen*. »Super«, schwärmte Markwort damals, »das könnte eine Kette werden.« Aber nicht jeder beliebige Geschäftsmann konnte in diesen Umbruchzeiten in der DDR verkaufen, was ihm gerade gefiel. Die Erlaubnis, ein Druckwerk anzubieten, erteilte der CDU-Minister für Medien, Gottfried Müller. Und der war gebunden an einen Beschluß der Volkskammer vom 5. Februar 1990, wonach Presseerzeugnisse außer durch die Post nur durch Pressegrossisten vertrieben werden durften, die ihren Firmensitz in der DDR hatten oder im Eigenvertrieb durch Verlage, die ihren Firmensitz in der DDR hatten. Für seine Ostoffensive brauchte Burda also einen Partner, und er fand ihn in Erfurt: beim Verlag der *Thüringer Allgemeinen*, die Burda und Markworts *Gong*-Verlag gern gleich aufgekauft hätten.

In Erfurt gründeten Burda und der *Gong*-Verlag zusammen mit dem Verlag der *Thüringer Allgemeinen* und der Druckerei Fortschritt Erfurt GmbH die Fernsehprogrammzeitschrift *Super-TV*, die Markwort in München redaktionell betreute. Im März 1990 lief die erste Ausgabe durch die Rotation, und bald wurden mehr als eine Million Exemplare an die DDR-Bürger gebracht, jedes Heft für 1,50 Mark. Einige Händler verkauften die Burda-Zeitschrift nicht nur an Tankstellen, sondern aus dem Kofferraum ihrer Trabis heraus. Die Konkurrenz schlief nicht. Der Bauer Verlag verkaufte seine *Fernsehwoche* und *Auf einen Blick* für eine Mark. Springers *Funk-Uhr* und die *Bildwoche* gab's zum gleichen Preis.

Am 30. August erschien das zweite Retortenbaby der Super-Familie, die *Super Illu*. Diesesmal führten neben Burda Willi Schmitt, Chefredakteur von *Bild + Funk*, und Peter Balsiger, davor Chef bei der *Quick*, die Regie. Im Frühjahr 1991 bereits übernahm Jochen Wolff die Chefredaktion. Er bot den Lesern Antworten auf so existentielle Fragen wie: »Kriegen die Ostfrauen häufiger einen Orgasmus?« Und er machte Henry Maske, Stefanie Hertel und Andreas Elsholz zu Helden, was nicht schwer war, denn sie waren ohnehin die Helden in Ostdeutschland, weil sie aus dem Osten stammten.

Hubert Burda hatte seinen Chefredakteuren empfohlen, »Ostthemen« zu machen. Ein Ratgeber vor allem sollte sein neues Blatt sein, nicht Besserwisser: Warum muß ich Zinsen zahlen, wenn ich vom Sparkonto mehr als 2000 Mark abhebe? Was kann ich gegen Mieterhöhungen unternehmen? Wie finde ich einen Arbeitsplatz? Wie sichere ich mich im Alter? West-Aufklärung für die »Zonis«.

»Vieles nach der Wiedervereinigung wäre besser gelaufen«, resümiert er heute, »wenn nicht so viele im Osten eine Firma übernommen und gesagt hätten: Alles war Mist, was ihr gemacht habt, alles fliegt hier raus, jede Jugendweihe, jeder Song. Ihr habt keine Vergangenheit.« Es sei doch nicht alles Stasi gewesen im Osten. Die politische Elite, ja klar, das seien Gangster gewesen. Und auch darüber wollten die Leute lesen.

Und also bot ihnen die *Super Illu*: »Honecker: Pornos, Frauen und Intrigen«. Auch Katarina Witt rangierte ab sofort unter den verhaßten Bonzen: »Katarina Witt: Wie viele Millionen hat sie wirklich?« Wie der »Wessi« Jochen Wolff ein Blatt für »Ossis« machte, hat niemand so treffend beschrieben wie 1995 Alexander Osang für die *Berliner Zeitung*:

»Wer ist Andre Herzberg?« fragt der Chefredakteur.

»Man kennt ihn als Sänger von der Gruppe Pankow. Und jetzt macht er eine neue Fernsehsendung beim MDR«, sagt die Redakteurin.

»Quasi ein neues Fernsehgesicht?« fragt der Chefredakteur.

»Wenn man so will. Ja«, sagt die Redakteurin.

»Mmmhh«, macht der Chefredakteur. »Wen haben wir noch?«

»Den Leander Haußmann«, schlägt die Redakteurin vor.

»Wer ist Leander Haußmann?« fragt der Chefredakteur.

»Der Sohn vom Edzard Haußmann«, sagt die Redakteurin schnell.

Dann wird es ruhig am Konferenztisch. Man hat den Eindruck, daß die Auskunft dem Chefredakteur im Moment nicht weiterhilft.

Schließlich sagt der Chefredakteur: »Zeigt mir mal die ›damals‹-Mappe!«

Was will der »Ossi«? fragte sich Wolff unausgesetzt, schließlich sollte der sein Produkt kaufen. Und wer ist der »Ossi«? Osang sagte es ihm: »Die *Super Illu* ist so alt wie die deutsche Einheit. Und sie ist auch ein bißchen so wie die deutsche Einheit. Oder besser gesagt wie der kleine Ostler in den Karikaturen zur deutschen Einheit. Der kleine Mann, der dünn ist, traurig guckt, eine trostlos baumelnde Zipfelmütze trägt und ohnmächtig neben einem dicken, selbstbewußt grinsenden Mann steht, dem Westler. Der kleine Mann, der CDU wählte und schamlos in Schlangen vor Beate-Uhse-Läden stand. Der einen Haß auf die Parteibonzen entwikkelte, auf die Stasi und auch auf Katarina Witt. Er steckte den ersten Kredit in einen gebrauchten Ford Sierra und wurde arbeitslos.«

Wer *Super Illu* las, erinnerte sich deshalb gern an alte Zeiten. Auch weil der »Wessi« so schwer zu verstehen war. Noch einmal Osang: »Was aber, dachte der kleine Mann nun, war Wandlitz gegen die Westler, die alles besser wußten? Was interessierte ihn der G-Punkt seiner Gattin, und wo vor allem war sein gutes altes Dessauer Pils geblieben? Die Cabinet schmeckte nicht mehr so wie früher, die Westschrippen waren eine Katastrophe, und Karsten Speck hatten sie den Kessel Buntes weggenommen. Was machte Olaf Berger, und war es nicht im Thüringer Wald schöner als auf Mallorca?«

1992 war die Auflage von einer Million auf eine halbe gefallen. Aber dann hatte der Chefredakteur die Ostler offenbar verstanden. Oder die Ostler waren inzwischen zu halben Westlern erzogen. Die Auflage stieg wieder und festigte sich bei 600 000. Die *Super Illu* wurde ein ökonomischer Erfolg für Burda.

Im wilden Osten: »Die Fahnenflucht des Kondottiere«

Und dann kam Rupert Murdoch. Dem Tycoon gehörten damals 60 Prozent des australischen Zeitungsmarkts, in den USA sieben TV-Stationen, die Filmfirma 20th Century Fox und der Verlag Triangle, in Großbritannien neben der Boulevardzeitung *Sun* auch die *Times* und der Privatsender Sky Television. Nun, im Mai 1990, so Hubert Burda, sei der Medientycoon ganz unerwartet mit einem Kooperationsangebot an ihn herangetreten: »Ich will eine Boulevardzeitung machen.«

»Rupert, ich habe davon keine Ahnung«, will Burda geantwortet haben. »Ich bin kein Zeitungsmacher.« Aber dann habe auch Günter Prinz sich für ein Boulevardblatt in Ostdeutschland stark gemacht und bereit erklärt, sich mit zehn Prozent an der News Burda Verlags GmbH & Co. KG zu beteiligen. »Prinz war damals der beste deutsche Boulevardmann«, lobt Burda. Und so habe er zugestimmt. Das Unternehmen wurde der Versuch, einen Monolithen der deutschen Presselandschaft anzugreifen: die *Bild*-Zeitung. Die Chancen für einen erfolgreichen Angriff standen günstig: Mit *Super TV* und *Super Illu* hatte Burda zusammen mit dem Sebaldus Verlag Osterfahrung gesammelt.

Mißtrauisch verfolgten die Konkurrenten Prinz, der seit 1988 für Burda arbeitete, nachdem er im Machtkampf bei Springer Peter Tamm unterlegen war. Statt von der Abfindung (*Kress Report* nannte 16 Millionen Mark) zu leben, hatte er zusammen mit Chefredakteur Franz Josef Wagner die *Bunte* saniert, mit *Elle* und *Forbes* »strategische Allianzen« mit ausländischen Verlagen gebildet und in den neuen Bundesländern mit *Super TV* und *Super Illu* eine Bresche geschlagen. Nun mußten die ehemaligen Kollegen beobachten, wie Prinz mit zahlreichen Boulevardprofis verhandelte, und niemand glaubte ihm, daß sie alle für die beiden Illustrierten gedacht waren. Im Südwesten rekrutierte Medien-Headhunter Egon F. Freiheit eine ganze Kompanie von Schreibern, die jung und ehrgeizig waren und die gegen reichlich Bares bereit waren, in den »wilden Osten« zu gehen.

Im Oktober 1990, nachdem Burda ein ehemaliges Betonplattenwerk aufgekauft hatte und dort eine Offset-Druckerei aufgebaut werden sollte, mußte er offenbaren: Ja, wir wollen eine Zeitung für die neuen Bundesländer gründen.

In Berlins Mollstraße 1 herrschte das Chaos. Sportredakteur Frank Bachner wurde gleich am ersten Tag von der *Super Illu*-Chefredaktion mit einer Recherche in Schwerin und Düsseldorf beauftragt. »Sie wollen doch arbeiten«, hatte ihn Chefredakteur Peter Balsiger auf dem Flur angesprochen. Abends um acht Uhr sah er Willi Schmitt, den Mitgründer von *Super-TV* und *Super Illu*, im sechsten Stock im Flur auf einem Holzstuhl sitzen, ein rotes Telefon auf dem Schoß. Es war der einzige Apparat, der einen Kontakt zu den Lieben im Westen erlaubte. Auf den Spanholztischen der Redaktion standen alte Telefone, die anscheinend vom vorherigen Mieter übernommen worden waren. Sie schufen Verbindungen nur im Osten, und so stand Bachner wie andere stundenlang am Bahnhof Zoo oder westlich des Brandenburger Tors Schlange vor Telefonzellen, um recherchieren zu können.

In der Redaktion der *Super Illu* hing ein Schild mit der Aufschrift: Death or Glory. Bernd Oertwig, später Politikchef bei der *Super!-Zeitung*, ereiferte sich über den Staub der Jahrzehnte, der fein abgelagert in den Ritzen hing. Er habe sich in diesen Monaten häufig die Hände gewaschen. »Fast alle, die hier mitmischen, haben es erlebt: Nach drei Tagen kommt der erste Koller. Nach einer Woche will man alles hinschmeißen. Nach zehn Tagen die heitere Gelassenheit eines Zen-Buddhisten: Ganz entspannt im Hier und Jetzt.«

In Vogelsdorf mühten sich unterdessen die Arbeiter, das Fundament des ehemaligen Betonplattenwerks so zu präparieren, daß es den heftigen Vibrationen der schweren Druckmaschinen widerstehen konnte. Als die Monteure die Maschinen auspackten – Murdochs Investitionsanteil –, erlebten sie eine Überraschung: »Wenn ein Deutscher eine Maschine verkauft, baut er sie ab, reinigt jedes Teil, putzt es mit Öl und legt die Teile so in die Kiste, daß man sie beim Auspacken gleich wieder zusammenbauen kann«, versichert der damalige Verlagsleiter Johannes Schulze. »Aus England kamen Maschinenteile, die waren mit Farbe bekleckert, die waren durch das Öl verharzt, und sie lagen einfach in den Kisten drin. Und man mußte zuerst eine Maschine dafür nehmen, um die anderen zum Laufen zu kriegen. Man hat die Maschine ausgeschlachtet.« Auch der märkische Sand bereitete den britischen Technikern Kopfzerbrechen: »There is less sand in the Sahara than it is in Vogelsdorf«, zitierte Günter Kress einen von ihnen.

Sand kam auch bald ins Getriebe der Redaktion. Am 4. Februar 1991 schickte Günter Prinz, in der *Super!*-Redaktion wegen seines weißen Haars »der Eisgraue« genannt, seinen Fahrer mit einem Brief in die Arabellastraße 23 in München. So jedenfalls erinnert sich Jens J. Meyer. In dem Kuvert steckte die Kündigung. Prinz hatte nicht den Mut gefunden, seinem Verleger ins Gesicht zu sagen, daß er vier Tage zuvor bei Springer unterschrieben hatte. Dort hatte es ihn nach dem verlorenen Machtkampf gegen Tamm immer hingezogen, und mit den Burdas und deren Beteiligung schien das sogar in absehbarer Zeit möglich. Als Geschäftsführer der Burda Holding erfuhr er jedoch frühzeitig, daß Karlsruhe keine Revision des Freiburger Urteils zulassen würde. Das machte ihn empfänglich für das Angebot der Springer-Herren, vermutlich Bernhard Servatius und Günter Wille.

Burda war schockiert. Das grenzte an Verrat! Prinz hatte die Zeitung gestrickt, die gegen *Bild* im Osten antreten sollte, und nun, das war klar, würde er seine neuen, alten Herren mit Munition versorgen. 150 Millionen Mark Schadenersatz, so schrieb *Der Spiegel*, wolle Murdoch von seinem fahnenflüchtigen Partner und Chefentwickler fordern. Dazu kam es nicht. Prinz hatte den Vertrag bei Burda noch nicht unterschrieben. Vom Verleger hätte er mehr Verständnis erwartet, ließ er hören, und vor der Redaktion hielt er eine Rede, deren Kernsatz so klang wie: »Back to the roots«.

Hubert Burda gerät darüber noch heute in Wallung: »Wenn ein Mann in meinem Heer wie Prinz Kondottiere ist und Venedig verrät in der Nacht, wenn er die Pforten der Stadtmauern öffnet, weil er die Pläne kennt, so einen will ich nicht mehr sehen. Macht muß auch verteidigt werden, und für Leute, die untreu sind, gibt es kein Pardon.«

Daß Günter Wille und vielleicht sogar Leo Kirch seinen Hoffnungsträger umgestimmt hätten, sei verständlich, meint Burda. »Wenn Schulte-Hillen versucht hätte, Markwort rauszuschießen, bevor *Focus* herauskommt – alles legitim.« Aber Prinz habe ihm die Zeitung eingeredet. Und bevor Prinz den Urlaub antrat, habe er ihn gebeten, die Verträge zu unterschreiben. Prinz habe den Kopf geschüttelt und gesagt: »Hubert was soll das, Matthias (Prinz) und

Jürgen (Todenhöfer) haben doch alles geregelt.« Da habe er ihn in Urlaub fahren lassen. Eine Nachlässigkeit, unter Freunden, oder unter Partnern wenigstens, die sich vertrauten. Und dann das! Hubert Burda ist noch heute tief verletzt. »Ich kann doch nicht, während ich beim FC Bayern unter Vertrag bin, vor dem Spiel gegen Dortmund die ganze Strategie des Trainers nach Dortmund geben und kurz vor dem Anpfiff sagen: By the way, die Transfersumme war 104 Millionen, ich spiele bei Dortmund.«

Auch die Redaktion war perplex. Wolfgang Kryszohn war noch nicht lange bei Burda gewesen: Willi Schmitt und Günter Prinz hatten ihn und Peter Balsiger geholt. Die vier kannten sich noch aus Springer-Zeiten. Kryszohn war gerade ein paar Tage da, als Prinz ihn ansprach: »Wille hat mich zurückgeholt.« Da habe er sich gefragt: »Was machen wir jetzt ohne unseren großen Meister?« Die Antwort wollte Hubert Burda persönlich geben. Er flog im Privatjet nach Berlin. Aber die Zunge versagte ihm den rechten Dienst, als er der Redaktion klarmachen wollte, daß er nicht daran denke, zu kapitulieren: »I break sis sru«. Die Redaktion wollte das geschichtsträchtige Durchhalteversprechen auf T-Shirts drucken lassen, denn niemand rechnete mehr damit, daß die Zeitung nun noch erscheinen könnte. Die Tendenz zur Flucht von einem sinkenden Schiff war unverkennbar.

Kryszohn hätte Verständnis gehabt, wenn Burda nach Prinz' Weggang aufgegeben hätte. Aber der wollte sich durchbeißen. »Ich bewundere seinen Mut«, sagt Kryszohn. »Das ist noch ein Privatverleger. Der konnte sich, wenn's schiefgeht, fürchterlich blamieren. Er ist eine Lichtgestalt.« Wie aber sollte es weitergehen? Am 13. Februar boten Burda und Murdoch in Berlin Balsiger und Kryszohn die Chefredaktion an. »Balsiger wollte weitermachen«, betont Kryszohn. »Aber ich wollte keine Doppelchefredaktion. Also einigten wir uns darauf, daß ich der Primus inter pares sein sollte.«

Als Kryszohn mit Murdoch zusammensaß, habe der ihn gefragt, was er denn für die farbige Doppelseite in der Blattmitte vorgesehen habe?

»Einen Report«, antwortete Kryszohn, die große Reportage, so machten es schließlich auch die Springer-Blätter.

Murdoch blinzelte listig: »Nein«, sagte er schließlich, »Television.«

Kryszohn schaute Murdoch fassungslos an: »You are crazy.«

Murdoch überzeugte den Chefredakteur – auch mit dem Argument, dann brauchten die Ostdeutschen, die ohnehin knapp bei Kasse waren, keine Programmzeitschrift mehr zu kaufen.

Hubert Burdas neue Zeitung: »Verantwortlich ist immer der Verleger«

In dieser Zeit wuchs das Mißtrauen in Hubert Burda und auch die Sorge, sich einer weiteren Nachlässigkeit schuldig zu machen. Er litt unter Prinz' Vertrauensbruch. Und seine neuen Chefredakteure stammten allesamt aus demselben, dem Springer-Stall. »Sein Problem war, daß sein *Super!*-Baby in Berlin gewickelt wurde«, blickt Kryszohn zurück. Die Windeln banden Balsiger und er, die der Verleger kaum persönlich kannte. Wie sollte da Vertrauen bestehen oder wachsen? Burda trug ein hohes Risiko, nicht nur finanziell. Auch sein persönliches und das Firmen-Image konnten Schaden nehmen. Und so faßte der Verleger einen verhängnisvollen Entschluß. Er rief bei Peter Balsiger an und bestellte seine Chefredakteure Ende Februar nach München.

Im Büro wartete auch Jürgen Todenhöfer, und Burda eröffnete den beiden, er wünsche, daß Franz Josef Wagner sich mit ins *Super!*-Boot setze. »An dem«, sagt Kryszohn, »hat er einen Narren gefressen wie viele andere Verleger.« Balsiger und Kryszohn akzeptierten aber keinen weiteren Steuermann, sie wollten, daß Wagner im eigenen Boot sitzen bleibe und bestenfalls neben dem ihren ein bißchen entlangpaddelte. Man einigte sich darauf, daß Wagner nur dabei sein solle, wenn sich Verleger und Chefredaktion in München träfen.

Doch schon am 6. März landete Burda mit seinem Privatjet in Berlin, Wagner begleitete ihn. Burda erklärte seinen Chefredakteuren, er wolle Wagner nun doch stärker einbinden. Sechs Tage später saßen die beiden wiederum in München und lehnten ab, sie seien nicht einverstanden. »Das Problem war Wagners total Wessi-geprägte Grundhaltung«, wollte Kryszohn dem Verleger klarmachen, »die dem Normalbürger in den neuen Bundesländern nichts zu sagen hatte.«

Kryszohn erzählte Burda von seiner Bäckerei. Dort standen zwei Frauen, die eine schnitt Wurst und legte sie auf Brötchen, die andere kassierte. Die Schlange der Kunden wurde immer länger, aber keine der Frauen kam auf die Idee, die Wurst schon vor der Öffnung des Geschäfts in die Brötchen zu packen, um die Kundschaft nicht warten zu lassen. Oder von der Chefsekretärin, die eines Morgens weinend in seinem Büro stand. Sie habe gestern ihre Stromrechnung bekommen, und ihr sei klargeworden, daß das mit ihrem Traumauto, einem Golf, doch nicht so schnell gehen werde, wie sie erhofft hätte. »Da habe ich gelernt«, sagt Kryszohn, »daß eine Stromrechnung eine Lebensplanung verändern kann. Das waren die Probleme der Ostdeutschen.« Meinte Kryszohn, dessen Gehalt ein anderes war als das seiner Sekretärin und fast aller übrigen Ostdeutschen.

Hubert Burda leuchteten solche Argumente allerdings ein, und aus dem »Sonderbeauftragten und Berater der Chefredaktion« wurde bei der Unterredung ein »Sonderberater des Verlegers«. Das Branchenblatt *Kress Report* berichtete anschließend, die beiden Chefredakteure hätten sich »klare Verhältnisse erkämpft«, mithin habe das Treffen mit einer Niederlage für Hubert Burda geendet. Nur wenige Tage später stand Wagner dennoch im größten Großraumbüro Europas, das inzwischen im zweiten Stock der Mollstraße 1 eingerichtet worden war – endgültig. Und die *Bunte* regierte er am Wochenende.

Zwei Fulltimejobs, das war selbst für Wagner zu viel. Und so wurde der kommissarische Chef für viele das größte Problem – jedenfalls für diejenigen Kollegen, die Wagner bisher nicht gekannt hatten. Er schrieb die Beiträge vieler Redakteure um und bekam Tobsuchtsanfälle. Bachner kam sich manchmal vor wie »im Irrenhaus«. Zusammen mit Chefreporter Ronald Matthäi setzte er einen Beschwerdebrief an den Verleger auf, den mehr als zwei Dutzend Kollegen unterschrieben.

Das änderte nichts, und Wolfgang Kryszohn zog die Konsequenz und ging. Auch Willi Schmitt hatte genug und nahm seinen Hut. Am 15. April hielt Peter Balsiger eine Rede, in der er erklärte, daß auch er am nächsten Tag nicht mehr da sein werde. Zu guter Letzt wechselte der stellvertretende Chefredakteur Andreas Petzold im Haus zur *Super Illu*, später mit Balsiger wieder zu *Bild* Ost.

Es war ein Kommen und Gehen, auch unter den subalternen Angestellten, Bachner nennt es einen »türkischen Basar an Namen«. In einer Woche seien allein in der Sportredaktion acht Redakteure, die Verträge unterzeichnet hatten, doch nicht erschienen. Sie hatten mit dem neuen Kontrakt bei ihren alten Arbeitgebern höhere Gehälter durchgesetzt. Oder von den Kollegen gehört, wie chaotisch es in Ost-Berlin zuging, nun mehr als je zuvor. Und so kannte der Verleger nicht nur seine Chefredakteure kaum, die ganze Berliner Redaktion war ihm fremd. Als er einmal Richard Netzer in den Redaktionsräumen traf, stutzte er und überlegte: »Ich kenne Sie von irgendwoher.« Netzer war vier Jahre zuvor schon einmal bei Burda angestellt gewesen, für vier Monate bei der *Glücks-Revue* – keine schöne Zeit für einen Journalisten wie Netzer: »Zu viel Schmu und seichtes Geschwätz. Da wurde heftig gedichtet – wie bei allen Yellowpress-Blättern.« Vor allem bestand die Redaktion fast ausschließlich aus Frauen: »Wenn da eine vorbeiging, wurde getuschelt, wo man die gestern gesehen hat und mit wem und welche Kleidung sie getragen hat.« Enge Kontakte zu knüpfen, gelang Netzer nicht. Aber beim Burda-Sommersportfest gewann er einen Wettbewerb, und Burda drückte ihm einen Pokal in den Arm. Später habe er dem Verleger einmal die Daumen drücken müssen, als er Tennis spielte. Es war am 19. September, ein Samstag, Tag der offenen Tür bei Burda, als eine Kollegin sagte: »Wir müssen rüber zum Tennisplatz, da spielt Hubert ein Doppel.« Um zahlreiches Erscheinen wurde gebeten, und so standen 50 bis 100 Leute am Zaun und hätten frenetisch geklatscht, wenn der Verleger einen Punkt machte. Den Vergleichskampf Burda-Springer gewannen die Offenburger 5:4. Danach gab's einen roten Läufer vor dem Sportlerheim und Getränke für alle.

In Ost-Berlin stellten weit übertarifliche Gehälter den roten

Teppich dar. Die Fluktuation war dennoch hoch. Die Ausgeschiedenen ersetzte Wagner durch Leute seines Vertrauens, Norbert Lewandowski und Peter Kirschstein. Eine Woche vor der ersten Ausgabe ließ er seine Mannschaft um seinen Tisch herum antreten und hielt eine dramatische Ansprache: »Wer jetzt abspringen will, soll abspringen. Danach kann niemand mehr abspringen.« Und dann malte er eine rosige Zukunft: »Wir sitzen alle in einem Boot und fahren hinaus zu neuen Ufern.«

Am Abend vor dem Tag eins sprach Wagner ein Wort der Hoffnung: »Ich glaube, die Leser werden uns lieben.« In Vogelsdorf gab Hubert Burda Punkt 17 Uhr das Startsignal: »Let the presses go.« Und drückte, unterstützt von Uschi Glas und Rupert Murdoch auf den Startknopf der Druckmaschinen. 500 000 Mal spuckten sie in den nächsten Stunden den Titel aus: »Kati Witt läßt ihre Luxuswohnung leerstehen.« Das Empörende: »1 Million Wohnungen fehlen«, und Witt soll auch noch gestanden haben: »Ich habe ja auch noch einen Bungalow.« Ostdeutschland hatte eine neue Zeitung. Ganze 30 Pfennig mußten die »Ossis« bezahlen; die Preise aller anderen Boulevardzeitungen in den neuen Ländern sanken infolgedessen.

Spätestens die zweite Ausgabe sorgte für einen Eklat: »Angeber-Wessi mit Bierflasche erschlagen. Ganz Bernau freut sich, daß er tot ist.« Und als Bundeskanzler Helmut Kohl in Halle mit Eiern und Tomaten beworfen worden war, glaubte Franz Josef Wagner die Unzufriedenen mit der Schlagzeile umarmen zu müssen: »Klatsch, klatsch, das saß.«

Spiegel, *Stern* und natürlich *Bild* widmeten sich in umfangreichen Kritiken »Hubert Burdas neuer Zeitung« und geißelten die »schlimmen Schlagzeilen« des »Hetzblatts«. Auch daß die Wetterkarte nur den östlichen Teil Deutschlands zeigte, kam nicht gut an. Im Westen. Burda wehrte sich gegen die »üble Kampagne«: Die G+J-Illustrierte *Extra* (von Ex-*Stern*-Chefredakteur Klaus Liedtke) habe ähnlich getitelt: »Champagner auf einen Mord«. Es half nichts, Bierflasche und Zeitung gehörten fortan zusammen.

Welcher »Wessi« verstand schon die ostdeutsche Seele? Wagner sicher nicht. Aber die Redaktion in der Mollstraße hatte einige Experten in ihren Reihen, die ihren zugewanderten westdeutschen Kollegen sagen konnten, wo die Kantine lag, nämlich ganz oben, und daß man dort noch mit Ostgeld bezahlen mußte. Auch der Tip, die »9« zu wählen und auf ein leises Knacken in der Hörmuschel zu warten, um in den Westen telefonieren zu können, war nützlich. Funktionierte aber nicht immer. Entscheidend war jedoch, daß einige ostdeutsche Kollegen nicht nur über perfekte Ortskenntnisse verfügten, sondern auch über brauchbare Informationen über die Stasi und ihre früheren Mitarbeiter. »Die kannten sich im Parteiapparat glänzend aus«, erinnert sich Richard Netzer. »Und die sagten: Der war bei der Stasi, und die, und der kennt den.« Netzer hat das geärgert. Nicht nur, weil diese Denunzianten damit bei den Vorgesetzten punkteten, die immerzu an Stasi-Geschichten interessiert gewesen seien. Ihn störte die geradezu zwanghafte Stasi-Verfolgung. Sein Chef im Sport beispielsweise, Klaus K. Müller, heute Leiter des *Focus*-Büros in Berlin, habe permanent gefragt: »Und, war der bei der Stasi? Wurde er jemals bespitzelt oder hatte er einen Auftrag?« So sei auch der zweite Titel über Katarina Witt entstanden: »Stasi. Ja.« Das führte zu einer Gegendarstellung auf der ersten Seite.

Netzer kam das unehrlich vor, weil in der Redaktion ehemalige Stasi-IMs arbeiteten, während die *Super!-Zeitung* über die Verstrickungen anderer herzog. Das fand Netzer unglaubwürdig. Außerdem: »Wir haben die Gräben aufgerissen.« Wenn Klaus Taubert durch die Redaktion ging, steckten die Westkollegen die Köpfe zusammen. »Da wurde offen gesagt, daß er mitgemischt hat«, mit Honecker habe der eng zusammengesteckt, hieß es.

Taubert arbeitete tatsächlich schon vor *Super Illu* und *Super!-Zeitung* in der Mollstraße 1, er berichtete als adn-Reporter von Staatsereignissen und begleitete Erich Honecker auf seiner Reise in die Bundesrepublik. Er habe sich aber »nie ernsthaft mit politischen Dingen identifiziert«, sagte er später, und die Personalchefs bei Burda glaubten ihm. Die Kollegen nicht.

Auch bei Redakteurin Sabrina Stechel hatte Netzer den Eindruck, daß da etwas nicht stimme. »Aber die war sehr smart und eloquent. Die konnte sich glänzend verkaufen. Willi Schmitt hatte ein Faible für die. Die konnte dem ihre Geschichten besser als wir verkaufen. Sie war ein typischer Wendehals, die hat den Umschwung glänzend geschafft.«

Viele Jahre später, als die *Super Illu* Gisela Oechelhaeusers Stasi-Akte fand, kam heraus, daß auch Stechel, inzwischen zur stellvertretenden Chefredakteurin avanciert, eine Vergangenheit hatte: Am 4. August 1986 hatte sie eine Verpflichtung unterschrieben, Mielkes Staatssicherheitsdienst Informationen über Studenten an der Leipziger Karl-Marx-Universität zu liefern. Auch als adn-Redakteurin arbeitete sie für die Stasi. Springers Tageszeitung *Die Welt* grub die IM-Akte aus, in der ein MfS-Führungsoffizier Stechel lobt. »Anne« sei in der Lage, gute Arbeit für das MfS zu leisten.

Die *Super!-Zeitung* war noch nicht die Zeitung, die Hubert Burda sich gewünscht hatte. Er hatte *USA today* im Kopf, und er wollte mehr Ratgeber. Dennoch verteidigte er seinen Doppelchefredakteur 49 Ausgaben lang. Daß sein Chefredakteur die Freundin eines psychisch kranken Sexualstraftäters, des »rosa Riesen«, für ein paar Wochen anstellten, um ihren Freund in der Psychiatrie auszuhorchen, war nicht sein Stil. Und Wagners positive Geschichten entsprachen ebenfalls nicht seinem Geschmack: Als Else Buschheuer heiratete, feierte Wagner das Paar als erste ost-west-deutsche Heirat. Beide waren bei der Zeitung angestellt.

Zu allem Überfluß bereiteten auch noch Burdas Freunde Verdruß: Die Juroren des von Burda gestifteten Nicolas-Born-Preises für jüngere deutsche Literatur traten zurück. Wolfgang Hilbig, Uwe Kolbe, Christian Döring, Barbara von Becker und Gunhild Kübler mochten keinen Preis mehr verleihen, den ein Verleger stiftet, der mit seinen Blättern »gegen die journalistischen Gebote einer Berichterstattung verstößt, die Information, Aufklärung und Wahrung der Menschenwürde zu ihrem Anliegen macht«. Ulrich Greiner forderte in der *Zeit* auch die Jury des Petrarca-Preises, Michael Krüger, Peter Hamm, Alfred Kolleritsch und Peter Handke, auf, sich zurückzuziehen: »Wenn sie kompromißlos über ihr Amt nachdächten, dann müßten sie es aufgeben.« Und wenn Hubert Burda »einen Rest von Anstand besäße, dann müßte er sich sagen: Es geht wohl nicht, daß ich einerseits mit meinem Schmutzblatt *Su-*

per! im journalistischen Abgrund wühle und mir andererseits ein bißchen Glanz von der Sonnengestalt eines Francesco Petrarca borge.«

Herbert Achternbusch hatte schon Jahre vorher, 1977, den Petrarca-Preis für eine Demonstration genutzt: Er wollte zeigen, was er von den Produkten des Hauses Burda hielt – oder war es Kunst, ein geschickter PR-Gag oder alles zusammen? – und verbrannte den 20 000-Mark-Scheck. Peter Handke hingegen wollte nichts Ehrenrühriges an *Super!*-Petrarca finden. Also schrieb er Greiner: »Ich bin mit Ihrer glühenden Glosse zu meinem Freund Hubert Burda und seinem Petrarca-Preis nicht einverstanden.« Er habe alle Artikel bezüglich Asylbewerbern und Neonazis und Fremdenfeindlichkeit in der *Super!-Zeitung* gelesen. »Vielleicht gibt es hier und da mißverständliche Unter- und Zwischentitel – nein, nicht einmal das, wenn man drum herum liest –, aber im ganzen ist eine für ein Boulevardblatt erstaunliche Linie der Versöhnungsaufrufe, Gewaltverachtung usw. zu erkennen.«

Auch Horst Vetten verteidigte seinen einstigen Verlag: »Mit einem Kunsthistoriker Dr. Hubert Burda an der Spitze gibt er ein schönes Feindbild ab.« Doch Johannes Schweikle blieb dabei: »Solche Teilzeit-Intellektuellen erhalten normalerweise keinen Einlaß in Denkerzirkel. Bei Hubert Burda machen die Geistesmenschen eine Ausnahme, weil er immer den großen Geldbeutel mitbringt.« Mit 40 000 Mark sei der Petrarca-Preis dotiert, »und auch für die Jury und die geladenen Gäste war dieser Preis eine feine Sache. Die Verleihung zog sich über mindestens drei Tage, man hielt sich in angenehmen Hotels in Italien und Südfrankreich auf. Jurymitglieder wie Michael Krüger konnten immerfort munter ›un poco de vino‹ ordern, und Hubert Burda bezahlte alles.«

Als im Juli Peter Bartels als Chefredakteur antreten konnte, hatte »der meschuggene Wagner« (Helmut Markwort) die Zeitung längst ruiniert. Zwar verkaufte sie sich annähernd eine halbe Million Mal, aber die Anzeigenkunden zogen nicht mit. Einmal keimte Hoffnung. Bei der Beerdigung von John Jahr im November 1991 kamen Mark Wössner und Gerd Schulte-Hillen auf Hubert Burda zu und boten an: »Wir mergen alles.« Sie wollten, konkretisiert

Burda, die *Super!-Zeitung*, *Kurier* und *Morgenpost* zusammenwerfen, und eine Münchner Boulevardzeitung kaufen, die zur Disposition stand, die *Abendzeitung*. »Dann brauchen wir nur noch eine Frankfurter Ausgabe«, hätten sie gelockt, »und dann haben wir einen zweiten Titel.« Und zwar bundesweit und gegen *Bild*.

Dazu kam es nicht. Im Juli 1992 zog Rupert Murdoch sich aus dem Projekt zurück; ihm hatten die Banken, die seine acht Milliarden Dollar Schulden umschichteten, weitere Investitionen verboten. Hubert Burda stand vor der Entscheidung, allein weiterzumachen – oder einzustellen. Allerdings hätte er neue Maschinen kaufen müssen.

»Es gibt überhaupt keine Frage, daß mit Prinz und der Mannschaft und einem Murdoch, der Geld gehabt hätte, wir einen zweiten Boulevardtitel in Deutschland durchgesetzt hätten«, ist Hubert Burda sich noch immer sicher. Aber mit Wagners Schlagzeilen war das Blatt verbrannt. Von Schuld will Burda nicht sprechen. »Verantwortlich ist immer der Verleger.« Wagner habe gekämpft. »Aber alles, was ein Chefredakteur braucht – Marketing und Werbung und Finanzen und Personalführung –, ist sicherlich nicht seine Stärke.« Das Problem war, daß Wagner alles selbst machen wollte. »Wagner wäre sicher ein ganz Großer geworden unter den Chefredakteuren, wenn er sich wie Prinz die richtigen Leute geholt hätte.«

Statt dessen reiste Jürgen Todenhöfer am 24. Juli 1992 nach Berlin, um Chefredakteur Peter Bartels mitzuteilen, daß die Zeitung heute geschlossen werde. »Hubert Burda wollte selber fahren, aber ich sagte: ›Kommt nicht in Frage. Wenn da Tomaten fliegen, freut sich ganz Deutschland.‹« Während Todenhöfer den Chefredakteur informierte, wurde Geschäftsführer Jörn Könke von einer großen Delegation aus München überrascht, an der Spitze Helmut Markwort, Justitiar Robert Schweizer und Holding-Finanzchef Gerd Toepfer, auch der Liquidator, Ronald Frohne, war angereist. Im Haus verteilten sich schwarz gekleidete Wachleute, damit nichts von der kostbaren Einrichtung verschwinden konnte.

Mit Peter Bartels, aber ohne Todenhöfer, trat die Gruppe vor die Redaktion. Es sei beschlossen worden: »Die Zeitung erscheint ab morgen nicht mehr.« Die *Morgenpost* titelte tags darauf hämisch: »Willkommen, *Super!*-Leser!«

Nicht jeder war informiert worden: Als Sportredakteur Hans-Jürgen Kleine-Kampmann aus Barcelona anrief, um seinen letzten Vorbericht zu den Olympischen Spielen durchzukabeln, erklärte ihm der Chef vom Dienst, Michael Stüber, er könne nach Hause kommen. Kleine-Kampmann ging bei voller Bezahlung ein Jahr lang spazieren.

Richard Netzer setzte sich an seinem freien Tag in sein Stammcafé am Winterfeldtplatz, das »Sidney«. Da lag der *Tagesspiegel* aus, und er las: Burda stellt *Super!-Zeitung* ein. »Ich habe gelacht und erst einmal ausführlich gefrühstückt.« Von Kollegen hörte er, Peter Bartels wolle die Zeitung retten, er könne eine Million Mark aufbringen. Netzer glaubte nicht daran. Nach einer Woche ging er wieder in die Redaktion, wo noch eine Stallwache saß, und räumte seinen Schreibtisch auf.

Jürgen Todenhöfer dagegen sah schwierige Aufgaben vor sich: Er verbrachte mit Peter Bartels einen langen Abend, dann flog er nach München, um den Eigentümer aufzurichten. »Ich dachte, er sei am Boden zerstört.« Wieder war ein Projekt gescheitert, und noch immer hatte Hubert Burda kein eigenes Blatt dauerhaft auf dem Markt etabliert. Als aber Todenhöfer ins Büro des Verlegers trat, sei der ihm mit ganz kleinen, harten Augen entgegengetreten und habe gesagt: »So, Jürgen, und jetzt machen wir das Nachrichtenmagazin.« Jeder andere hätte gesagt: »Das verschieben wir jetzt.«

Mehr als eine Million Mark habe ihn das Abenteuer wöchentlich gekostet, rechnet Burda nach. Aber rückblickend sieht Hubert Burda auch den *Super!*-Flop in einem guten Licht. »Mit Prinz hätten wir den zweiten Boulevardtitel gemacht«, wettet er. »Aber eine ganz andere Frage ist, ob wir dann *Focus* gestartet hätten.«

13

Im Verleger-Olymp: »You made me rich«

Die Erfolgsstory von *Focus* hat eine lange Vorgeschichte, und jeder der Beteiligten hat etwas beizutragen zum Mythos. Hubert Burda erhebt Anspruch auf die ältesten Urheberrechte. Seine Geschichte spielt 1952, als der Norweger Stein Erikson Olympiasieger im Riesenslalom wurde. Auch Hubert Burda, damals zwölf Jahre alt, träumte davon, eine Goldmedaille zu erwedeln. Er saß in der Schule, kritzelte in sein Heft, und der Lehrer merkte nicht, daß sein Schüler gar nicht bei der Sache war. Der kleine Hubert zeichnete eine Geländekarte mit dem Fallwinkel dieses Riesenslaloms, eine Aufsicht und eine Seitensicht und schrieb einen Text dazu, der erklärte, warum Stein Erikson Sieger wurde. So jedenfalls geht die Legende.

Kaum zehn Jahre später – Hubert Burda war nun Student – las er Magnus Enzensbergers Essay über »Die Sprache des Spiegels«. Das war der erste medienkritische Artikel. Am 18. Januar 1994, am ersten Jahrestag von *Focus* las er der Redaktion aus diesem Text vor. Damals studierte er auch Denis Diderot, den französischen Philosophen, in dessen Enzyklopädie er Vorbilder für die späteren Info-Grafiken des *Focus* sah, bildvermittelte Erklärungen über das Anlegen von Entwässerungssystemen oder die komplizierte Struktur einer Seidenweberei. Auch in Giovanni Battista Piranesis Kupferstichen der römischen Antike fand er Anregungen für das *Focus*-Layout. Und bei der *Bunte* fiel ihm später auf, daß es komplexe Themen gebe, die mit Fotos allein nicht veranschaulicht werden könnten.

Seit 1963 soll Hubert Burda darüber nachgedacht haben, wie man dem *Spiegel* etwas entgegensetzen könnte. Von einer »tiefen Antihaltung« gegenüber dem Hamburger Nachrichtenmagazin war in den neunziger Jahren die Rede, und sie habe ihren Ursprung in der Überheblichkeit der Macher, die sich für sakrosankt hielten. Heute äußert sich Hubert Burda, zumindest wenn Mikrofone eingeschaltet sind, moderater. Nicht gegen den *Spiegel* habe er antreten wollen, versichert er, sondern etwas ganz anderes habe er machen wollen. Andreas Odenwald bekräftigt: »Das wurde im nachhinein gesagt. Er war ja auch mit Augstein eng befreundet. Den Augstein hat er bewundert. Da tut man Hubert unrecht, wenn man sagt, er habe den *Spiegel* gehaßt.«

Im Dezember 1980, als Odenwald stellvertretender Chefredakteur bei *Bunte* war, rief ein Freund an. Ob er ihm nicht mal was schreiben könne, für das *postmagazin* der Bundespost. Ihm fehle, klagte Wilfried Achterfeld, noch eine schöne Geschichte. Odenwald hatte eine solche Geschichte parat: Als Schüler trug er Anfang der sechziger Jahre an den Wochenenden in Hamburg, zwischen Pöseldorf und St. Pauli, Telegramme und Eilsendungen aus. Die Redakteure des *Spiegel*, von denen sechs in seinem Beritt wohnten, bekamen die neue Ausgabe immer auf diesem Weg in einem unverschlossenen Kuvert zugeschickt, damit sie schon samstags lesen konnten, was montags die öffentliche Meinung war.

»Ich hatte das schnell spitzgekriegt, daß in dem Umschlag der *Spiegel* drinsteckte«, erzählt Odenwald. »Also machte ich immer einen Umschlag auf, legte mich an die Alster und las.« Sorgsam achtete er darauf, kein Eselsohr zu fabrizieren, packte schließlich das Magazin wieder in die Tüte und trug es aus. Augstein, bat Odenwald inständig, möge diesen eindeutigen Bruch des Postgeheimnisses verzeihen. Und Augstein verzieh.

Am 24. Januar 1981, es war ein Sonntag, krächzte eine vertraute Stimme aus der Gegensprechanlage in Odenwalds Büro: »Andy, können Sie mal raufkommen?«

Es war der Verleger, der ihn wegen eines kleinen Zerwürfnisses in den vergangenen Wochen etwas stiefmütterlich behandelt hatte. Odenwald beeilte sich, ins Chefzimmer zu kommen. Die Tür stand offen, und er saß an seinem Schreibtisch, den Blick in die druckfrische Ausgabe vom *Spiegel* vertieft, letzte Seite. Plötzlich schaute er auf, und Odenwald sieht ihn noch genau vor sich: »Da hat er mich angekuckt, richtig liebevoll.«

»Sie stehen im *Spiegel*«, habe er schließlich gesagt. Die Hamburger hatten Odenwalds Geschichte gefunden und im Rückspiegel nachgedruckt, samt Quellenangabe und mit dem Hinweis, der Autor sei stellvertretender Chefredakteur der *Bunte*. »Das freut mich«, sagte Burda. »Herzlichen Glückwunsch.« Damit war der Hausfrieden wiederhergestellt. »Wenn er im *Spiegel* stand oder einer seiner Leute, das war wie Ostern und Pfingsten an einem Tag«, weiß Odenwald.

Für Helmut Markwort begann *Focus* Ende der sechziger Jahre, als er in der Arnulfstraße *Bild + Funk* machte. Schon damals hätten sie bei langen Spaziergängen im Hirschgarten davon geträumt, ein Nachrichtenmagazin zu gründen. Die Zeit war damals noch nicht reif, der Alte dominierte noch die Familie und den Betrieb. Hubert Burda, das weiß er, hätte ihm nie gekündigt. Er denke genau andersherum als sein Vater: Er liebe Mitarbeiter mit Ownership, die agierten, als wäre es ihr Geschäft. »Aber so konnte er damals nur denken, nicht reden, denn der Verlag war immer noch das Geschäft des Vaters.«

Hubert Burda war damals der Chefredakteur abhanden gekommen, und er wußte nicht, auf wen er wütender sein sollte: »Regen Sie sich nicht auf«, will Markwort ihn getröstet haben, »Sie hatten eine andere Situation als ich. Sie mußten vorsichtig sein, denn mich konnte der Vater rausschmeißen, Sie konnte er enterben. Das ist viel schlimmer.«

Ein paar Jahre später, 1983, nachdem die gerichtlichen Auseinandersetzungen beendet waren, trafen sich Hubert Burda und Helmut Markwort wieder. Markwort entwickelte damals beim Sebaldus-Verlag Zeitschriften wie *Ein Herz für Tiere*, die Programmzeitschrift *Die 2*, und *die aktuelle*. »Ich weiß jetzt, warum Sie sich mit meinem Vater verkracht haben«, analysierte der Verleger. »Sie waren ihm zu ähnlich.« Trotzdem – oder deswegen – hielt Burda zu Markwort.

An Helmut Markworts 50. Geburtstag habe er ihn gefragt, ob er Lust hätte, etwas Großes zu machen. »Ja, ein Nachrichtenmagazin«, habe Markwort wieder geantwortet. »Wann sollte es erscheinen? Montags oder donnerstags?«

Markwort war für Montag. Burda freute sich. Die Allianz stand wieder. Er deutet eine Becker-Faust an und sagt dann begeistert: »Auf diesen Moment hatte ich 25 Jahre gewartet. Uns beiden war klar, daß dieses Magazin nur am Montag erscheinen kann.«

Markwort und Burda: »... dann ist er der Größte«

Kaum war Günter Prinz fahnenflüchtig geworden, holte Hubert Burda sich einen anderen journalistischen Anführer: Helmut Markwort. Einen Orden verpaßte er dem Neuen, den er schon lange kannte, gleich am ersten Tag: Erster Journalist durfte Markwort sich nennen. »Du machst den Fehler deines Lebens«, warnte ihn dessen Stellvertreter beim *Gong*, Bob Borrink. Doch Markwort wußte genau, was er tat. In der Tasche trug er einen Vertrag, der ihm endlich die Möglichkeiten zusicherte, das zu tun, was er immer hatte machen wollen: einen Gegen-*Spiegel*. Davon will zwar heute niemand mehr etwas wissen in der Arabellastraße, beide Magazine lebten doch glänzend nebeneinander, aber damals dachten der Verleger und der Erste Journalist des Hauses so.

In Offenburg ging Markwort lange mit Burda spazieren. Wie einst sein Vater liebt es Hubert Burda, durch die Weinberge rund um das Fessenbacher Schlößchen zu spazieren, das der »Senator« einst der Baronin Elsbeth von Seebach gegen eine lebenslange Rente abgekauft hatte. Ein solcher Spaziergang war für Markwort eher eine Qual, denn im Gegensatz zu seinem Verleger hält er nichts davon, stundenlang zu Fuß unterwegs zu sein. Hubert Burda schon, wenn er geht, fliegen ihm die Gedanken zu, und sofort läßt er sie wieder frei, damit auch andere daran teilhaben können.

Sie redeten über vieles, über die Geschäfte in Ostdeutschland, daß Markwort sich, wenn er am 1. Juni seine Arbeit aufnehme, zuerst um den Neuauftritt der von Burda erworbenen *Schweriner*

Volkszeitung kümmern müsse, vor allem aber diskutierten sie über die »Zugmieze«. Markwort schnaufte schwer und hätte lieber gesessen, umso glücklicher war er, als sein Begleiter plötzlich innehielt. Hubert Burda schwieg und deutete zur Seite. Markwort hatte in seinem Ringen um Atem und Worte gar nicht bemerkt, daß sie einen Friedhof betreten hatten, aber nun standen sie vor einem Grab. Es war das größte im Umkreis, etwa 30 Quadratmeter, vorbildlich gepflegt, aus der Erde ragten Rhododendron und andere grüne Sträucher, Stiefmütterchen und ein Lebenslicht. Von einem monumentalen Grabstein herab beschützte ein Engel mit Lorbeerzweig die Ruhe des Toten. Genauer gesagt von Dr. Franz Burda.

»Das hat er auch als symbolische Aussöhnung gesehen«, mutmaßt Markwort, lässig im Stuhl seines Chefredakteurszimmers in der Arabellastraße 21 lehnend, »daß er vielleicht diesen damaligen Revoluzzer mit dem Vater ausgesöhnt hat, indem er mich quasi noch einmal vorgestellt und gesagt hat: ›Ich hole ihn wieder zurück in die Firma.‹« Hubert sei ja ein Symboliker, für ihn sei das ein Zeichen, eine Geste gewesen. So jedenfalls hat es Markwort verstanden. »Das war sicher für ihn ganz wichtig.« Es blieb nicht die letzte Versöhnung, die Hubert Burda erzwang.

Der zweite wichtige Weg führte Markwort nach Berlin. *Burda News* hatte am 13. Februar nüchtern gemeldet: »Prinz zurück zu Springer: Markwort kommt.« Nun traf er sich in der »Paris-Moskau«-Bar in Moabit mit den Chefredakteuren der *Super!-Zeitung*. Er wolle nicht reinreden, versicherte der Erste Journalist den beiden, denn er habe keine Ahnung vom Zeitungmachen. Das hinderte Markwort nicht daran, sich um die von Burda erworbene *Schweriner Volkszeitung* zu kümmern, deren Herausgeber er bis heute ist. Gegenüber Kryszohn aber ließ er durchblicken, daß er für ein anderes Projekt akquiriert worden sei: ein Nachrichtenmagazin. »Schon damals gab es Gerüchte«, erinnert sich Kryszohn, »Markwort habe sich das im Vertrag zusichern lassen.«

Daß die neue Ost-Zeitung nach gut einem Jahr eingestellt wurde, hänge mit Markwort zusammen, glaubt auch Johannes Schulze bis heute. »Ich bin der festen Überzeugung, daß Markworts Vertrag so war: Wenn das Ding nicht kommt, steige ich aus.

Markwort brauchte den Verleger, der einsteigt für seine Idee. Das hätte auch Gruner + Jahr sein können.« Wäre nicht dauernd *Focus* gedanklich und in der konkreten Planung dabeigestanden, mutmaßt er, »hätte man die Zeitung in zwei, drei Jahren zum Erfolg bringen können«. Burda sei ja nicht der ärmste der Verlage gewesen. Als aber Markwort mit der Redaktion um Uli Baur die »Zugmieze« marktreif entwickelt hatte, konzentrierte, um nicht zu sagen fokussierte der Verleger alles auf ein neues, hoffnungsvolles Projekt. Das angeschlagene, nach kurzer Zeit schon ungeliebte Zeitungsprojekt wurde beerdigt. »Das war eine klare Entscheidung«, sagt Schulze. »Wenn wir *Focus* machen, dann müssen wir das mit ganzer Kraft machen. Wir brauchen alle verfügbaren Managementkapazitäten und dürfen nicht unsere Anzeigenabteilung und den Vertrieb mit einem großen Problemkind belasten.«

Ein zweites Hindernis hatte er bereits beseitigt: »Der Franz hätte gesagt: Gegen den *Spiegel* willst du antreten? Du spinnst«, glaubt Hubert Burda. »Red mit dem Richard Gruner und red mit dem Johnny Jahr oder dem Claus Jacobi, was die von dir halten. Nichts.« Die Fachwelt schüttelte tatsächlich den Kopf: Erst wollte er die *Bild*-Zeitung angreifen und ist gescheitert, jetzt will er dem *Spiegel* Konkurrenz machen. Der zweite Wahnsinn. Hubert Burda, so schien es, setzte das Erbe seines Vaters aufs Spiel. Ein Hasardeur.

Doch *Focus* wurde Hubert Burdas Meisterstück. Als er am 5. Oktober den Anzeigenkunden erste Seiten präsentierte, und mehr noch als er am 6. Dezember Markworts Nullnummer sah, überkam ihn ein Glücksgefühl. Da lag ein Produkt, das er als sein eigenes ansah, ein Produkt, in dem er alle seine Vorstellungen gebündelt sah. Das Heft übertreffe seine Vorstellungen sogar noch. »Ich wußte, daß das ein Erfolg werden würde.« Und er dachte an seinen Vater, den gnadenlosen Lehrer, der ihm ermöglicht hatte, in 13 Jahren bei der *Bunte* das zu lernen, was Voraussetzung für diesen Wurf war.

Am Samstag, den 16. Januar 1993, spuckte die Rotation 600 000 Hefte des neuen Nachrichtenmagazins aus. 150 Exemplare signierte Helmut Markwort begeistert und verteilte sie beim großen Frühstücksbüffet mit allen Beteiligten am Sonntag. »Dies ist ein historischer Tag«, phantasierte Hubert Burda. Der alte Fritz, machte er allen Mut, habe die Schlacht von Roßbach auch gegen eine erdrückende Übermacht gewonnen – mit seiner beweglichen, schnellen Kavallerie. Der Schnelle, wollte er damit sagen, frißt den Langsamen. Und *Focus* war schneller. Aber der *Spiegel* schien an diesem Tag die bessere Titel-Geschichte zu haben. *Focus* druckte ein Interview mit Oskar Lafontaine, der *Spiegel* machte mit »Geschichten des O.« auf, einer lange vorenthaltenen Enthüllungsgeschichte über die »halbseidenen Freunde des Oskar Lafontaine«. Der SPD-Bundestagsabgeordnete und Medienwissenschaftler Peter Glotz setzte sich sogar bei RTL auf den »heißen Stuhl«, um Lafontaine zu verteidigen. Der *Spiegel* habe einen Scoop gebraucht, und Lafontaine benutzt, erklärte er. Das sei »ungerecht und falsch«. Immerhin: Wo die geballte Kraft des investigativen Journalismus lag, hatten die Hamburger damit bewiesen.

Die Neugier auf das »Magazin für die Info-Elite« war dennoch groß. Ein neuartiges Layout – das Vorbild fand Burda zum Teil in *US News and World Report* – sollte dem neuesten Wissen aus der Hirnforschung gerecht werden: Die Verbindung von Text und Bild vermittle Wissen optimal, weil beide Gehirnhälften angesprochen würden. »Die linke steht mehr für das Logozentrische, den Text, das Rechnen, die Gliederung, die rechte für die Bilder, die Visionen, die Musik«, erläutert Burda jedem, der es hören möchte. »Beides gehört zusammen, bedingt sich gegenseitig. Wer sich mit Kommunikation befaßt, muß wissen, wie das menschliche Gehirn die Außenwelt verarbeitet.« Hubert Burda gebraucht dafür den Anglizismus »envisioning knowledge«. Kein Verlegen der Zukunft ohne die digitale Revolution. Als er den ersten Crossfield Scanner kaufte, habe sein Vater gesagt: »Was zahle ich für so eine kleine Maschine zwei Millionen Mark?« Heute koste sie 600. »Damals waren's die einzigen Scanner, die's gab. Und die haben Reproabteilungen überflüssig gemacht«, doziert Burda, und es ist ihm kein Bedauern anzumerken. »Als ich Kind war, saßen die in der Repro und haben gepinselt. Und es hat geheißen: Wenn dein Kind ein Maler ist, dann schick es zum Burda. Und heute heißt's: Hat dein Junge was drauf mit dem Computer, dann schick ihn zum Burda.«

Burda holte das alte *Super!*-Team um Reiner Lanninger nach

München. Mit einer neuen Software von Apple hatte Lanninger in Berlin grafische Oberflächen vom Computer direkt auf den Offsetzylinder übertragen. »Computer to plate« nennt es Hubert Burda. Ab Sommer 1992 versuchte sich Lanningers Mannschaft für *Focus* darin, aus Nachrichten »News to use« zu machen – für die »educated readership«.

Das Establishment war skeptisch: Der ehemalige *Bild*-Chefredakteur Hans-Hermann Tiedje verwettete eine Kiste Tignanello darauf, daß es *Focus* schon nach einem Jahr nicht mehr geben werde. Und Claus Heinrich Meyer von der *Süddeutschen Zeitung* fragte sich, in welcher Zeit Markwort in der Lage sein werde, 250000 Käufer aus dem deutschen Elitekuchen herauszukrümeln. *Tempo*-Chef Michael Jürgs war sicher, daß *Focus* funktionieren werde, weil es der Tendenz nachkomme, mit kleinen Häppchen zufrieden zu sein. Uwe Zimmer, damals Chef der *Abendzeitung*, war vorsichtig optimistisch: »Wenn der Markwort das schafft, dann ist er der Größte.«

Er schaffte es. Im Jahr nach der Gründung schaltete die Industrie in *Focus* mehr Anzeigen als im *Spiegel*: mehr als 6000 Seiten, die allerdings noch deutlich billiger waren als bei Aust. »Die deutsche Wirtschaft hat auf ein Nachrichtenmagazin gewartet, das nicht links ist«, darauf setzte Jürgen Todenhöfer. »Deshalb habe ich vom ersten Tag an an den Anzeigenerfolg geglaubt.« Die Leser fanden Gefallen an *Focus*, die Auflage stieg bis 1998 auf mehr als 800000 Exemplare an, auch wenn oder gerade weil das Blatt von Markwort konsequent auf seinen Kurs gestrickt ist. Die Redaktion erkennt gesellschaftliche Trends, und Markwort faßt sie pragmatisch auf: Da wird auf dem Titel geklagt, daß Kinder heute vielfach überfordert seien und ihnen immer mehr zugemutet werde, daß ihr Stundenplan durch ehrgeizige Eltern prall gefüllt sei. Aber gleichzeitig bietet *Focus* diesen Eltern als Service eine Checkliste an, die sicherstellt, daß sie auch wirklich nichts versäumen und ihre Kinder möglicherweise später beim Rennen um die besten Jobs einem Startnachteil unterliegen könnten. Da wird auf dem Titel eine Story angekündigt, die das Klischee vom bösen Mann und der guten Frau zu brechen scheint. Männer, heißt es im Text, würden nur als »gewaltbereiter Gefühlskrüppel« abgewertet, wogegen sich inzwischen manche sogar wehrten, aber dann darf der »Universalgelehrte« Dietrich Schwanitz, Mitglied von Burdas Akademie zum dritten Jahrtausend, den Lesern in einem ausführlichen Interview sagen, daß Männer nichts dafür könnten, sie hätten eben keine anderen Gene. Die Welt ist leicht zu verstehen bei *Focus*, auch die der Politik: Nachdem Gerhard Schröder und die SPD im Herbst 1998 die Bundestagswahl gewonnen hatten, bezeichnete Markwort die Konkurrenten als »Regierungsorgane«. *Focus* dagegen bleibe, was es war: »ein Magazin für Freiheit, Wettbewerb, Steuersenkung und weniger Staat«. Mit der neuen Regierung werde die Rolle von *Focus* wichtiger. Daß *Spiegel*-Chefredakteur Stefan Aust seinen ersten »Talk im Turm« mit einem einzigen Gast veranstaltete, mit dem neuen Bundeskanzler, war für Markwort »Staatsfunk«. Die Umschlagseite von *Focus* bestückte Markwort in der Wahlwoche mit der Headline: »Auswandern ... aber wohin?«

Hubert Burda wollte nie auswandern. Und jetzt schon gar nicht mehr. Mit dem *Focus*-Erfolg waren alle alten Wunden geheilt. Endlich war ihm eine Zeitschrift gelungen, die seinem eigenen Qualitätsanspruch genügte. Mit Ausnahme von *Focus* gelang es Hubert Burda nie, ein Blatt dauerhaft zu plazieren, das seinen Vorstellungen entsprach. Beim Blättle-Machen hatte sein Vater mehr Erfolg, dem Sohn waren Zeitschriften nur zusammen mit Helmut Markwort geglückt. Oder Markwort mit Burdas Geld. Als Malcolm Steve Forbes jr. im April 1995 seine »publishing partnership« mit Burda beendete, begründete er das auch damit, daß Forbes eben einer anderen Liga angehöre: »highly focused« mit einem »upscale approach«.

Später beteiligte sich Burda eine Weile mit 25 Prozent an der Hamburger Wochenzeitung *Die Woche* sowie an der Verlagsgruppe Milchstraße, ebenfalls Hamburg. Auch der *Focus*-Erfolg machte Mut, die Familie zu erweitern: Nach dem Scheitern von *Forbes* 1995 und fast schon gegen Ende des Aktienrauschs in Deutschland erschien im März 2000 im Focus-Magazin-Verlag *Focus Money*. So wie die Hamburger ihre Augen nach München richteten und den Chefredakteur Manfred Schumacher mit ihren Recherchen über angebliche Insidergeschäfte zur Aufgabe zwangen, schielten auch die Münchner stets in Richtung Norden: Wie steht's bei *Stern* und *Spiegel*? Besonders der Verleger blickt stets nach Hamburg. Stündlich geht Hubert Burda online und unternimmt, was er Jahrzente nicht gewagt, wovon er aber immer geträumt hatte: Er vergleicht seinen *Focus* mit dem *Spiegel*.

Focus war Burdas Eintrittskarte für den Verleger-Olymp. Endlich waren auch die Wunden geheilt, die ihm konkurrierende Verleger geschlagen hatten. Wie muß ein Ehrgeiziger wie Hubert Burda gelitten haben, wenn er das Hamburger Branchenfest »Bier bei Böhme« besuchte und von *Zeit*-Herausgeber Gerd Bucerius mit den Worten empfangen wurde: »Ah, da kommt ja unser junger Rheumadecken-Verleger.« Und auch Rudolf Augstein vermochte er nun selbstbewußter zu begegnen. Peter Seewald hörte, wie Hubert Burda nach dem *Focus*-Erfolg hoffte: »Jetzt respektiert er mich vielleicht ein bißchen mehr.«

»Hubert liebt mich«, schmeichelt Helmut Markwort sich manchmal selbst. Er hat recht. Ohne Markwort wäre der Sohn vom »Schwarzwald-Springerle« sein Leben lang den Spötteleien der Verleger ausgesetzt gewesen, die in der Liga spielten, der er sich zugehörig fühlte. Markwort und Burda – nicht immer haben sie sich geliebt, aber sie wußten, daß sie gemeinsam stärker waren. Markwort und Burda, das ist eine Symbiose, und niemand vermag zu sagen, wer wen dringender braucht(e). Markwort machte den jungen Burda zum Verleger. Aber ohne das Geld und den Scheuklappenwillen des Verlegers wäre es Markwort niemals möglich gewesen, seinen Lebenstraum zu verwirklichen: gegen den *Spiegel* anzustinken.

»Der Verleger der Zukunft muß immer auch der erste Journalist des Hauses sein«, sagte Hubert Burda im Februar 1990. Vier Jahre später, als er von *Horizont* zum Medienmann des Jahres gekürt worden war, erwiderte Markwort: »Heute muß ein erfolgreicher Chefredakteur auch zum Teil Verleger sein.«

Fast ein Jahrzehnt nachdem der Traum verwirklicht worden war, kann Hubert Burda heute freimütig bekennen: »Markwort ist der Vater des *Focus*-Erfolgs«. Ihn nennt er heute neben Axel Springer einen seiner journalistischen Lehrer – wegen der »News to use« und wegen des »antihamburgischen« Tons. Hubert Burda verträgt heute andere »Götter« neben sich, er hat seine Rolle gefunden. Als er vor dem World Economic Forum in Davos eine Rede hielt, deutete er plötzlich ins Publikum, wo Helmut Markwort saß, und rief: »Dort sitzt der erfolgreiche *Focus*-Chefredakteur. Markwort, you made me rich!« Das meinte Hubert Burda nicht nur pekuniär.

Zurück in die Zukunft: »Eine sparsame Hausfrau«

Um *Focus* braucht sich Hubert Burda nicht mehr zu kümmern. Das macht Helmut Markwort allein. Aber die frühere Zugmieze des Verlags, die *Bunte*, kränkelte Anfang der neunziger Jahre schwer. Damals war Hubert Burda die Journalistin Patricia Riekel aufgefallen, die längst die Lebenspartnerin von Helmut Markwort war. Burda hielt sie als Chefredakteurin der *Bunte* für geeignet. Er habe sie lange aus der Ferne beobachtet, als sie als leitende Redakteurin *die aktuelle* machte, das Blatt, das Markwort erfunden hatte, nachdem ihm vom »Senator« gekündigt worden war. Das habe sie gut gemacht, und nun meinte Burda, sie würde auch die *Bunte* gut machen.

Markwort hielt das für eine unglückliche Idee. Schon allein, weil er sich als Gesellschafter der Sebaldus-Gruppe, bei der *die aktuelle* erschien, nicht dem Verdacht aussetzen wollte, gutes Personal abzuwerben. Und deshalb, so Riekel, sei Fakt: »Herr Dr. Burda wollte mich, und Herr Markwort wollte das nicht.« Dafür gab es auch persönliche Gründe: »Uns beiden war klar, daß das unnötiges Aufsehen erregt. Und für das häusliche Leben war das auch eine Belastung. Aber wir reden zu Hause nicht über *Bunte*. Wir reden eher über *Focus*.«

Mit dem Verleger spricht Patricia Riekel dafür regelmäßig über die *Bunte*, seit Januar 1997. Jeden Dienstag sinkt sie in die cremefarbene Couch in Hubert Burdas holzgetäfeltem Chefbüro. Sie ist immer bestens vorbereitet, hat sich bei der *FAZ*, der *SZ* und einigen Zeitschriften einen Überblick verschafft. Denn es sei äußerst peinlich, wenn er etwas fragt, und man wisse nichts davon. Wenn Hubert Burda auf die Klingel über seinem Platz drückt, klopft Ruth Gudlat, tritt ein und bringt zwei Gläser Mineralwasser, in denen Vitamin-C-Tabletten sprudeln. »Dr. Burda liest ja sehr viel und erlebt sehr viel«, fährt Riekel fort. »Und er erzählt mir das, was er erlebt hat, was er in der Gesellschaft beobachtet hat, aber auch aus Büchern. Das ist total spannend.«

Damit sie nichts vergißt, hat Patricia Riekel immer ein Notizbuch dabei. Drei dicke Ringbücher liegen auf ihrem Schreibtisch, eine Etage unter der Chefetage. Dienstag für Dienstag protokolliert sie die Gedanken ihres Chefs. »Weil's einfach so spannend ist. Und da fließt ganz viel in meine Arbeit ein. Wenn er von Büchern erzählt, schreibe ich den Titel sofort auf und bestelle es, hektisch, ja.« Auf ihrem Nachtkästchen stapeln sich solche Empfehlungen, und sie wird niemals alle auswerten können. Er habe ja mehr Zeit nachzudenken, zu philosophieren. Für sie sei es wichtig, die Erfahrungen von Menschen mitzubekommen, insbesondere die ihres Chefs. »Vieles, was ich über das Funktionieren der Gesellschaft weiß, über die Drahtzieher, die ›spin doctors‹, das habe ich von Dr. Burda. Es ist wie eine Vorlesung. Das ist meine kleine Universität.«

Der *Bunte*-Verleger spielt gern den Dozenten, insbesondere wenn sein Gegenüber nicht wagt, ein Gespräch anzuzetteln. Daß ihm seine zweite Chefredakteurin so ausdauernd und begeistert zuhört, gefällt ihm sicher, es gibt ihm das Gefühl, die *Bunte* noch immer mitzugestalten. Mit Patricia Riekel hat er offenbar einen guten Fang gemacht. Sie hat wieder aufgeholt, was ihre Vorgänger an Auflage verloren haben. Auch das Anzeigengeschäft war von Mitte der 80er Jahre an kontinuierlich zurückgegangen – das private Fernsehen zog Kunden ab. Aber auch Riekels Vorgänger waren verantwortlich. »Da mußte«, stellt der damalige Verlagsleiter Christian Hirsch fest, »auch Respekt des Chefredakteurs für den Anzeigenkunden als einen wichtigen Partner geschaffen werden.« Leider hatte sich der Verleger dafür vor Patricia Riekel die falschen Männer an Bord geholt. Das sagt Hirsch natürlich nicht, aber einem Chefredakteur wie Wagner klarzumachen, daß er Rücksichten auf Inserenten zu nehmen habe, das war für ihn sicher ein ziemlich aussichtsloses Unterfangen. Hirsch drückt sich so aus: »Wagner hatte einen Stil, der vielen Kreativen Spaß machte. Er trat damit manchen Prominenten vors Schienbein und manchen Werbekunden, den er dabei mit erwischte, nicht weniger. Sich in diesen Kreisen Feinde zu machen, ist ungeschickt.«

Nach der politischen Periode mit Peter Boenisch und dem Rückfall in alte, bunte *Bunte*-Zeiten unter Lothar Strobach, der »das Positive im Leben wieder stärker in den Vordergrund stellen« wollte, hatte Franz Josef Wagner dem Blatt seinen Stempel aufgedrückt. Statt Tagesaktualitäten nachzulaufen, versuchte sich die *Bunte* als illustrierte Talkshow. Redakteure nannten ihn kreativ und genial, Redakteure schimpften ihn verrückt und cholerisch. Er küßte und er schlug sie, und manchmal, nachts, wenn er seinen Redakteuren seine Artikel vorgelesen hatte und das Blatt endlich zu war, stand Franz Josef Wagner ganz allein mit seiner Weinflasche vor seinen Sekretärinnen. Dann brauchte er noch dringend jemand zum Reden, denn niemand, das fühlte er, dankte ihm seinen Einsatz gebührend. »Du hast dein Bestes gegeben, dein Genie, deine Vision, deinen Schweiß«, stand im März 1992 in der *Bunte*, und er meinte sich selbst, »18 Stunden am Tag und ohne Sonntag, zwei Jahre lang.«

Das Blatt, das einst der Harmonie verschrieben war, schwankte zwischen den Extremen. *Bunte* und Chefredakteur waren eins. Ein Promi war heute ein Held, morgen eine Niete. Er ließ seine Redakteure die Geschichten im Hackepeterstil erzählen: kein Satz länger als drei Worte.

Als Franz Josef Wagner über Anneliese Rothenbergers angeblich geliftetes Gesicht berichtete, war die Dame sehr beleidigt. Schmierenjournalismus warf sie dem Chefredakteur und seinem Verleger vor, der im übrigen das Ansehen seines Vaters beschädige, der vielen als Verfechter journalistischer Sorgfalt gegolten habe. Wagner verstand die Aufregung nicht. *Bunte* kenne fünf Ärzte, die Rothenbergers Gesicht »immer wieder nachgeboren haben«, sagte er dem *Spiegel*. »Die Reaktion von Frau Rothenberger zeigt, wie unsouverän unsere Gesellschaft noch auf Schönheitsoperationen reagiert. Ich selbst werde mich, wenn ich in die Jahre komme, liften lassen.«

Das war die Argumentation eines Lausbuben. Wagner fühlte sich zu Unrecht angegriffen und war die Unschuld in Person. Aber solche Geschichten verprellten die Prominenten, von denen das Blatt lebte wie jene von diesem. Der Verleger mußte, so Kress, »im eigenen Freundeskreis zunehmend Prügel dafür einstecken«. Wenn Burda damals über den Golfplatz in Bad Wiessee lief, soll er Angst gehabt haben, daß ihm einer seiner prominenten Freunde einen Ball an den Kopf schießt, spottete der *Spiegel.* Weil Wagner immer alle beleidigt hat.

Seinen Ersten Journalisten Markwort durfte Burda nicht vorschicken, um Wagner zu bändigen. Die beiden mochten sich nicht. Wagner hatte die *Bunte* zur »markwortfreien Zone« erklärt. Der Verleger selbst äußerte sich nicht. Er liebt Franz Josef Wagner noch immer, er liebt die Art, wie er an Storys herangeht, wie er sie erzählt, er sieht in ihm ein »Urgestein«, einen, der Geschichten erzählen kann wie kaum ein anderer. »Wenn Leute ihr Handwerk beherrschen, sehe ich über einiges hinweg.« Auch Todenhöfer nennt Wagner einen »genialen Geschichtenerzähler«. Wagner habe »ein Gespür für die Urbedürfnisse der Menschen und ein Gespür für große Geschichten«, gesteht auch Christian Hirsch heute noch ein.

Ihn störte viel mehr, daß Redaktionsbudgets nicht eingehalten wurden. »Das sah man schon nach zwei Monaten, daß das aus dem Ruder läuft.« Und auch bei den Druckterminen war »die Flexibilität der Betriebsmannschaft und der Druckerei extrem gefordert«. Redaktionsschluß war bei der *Bunte* die Nacht auf Samstag, montags konnte man notfalls noch aktualisieren. »Wagner als Vollblutjournalist wollte aber das Heft immer aktualisieren. Das führte dazu, daß die Aboauflage meistens ein anderes Titelbild hatte als die Kioskausgabe. Der Abonnent, der treueste Leser, fühlte sich dadurch betrogen.«

Mit der Wahl seiner Chefredakteure hatte Hubert Burda keinen Erfolg. Er war damals der Meinung, ein guter Schreiber werde auch ein guter Chefredakteur. Will Tremper (der ehemalige *Bunte*-Redakteur Edgar Fuchs nennt ihn »Meister der Leichtigkeit«) und Franz Josef Wagner waren in Burdas Augen phantastische Autoren. Aber keine Blattmacher. Und doch machte sie Burda zu Chefs.

Fehler. Fuchs sieht das so: »Ein toller Libero wird nicht immer ein toller Mittelstürmer. Es konnte passieren, daß Hubert Burda eine Mannschaft mit elf Mittelstürmern aufstellte.«

Ab Mai 1992 stand ein Mittelstürmer weniger auf Burdas Platz. Die *Bunte* war wagnerfrei. Er wollte Günter Prinz folgen und hatte einen Vertrag bei Springer in der Tasche. Seine letzte Ausgabe markierte er auf der Inhaltsseite: »Die letzte Ausgabe von F.J. Wagner.« Nicht einmal das war ein vollständiger Satz, und Wagners Nachfolgerin, Beate Wedekind, stöhnte: »Es muß wieder Texte in der Bunten geben, Texte!«

Wedekind hatte in zehn Jahren eine rasante und unkonventionelle Karriere hingelegt: Banklehre, Stewardeß, Entwicklungshelferin in Ägypten, Zeitungsreporterin, seit 1982 bei der *Bunte* im Ressort Unterhaltung. Dort trug sie die Informationen für »Mein Rendezvous« zusammen, 1987 stieg sie zur stellvertretenden Chefredakteurin auf. Von Frühjahr 1988 päppelte sie die deutsche Ausgabe der *Elle*, mit viel Erfolg, dann *Elle decoration* und *Ambiente*, in die sie das Kunstmagazin *Pan* eingliederte. Ein Arbeitstier, eine Karrieristin, die nun auch noch die *Bunte* am Hals hatte. Um alles bewältigen zu können, holte sie eine Task Force zusammen, darunter Sibylle Zehle, Reinhard Hesse und Karin Dietl-Wichmann, die ihr Aufgaben abnahmen, etwa das Editorial. So begabt sie im Umgang mit Menschen ist, daß sie schreiben könnte, hat Wedekind niemand unterstellt. Aber es gelang ihr, das Defizit, das Wagner angehäuft hatte, zu verringern. Von 18 Millionen Mark war die Rede. Mehr Auflage machte sie nicht, aber Anzeigenkunden gewann sie zurück. Sie arbeitete wie ein Irrwisch, verbreitete viel Hektik um sich. Kleine Fehler wurden von alten Wagnerianern hochgespielt. Das Schlimmste für sie waren die Gerüchte: Die Wedekind kokst, sie trinkt, oder beides, hieß es im »Schumanns« oder an der Theke anderer einschlägiger Bars in München, in denen sich die Klatsch-Journaille trifft. Wedekind wehrte sich. Wegen illoyaler Äußerungen kündigte sie ihrer Stellvertreterin Beate Becker und Textchef Wolfgang Spielhagen. Doch Wedekinds Demontage erreichte im Mai 1993 ihren Höhepunkt. Schließlich wollte ihr der Verleger ihren Vorgänger als Co-Chef zumuten. Ihre Nerven spielten nicht mehr mit. Sie brach zusammen und kurierte sich über Wochen in einem Sanatorium.

Sibylle Zehle schrieb nach dem Rausschmiß der Chefredakteurin in der *Zeit* über »Aufstieg und Fall der Beate W.«: Das Mädchen aus Duisburg habe als Klatschreporterin Karriere gemacht, weil sie nicht wie Wagner über die Promis hämte. »Sie wurde gemocht, respektiert, schließlich hofiert.« Allerdings nicht vom Ersten Journalisten des Hauses, Helmut Markwort, »und als sie sich der Redaktion präsentierte, stand auch der Verleger nicht neben ihr«. Sie habe am wenigsten verdient unter den Führungskräften, klagte Zehle, und auch sonst keine Forderungen gestellt, weder nach Mitarbeitern noch nach Statussymbolen. Nicht einmal einen Schreibtisch über den Einkauf des Verlags zu bestellen, sei ihr gelungen. Als Frau in der Männerwelt *Bunte*, resümierte Sibylle Zehle, »das konnte nicht gutgehen«.

Noch einmal übernahm Wagner das Ruder, den Vorstandschef Günter Wille bei Springer kaltgestellt hatte. Aber er hielt es nicht besser. Die Auflage sank noch einmal um Zehntausende, das Anzeigengeschäft ging ebenfalls wieder zurück; bei einem Jahresumsatz von 120 Millionen Mark, meldete *Kress report* Ende 1995, verbleibe Wagner ein zweistelliges Millionenminus. »Einen Teil der Kosten«, so *Kress report*, »verursachen nach wie vor vergeigte Schlußtermine in der Redaktion, chaotische Redaktionsplanung.«

Dieses Mal zog Hubert Burda die Notbremse und verordnete ein Sparprogramm. Wagner schwor in der *Bunte*, er »liebe *Bunte* mehr als Hamburg«. *Kress report* las darin den »Hilferuf eines zutiefst Verunsicherten an seinen Verleger: Bitte, gib mir dein Wohlwollen zurück! Liebe mich wieder!« Der Verleger ließ Gnade vor Recht ergehen, setzte aber seinem Chefredakteur zwei Berater, Axel Thorer und Leo Pesch, sowie zwei Stellvertreter, Markus Carrer und Günter Stampf, zur Seite. Der Zirkus *Bunte* ging weiter: Nach einem gefälschten Interview mit Tom Cruise mußte Wagner auf den Titel drucken: »*Bunte* korrigiert sich: Sorry, Tom Cruise«. Ein wesentlicher Teil des Interviews mit dem Schauspieler sei »so nicht gesagt« worden. »*Bunte* wurde unterrichtet, daß Tom Cruise nicht zeugungsunfähig ist und die Zahl seiner Spermien völlig normal ist.« Zuvor schon hatte Caroline Casiraghi, Prinzessin von Monaco, in einem anderen Fall 180 000 Mark Schmerzensgeld und eine Gegendarstellung erstritten.

Auch in der Redaktion krachte es. In einem Wutanfall warf Wagner mitten in der Produktion und nachts um zwei Uhr Thorer und Carrer hinaus, in der nächsten Ausgabe fand sich auf Seite 5 der Hinweis, es sei »OUT: Guten Freunden länger als einen Tag böse (zu) sein, wenn's Krach gab.«

Als Hubert Burda einsah, daß es mit Wagner nicht ging, fand sich in der gleichen Rubrik auf der besagten Seite ein kleiner Nachruf der Wagner-Getreuen, geschrieben von Axel Thorer: »IN: Dieses Waisenkind-Feeling, wenn sich ein Genie fortschleicht. Wmy FJW.« – We miss you, Franz Josef Wagner.

Burda schob Wagner, der pro Jahr 1,4 Millionen Mark verdient haben soll, eine neue Aufgabe zu: Er sollte ein Berlin-Magazin entwickeln. Daraus wurde aber nichts. Und Ende 1997 trennten sich ihre Wege definitiv.

Nun bewies Patricia Riekel, daß sich eine Frau auch beim People-Magazin durchsetzen kann. Christian Hirsch stellt Riekel ein gutes Zeugnis aus: »Patricia Riekel schmeichelt Prominenten nicht, aber sie ist stets fair. Und sie macht damit die Prominenten zu Freunden der Zeitschrift.« Sie habe sich gut in der Redaktion behauptet gegen anfängliche Mißgunst. Und sie habe auch Verständnis für den Anzeigenbereich aufgebracht – und für den Geschäftsführer: »Herr Hirsch, ich bin von Haus aus eine sparsame Hausfrau. Und ich weiß, wieviel Geld ich ausgeben kann: das, was ich in meinem Portemonnaie habe.«

Bei Patricia Riekel hat sich Roman Herzog mit seiner neuen Liebe geäußert, auch Rudolf Scharping erzählte von seiner neuen Flamme in der *Bunte*, Veronica Ferres gab *Bunte* vor der Geburt ihres Babys das einzige Interview, Jenny Elvers weinte sich über den untreuen »big brother« Alex aus. »Das sind alles Leute, die sagen, wir können uns verlassen auf *Bunte*, die gehen respektvoll mit uns um«, meint Riekel. Wer das ganze Jahr schlecht über diese Leute schreibe, der kriege dann, wenn es gebraucht wird, natürlich nicht auf die Schnelle ein richtig gutes Interview. »Die Ferres hat gesagt:

o. k., in der Zeit meiner Trennung von Helmut Dietl habt ihr nicht nur über diese Trennung geschrieben, sondern über meine Erfolge. Ihr wart fair zu mir, und nun kriegt ihr meinen Babybauch.« So sind die Spielregeln, so läuft das Geschäft.

So auch im Fall Barbara Becker: »Weil wir als einzige Zeitschrift nicht über die Goldgräberin geschrieben haben, die Boris ausbeuten will, sondern wie es wirklich war, daß Barbara nur wissen wollte: ›Wieviel kriege ich als getrennt lebende Frau von dir?‹ Die Summen, die durch die Medien schwirrten, waren ja Quatsch.« Boris Becker dagegen kritisierte Patricia Riekel im *Spiegel*: »Da haben sich Menschen zu Anwälten in Frauenfragen aufgeschwungen, deren persönliche Realität keinen Steinwurf aus dem Glashaus zulassen dürfte.« Mit Goodwill versteht man, was er damit sagen wollte.

Auch Caroline von Monaco beschwerte sich 1998 über die *Bunte*, die über »Carolines Sonderflug mit einem Toten« von Linz nach Paris berichtet hatte. Auf einer ganzen Seite druckte die *FAZ* einen »Offenen Brief an Hubert Burda«, in dem die Prinzessin und Prinz August von Hannover »alle Leser und Anzeigenkunden« auf die frei erfundene Geschichte stießen. Einen solchen Flug habe es nie gegeben. Fakt war: Ein kolumbianischer Millionär war während einer Jagd des Hannover-Prinzen in Österreich gestorben, per Flugzeug wurde die Leiche nach Paris geflogen – im Privatjet. Caroline soll mitgeflogen sein, was sie bestritt. Die *Bunte* mußte eine Gegendarstellung drucken – auf der Titelseite.

Das seien doch alte Geschichten, wiegelt Riekel ab. »Den Toten gab es ja. Wir hatten zwei Informanten, die so nahe dran waren, daß die Sache außer Zweifel schien. Aber möglicherweise ist sie ein Flugzeug später geflogen.«

Patricia Riekel will nur »respektvoll mit Promis umgehen. Das heißt nicht Hofberichterstattung.« Wahrscheinlich könne nur eine Frau eine Zeitschrift erfolgreich machen, die vor allem von Frauen gekauft werden soll. Sie hat Erfolg, und der Verleger ist zufrieden. Nie müsse sie warten, wenn sie Burda aufsuchen wolle. Er sage immer: »Chefredakteure läßt man nicht warten.« Und Chefredakteurinnen auch nicht.

Das findet Riekel richtig. »Ich treffe ja auch Chefredakteure von anderen Magazinen. Da denke ich manchmal: Ihr Armen. Ihr arbeitet in Aktiengesellschaften oder in Unternehmen, wo es keine Eigentümer mehr gibt. Bei Burda gibt's einen Eigentümer. Das kann man sich gar nicht vorstellen, was das heißt: Bei Burda gibt's einen Eigentümer, und der ist höflich zu dir, und der beglückwünscht dich zu großen Leistungen; wenn die Auflage ganz sensationell ist, dann kriege ich einen Blumenstrauß vom Verleger. Oder er schreibt mir. Dieser Verleger weiß, was diese Arbeit bedeutet. Was wissen diese Zahlenmenschen bei Gruner + Jahr, die den Chefredakteuren übergeordnet sind, davon, was es bedeutet, wenn man am Freitagnacht eine Geschichte verliert und wieder gewinnt? Was wissen die vom Zeilenmachen auf dem Titel, wie schwierig es ist, 52mal im Jahr einen Coverheld zu finden, der verkauft? Dieser Verleger weiß das, weil er das 13 Jahre selbst gemacht hat. Der kennt auch die Qualen.«

Mit Patricia Riekel hat Hubert Burda die Chefredakteurin gefunden, die die *Bunte* zurückführte nach Offenburg, nicht das Blättle für Frau Hauptlehrer Metzger, aber das People-Magazin, wie es seit Wagner hieß, lief nun im Schonwaschgang. Die *Bunte* hatte sich vom Konzept des Gründers weit entfernt, mit Riekel näherte es sich wieder dem Schöne-Welt-Programm an: viel Träume und Sehnsucht, wenig vom Häßlichen dieser Welt, aber dafür reichlich Klatsch. Eine Frauenzeitschrift eben. Das ergab unterm Strich ein Anzeigenplus, wenn auch eher Werbung für »Mode ab Größe 42«, wie Josef Seitz im *Kress report* spottete. »Aber für die Jüngeren gibt's ja inzwischen *InStyle*«, das auch Riekel macht, und »das ist frei von Fett, Falten und Fiesheiten«.

Wie Hubert Burda Mutter und Vater vereinte: »Prickelnde Produkte«

Hubert Burda hat die *Glücks-Revue* nie geschätzt. Sie erschien erstmals am 22. September 1986, und sie war seines Vaters letzte Tat. Eineinhalb Millionen Hefte druckten die Maschinen damals, 30 Pfennig kostete eins, später eine Mark. Jede Woche konnten die

Käufer 777 Preise gewinnen, darunter Autos (Ford), Reisen (TUI) und Unterhaltungselektronik (Sony), und jedes Quartal veranstaltete das Blättle ein Bingo mit einer Million Mark Gewinnsumme. 20 Millionen Spielkarten schickte Burda ins Land, dazu Leseproben. 1600 Funkspots, ganzseitige Anzeigen, selbstverständlich auch in allen Burda-Produkten. Kosten: Mehr als zehn Millionen Mark. Das Heft durfte wegen des Product Placements nicht per Post vertrieben werden, kaufen konnte man es deshalb nur am Kiosk. Mit Stars wie Carolin Reiber, Frank Elstner und Thomas Gottschalk hatte Burda Verträge abgeschlossen. Elstner zum Beispiel breitete seine »Wetten daß?«-Ideen im Heft aus und warb damit für sich.

Die *Glücks-Revue* war die »erste vollautomatische Product-Placement-Lafette im deutschen Zeitschriftenmarkt« (*Kress Report*). Verlagsleiter Rudolf A. Reiff hatte damit keine Probleme: »Ich bekenne mich zum Product Placement, anderswo findet es halt versteckt statt.« Rudolf A. Reiff und Chefredakteur Lothar Strobach verstanden sich als »kompetente Promotionpartner«, Peter Boenisch, der das neue Blättle in München der Presse präsentiert hatte, verstand die Aufregung ebenfalls nicht.

Wolfgang Fürstner, Geschäftsführer des Verbands Deutscher Zeitschriftenverleger e. V., wunderte sich über diese freimütigen Bekenntnisse. Beim Fernsehen werde jede rechtswidrige Vermischung von Werbung und Programm moniert, und ein Zeitschriftenverlag bekenne sich offen dazu. »Und von einem Vollblutjournalisten wie Peter Boenisch hätte ich mir anstelle eines resignierenden Hinweises auf die Veränderungen im Markt ein klares Bekenntnis zu unverrückbaren journalistischen Grundsätzen gewünscht.« Das sah auch das Landgericht Offenburg in der Begründung einer einstweiligen Verfügung im Oktober so; der Titel müsse überwiegend redaktionelle Hinweise enthalten.

Als der Vater kurz vor seinem Tod die *Glücks-Revue* lancierte, wollte Hubert Burda nicht einmal im Impressum stehen. Der Junior hatte mit dieser Tradition des Seniors abgeschlossen, und beide Titel blieben in Offenburg, so wie ein Kind abgeliebtes Spielzeug in der Ecke liegen läßt. Als er die Profitcenter gründete, subsummierte er die ungeliebten, aber lukrativen Titel unter das Dach des »Senator«-Verlags.

Als Hubert Burda 1995 endgültig auch alle Anteile am Verlag Aenne Burda in sein Imperium eingegliedert hatte, stand er vor einer schweren Entscheidung. Zwar brachte der Verlag seiner Mutter noch immer Geld ein, vor allem im Ausland, aber die Zukunft sah eher trist aus: Wer näht schon gern in Zeiten von H & M? Offenburg hatte keine Perspektive, und der Standort hatte bis dahin auch keine gesucht. Offenburg war lediglich noch eine Restredaktion mit angehängter Druckerei. Aber Aenne Burda war auch ein altes Markenzeichen, ein »Brand«, wie Hubert Burda es zu nennen pflegt. War das nicht zu nutzen?

Nachdem Michail Gorbatschow die Glasnost proklamiert hatte, bot seine Frau Raissa Gorbatschowa Aenne Burda Mitte der achtziger Jahre an, ihre Modenzeitschrift auch in Rußland zu verlegen. Und so gab sie bald auch den russischen wie fünfzig Jahre zuvor den deutschen Frauen, was sie als deren Sehnsucht erkannt hat: Mode, Schönheit, Unterhaltung, kurzum Ablenkung von den Beschwernissen der Zeit. »*burda Moden* ist mein Beitrag zur Demokratisierung der Frauen in der Sowjetunion«, rührte Raissa Gorbatschowa in großen Zeitungsanzeigen die Werbetrommel.

Aenne Burda fühlte sich von Raissa Gorbatschowa im Gästehaus des Außenministeriums »wie eine Königin aufgenommen«. Die Premiere wurde zum Staatsakt: Festakt im Stadtpalais am Roten Platz, Fernsehkameras und jede Menge Politprominenz. Auf der Modenschau im Säulensaal des Gewerkschaftshauses trugen West-Mannequins Burda-Moden, und die *Prawda* gab ihren Segen: *burda Moden* seien nicht nur für Frauen mit Modelfigur gemacht.

Am Weltfrauentag, am 8. März 1987, lagen 100 000 Exemplare in den Kiosken von Moskau und Leningrad (inzwischen wieder nach Zar Peter benannt). Schon Tage vor dem Erscheinen hatten unzählige Frauen sich in Buchläden in Subskriptionslisten eingetragen, die Startauflage war binnen Stunden ausverkauft. Fünf statt wie zuvor auf dem Schwarzmarkt 50 Rubel mußte man nun für ein Heft hinblättern.

»Burdas Schnittmuster waren schon damals in Moskau populär

und förderten das Improvisationstalent der russischen Frauen«, hat Friedrich Hitzer beobachtet, als er in Moskau studierte. »1987 wurde eine stillschweigend geduldete Sache legalisiert.« Ausgerechnet Hitzer lobt Aenne Burda heute dafür, daß ihre Schnittmusterhefte »dazu beigetragen haben, tiefe Wunden, die der Krieg geschlagen hatte, zu überwinden. Dem bösen Image der Bundesrepublik wurde etwas Positives entgegengesetzt.«

Im Sommer beklagten sich die Russinnen, daß nicht genügend Hefte ankämen. Sie seien nur für wohlhabende Russinnen zu haben, auch für solche im westeuropäischen Exil, die ein Drittel der Auflage (inzwischen 240000) abzögen. Dazu der Aderlaß für ausländische Geschäftsleute, Diplomatengattinnen und Journalisten – blieben nicht viele für die eigentlichen Schneiderinnen übrig.

Um mehr Kopien anbieten zu können, war eine Druckerei in Rußland erforderlich. Aber Aenne Burda kalkulierte kühl: Die Investitionen müßte sie in deutschen Mark leisten, Einnahmen gab es in Rubel. Da ließ sie lieber in Offenburg drucken und die Ware per LKW nach Moskau schaffen. Wenig später war eine andere Lösung gefunden. Die MAN-Tochter Ferrostaal beteiligte sich an einem Joint Venture: *burda Moden* gegen Kupferschrott.

Kurze Zeit später drückte Aenne Burda Vladimir I. Prokopov die Hand, dem Generaldirektor des sowjetischen Außenhandelsverlags. Vereinbart worden war: Burda baut eine Offsetdruckerei für eine russische Ausgabe von *burda Moden*. Eine Million Exemplare pro Heft waren geplant.

Ein Jahr darauf sicherten sich die Burdas exklusiv das Recht, für die russische Tageszeitung *Iswestija* außerhalb der Ostblockstaaten Anzeigen zu akquirieren. Erstmals öffnete die Zeitung damit ihre Seiten für das, was bisher verpönt war. Chefredakteur Ivan D. Laptev, ZK-Mitglied, mußte seinen Lesern erst einmal erklären, für wen Mercedes und Cardin Reklame machen sollten. Und versprechen, daß das Papier nicht vergeudet werde: nur Textanzeigen durften gedruckt werden. Hunderte von deutschen Unternehmen sollten die Chance nutzen, sich in der Sowjetunion »vorzustellen«, und Burda warb auf knallrotem Hochglanzpapier: »Wir helfen Gorbatschow beim Kapitalismus.« Klare Worte.

Aenne Burdas Initiative in Osteuropa sollte der Anfang einer wahrlich goldenen Zukunft des gesamten Unternehmens sein. »Wir wären nicht zweitgrößter Verlag in Rußland und würden nicht eine so dominante Rolle in Osteuropa spielen ohne die damaligen Aktivitäten der Mutter«, erinnert Reinhold G. Hubert. »In sieben oder zehn Jahren wird die Bedeutung der Internationalisierung des Unternehmens viel besser erkennbar sein. Hier entsteht ein Verlagsteil, der eine Größe haben wird, die nicht vorstellbar ist. Diese Internationalisierung war nur möglich, weil der Verlag international angelegt war: durch *burda Moden*.«

Reinhold G. Hubert hatte bei Bauer gelernt, wie Kosten zu managen sind. In Hamburg aber ging nichts mehr voran. »Revolutionen entstehen«, konstatiert Hubert, »wenn die unten nicht mehr wollen und die oben nicht mehr können.« So sei es jedenfalls bei Bauer gewesen. Als erster ging Gerd Bolls, der 1993 bei Burda anfing. Er war seit 1986 bei Bauer gewesen, aber nachdem Heinz Heinrich Bauer die Nachfolge des Generalbevollmächtigten Siegfried Moenig übernommen hatte, funktionierte nichts mehr. Mit Bolls' Weggang brach bei Bauer ein Damm, noch mehr Leute verließen das Haus. Auch Reinhold G. Hubert wollte »wieder mal was Kreatives tun«. Als ihn Bolls fragte, ob er Lust habe, Zeitschriften zu entwickeln, sagte er zu.

In Baden-Baden entwickelte »der arme Hubert« als Geschäftsführer der Medien Innovations GmbH (MIG) vertriebsorientierte Titel, also Titel, die weniger von den Anzeigen als vielmehr vom Verkauf am Kiosk leben – Bauer-Titel eben. Sein erster Erfolg wurde *Lisa*, ein Frauenheft mit Modefotos und Bildern von Einrichtungsgegenständen aus Versandkatalogen. Er präsentierte seine Entwürfe in der siebten Etage der Arabellastraße 23 in München.

»Ich war zahlenmäßig perfekt vorbereitet«, sagt Hubert. Er hatte einen kleinen Dummy dabei, zeigte das Layout. Burda schaute nur kurz drauf: »Das funktioniert«, habe er beschieden. Und gesagt: »Ja, dann machen Sie mal.«

Hubert wußte nicht, wie ihm geschah: »Das war für mich eine Kulturrevolution. Ich kam ja aus einer kostenorientierten Kultur, zahlenorientiert, kam in eine Welt, wo das Produkt viel wichtiger ist. Damit müssen Sie erst einmal klarkommen.«

Hubert Burda hatte sich entschlossen, von Offenburg aus den Hamburger Bauer Verlag anzugreifen. Gleichzeitig wollte er das Unternehmen seiner Mutter wieder aufpäppeln. Ohne Schmerzen ging das nicht. Hubert war nicht gekommen, um Kostenmanagement zu betreiben; davon hatte er bei Bauer genug gemacht. Aber nun sollte er auch den Aenne Burda Verlag und die Modezeitschrift retten. Den Verlag habe er »nur unter Androhung von Gewalt übernommen«. Und dem Verleger sagte er, wenn er sanieren wolle, dann »in einer Größenordnung, die er sich nicht vorgestellt hat«. Geschäftsführer Reinhold G. Hubert stellte *Burda international* und *Verena* ein, entließ jeden zweiten Mitarbeiter, 145 von 315. »Das«, versichert er, »machte keinen Spaß.«

Hubert Burda hat seinen neuen Geschäftsführer der Mutter vorgestellt. Die war ja noch immer Herausgeberin. »Wir haben eine Art Haßliebe«, bekennt Hubert. »Ich mache ihr Blatt, und eigentlich will sie es ja machen. Aber inzwischen haben wir ein gutes Verhältnis.«

Parallel dazu schoß Hubert einen Titel nach dem anderen in die Umlaufbahn, meistens billige Massenblätter. Manche flogen, andere landeten hart und zerschellten wie *Alina*. Auch *Vivian* startete mit großen Vorschußlorbeeren, als die Börsenkurse in astronomische Höhen stiegen. *Vivian* sollte eine Art *Focus* für die Frau werden, für Vivians, »Deutschlands moderne Medienmarke für Frauen« mit Online-Präsenz und Fernsehsendung auf n-tv.

War Maria Furtwängler, die Ehefrau des Verlegers, solch eine Vivian? »Ja und nein«, erläutert Hubert. »Maria Furtwängler als Maria Furtwängler ja, aber als Verlegersgattin weniger, weil sie bestimmte Probleme als Verlegersgattin nicht hat.« Judith Betzler, die Chefredakteurin von *Vivian Online* sei für ihn eine typische Vivian: jung, schön, erfolgreich. Doch da begannen die Probleme schon: Solche Frauen lasen auch *Focus*, waren Teil der sogenannten »Info-Elite«. Als Hubert in der Vorstandssitzung sein neues Projekt präsentierte, meldete Markwort Bedenken an, ob *Vivian* nicht *Focus* stören könnte. »Das wollten wir natürlich nicht«, schwört Hubert, »deshalb mußten wir bestimmte Dinge begrenzen.«

Die Profitcenter-Struktur erwies sich hier als Problem. Profitcenterleiter müssen Egoisten sein, sie stehen im Wettbewerb, denn Leserinnen fragen nicht, ob *Freundin* oder *Lisa* von Burda kommen. Hätte Helmut Markwort seine Zustimmung verweigert, wäre *Vivian* nicht entstanden. »Aber Markwort hat dem Konzept mehrfach zugestimmt innerhalb der Holding«, sagt Hubert. »Er hat es als Vorstandsmitglied mit verabschiedet und als Chefredakteur von *Focus* das getan, was ich als Chefredakteur von *Focus* auch getan hätte: Er hat alles probiert, um ein neues Magazin, das ihm hier und da schaden könnte, den Weg ein bißchen zu verbauen. Das ist normal.«

Näheres möchte Hubert nicht preisgeben, und das Problem war ja auch bald vom Tisch. *Vivian* verkaufte sich nicht ausreichend. Reinhold G. Hubert und Jürgen Todenhöfer überlegten, ob sie auf zwei- oder vierwöchiges Erscheinen umstellen sollten oder mehr auf Entertainment gesetzt werden sollte. »Meine Haltung war: Entweder hat das Haus Luft, dann brauchen wir eine lange, harte Zeit, oder wir machen jetzt den Cut«, erklärt Hubert. Ihm fiel ein Grundsatz eines großen Vertriebsstrategen des Hauses Axel Springer ein, der habe gesagt: »Bei einer Wochenzeitschrift weiß man nach neun Wochen, ob sie funktioniert. Dann geht die Euphorie der Redaktion in den Alltag über, die Werbung hört auf, man hat sich an das Produkt gewöhnt, und wenn dann keine Perspektiven da sind, dann sollte man's einstellen.« Die Entscheidung fiel umso schneller, als das Projekt auch hausintern umstritten war. Gemeinsam mit Todenhöfer teilte Hubert nach nur 13 Wochen der Redaktion mit, daß *Vivian* eingestellt werde. Das Anzeigengeschäft sei gut gewesen, die Vertriebsauflage weniger erfreulich: »Ich sah keinen Horizont.« Wieder war ein vorsätzlich anspruchsvolleres Burda-Blatt gescheitert.

Nach *Focus* konnte Hubert Burda diesen unerwarteten Mißerfolg leichter wegstecken. An Neujahr, wenige Tage nach der Kapitulation, rief er bei seinem Geschäftsführer an: »Na? Wie viele Schlafanzüge haben Sie denn jetzt zum Trocknen aufgehängt?« fragte er. »Er wußte«, freut sich Hubert, »die sind durchgeschwitzt, er wußte, wie das in einem nagt. Das gab Trost. Wo erleben wir das in den Industriewelten, wie wir sie heute kennen?«

Der *Vivian*-Flop soll rund 50 Millionen Mark gekostet haben –

mit »Sozialplänen«. Reinhold G. Hubert ist sichtlich stolz, daß die Medien Park Verlage das »aus seiner eigenen Wertschöpfung bezahlen konnten«. Seine Billigzeitschriften finanzierten das Start-up eines gehobeneren Hefts. Darauf ist Hubert stolz: Inzwischen habe Offenburg eine Umsatzrendite wie andere Vertriebsverlage: 20 bis 25 Prozent. »Und in der Größenordnung ist das auch für Burda etwas Neues.«

Doch ist nach dem schnellen Tod von *Vivian* etwas geblieben: Offenburg, glauben Hubert und Hubert, steht wieder für Innovation. Auch in Zukunft werden dort neue Zeitschriften entstehen. Die *neue woche* verspricht sogar jeden Montag ernsthafte Auseinandersetzung mit politischen Ereignissen. Nach dem Attentat auf das World Trade Center am 11. September 2001 bastelte die Redaktion über Nacht ein Sonderheft, womit sie ihre Kompetenz unter Beweis stellen wollte. Eine Konkurrenz für *Focus* ist das Blatt längst nicht. »Wir wollen nicht zum politischen Magazin werden«, und Hubert weiß warum: »Da bin ich zu sehr dem Wirtschaftlichen verhaftet, weil ich sage: Da verdient man ja nichts.« Was in den USA geschehen sei, könne man »unter politischen Gesichtspunkten sehen, aber auch unter dramatischen, emotionalen. *neue woche* ist eine Yellow-Zeitschrift, ein unterhaltendes Magazin, das in hohem Maße von Emotionalität geprägt ist und natürlich von People.«

Etwas anderes ist auch nicht von einem Newsmagazin zu erwarten, das der Verlag zusammen mit dem Fernsehsender n-tv bei besonderen Ereignissen herausgeben will. Der erste Titel des *n-tv Newsmagazins* hieß: »Amerika schlägt zurück – Angst vor neuem Terror«. Das Team um Chefredakteur Hartmut Volz wollte erfahren, welche Emotionen der amerikanische Krieg gegen Afghanistan bei den Deutschen auslöste.

Innovativ wollten die Redaktionen sich auch zeigen, als sie im Jahr 2000 in den neuen, gläsernen Medienpark südlich von den Druckereien, gegenüber vom *Burda-Moden*-Haus einzogen. Im Volksmund heißt der Medienpark allerdings »Mädchenpark«. Junge Talente und erfahrene Redakteure will Hubert dort zusammenbringen, um »prickelnde Produkte« zu kreieren: Blubberwasser made in Offenburg. Ursprünglich sollte der Medienpark »Senator Park« heißen, nun heißt er vollständig »Hubert-Burda-Medien-Park«. Das klingt nicht nach Gestern, sondern nach Heute, ja sogar nach Morgen.

»Würden Sie heute einen Opel Senator fahren?« fragt Hubert rhetorisch, um seine damaligen Einwände zu erläutern. Früher sei das eines der dollsten Autos gewesen, heute sei das old-fashioned. »Ich habe mich mit Todenhöfer gestritten wie ein Weltmeister, weil das Wort ›Park‹ mich an einen Rentnerpark erinnert hat. Mit Medien konnte ich mich anfreunden. Und damit haben wir eine Modernität zum Ausdruck gebracht.«

Auch das Imperium erhielt einen neuen Namen: Hubert Burda Media. Das war eine Emanzipation. Die Realteilung war ökonomisch schon vierzehn Jahre zuvor vollzogen worden, psychologisch erst mit der Umbenennung in Hubert Burda Media. Der Name zeigt, wer das Unternehmen in seiner heutigen Pracht und Herrlichkeit geschaffen hat, das inzwischen mehr als drei Milliarden Mark im Jahr umsetzt. Die Franz-Dynastie ist damit definitiv beendet. Und doch hat sich durch die Hintertür Nostalgie hereingeschlichen: »Die beiden alten Verlage haben eine neue Perspektive«, glaubt Hubert. Unter dem Dach des Profitcenters Medien Park Verlage haben zwei Häuser wieder zusammengefunden, die 50 Jahre lang getrennt marschiert waren: das des »Senators« und das von Aenne Burda. Hubert Burda hat damit symbolisch die doppelte Trennung seiner Eltern aufgehoben, die den Jungen einst sehr gequält hat, und sich damit vielleicht sogar »geheilt«.

Es hat den Anschein, als würde Hubert Burda mit zunehmendem Alter seinem Vater immer ähnlicher. Allerdings sprechen ihn manche seiner Angestellten inzwischen als »Herr Professor« an, seit er diesen Titel ehrenhalber von der Ben-Gurion-Universität in Beer Sheva verliehen bekommen hat, wo er ein »Hubert Burda Center for Innovative Communication« und den Kongreß »Cool People in the Hot Desert« sponsort. Diese Anrede war Franz Burda nie vergönnt. Dabei hatte doch auch er den Professorentitel erworben, verliehen am 22. Februar 1978 durch den österreichischen Bundesminister für Unterricht und Kunst.

Daß Hubert Burda sich Israel zuwendet, macht ihn einem anderen großen Verleger ähnlicher: Axel Springer. Und das ist endlich etwas, was seinem Vater nie zuteil geworden ist, er wurde nie mit den ganz Großen der Branche verglichen. Sein Offenburger Statthalter Reinhold G. Hubert spricht es ganz gelassen einfach mal so aus: »Hubert Burda ist für mich eine Figur, die ich gleichsetze mit Axel Springer.«

Communication Highway: »Da will ich dabeisein«

Beim Gästeskirennen in Davos erteilte Hubert Burda dem Vorstandsvorsitzenden der Siemens AG, Heinrich von Pierer, eine Lektion. Auf dem Weltwirtschaftsforum hatte Burda wieder Persönlichkeiten aus Kunst, Politik und Wirtschaft überredet, beim Riesenslalom mitzumachen. Er riet ihnen, sich warm anzuziehen. Am Start ließ Hubert Burda, ganz höflich, der versammelten Prominenz den Vortritt. Mit dicken Pullovern und Anoraks sausten die Amateure, der eine schneller, der andere weniger schnell, durch die Tore. Und dann kam Burda und fuhr Bestzeit. »Er hatte«, berichtet Pierer, »den Anorak oben abgegeben und fuhr in einem windschnittigen Pullover. Das machte mindestens eineinhalb bis zwei Sekunden.«

Hubert Burda war oft schneller als die anderen, manchmal zu schnell, und manchmal gab er zu schnell auf. Ein Visionär muß zur Avantgarde gehören, und mitunter bewegt sich der Troß des Fortschritts auch in eine Sackgasse. Aber ein Debakel, wie er es Mitte der achtziger Jahre beim kommerziellen Fernsehen erlebt hatte, wollte Burda nicht noch einmal erdulden müssen. Damals war der Fortschritts-Troß zwar auf der richtigen Bahn, jedenfalls unter finanziellen Gesichtspunkten betrachtet, aber wegen der zögerlichen Haltung seiner Brüder hängte die Konkurrenz die Burdas ab. Sie verloren den Einfluß auf die Entwicklung, bis sie schließlich ihren 13-Prozent-Anteil an Sat.1 überstürzt verkauften. »Das war der größte Fehler, den wir Burdas je gemacht haben. Das würden auch meine beiden Brüder heute so sehen«, sagt Hubert Burda mit einem Hinterher-ist-man-immer-schlauer-Lächeln.

Zehn Jahre später erkannte er im Personalcomputer das »unentbehrliche Instrument der postkapitalistischen Informations-Gesellschaft, aber ohne die Vernetzung werden sie hilflos sein wie ein Ferrari ohne Räder«. Und natürlich sah er im Schritt vom Fernsehen, dem Couch-Viewing-Medium, zum Computer, dem Desk-Viewing-Medium mit Winning Application, einen Quantensprung.

Diese Erkenntnisse hatte er sehr wahrscheinlich aus den USA mitgebracht, wo er regelmäßig »die Begegnung mit den Besten meiner Branche« sucht. Beispielsweise in Sun Valley. Die Besten sind Rupert Murdoch im klassischen Bereich, Bill Gates, »der Leonardo unserer Zeit« (Hubert Burda: »Dagegen bin ich der Augsburger Meister.«), Steven Spielberg, der »weltbeste Geschichtenerzähler«. Er liest eine lange Liste von Namen vor: Jeff Bezos (CEO Amazon), Warren Buffet (Investmentholding Berkshire Hathaway Inc. / bekannter Investor und zweitreichster Mann der *Forbes*-Liste), Jeffrey Katzenberg (zusammen mit Steven Spielberg Gründer des Filmstudios DreamWorks SKG), Barry Diller (CEO USA Networks), Diane von Fürstenberg (Designerin), Nathan Myrvhold (Gründer und Hauptinvestor der Firma »Intellectual Ventures« und »OpenDesign«, früher bei Microsoft bekannt als »das Gehirn von Gates«), John Malone (Chairman von »Liberty Media«, die gerade die deutschen Kabelnetze gekauft hat), Harvey Weinstein (Filmproduzent und zusammen mit Bruder Bob Weinstein Gründer von Miramax-Films) undundund. »Die Medienmanager, die man da trifft«, begeistert sich Burda, »das ist wie die Olympischen Spiele.« Dort treffe er John Malone zum Frühstück, diskutiere mit Rupert Murdoch internationale Strategien, höre Bill Gates über sein nächstes Windows sprechen und Warren Buffett über alte und neue Ökonomie. »Von dort«, sagt er, »hole ich mir immer neue Ideen.«

Nach dem Triumph mit *Focus* hatte Hubert Burda den Information Highway entdeckt. Während er früher Klassiker zitierte, quollen nun die Evangelien der Community aus seinem Mund. Die *Focus*-Ikonografie erschien ihm mehr und mehr als zeitgemäße Form der Informationsübermittlung, das Gutenberg-Medium mit digitaler Logik, eine Zeitschrift, bei der Bild, Text und Grafik gleichberechtigt nebeneinanderstehen, zusammengefügt zu einem ikonografischen System der Information.

Ähnlich funktioniert auch das Netz: Alles blinkt bunt im Netz, scheint schnell auf und – klick – verschwindet, macht Neuem Platz, das gleich wieder veraltet ist, kleine Informationshappen, schnell verdaulich, da ohne großen Nährwert, kurze Texte, Bilder, Grafiken, Tabellen, und was nicht schnell geht, ist nicht wichtig. Fakten, Fakten, Fakten. Schnell genießbar. Time is money, im doppelten Sinn, denn Online greift ins Portemonnaie. Deshalb gibt's bei Burda auch im Netz Info-Häppchen für die Info-Elite, und auch Hubert Burda weiß: So ist die Zukunft. In jeder Hinsicht. »Be fast or be last.«

Hubert Burda gehörte zu den ersten, die ins Internet investierten. 1995 sei das Gründungsjahr, eine Stunde Null, die Burda mit dem Beginn von Gutenbergs Buchdruck verglich. »Wir befinden uns mitten in einer Revolution«, behauptete er gegenüber Andreas Odenwald in einem Interview für *Die Woche*, »und da will ich dabeisein.« Und zwar keinesfalls in subalterner Position, sondern an vorderster Front: »Ich bin sozusagen der Navigator.« Der digitale Gutenberg.

Auch diese Revolution verlief wie viele andere zuvor: Nach dem Feuerwerk blieb viel Asche, und irgendwo glimmt auch noch Glut. Zu Beginn des Jahres 2001 erreichte der Kurs der Focus Digital AG einen Tiefstand – vier Euro bei einem Ausgabekurs von 14,50 Euro. Sieben Jahre zuvor war »der neuronale Verleger« (Odenwald) aufgebrochen, die digitale Welt zu erobern. Dem amerikanischen Anbieter AOL wollte er ein europäisches Netz entgegensetzen: Europe Online. Burda übernahm im Juni 1994 als Hauptgesellschafter 29 Prozent des europaweiten Multimedia-Netzwerks Europe Online S. A. in Luxemburg. Der ehemalige Bundespostminister Christian Schwarz-Schilling sprang mit ins Boot, und das versprach doch gute Verbindungen mit der Telekom. 30 Millionen Mark investierte Burda 1995.

Fünf Blöcke wollte er bei Europe Online anbieten: Money Line, Health Line, Office Line, Traffic Line und Learn Line. Jede Line sollte durch eine eigene Aktiengesellschaft getragen werden, deren

Anteile er zunächst behalten, nach dem Startlauf jedoch abgeben wollte. 8 bis 16 Mark wollte er monatlich von den Benutzern kassieren, mit 100 Millionen Mark Anlaufkosten in drei Jahren rechnete er.

Gravierend sei der Fehler gewesen, »nicht die Leute von AOL reinzunehmen, die gern mitgemacht hätten«, bedauert Burda. »Die amerikanischen Gesellschafter von Europe Online waren Gründungsmitglieder von AOL und voller Animositäten gegen Steve Case.«

Schnell zog sich Hubert Burda bei Europe Online zurück. »EO hatte sehr viele Anteilseigner, die zu koordinieren schwierig war«, macht Christian Hirsch als Ursache des Scheiterns aus. »Aber ich hätte mir gewünscht, daß man länger durchgehalten hätte.«

Burda beschloß statt dessen, selbst Inhalte anzubieten, und rückte von der Grundidee eines geschlossenen Netzes ab. Er gründete den Reise- und Freizeitdienst TraXXX, Uni Online und Focus Online. Der Zugriff aufs *Focus*-Archiv kostete zunächst eine Mark pro Dokument und 100 Mark Monatsgebühr. Health Online Services (HOS) kam wenig später und sollte sich auch durch Werbung finanzieren: Sechs Pfennig zahlte der Werbekunde pro aufgerufener Seite, vierzehn Pfennig, wenn der Nutzer auf eine »Sprungstelle« klickte, die zum beworbenen Internetangebot führte. HOS fusionierte später mit multimedica von Bertelsmann und dem wissenschaftlichen Springer-Verlag, das Online-Angebot für Frauen namens Cybil wurde nach wenigen Monaten eingestellt.

Bertelsmann-Gesellschafter Mark Wössner anerkennt Burda heute als »dominanten Avantgardisten der neuen deutschen Multimediaszene«, mit Europe Online und Health Online habe er schon innovative Konzepte ausgebrütet, »als die meisten von uns noch mediokres Btx und Minitel im Kopf hatten«. Aber dieses Vorpreschen kostete zig Millionen Mark. Europe Online meldete im August 1996 Konkurs an.

Mit eigenen Angeboten surfte Burda weiter über den Highway, Ideen, Angebote und Firmen entstanden zuhauf und verschwanden wieder. Von 1998 an vereinte er alle Burda-Angebote bei Focus Online und tat sich auch im Onlinegeschäft mit Milchstraße zusammen. »2001 war ein schlechtes Jahr für Online«, bilanziert Jürgen Todenhöfer. »Auch wir sind durch den Börsenkrach zurückgeworfen worden.« Helmut Markwort war froh, der *Focus*-Familie nicht auch noch ein Computerheft geschenkt zu haben, wie es sich sein Verleger gewünscht hatte. Er lehnte das als »Quark« ab.

Todenhöfer erinnert die Situation an die Anfänge des Privatfernsehens: »Auch damals war es ganz schwer, Anzeigen zu akquirieren. Damals hieß es, in euren Schrott stelle ich doch keine Anzeigen rein. Mit euren billigen Filmen und billigen Shows – das hat doch alles kein Niveau. Aber dann haben immer mehr Menschen Privatfernsehen eingeschaltet. Und die Werbung ging dahin, wo die Menschen waren. Das wird auch beim Internet so sein. Es werden jedes Jahr ein paar Millionen ins Internet gehen. Und deshalb werden wir im Internet in einigen Jahren sehr viele Anzeigen verkaufen.«

Hubert Burda weiß, was ein Computer ist und kann. Morgens um sechs klickt er sich ein, »um zu sehen, was wichtig ist«. Auch am Schreibtisch gehe er jede Stunde online und schaue bei OnVista nach den Börsenkursen, vergleiche *Focus* und *Spiegel*. Er begrüßt den Konzentrationsprozeß: »Wir hatten ja hundert Player, und alle haben alles angeboten. Jetzt trennt sich die Spreu vom Weizen. Nun dürfte Tomorrow/Focus schwer zu schlagen sein.«

Regelmäßig trifft er sich mit Paul-Bernhard Kallen, Vorstandsmitglied für den Bereich Technologie. Auf einer Sitzung habe er sich einmal nur über Klingeltöne und Logos unterhalten. Die Leute brauchen das, die Leute kaufen das. Hubert Burda möchte wissen: »Where is a need for communication? Ich mache nur Sachen, wo eine Notwendigkeit ist. Ich frage mich immer wieder: Braucht das irgend jemand?«

Noch kosten die Experimente den Verleger eine Menge Geld. Die Frage, wann er Gewinne erwarte, provoziert Helmut Markwort zu einem gereizten Ausbruch: »Schwarze Zahlen schreibt kein Mensch.« Die Idee für eine Fusion mit Milchstraße und Tomorrow sei in der Hoffnung geboren worden, »daß eins und eins drei ergibt«. Leider, leider würden da viele Arbeitsplätze wegfallen, weil Focus Online und Milchstraße viele Positionen und Abteilungen doppelt besetzt hätten. Für ihn zähle aber: »Dann sind wir mit

Abstand der größte Anbieter, der größte Vermarkter, haben auch die rationellste Personalbasis, die meiste Traffic, dann bin ich hoffnungsvoll.«

Bis jetzt sei das Internet ja »ein Schnorrermedium«. Kein Mensch bezahle, man kriege fast alles umsonst. Von denen, die kostenlos anbieten, verschwänden viele bald wieder. Wenn die alle eingegangen sind, dann hofft Markwort auf eine lukrative Zeit: »Wenn wir da zig Millionen Traffic haben, viel Audience, dann kommt das, was ich sage. Dann werden auch die Werbeformen modifiziert.« Außerdem stehe das Unternehmen auch im New-Media-Bereich auf mehreren Beinen, verkaufe Technik und baue Websites. Jürgen Todenhöfer ist ebenfalls optimistisch, seine erwachsenen Kinder – und die stehen pars pro toto – gingen online, statt Zeitschriften zu lesen.

Was kommt: »Am besten das absolute Sagen«

Im Tresor bei Ruth Gudlat liegen vier Briefe. Hubert Burdas Sekretärin – das ist sie seit mehr als 20 Jahren – wird diese Briefe nur herausholen, falls ihrem Chef ein Dachziegel auf den Kopf fällt, wie er sagt. »Da ist alles festgelegt.« Eberhard von Brauchitsch habe viel an seinem Testament mitgearbeitet, auch andere Rechtsanwälte. Und mit Gianni Agnelli habe er viel geredet. Die Mitglieder im Holdingvorstand wissen natürlich ebenfalls Bescheid.

Hubert Burda ist Vater von drei Kindern. Der älteste Sohn, aus der Ehe mit Christa Maar, starb im Februar 2001 an Darmkrebs. Nach der Beerdigung bat er Helmut Markwort, ihn ein bißchen zu begleiten. Die beiden gingen stundenlang im Englischen Garten spazieren, und diesmal verwendete Markwort seinen Atem ausschließlich fürs Laufen: »Da haben wir keinen Mucks gesagt.«

Am Tag nach der Rückkehr von der Beerdigung rief Hubert Burda die Chefredakteure seiner Blätter in der Schackstraße 1 zusammen, seiner früheren Studentenbude, die heute oft für semioffizielle Treffs benutzt wird. Er forderte sie auf, das Thema Darmkrebs in geeigneter Form publik zu machen. »Wir haben ein strenges Chefredakteursprinzip«, sagt Unternehmenssprecher Nikolaus von der Decken, »und Hubert Burda mischt sich da nicht ein. Aber dieses eine Mal hat er's getan. Erstaunlich, was die Kollegen sich einfallen ließen. Frau Riekel füllte allein in der *Bunte* sechs Seiten mit prominenten Betroffenen.«

Was trieb Hubert Burda in diesen Tagen um? Sicher nicht zuletzt die Sorge um das Unternehmen, die unbeantwortete Frage, wer weitermachen würde, wenn er einmal nicht mehr da wäre? Nach Felix' Tod mit 33 Jahren scheint die Nachfolge nicht gesichert. »Er hat ja zwei kleine Kinder«, sagt Nikolaus von der Decken. »Großmutter Aenne soll über die Tochter sagen: ›Die ist wie ich.‹ Vielleicht steht ja eines Tages eine Frau an der Spitze des Unternehmens.«

Hubert Burda wollte seine Kinder nie drängeln. Aus eigener Erfahrung hat er gelernt: »Den Namen Burda werden meine Kinder erst dann tragen, wenn sie in die Firma eintreten – sofern sie das wollen. Ich käme nie auf die Idee, sie in diese Richtung zu drängen. Ihre Talente sollen sich frei entfalten.« Und dann spekuliert er: »Wenn ich wie mein Vater 83 würde, wären die Kinder 33.« In zehn Jahren ließe sich wohl beurteilen, wer könnte und wer möchte. Er selbst hat zwei weitere Kinder, eine Tochter und einen Sohn, und Felix hinterließ ebenfalls zwei Kinder. Alle vier sind jeweils zwei Jahre auseinander, von elf bis fünf Jahre alt.

Was aber, wenn kein einziger Nachkomme Interesse am Geschäft hat?

Am 15. Februar 1970 hatte *Burda intern* gemeldet: »Burda wird AG.« Den Beschluß habe die Geschäftsleitung schon lange gefaßt. Frühestens zum 1. Januar 1971 werde umgestellt. Der Verlag wolle sich zunehmend im Ausland betätigen, dort aber sei die deutsche GmbH kaum bekannt. Zur Umwandlung in eine Aktiengesellschaft kam es nie.

»Springer«, sagt Burda, »hat sich entschieden für die AG. Ob man darüber heute so glücklich ist?« Noch vor wenigen Jahren hätte jeder zur AG geraten. Aber Burda weiß, daß eine Aktiengesellschaft auch »quarterly reporting« bedeutet. *Wellfit*, *InStyle* und *Focus Money*, die in der Anlaufphase zig Millionen im Jahr Verluste machen, gegen Shareholder durchzuziehen, die Dividenden sehen wollen, wäre undenkbar. In seinem Familienunternehmen dagegen beschließt Burda im Federstrich mit der alleingültigen Begründung: »Das ist mein Risiko.«

Eine weitere Alternative wäre die Familien-Stiftung. Bei Holtzbrinck und Bauer wird die Familientradition fortgesetzt. Und davon hält auch Hubert Burda eine ganze Menge. »Die Familientradition ist sicherlich das Beste, was es gibt, wenn sie jemanden finden, der dazu die Begabung hat und ein unternehmerisches Gen.« Das heiße nicht, daß der Vorstandsvorsitzende immer von der Familie gestellt wird. »Der nächste Vorstand kann auch gar nicht aus der Familie kommen. Jacob ist elf und Vorstand sollte man erst mit 40 werden. Daß Felix Vorstandsvorsitzender hätte werden wollen, glaube ich nicht. Felix hätte gern seinen New-Media-Bereich weitergemacht und wäre sicherlich in der Gesellschafterversammlung Vorsitzender geworden bei der Familiengesellschaft, wobei dann Jacob und Lisa mit 66 Prozent die Mehrheit haben werden.«

Das Unternehmen wird, wie auch immer, irgendwann in die vierte Generation gehen. Eine Familie, wie Franz Burda II. sein Unternehmen immer gesehen hatte, ist die Hubert Burda Media längst nicht mehr. Die Burda-Familie existiert nur noch in der Erinnerung alter Offenburger Drucker. Aber das Milliarden-Unternehmen ist nach wie vor in (s)einer Hand. Daß sein Vater der Idee des Familienbetriebs treu blieb, davon profitiert Hubert Burda noch heute, nicht nur im finanziellen Sinne: Er trifft Entscheidungen, ohne vorher lästige Gespräche mit weiteren Eigentümern führen zu müssen.

Der Vorstand müsse in den nächsten Jahren allerdings verjüngt werden, bestätigt Jens J. Meyer. Helmut Markwort, Robert Schweizer und Jürgen Todenhöfer seien jenseits der sechzig, wie der Verleger. Nur Paul-Bernhard Kallen ist jünger. Das Haus zu bestellen sei mit vielen Unwägbarkeiten verbunden. Das kann einem Mann schon den Schlaf rauben: »Reinhard Mohn hat die letzten 20 Jahre damit zugebracht, sein Erbe jeden Tag umzuschichten«, erinnert Meyer. »Axel Springer auch. Der ›Senator‹ hat sich sicher auch vorgestellt, daß die Söhne das Unternehmen gemeinsam fortführen. Jeder Verleger denkt dynastisch. Gerd Bucerius hat es geschafft, noch aus dem Grab heraus Entscheidungen zu treffen, zum Beispiel die mit Holtzbrink und der *Zeit* – zu Mohns Leidwesen. John Jahr hätte sich sicher vorstellen können, daß aus seiner Familie mehr wird als Immobilienhaie und Spielbankbesitzer. Holtzbrink kaufte plötzlich ein unehelicher Sohn auf, der Stefan. Eigentlich hat sich noch jeder die Erbfolge anders vorgestellt.«

Wem vertraut Hubert Burda? Bei ihm wächst Vertrauen langsam: Jürgen Todenhöfer und Helmut Markwort kennt er seit Jahrzehnten, den Justitiar Schweizer ebenfalls. Erstaunlich viele Offenburger, und seine Ex-Frau Christa Maar leitet die Burda Akademie zum Dritten Jahrtausend und die Felix Burda Stiftung für Krebsforschung. Am meisten aber vertraut er sich selbst. Er ist erst seit 1987 »selbständiger« Unternehmer und hat in dieser Zeit aus einem Druckhaus einen Verlag gemacht, in dem der Druckbereich Serviceaufgaben übernimmt. Das war eine Zäsur. Nun muß der Wandel eines Verlags in ein Multimedia-Unternehmen vorangetrieben werden, und Helmut Markwort rechnet damit, daß Hubert Burda noch eine Weile Verleger bleiben möchte: »Ich bin sicher, daß er so lange arbeiten wird wie Reinhard Mohn. Das ist ja noch nicht so lange her, daß er die totale Macht über das Haus hat. Das macht ihm so große Freude, und er wird sich gute Leute holen.« Das glauben auch Weggefährten, die nicht mehr so nahe dran sind: »Bisher hat er den Eindruck erweckt«, merkt der langjährige Oberbürgermeister von Offenburg, Martin Grüber, an, »er wolle das Unternehmen noch einmal 60 Jahre leiten.«

Burda erinnert an Fausts Weisheit: »Im Weiterschreiten find' er Qual und Glück, / Er! Unbefriedigt jeden Augenblick.« Die will er gern auf sich angewendet wissen. Hubert Burda kann sich heute keinen anderen Beruf für sich vorstellen. In seiner Studentenzeit, gibt er zu, »hätte ich mir nie vorgestellt, daß ich Unternehmer werde, aber heute würde ich den Unternehmerberuf weit vor den des Künstlers stellen. Ich habe ja oft gemalt, und ich male samstags noch, aber ich würde verzweifeln, wenn ich Künstler von Beruf wäre. Unternehmer, und darunter der Verleger ist der absolut schönste Beruf.«

Chronik

1873	Franz Burda I. geboren
1887–89	Lehre als Drucker und Setzer
1902	Franz I. heiratet Josefine Pröttel und wird Herausgeber der *Philippsburger Zeitung.*
1903	Am 24. Februar kommt Franz Burda II. zur Welt.
1908	Franz I. zieht nach Offenburg und gründet bald eine Druckerei.
1921	Franz II. macht Abitur und beginnt eine kaufmännische Lehre.
1923	Franz II. nimmt in Freiburg ein Studium der Rechts- und Sozialwissenschaften auf.
1926	Staatsexamen in Erlangen; Franz II. tritt in die Druckerei des Vaters ein.
1927	Gründung der *Sürag*
1928	Promotion Franz II. zum Dr. rer. pol.
1929	Franz I. stirbt, Franz II. und Anna Magdalena, genannt Aenne, Lemminger lernen sich kennen.
1931	Am 9. Juni heiraten Franz II. und Aenne.
1932	Am 24. Mai wird Franz Burda III. geboren.
1935	Burda stellt auf Tiefdruck um.
1936	Geburt von Frieder Burda (29. April)
1938	Burda übernimmt die Fa. Gebr. Bauer in Mannheim, eine sogenannte Arisierung (1. September). Franz Burda II. wird Mitglied der NSDAP (1. Oktober).
1940	Hubert Burda wird in Heidelberg geboren (9. Februar).
1942	Die *Sürag* wird wegen des Kriegs eingestellt. Produktion von Generalstabskarten.
1943	Druck von Luftbildplänen
1945	Nach der Besetzung Offenburgs beschlagnahmen die französischen Behörden den Betrieb. Im September beginnt die Schulbuchproduktion.
1948	Erika Pagelsen erhält am 17. März die Lizenz zur Herausgabe von *Das Ufer*, gedruckt wird bei Burda.
1949	Im Februar erscheint die *Sürag* wieder, im Sommer gibt Burda erste Buchbände zur Zeitgeschichte heraus.

Das Haus erscheint (9. September), die Zeitschrift, die alle Bausparer abonnieren.
Aenne Burda übernimmt den Modeverlag von Elfriede Breuer. Ihr erstes Heft (1. Oktober) nennt sie *Favorit*, von 1950 an heißt es *burda Moden.*

1952 Bezug der neuen Produktions- und Verwaltungsgebäude auf der Kronenwiese und Eröffnung der Betriebskrankenkasse (1. April)

1954 *Das Ufer* heißt nun *Bunte.*

1958 Franz III. heiratet im August Ursula Gamstätter. Im folgenden Jahr kommt Franz Heinrich (Franz IV.) zur Welt.

1960 Übernahme der Tiefdruckerei G.C. Klebe, Darmstadt von der Ullstein GmbH (1. August)
Kauf der *Münchner Illustrierten* (1. Oktober). Preis: 2,6 Millionen Mark, Auflage 350000. Die beiden Titel werden verschmolzen zu *Bunte/Münchner Illustrierte.*

1961 Frieder Burda heiratet Carina Friedrich.

1962 Kauf der *Frankfurter Illustrierten*
Edekas Kundenzeitschrift *Die kluge Hausfrau* wird wöchentlich gedruckt. Auflage: 1,6 Millionen. Außerdem druckt Burda vier Millionen Edeka-Kalender.
Übernahme von 55,5 Prozent der Neuen Verlagsgesellschaft mbH (NVG), Karlsruhe am 11. Dezember und damit von *Freundin* (Auflage: 400000) und *Film Revue* (400000). Am 1. Juli 1963 übernimmt Burda die restlichen Anteile an der NVG. Die *Film Revue* geht in der *Freundin* auf.

1963 *burda Moden* übernimmt am 1. Oktober *Bayer Moden* und ist mit 1,2 Millionen Auflage weltgrößte Modenzeitschrift.

1964 Audienz beim Papst für Franz II. (13. Januar)
In Offenburg Bezug des Redaktionshochhauses, in München Bezug des Verlagssitzes Arnulfstraße. Von November an leitet Hubert Burda den Münchner Teil des Verlags.
Catherine wird als zweites Kind von Franz Burda III. und seiner Frau Ursula geboren.

1965 *burda Moden* verkauft mehr als eine Million Hefte.

1966 Franz Burda II. gibt die *Lufthansa Revue* heraus.

1967 Hubert Burda, inzwischen promoviert und Verlagsleiter der *Bild + Funk*, heiratet Christa Krauss (heute Maar); im selben Jahr kommt Sohn Felix zur Welt.

1968 Im 4. Quartal liegt *Bunte* mit 1 724 889 verkauften Exemplaren vor dem *Stern* erstmals an Platz eins der Illustriertenrangliste.

1969 Gründung der Meredith/Burda Inc. in Lynchburg/Virginia (2. Juli), die erste Druckerei wird am 14. Oktober 1971 eingeweiht.

Die erste Ausgabe von Hubert Burdas Männermagazin *M* erscheint (26. August) im Verlag Aenne Burda. Startauflage: 550 000. Im August 1970 wird *M* eingestellt.

1970 *Freizeit Revue* erscheint.

1971 Franz Burda II. erwirbt am 4. März die *Sport-Illustrierte*. Herausgeber wird Wim Thoelke. Sie wird am 30. September 1973 eingestellt.

1972 Die Burda GmbH übernimmt 51 % der Anteile des Verlags von *Ich und meine Familie*, 1974 den Rest. Die Zeitschrift ändert den Namen in *Meine Familie & Ich* und erscheint jetzt bei Burda (Auflage: 673 000).

Am 69. Geburtstag von Franz Burda II. erscheint *Mein schöner Garten.*

Am 1. Oktober übernimmt Burda 27,5 % der Pressevertrieb Saar GmbH & Co.

1973 Franz Burda II. gründet m-records, eine Plattenfirma. Vertrieb: Ariola, Geschäftsführer: Dieter Pröttel.

Franz Burda II. beruft seine Söhne zu Geschäftsführern der Burda GmbH.

1974 *Mein schöner Garten* fusioniert mit *grün* aus der DVA und ist damit größte Gartenzeitschrift Europas (28. Februar).

Aenne Burda weiht ihr neues Verwaltungsgebäude in Offenburg ein (29. Juli).

Franz Burda erwirbt eine 26%-Beteiligung an den Papierfabriken München-Dachau und 28,4% an der Papier-Holding MD Verwaltungsgesellschaft Nicolaus & Co., München.

1976 Vom 3. März an ist Hubert Burda Chefredakteur der *Bunte*, deren Redaktionsleiter er schon seit 1974 gewesen war. Als Stellvertreter und zuständig für Text fungiert Will Tremper, für Bild Kurt Kühne.

1977 *Carina* erscheint (14. Februar).

Rocky erscheint (10. November). Am 1. Oktober 1979 fusionieren *Rocky* und *Freizeit Magazin*; im Juni 1980 geht *Rocky* in *Pop* auf (Zeitschriftenverlags AG Zürich).

1979 Aenne Burda benennt am 17. Dezember eine Handarbeitszeitung (*Burda Spaß an Handarbeiten*) um in *Anna*.

1980 Am 1. Mai erscheinen *Ambiente* und *Pan*. *Ambiente* wird 1997 an den Jahreszeiten Verlag verkauft (*Architektur & Wohnen*).

Übernahme der Société imprimerie et éditions Braun S.A. in Mulhouse, Elsaß (1. Juli)

1983 Burda-Verwaltungs-KG beteiligt sich mit 24,9% am Verlagshaus Axel Springer; von Juni an sitzt Frieder Burda im Aufsichtsrat der AG, ab Juli 1985 auch Franz Burda III.

Am 1. November bezieht Hubert Burda das neue Verlagszentrum in Münchens Arabellastraße.

1984 Erste *Bunte*-Talkshow im Münchner Kabelpilotprojekt (6. April)

1985 Beteiligung an Sat.1 (Ausstieg Ende 1986)

Im Dezember überträgt Franz Burda II. seine letzten Unternehmensanteile auf seine Söhne, so daß jeder ein Drittel hält.

1986 *Verena* erscheint bei Aenne Burda (29. Januar, eingestellt 1997).

Als letzte Tat von Franz Burda II. erscheint im September die *Glücks-Revue*.

Franz Burda stirbt am 30. September im Alter von 83 Jahren.

Im November steigen die Burdas wie auch Bauer bei Sat.1 aus.

Am 22. Dezember einigen sich die drei Brüder, das väterliche Erbe zu teilen. Hubert Burda übernimmt den Verlag, die Brüder die Beteiligungen.

1987 Zur Geschäftsführerkonferenz versammelt Hubert Burda: Jürgen Todenhöfer (Unternehmenspolitik, Beteiligungen, Neue Medien, Recht), Rudolf A. Reiff (Verlagsleitung Offenburg, Werbeabteilung und Vertrieb), Horst Hilbertz (Verlagsleitung München, Verwaltung und Personalabteilung München), Gerd Spraul (Druck Inland), Klaus Buss (Druck Ausland), Fritz Burkhardt (Finanzen), Karl-Heinz Hiller (Berater des Verlegers), Robert Schweizer (als Rechtsanwalt assoziiertes Mitglied).

Ende Januar heiratet Franz Burda III. Christa Fischer (frühere Sekretärin und Moderedakteurin bei Aenne Burda).

Hubert Burda kauft zwei Prozent der Anteile an der CLT, Muttergesellschaft von RTL plus (29. Juli); 1990 strahlt RTL plus *inside Bunte* aus.

In Vieux Thann, Elsaß, läuft die Tiefdruckerei an (3. August).

Im November beteiligt sich Hubert Burda an *Radio Bayern*, das als *Antenne Bayern* im August 1988 den Sendebetrieb aufnimmt. Am 11. Dezember 1987 beteiligt er sich am Schwarzwaldradio (24 %), später an weiteren Regionalradios.

Die F & F Burda Ges. für Beteiligungen mbH (gegr. 1986 von Franz und Frieder Burda) erhöht ihre Beteiligung am Verlagshaus Axel Springer auf 25,9 % (4. August), wenig später auf 26,1 %.

Franz Burda IV., Sohn von Franz III., heiratet am 1. Dezember in New York Bettina Stockmann, Tochter des Schulbuchverlegers Franz J. Stockmann. Trauzeugen: Mick und Maja Flick. Am 14. Oktober des folgenden Jahres kommt Sabrina Alexandra in NY zur Welt.

Nachdem *burda Moden* in der Sowjetunion erscheint, unterzeichnet Aenne Burda in Moskau den Vertrag über den Bau einer Druckerei. (15. Dezember).

1988 F & F Burda verkaufen ihre Anteile am Springer-Konzern (20. April). Hubert Burda reklamiert ein Vorkaufsrecht und klagt. In erster Instanz erhält er Recht. Die Brüder legen Revision ein und siegen schließlich.

Frieder Burda heiratet in Gstaad Monika Wildenburg (5. August).

Elle erscheint am 21. September. Herausgeber: Hubert Burda und Daniel Filipacchi (France Editions et Publications, eine Hachette-Tochter). Chefredakteurin: Beate Wedekind. Startauflage: 360 000.

Holiday erscheint (3. November). Auflage: 150 000. *Holiday* wird 1997 eingestellt.

Aenne und Hubert Burda vereinbaren am 18. Oktober mit der *Iswestija* den Verkauf von Anzeigenseiten.

Astrologiezeitschrift *Jupiter* unter Leitung Winfried Noés erscheint (15. Dezember). Auflage: 200 000.

1989 *Vivre au jardin* erscheint in Frankreich. In den folgenden Jahren weitet Hubert Burda seine Auslands-Engagements massiv aus.

In New York unterzeichnen Malcolm S. Forbes und Hubert Burda am 30. Mai einen Kooperationsvereinbarung für *!Forbes bei Burda*. Das erste Heft erscheint im März 1990. Auflage: 250 000 (Auflagenziel war 60 000). Im April 1995 ist Schluß.

1990 Zusammen mit Sebaldus/Gong gibt Burda vom 1. März an in Ostdeutschland *Super TV* heraus, wenige Monate später *Super*

Illu. Im September 1993 übernimmt Burda die *Super Illu* ganz, Sebaldus *Super TV*.

1991 Für 42 Millionen Mark erwirbt Burda die *Schweriner Volkszeitung*. Schon im Juli kaufte er die *Norddeutschen Neuesten Nachrichten* in Rostock.

Hubert Burda heiratet am 8. November zum zweitenmal, Maria Furtwängler. Trauzeuge: Peter Handke. Die beiden bekommen einen Sohn, Jacob, und eine Tochter, Elisabeth.

Am 2. Mai erscheint die erste Ausgabe der *Super!-Zeitung* für die neuen Bundesländer. Auflage: 500000. Ein Jahr später hat die Zeitung eine eigene Berlin-Ausgabe, am 24. Juli 1992 wird sie eingestellt.

1993 Am 18. Januar erscheint erstmals *Focus*. Startauflage: 600000.

1994 Im Juni wird das europaweite Multimedia-Netzwerk Europe Online S.A. in Luxemburg gegründet. Burda ist mit 29% Hauptgesellschafter.

Die neue Medienoffensive aus Offenburg startet mit *Lisa*.

1995 17 Profitcenter ersetzen die Burda GmbH. Über allem wacht die Burda Holding.

Im Oktober übernimmt Burda 50% der Anteile an einer niederländischen Zwischenholding der Mailänder Zeitschriftengruppe Rizzoli (u.a. *Oggi*, *Corriere della Sera*) und erhält damit Einfluß bei der Hamburger Verlagsgruppe Milchstraße (*Fit for fun*, *TV Spielfilm*), die zu 75 Prozent jener Holding gehörte.

Burda beteiligt sich kurzzeitig mit 25% an der Hamburger Wochenzeitung *Die Woche* (6. November).

Aenne Burda Verwaltungs GmbH und Aenne Burda GmbH & Co. gehören nun zu 100 Prozent der Holding von Hubert Burda.

1996 Burda verkauft im Februar seinen 66%-Anteil an Europe Online Deutschland an die Muttergesellschaft in Luxemburg. Gleichzeitig gründet er im eigenen Haus diverse Firmen für den Online-Markt.

Am 28. Februar startet die wöchentliche Frauenzeitschrift *Alina*. Schon am 29. Mai wird sie eingestellt.

Erstmals sendet *Focus TV* auf Pro 7 (4. März).

Super TV geht in den Besitz von Burda über, *Bild + Funk* dafür zu Sebaldus/Gong-Verlag (1. Juni).

1997 Hubert Burda wird im Juli Vorsitzender des Verbands Deutscher Zeitschriftenverleger (VDZ).

1998 Im Offenburger Profitcenter Medien Park Verlage erscheint die *neue woche* (14. Januar). Startauflage 1,1 Millionen, 600 000 verkaufte Exemplare (zum Billigpreis von 50 Pfennig).

1999 Im März erscheint *InStyle*, ein Frauen-Lifestyle-Promi-Blatt, das Time Inc. in den USA erfunden hatte. Chefredakteurin der deutschen Ausgabe: *Bunte*-Chefin Patricia Riekel. Startauflage: 130 000. Nach zwei Quartalsheften gibt's *InStyle* seit Sommer 1999 monatlich.

Das Unternehmen heißt nun »Hubert Burda Media«.

2000 Beteiligung an Start ups und Internetfirmen tomorrow.de, onvista.de, travel24.com, justbooks.de, cyberport.de, ciao.com, heimwerker.de, arztpartner.de, zooplus.de, edgar.de

In Offenburg wird der Hubert Burda Medienpark eingeweiht (6. Februar).

Das wöchentliche Wirtschaftsmagazin *Focus Money* erscheint (30. März).

Die Focus Digital AG geht am 13. Juli an die Börse.

Am 9. Oktober erscheint *Vivian* erstmals, 13 Wochen später wird die mit großen Hoffnungen gegründete Frauenzeitschrift eingestellt.

2001 *Freundin wellfit* erscheint (24. Januar).

Unter dem Arbeitstitel »Faces« arbeitet Burda an einem Jugendmagazin.

Nach der Übernahme des Internet-Angebots www.playboy.de spekuliert die Branche über eine Übernahme des Magazins oder die Neugründung eines Männerblattes.

Gemeinsam mit n-tv startet Burdas Offenburger Medien Innovation GmbH im September ein unregelmäßig erscheinendes Newsmagazin. Erstes Heft: »Amerika schlägt zurück – Angst vor neuem Terror«.

Die Focus Digital AG und die Tomorrow Internet AG vereinigen sich im November zu einem der größten europäischen Internet-Unternehmen namens Tomorrow Focus AG.

Bibliografie

Betzler, Judith (Hg.): »Hubert Burda: Kunst und Medien«, München 2000
Betzler, Judith: »Aenne Burda: Die Macht des Schönen«, München 2001
»Burda, Dr. Franz: Mensch und Werk.« Eine Schrift zum 60. Geburtstag am 24. Februar 1963. Text: Oswald Scharfenberg. Gestaltung: Walter Schollmayer. Herstellung: Hermann Schlosser
»Burda, Dr. Franz: Mensch und Werk.« Redaktion: Oswald Scharfenberg, 1968, Mit einem Vorwort von Karlheinz Schönherr (erweiterte Fassung der Broschüre von 1963, erschienen zum 65. Geburtstag am 24. Februar 1968)
Burda, Franz: »Ich bin ein Unternehmer«, Offenburg 1973
Burda, Franz: »Mit Doktorhut und Druckerschwärze«, unveröffentlichtes Manuskript, 1977/78
»Zum Gedenken. Senator Dr. Franz Burda«, Text: Willy Grafschmidt, 1986
Hilgenstock, Sabine: »Die Geschichte der Bunten«, Diss. Münster 1991
Jacobs, Hans-Jürgen: »Hubert Burda: Der Schöngeist aus Offenburg«, in: Müller, Uwe (Hg.): »Springer & Co.«, 1990

Der Autor dankt den Stadtarchiven von Offenburg, Philippsburg und Mannheim, dem Centre des Archives de l'occupation française en Allemagne et en Autriche in Colmar, dem Generallandesarchiv Karlsruhe, der Staatsbibliothek München sowie der Zeitschriftenstelle des Instituts für Publizistik der FU Berlin sowie allen Gesprächspartnern für Hilfe und Unterstützung.

Fotonachweis Bildstrecke

Burda Privatarchiv: Seiten 1, 2, 3, 6 oben, 10 oben, 12 unten.
Burda Archiv: Seiten 4, 5, 6 unten, 7, 8, 10 unten, 11, 15 unten.
Ingeborg Bock-Schroeder: Seite 13.
Heinz Erhardt/*Bunte*: Seite 9.
Jorinde Gersina: Seiten 15 oben und 16.
Isolde Ohlbaum: Seiten 12 oben und 14.

Inhalt

Biografien im Europa Verlag

Donald Spoto
Jackie O.
Das Leben der Jacqueline
Bouvier Kennedy Onassis
Gebunden, 3-203-82045-5

Peter Köpf
Stoiber
Die Biografie
Gebunden, 3-203-79144-7

Jürgen Roth
Der Oligarch
Vadim Rabinovich bricht
das Schweigen
Gebunden, 3-203-81527-3

Ralph »Sonny« Barger
Hell's Angel
Mein Leben
Gebunden, 3-203-75536-X

EUROPA
VERLAG

www.europaverlag.de

Biografien im Europa Verlag

Sabine Stamer
Cohn-Bendit
Die Biografie
Gebunden, 3-203-82075-7

Sidney Poitier
Mein Vermächtnis
Eine Art Autobiografie
Gebunden, 3-203-81025-5

Carol Diethe
Nietzsches Schwester und
Der Wille zur Macht
Biografie der Elisabeth
Förster-Nietzsche
Gebunden, 3-203-76030-4

Lutz Kinkel
Die Scheinwerferin
Leni Riefenstahl und das
»Dritte Reich«
Gebunden, 3-203-84109-6

EUROPA
VERLAG

www.europaverlag.de